U0127772

广视角·全方位·多品种

权威·前沿·原创

武汉蓝皮书

武汉经济社会发展报告（2011）

主　编／刘志辉
副主编／黄红云　吴永保

ANNUAL REPORT ON ECONOMIC AND SOCIAL DEVELOPMENT OF WUHAN(2011)

社会科学文献出版社
SOCIAL SCIENCES ACADEMIC PRESS (CHINA)

法律声明

主要编撰者简介

刘志辉　法学硕士，曾历任中共武汉市委政策研究室处长、副主任，现任武汉市社会科学院党组书记、院长。长期以来，主要从事党委、政府决策理论与实践研究，组织或参与起草了中共武汉市第八次、第九次、第十次党代会报告，以及武汉市国民经济和社会发展八五、九五、十五发展规划。主持起草多项市委、市政府事关武汉改革发展的重要文件。主持和参与完成多项省市级研究课题。出版发表的专著与论文多次获得省部级以上成果奖。

黄红云　武汉市社会科学院副院长，研究员。享受市政府津贴专家。中国地质大学管理学院、湖北省社科院兼职硕士生导师。黄红云研究员以人口学、社会学为学科基础，以城市社会转型与社会问题为主要研究方向，在老年问题、妇女问题、社区建设等方面做了长达20多年的调查研究，共主持和参与国家、省、市各级研究课题多项。获奖成果多项，并在《中国人口科学》、《中国人口年鉴》等刊物上发表文章百余篇，主编和参与主编著作若干种。

吴永保　武汉市社会科学院城市经济所所长、研究员。中国城市经济学会理事、武汉市有突出贡献中青年专家、湖北省政府咨询委特邀专家。从事区域发展、城市经济、产业经济等学科及领域研究，在中央、省市级刊物上发表论文、报告近100余篇，担任8部学术专著的正副主编，出版个人专著一部，其成果获国家发改委、省委政研室和市“五个一工程奖”等省市级奖励。

摘　要

2010年，武汉经济全面复苏，总体基本恢复到金融危机前的水平；工业增长强劲，汽车产业成为首个千亿元产业；居民收入平稳增加，每年市政府承诺办理“十件实事”，带来社会民生的实在改善。根据预测，武汉地区生产总值增长15.1%，总额接近5300亿元，物价水平呈上升态势，CPI约为3%。未来，世界经济仍然具有脆弱性和多变性，国内宏观调控政策趋紧，通货膨胀苗头已现等将对武汉经济社会发展产生重大影响。

2011年，武汉要继续深入推进“两型社会”综合配套改革和国家自主创新示范区建设，抓紧实施“工业倍增计划”和“产业创新工程”，协调推进重点功能区发展，努力提升作为中部中心城市的集聚辐射和综合服务功能。社会发展方面，需要建立“民生指数”指标体系，改革社会事业管理体制，提高城市管理水平，发展城市公共交通，优化市容环境，坚持改善民生和提高居民收入，让广大市民分享更多的发展成果。

本书包括以下内容：主报告，2010～2011年武汉经济形势分析与预测，2010～2011年武汉社会形势分析与预测；综合篇，武汉新世纪第二个十年、后危机时期金融创新与风险防范的着力点、武汉建设国家中心城市的思考等；经济篇，武汉市整体协调推进战略性新兴产业的体制机制和政策措施、武汉市发展现代服务业新业态的若干思考等；社会篇，新生代农民工精神文化生活状况与城市融入研究报告、武汉市民政事业“十一五”状况分析与“十二五”发展报告、武汉市住宅与房地产业“十一五”评价与“十二五”构想及展望等。

Abstract

In 2010, Wuhan's Economy Recovered roundly, the overall level came back to the height before the Financial Crisis. The industries increased rapidly, and the Automobile Industry became the first industry with the output value over one hundred Billion Yuan in Wuhan. Residents' Income enhanced reposefully, the people's livelihood was improved really by the yearly "Ten Jobs" which is promised by the city government. It was predicted with a 14.9% growth and about 530 Billion Yuan in Regional General Production; the price level presented a climbing trend, and CPI is about 3%. In the future, world economy will still be weak and changeful, Domestic Macro-control will tend to contraction, and the sign of inflation has appeared. All of these will bring the huge impact and influence to the economic and society development of Wuhan.

In 2011, Wuhan should go deep into the building of National Comprehensive Reform on "Two Type Society" (namely Resource-conserving and Environmental-friendly Society) and State Demonstration Zone of Independent Innovation continuously, put the "Industry Doubling Plan" and "Industry Innovation Project" into practice as quickly as possible, push the Key Functional Areas in phase, and try our best to upgrade the centralizing, radiating, and integrated serving function of being the Central City of the Midland. In the social development, we need to establish Indexes of Inhabitant Livelihood, reform the Management System of the Social Affairs, enhance the city management level, develop the city public transportation, beautify the urban environmental landscape, improve the people's livelihood and income remorselessly, in order to let the citizens enjoy the more profit.

This book includes the following themes:

Part Ⅰ. Main Report. 2010 - 2011 annual report on economic development analysis and prediction in Wuhan, 2010 - 2011 annual report on social development analysis and prediction in Wuhan.

Part Ⅱ. General Themes. The Second Decade of Wuhan in the New Century, the Emphases on Financial Innovations and Risk Prevention in Post-crisis Era, and the Thought about Wuhan Building National Central City, etc.

Part Ⅲ. Economic Themes. Study on the System Mechanism and the Policy System of Wuhan Holistically and Harmoniously Propelling the Strategic Emerging Industry, some Thought about Wuhan Developing the New Style of Modern Service Industry, the Transformation and Upgrading of Wuhan's Traditional Manufacturing, etc.

Part Ⅳ. Community Themes. The Report about the Cainozoic Peasant Laborers' Living Situation of Spiritual Culture and getting along with the City, the Analysis of Wuhan's Civil Affair Condition in the Eleventh Five-year and Prospect in the Twelfth Five-year and the Analysis of Wuhan's Dwelling Houses and Real Estate Industry Condition in the Eleventh Five-year and Prospect in the Twelfth Five-year, etc.

目录

ⅭⅠ 主报告

BⅡ 综合篇

BⅢ 经济篇

BⅣ 社会篇

皮书数据库阅读使用指南

CONTENTS

B I Main Report

B II General Themes

B Ⅲ Economic Themes

BⅣ Community Themes

主 报 告

Main Report

B.1

2010～2011年武汉经济形势分析与预测

武汉市社科院课题组*

摘　要： 2010年，武汉经济强劲反弹，工业增长迅猛，产生首个千亿元产业，预计地区生产总值将达到5291.22亿，增长15.1%。2011年，武汉出口增长、项目融资、土地收入等将不同程度地受到宏观环境变化的影响，经济增长可能稳中略降，预计地区生产总值增加千亿元左右，达到6259.51亿，增长14.5%。2011年，武汉要抓紧实施“工业倍增计划”和“产业创新工程”，灵活应用国家战略，协调推进重点功能区建设，统筹轨道交通和新城新镇建设，促进城乡融合发展和提升城市生活品质。

关键词： 经济预测　战略性新兴产业　工业倍增计划　产业创新工程

* 课题负责人：吴永保；课题组成员：周阳。

2010 年，在全球经济回暖和刺激性政策延续的共同作用下，我国经济总体上呈现强劲反弹、逐季回落和短期趋稳的态势。武汉经济全面恢复到金融危机前的水平，工业增长迅猛，产生首个千亿元产业，消费、投资和出口三元驱动，财政收入高速增长。然而，世界经济仍然具有脆弱性和多变性，欧洲债务危机不断，发达国家复苏动力不足，国内宏观调控政策趋紧，通货膨胀苗头已现，区域竞争压力加大等因素将对 2011 年武汉经济发展产生重大影响。2011 年，武汉要继续深入推进“两型社会”综合配套改革和国家自主创新示范区建设，抓紧实施“工业倍增计划”和“产业创新工程”，协调推进重点功能区发展，努力提升作为中部中心城市的集聚辐射和综合服务功能。

一　主要经济指标预测

根据 2010 年 1～10 月武汉经济运行的基本态势，考虑国际国内宏观经济走势和未来宏观调控政策预期，运用相关计量模型对 2010 年与 2011 年武汉市主要经济指标进行预测（见表 1）。

表 1　主要经济指标预测值

项　　目	2010 年		2011 年	
	绝对值(亿元)	增长率(%)	绝对值(亿元)	增长率(%)
1. 总量及产业类指标				
地区生产总值(GDP)	5291.22	15.1	6259.51	14.5
第一产业增加值	157.34	2.6	168.98	2.4
第二产业增加值	2485.99	18.7	2998.10	17.4
第三产业增加值	2647.89	11.4	3092.43	11.2
2. 需求类指标				
全社会固定资产投资	3676.35	22.5	4194.71	14.1
消费品零售总额	2527.66	19.8	2970.00	20.5
进出口总额(亿美元)	176.28	53.7	240.62	36.5
出口总额(亿美元)	86.4	48.3	118.54	37.2
3. 基本供给类指标				
规模以上工业总产值	6293.08	25.1	7589.45	20.6
产品销售率(%)	97.68		97.10	
农业总产值	269.66	2.6	289.62	2.4

续表

项　　目	2010 年		2011 年	
	绝对值(亿元)	增长率(%)	绝对值(亿元)	增长率(%)
4. 财政收支类指标				
财政收入(全口经)	1392.02	38.5	1791.53	28.7
地方财政收入	791.99	47.9	1089.77	37.6
财政支出	889.67	35.8	1169.03	31.4
5. 物价与收入类指标				
居民消费价格指数(CPI)(%)	103.00	3.0	104.00	4.0
居民人均可支配收入(元)	21106.00	14.6	24187.48	15.1
农民人均纯收入(元)	8242.31	14.9	9470.42	15.7
居民人均消费支出(元)	14680.38	15.3	16926.48	15.8

注：①绝对值按当年价计算；②增加值、农业总产值增长率按 2005 年不变价计算。

2010 年，武汉经济呈现高速稳定增长态势。初步预测，地区生产总值达到 5291.22 亿，增长 15.1%，其中一、二、三产业增加值分别增长 2.6%、18.7% 和 11.4%；全社会固定资产投资 3676.35 亿，增长 22.5%，社会消费品零售总额 2527.66 亿，增长 19.8%，进出口和出口总额增速达 50% 左右；全口径财政收入、财政收支增速 30% 以上，城乡居民收入增速 15% 左右，全年 CPI 将有望控制在 3%。

2011 年，武汉经济增长很可能稳中略降。初步预测，地区生产总值增加千亿元左右，达到 6259.51 亿，增长 14.5%；规模以上工业总产值增长 20.6%，固定资产投资增长 14% 左右，消费品零售总额增长接近 20%，CPI 上涨 4% 左右。尽管投资、出口与 2010 年相比很可能放缓，但远城区工业化进程加快，三大国家级开发区发展势头强劲，以及武汉在发展内贸流通和服务经济方面的区位优势，将有力支撑 2011 年的武汉经济发展，使其继续维持在较高的增长水平。

二　2010 年武汉经济运行的基本态势

2010 年，武汉市经济增长重回强势，全面恢复到金融危机前的水平。综观全年，武汉工业增长十分强劲，汽车产业成为首个千亿元产业，电子信息和节能环保产业呈现上升态势；财政收入高速增长，前三季度总额已超过了上年全年。

但通货膨胀的苗头已经显现，地方一般预算收入偏低，居民收入增长乏力，区域城市竞争压力加大等问题仍然需要加以重视。

1. 经济增长重回强势，通货膨胀苗头已现

1～10 月，全市生产总值达到 4446.56 亿元，同比增长 15.7%，居民消费价格指数（CPI）同比增长 2.8%。从 GDP 和 CPI 月度增长情况来看（如图 1 所示），GDP 增速已经恢复到 2008 年金融危机之前，基本平稳在 15.5% 左右。物价水平自上年 8 月最低点（CPI = 98.6）以来逐月攀升，通胀预期已经转变为实实在在的通胀苗头。在全球宽松性货币政策导致的流动性过剩、工资上涨压力加大、国际大宗商品和资源大幅上涨等因素共同作用下，未来以食品类、居住类、医疗保健和个人用品等主导的通货膨胀短期内难以根除。

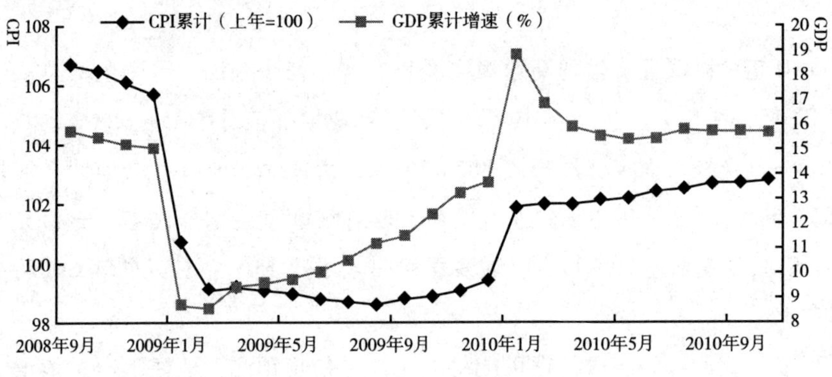

图 1　GDP 累计增长和 CPI 累计（2008 年 9 月至 2010 年 10 月）

2. 工业增长十分强劲，汽车产业成为首个千亿元产业

1～10 月，全市完成规模以上工业总产值 5213.99 亿元，同比增长 31.3%，总量已超 2009 年全年。不考虑 1、2 月份的极端因素，工业生产月增幅在 30% 以上，全面恢复到危机前的水平，月平均产值 500 亿元以上，提升到一个新的台阶（如图 2 所示）。

分行业来看，11 个重点工业行业中，汽车及零部件产业继续高速增长，增速接近 50%；电子信息、钢铁、石化、日用轻工恢复性增长，增速在 30% 以上；其他行业增长也在 10% 以上。前 10 月汽车产业的总产值已达 980.8 亿元，将成为武汉首个千亿元产业。

从八个重点工业行业总产值所占比重的年度变化来看（如图 3 所示），汽

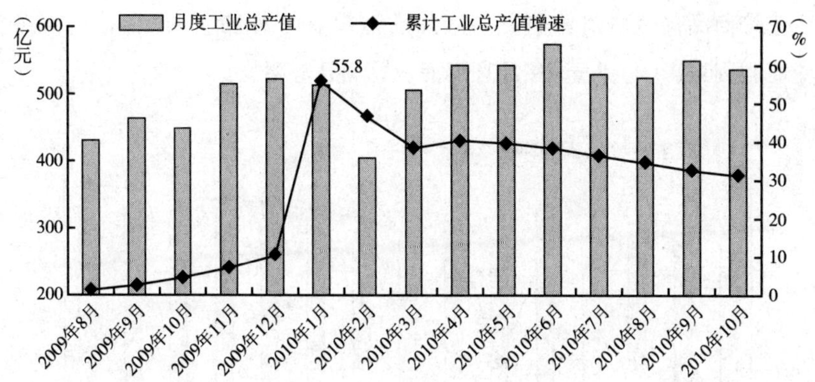

图2　规模以上工业总产值及其累计增长（2009年8月至2010年10月）

车及零部件、电子信息和节能环保产业近年呈现上升态势，烟草食品产业稳中有升，钢铁、石化、生物医药和纺织服装呈下降态势。因此，武汉的支柱产业正处于结构转换之中，传统的钢铁、石化正逐步让位于汽车、电子信息和节能环保等新兴产业，今后1～3年还将有四五个产业向千亿产值发起冲击。

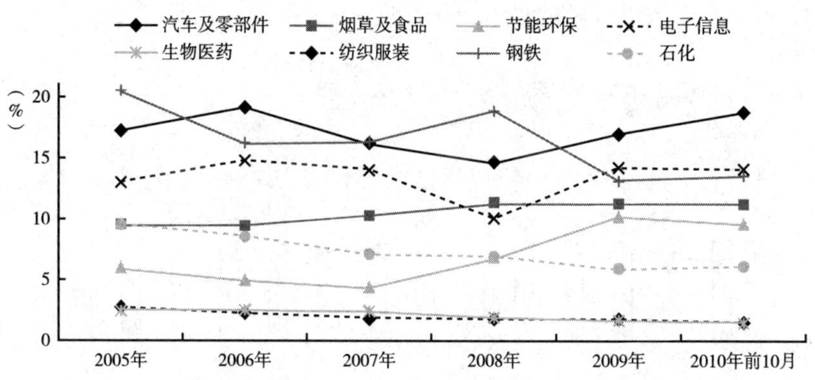

图3　八个重点行业的工业总产值比重变化（2005～2010年）

分区域来看，远城区增长迅速，工业规模继续大幅提升。1～10月，7个远城区规模以上工业总产值达到1174.40亿元，增长29.2%。除东西湖、洪山和新洲外，其余4个增速都在30%以上，其中汉南达到47.6%。

3. 消费增长较为平稳，投资和出口冲高回落

1～10月社会消费品零售总额2048.16亿元，增长20.1%，家电、金银珠宝、汽车等商品仍然是销售热点。从月度情况看（如图 4 所示），消费平稳上升，受通胀因素影响，8 至 10 月月度消费总额升势明显。

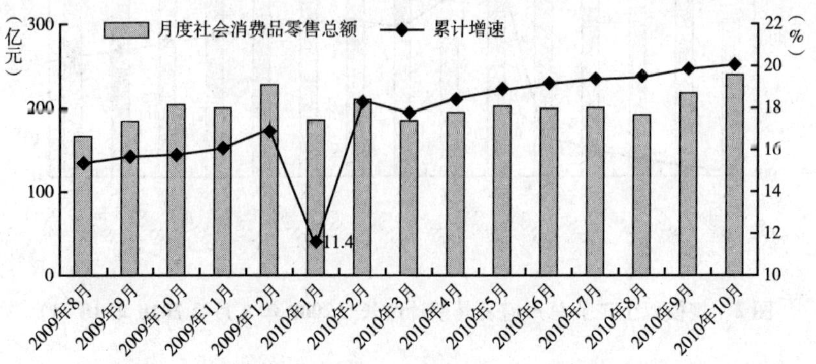

图 4　消费变动趋势（2009 年 8 月至 2010 年 10 月）

1～10 月全社会固定资产投资达到 2868.29 亿元，增长 26.1%，其中城市基础设施投资增长最快，工业投资总量仍然低于城市基础设施投资和房地产开发投资。从月度情况来看（如图 5 所示），投资增速冲高回落，月度投资波动较大，每季度末都是一个投资高峰期，6 月份投资总额接近 500 亿元。

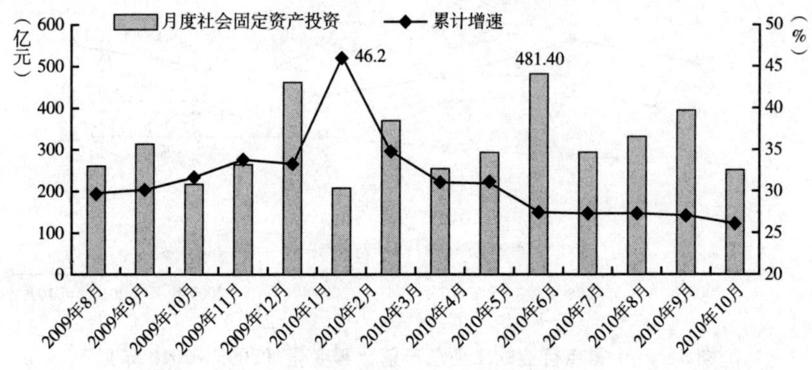

图 5　投资变动趋势（2009 年 8 月至 2010 年 10 月）

1～10 月累计进出口 146.9 亿美元，同比上涨 63.8%，其中，出口 72.0 亿美元，同比上涨 60.2%，表现十分抢眼。从月度情况来看（如图 6 所示），外贸出口强劲反弹，在 6 月份冲到 9.34 亿美元的历史新高后又回落到六七亿美元的平均水平。

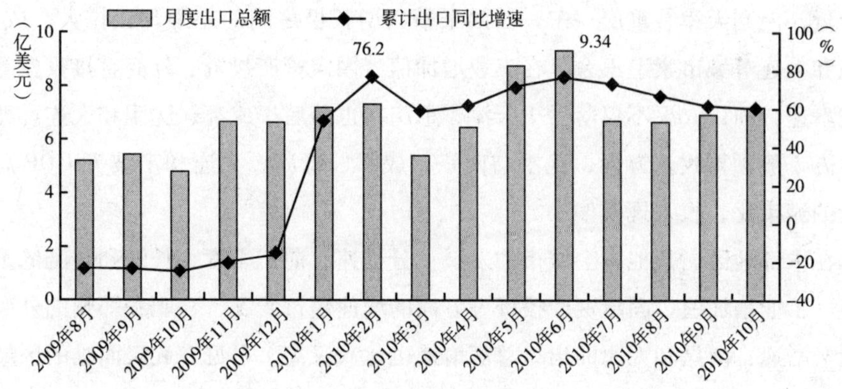

图 6　出口变动趋势（2009 年 8 月至 2010 年 10 月）

4. 财政收入增长较快，居民收入增长乏力

1～10 月，完成全口径财政收入 1143.35 亿元，增长 42.8%；地方财政收入 626.65 亿，增长 53%，增速迅猛。从月度情况来看（如图 7 所示），财政收入增幅从上年 8 月一路上冲到本年 5 月的顶点后下滑，总体上比金融危机前提高了 10 个百分点。前三季度的全口径和地方财政收入都超过了上年全年。而 1～10 月的城市居民人均可支配收入和农民人均现金收入同比仅增长 15% 左右。居民收入的增长缓慢和财政收入的高速增长形成强烈反差。

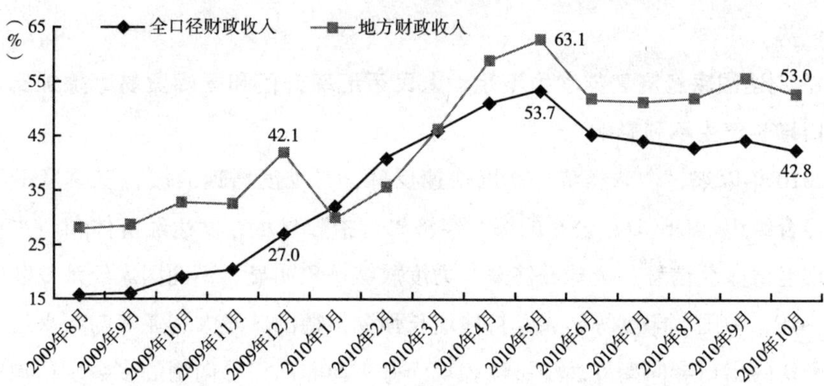

图 7　全口径和地方财政收入增幅（2009 年 8 月至 2010 年 10 月）

5. 区域竞争压力较大，薄弱环节仍需改观

从前三季度来看，在 19 个副省级以上城市中，武汉 GDP 总量已经与青岛较为接近，但同天津、重庆一东一西两个新兴增长极之间的差距却在拉大，成都、沈阳和大连等城市紧追不舍。在工业增加值、固定资产投资、外商直接投资等总量或增速方面，武汉不仅落后于天津、重庆，也落后于成都、沈阳和大连。尤其在地方一般预算收入方面，武汉与南京、成都、青岛、大连和宁波等 GDP 总量接近的城市比，收入规模偏小。

在中部地区，其他省会城市的发展十分迅速。前三季度，长沙和合肥的生产总值、工业增加值、固定资产投资等方面的增速超过武汉，合肥和郑州的外商直接投资增速，南昌和太原的出口总额增速也比武汉高。可见，武汉面临的区域竞争压力仍然较大。

三　2011 年武汉经济发展面临的宏观环境

2011 年，世界经济将保持温和复苏状态，国内经济将在“防通胀、保增长”的主基调下呈现回落和趋稳态势。欧洲债务危机不断，美、日等发达国家复苏动力不足，人民币升值和国际贸易摩擦加剧，国内宏观调控政策开始收紧，通货膨胀压力加大，地方投融资平台贷款趋于严格。总体上，2011 年武汉面临的宏观环境将有所恶化，出口增长、项目融资、土地收入可能受到不同程度的影响，但也将有利于推进产业结构调整，发展战略性新兴产业，突出区域重点，以及发挥比较优势。

1. 发达国家经济复苏动力不足，人民币汇率升值和国际贸易摩擦加剧，将对出口增长产生不利影响

2010 年以来，全球经济一季度快速反弹，二季度增速放缓，三季度继续疲软。经合组织（OECD）公布的综合经济先行指数显示，发达经济体和新兴市场都出现经济减缓信号，全球经济复苏力度放缓迹象明显。不同国家经济复苏的步伐不一致，中国、印度等新兴经济体增长强劲，德国、澳大利亚等与新兴经济体关系密切的出口导向型发达经济体表现尚好，而非出口导向型的多数发达国家实体经济复苏的放缓趋势明显，失业率居高不下，消费者信心不足，房地产市场持续低迷，完全走出危机尚待时日。为增强复苏动力，美国、日本等发达国家先后启动了新一轮经济刺激计划，尤其是美国又启动了规模达 6000 亿美元的量化宽松货币政策。以美联储为代表的发达经济体的量化宽松政策所带来的“热钱”，

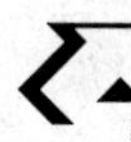

一方面加剧美元贬值、国际资本市场流动性泛滥和全球通胀预期；另一方面，令新兴经济体面临本币升值、热钱涌入、资产价格持续上涨和通胀的压力。为对抗通胀，印度、澳大利亚、韩国、中国相继加息，新兴经济体迎来新一轮货币紧缩潮。世界各国复苏的不一致、国内政策差异、相互间贸易摩擦和汇率相争等很可能给全球经济可持续性、均衡性复苏蒙上阴影。

欧洲债务危机不断，美、日等发达国家复苏乏力，总体而言，2011年全球经济将保持温和复苏状态，出现二次探底或恢复快速增长的可能性均较小。发达经济体增长放缓、需求减少将在一定程度上抑制我国出口增长，但影响较为有限。关键还是，我国与发达国家之间的贸易摩擦不断增加，人民币汇率弹性机制重启以来升值压力不减，将在很大程度上对出口增长产生冲击，降低2011年的出口增幅。

2. 国内宏观调控政策转向，将对项目投融资产生重大影响

2010年我国宏观经济总体上延续了2009年二季度以来的强劲反弹，在1季度达到阶段高点后，呈现逐季回落和趋稳的态势（如图8所示）。然而，这种经济复苏态势仍然依赖于刺激性政策的延续和全球经济的回暖，具有短期性、脆弱性和多变性。从长期来看（如图9所示），改革开放以来，我国最近两轮的下行周期分别为6年和7年，1999～2007年一个较长增长周期积累下来的发展问题需要一个相对长时间的下行周期来化解，因此，此轮金融危机导致的经济下行周期较难在短短的1年半时间内产生逆转。在刺激政策逐步退出、房地产新政出台、地方投融资平台清理、经济转型存在难度等因素综合作用下，预计本年我国GDP增长将在10%左右，2011年将继续放缓到9%的水平。未来经济的总体趋势是平稳放缓，“二次探底”或“强劲增长”出现的可能性都不大。

2010年10月20日，三年来我国首次加息，人民币存贷款基准利率上调0.25个百分点，标志着我国宽松的货币政策开始收紧。本年以来，央行多次上调存款准备金率，创出历史最高水平。新增贷款规模也受到严格控制，争取实现全年7.5万亿的目标。宏观调控政策的转变虽然受到美、日等国量化宽松政策带来的人民币升值、热钱泛滥和输入性通胀的影响，但更主要的还是来自我国自身管理流动性和防止通胀的需要。

2011年是“十二五”规划实施的开局之年，“防通胀、保增长”将是宏观调控政策的主基调。积极的财政政策会继续深化，一方面抵御外部冲击，扩大内

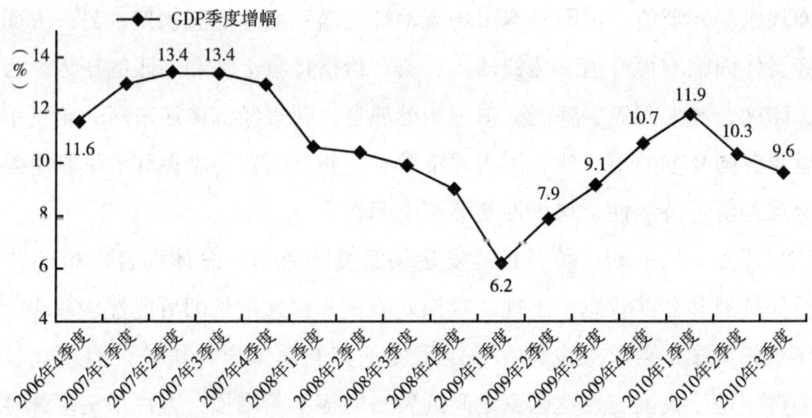

图 8　我国 GDP 季度增速（2006 年 4 季度～2010 年 3 季度）

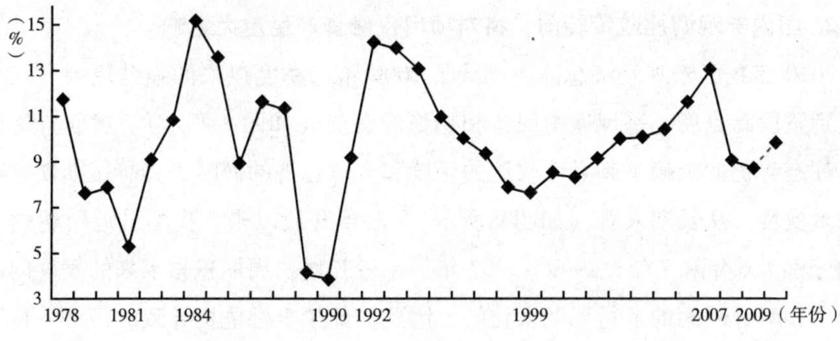

图 9　我国 GDP 年度增速（1978 年～2010 年）

需；另一方面加快经济向内需转型，加大财政向公共服务转变。货币政策将转向稳健，抑制通胀和投资过热，回收流动性，防范各种资产价格风险。流动性趋紧必将对 2011 年我市固定资产投资增速产生影响，不利于重大工程和重大项目的投融资。

3. 物价上涨压力较大，通货膨胀可能超出预期

7 月份以来，我国连续 4 个月 CPI 指数同比上涨超过 3%，10 月份更达到 4.4%。针对以农产品为主的生活必需品价格过快上涨，11 月 21 日，国务院出台了稳定物价的 16 项措施。2011 年，推动物价上涨的因素仍然较多，控制 CPI 涨幅在 4% 以内可能成为政策目标，但实际通胀水平可能超过人们的预期。

首先，宏观经济虽然总体趋缓，但金融危机以来大量投放的货币却难以短时

间内收回。上年 9.5 万亿元和本年 7.5 万亿元的新增贷款，以及增速大幅超出 GDP 的广义货币（M2）和狭义货币（M1）等前期积累的大量流动性仍需要一个消化过程。其次，粮食价格受种粮成本提高、工业用粮需求增加、国际粮食价格上涨等因素影响，次年仍可能继续上涨，肉、蛋产品价格也将继续保持恢复性上涨态势，成为食品价格上涨的推力。再次，主要发达国家维持宽松货币政策，美元等主要货币汇率持续走弱，推动国际大宗商品价格上升，带来工业品价格上涨压力和输入型通胀。最后，资源、要素成本上涨对物价构成长期向上压力，劳动力工资上涨、收入分配改革和资源类产品价格改革等将增加成本推动型通胀压力。

4. 清查和规范地方投融资平台，防范信用风险

2009 年至今，中国经济在全球范围内率先复苏，地方政府融资平台发挥了重要作用。据初步统计，省、地、县各级地方政府约 8000 家融资平台，约有 7.6 万亿元银行贷款，其中相当部分蕴藏着产生银行不良贷款的巨大风险。为此，2009 年 7 月份，银监会开始对地方政府融资平台进行大范围调研；2010 年 2 月，银监会要求商业银行对地方融资平台存量贷款进行逐笔清查；6 月，国务院下发《关于加强地方政府融资平台公司管理有关问题的通知》；8 月，财政部、发改委、人民银行和银监会四部委联合对地方政府融资平台进行清查。

目前，对地方政府融资平台的清查整顿，银监会要求商业银行按照现金流量覆盖比例将地方融资平台贷款划分为全覆盖、基本覆盖、半覆盖和无覆盖四类处置。其中大部分贷款将转化为正常的公司贷款，而现金流无法全覆盖的平台贷款要制定清收时间表，与地方政府协商追加有效担保，实施严格监控。平台贷款趋于严格将不利于项目建设，引起地方经济震荡，一些不规范的已开工项目很可能面临贷款和资金链中断成为半拉子工程，新开工项目将受到更严格规范的控制。

5. 房地产市场调控趋紧，房价可能步入下行通道

从 2009 年 11 月到 2010 年 11 月，针对房地产市场的一系列调控措施几乎从未中断，采取土地、金融、税收、行政等多种调控手段抑制投机需求，遏制房价过快上涨。其中，在 2010 年 4 月和 9 月底针对房地产市场的变化密集出台了两轮“房产新政”，限贷、限购、限外等“三限令”成为各地房地产调控的实施细则，房产税改革试点也有望逐步扩大到全国。可见中央政府调控楼市的坚强决心，不惜使用差别化的信贷政策、区域政策和行政手段。在楼市的轮番调控之下，房地产开发企业越来越谨慎，全国的土地市场持续遇冷，推出量和成交量双双下行。2010 年 10 月央行加息之后，更对房地产市场造成了不小的心理冲击。

城市化是未来我国经济增长的动力，而长期偏离居民收入大幅上涨的高房价是反城市化的，对此中央已经比较明确。因此，未来对房地产市场的调控政策必然趋紧，调控目标不会轻易改变。未来的政策重点将沿着恢复住房的消费属性和居住功能、实现经济“去房地产化”的方向发展；继续加强保障性住房的建设与管理，切实满足中低收入住房困难家庭需要；加强公共租赁住房研究，分层解决住房困难家庭的居住问题；严格执行差别化住房信贷政策，合理引导住房消费。预计 2011 年，房地产投资和开发速度将会下降，房价将重新进入下行通道。

6. 产业政策更偏重于结构调整，战略性新兴产业持续升温

“十二五”期间，国民收入分配制度改革、资源性产品的价格改革步伐将加快，从而导致劳动力工资、水、电、气、汇率等一系列要素或资源的价格形成机制发生重大变化，主要依靠市场机制推动经济结构调整和发展方式转变，这将对产业结构产生深远影响。未来中国产业领域的大格局将是，一方面抑制、淘汰、兼并重组那些“两高一资”产业中的弱势企业；另一方面推动战略性新兴产业领域内若干产业的发展。2011 年的产业政策也必然围绕这样的产业格局展开。

首先，十个重点产业调整和振兴规划将进一步从控制总量、淘汰落后、兼并重组、技术改造、自主创新等方面出台政策措施。其重点可能在于继续抑制部分行业的产能过剩和重复建设，引导新兴产业有序发展。对钢铁、水泥、电解铝、平板玻璃等产能过剩的传统产业严格控制新增产能，对多晶硅、风电设备、煤化工等重复建设的新兴产业进行合理引导，继续加快淘汰电力、钢铁等 13 个行业的落后产能。

其次，汽车产业政策很可能发生重大变化。汽车下乡、购置税优惠、节能补贴等汽车产业的优惠政策 2011 年很可能不再执行，车船税新政也增加了上调车船税的预期。因此，2011 年我国汽车业的高速增长态势行将结束，进入平稳发展阶段，汽车产业的结构调整和转型升级将越来越有利于新能源汽车及小排量汽车的发展。

再次，新能源、节能环保、循环经济相关产业将获得更大力度的财政支持。实施“金太阳”工程、节能与新能源汽车示范推广试点、十大重点节能工程、

城镇污水管网建设、生态环境保护和污染治理、节能产品惠民工程、家电汽车“以旧换新”等工作是未来财政支持的重点。节能减排的考核压力不减，能耗和排放标准日益提升，也有利于新能源与节能环保产业发展。

另外，2011 年上半年可能出台有关战略性新兴产业规划，未来战略性新兴产业将持续升温。本年 9 月，国务院明确了节能环保、新一代信息技术、生物、高端装备制造、新能源、新材料和新能源汽车等七个战略性新兴产业发展的重点方向。预计其中的节能环保、新一代信息产业、生物、高端制造业将率先成为支柱性产业，从而也应当是我们发展战略性新兴产业的主要着力点。

最后，从 2010 年 12 月 1 日开始对外资企业的城市维护建设税和教育费附加减免优惠政策被废除，加上 2008 年废除的外资企业所得税优惠政策，我国对外企的特惠时代已经终止。统一我国内外资企业税制，解决国内企业与外资企业间的不公正因素，将大大减少一些“假外资”现象，对今后的招商引资重点产生较大影响。

7. 区域政策回归均衡，各区域的重点更加突出

2009 年至今，国家布局区域经济的步伐加快，区域经济政策呈全面开花之势。各种类型的区域性政策、经济区规划、国家综合配套改革试验区、国家级新区等都上升到国家战略层面，几乎覆盖了我国大部分省份，而且还在继续丰富和完善。“十二五”规划将把区域规划放在更加突出和重要的位置，明确区域经济发展的战略、空间布局以及结构调整的重点和方向。未来区域政策总体上将回归平衡，关注不同区域的协调发展，缩小地区差距，但前提是在因地制宜发挥区域比较优势的基础上。因此，未来国家主要鼓励各区域根据自己的自然禀赋进行产业规划和引导，同时配合出台配套扶持政策，从而避免区域规划“地方化”，也避免全国规划“一刀切”。

2011 年，国家层面的区域政策仍将是宏观调控体系中的有效手段。其中，重庆“两江新区”建设内陆开放经济的重要门户以推动“中国模式”从外需带动到内需驱动转变；海南国际旅游岛国人离岛免税购物政策正式实施，均是区域政策的热点。面对区域经济版图逐渐形成各地争雄、百花齐放、动态均衡、协调发展的格局，我们要积极探索发展空间、推进主体功能区建设，争取在培育经济增长极、提高区域综合竞争力、提升对外开放能力和自我发展能力、探索区域管理先进模式等方面有所突破，成为国家区域政策支持的重点和亮点。

四 2011 年武汉经济发展的主要着力点

2011 年是“十二五”开局之年，各项政策要逐步实现由应对危机型向常规型的平稳过渡，按照“十二五”规划的战略部署，把更大精力放到经济结构调整和发展方式转变之上。面对国际国内趋紧的宏观经济形势，武汉要进一步加快工业化和城市化的发展步伐，继续深入推进“两型社会”综合配套改革和国家自主创新示范区建设，开放、发展和民生并重，增加城乡居民收入，着力控制物价水平，努力提升作为中部中心城市的集聚辐射和综合服务功能。

1. 抓紧实施“工业倍增计划”，努力扩大工业投资规模

2011 年是武汉“工业倍增计划”的起步之年，需要一系列组合拳为“十二五”期间实现“工业倍增”、“千亿产业”、“百亿企业”等发展计划奠定良好基础。

第一，着力发挥市级资金在扩大投资乘数中的引导作用和放大效应。市级财政能够用于工业投资的资金毕竟有限，只能作为财政引导资金以通过引导产业基金、创业投资、股权投资等吸引多渠道社会资金，扩大产业投资规模。通常财政引导资金的带动系数可以高达 1∶50，即 1 单位的财政资金通过风险补贴、投资补偿等无偿资助方式拉动和吸引更多的民间资本，最终能够形成 50 单位的产值规模。

第二，规范和整合各级政府投融资平台。除了财政引导资金外，工业基础设施建设所需资金大部分仍然需要通过各级政府投融资平台来筹集。在平台贷款日益趋紧的情况下，需要配合各商业银行对平台贷款的分类处置结果，想方设法追加有效担保，通过资产置换、债转股、股权转让等方式，妥善处置好担保、还本、付息工作。向主要投融资平台注入优质资产，减少其资产负债率，降低其运营风险，努力实现其规范化运作，确保重点项目的资金链完整，减少国家对地方融资平台清查可能引起的经济震荡。

第三，逐步从“产业招商”向“技术招商”和“资本招商”转变。各区在确定主要的产业发展方向之后，需要把重点放在如何提高招商引资和产业发展的质量，走规模和质量并重之路。因此，招商引资的着力点要逐步从项目招商向技术招商和资本招商转变。在各区及开发区层面，大力发展资本招商，通过政府投

融资平台进行大规模的资本融资，然后根据自身需要用融资资本支持重点产业发展和关键技术实现产业化。在市级层面，作为打造中部金融中心的一项重要内容，在有序承接沿海产业转移的基础上，努力把武汉打造成为中部地区最具吸引力的资本技术转移的承接地和中转站。

第四，注重吸引民间资本，激发民间资本投资工业的积极性。一方面，通过给予政府定价、融资担保、土地使用、投资补贴、税收减免等优惠政策吸引民间社会资金进入工业领域；另一方面，综合财政补贴、基金、贴息等多种方式，引导企业和社会力量加大投入，形成多元化、多渠道的工业资本投入体系。

2. 组织实施“产业创新工程”，统筹发展战略性新兴产业和传统产业

推进“工业强市”战略，2011 年需要有针对性地实施“产业创新工程”，统筹新兴产业和传统产业，进行目标锁定，扶持若干重点产业和重点企业，提升产业发展质量。

第一，在战略性新兴产业中着手启动生物、新一代信息技术、高端装备三个具有发展基础和潜力的产业。与即将出台的国家战略性新兴产业规划相对接，在整体推进战略性新兴产业发展的同时，通过创业投资引导基金、产业基金等引导多渠道的社会资金向新一代信息技术、生物和高端装备的重点企业和重点项目集中，尽快形成规模效应和产业优势。

第二，在传统产业中，大力推进汽车零部件、石油化工、临空制造、节能环保装备、电缆电器等未来形势较好的行业发展。本年汽车产业产值将突破 1000 亿元，占武汉规模以上工业总产值的比重上升到 18% 以上，但其规模和质量都还有很大的提升空间，尤其要注重提升核心关键零部件的制造能力和汽车零部件的本地配套率。石油化工方面要加快 80 万吨乙烯及其配套工程建设，按照“2012 年底建成、2013 年投产”的目标，带动石化产业在 2015 年形成千亿元规模。电缆电器行业要抓住国家推进“智能电网”建设，以及“家电下乡”、“以旧换新”等促进政策，继续扩大规模，满足市场需求。临空制造产业要紧跟未来航空航天产业发展趋势，节能环保装备产业要跟踪国家对节能环保的实施标准，研发制造符合能效或环保要求的设备。

第三，大力发展都市时尚产业，带动文化创意、设计研发等新兴服务业进步。对于纺织、家电、家具、食品、工艺品等与民众日常生活息息相关的产业，要从提升文化品位和功能集成的角度，促使这些产业由低端向高端转型，向都市

时尚消费靠拢，满足未来广大消费者为提升生活品质而对外观性能、科技环保、时尚特色等方面的个性化需求，同时带动外观设计、科技研发等新兴服务业发展。

3. 灵活应用国家战略，谋求城市战略与国家战略的无缝对接

“十二五”国家的区域政策总体上回归平衡，更加关注不同区域的协调发展。要站在国家战略地方化和地方战略国家化的高度上，在因地制宜发挥区域比较优势的基础上，谋划城市的发展战略、空间布局以及结构调整与国家战略的无缝对接。

第一，东湖国家自主创新示范区要在相对集中和适度分散方面积极探索。目前东湖国家自主创新示范区的未来十年发展规划和产业规划已经初步完成，应当按照规划目标抓紧落实。东湖高新区作为示范区的承担者，仍然欠缺全球性的视野、开放型的思维、世界一流的标准和“国际化”的氛围。因此，要通过创新体制机制，接轨国际规则，优化软环境，引导人才、技术等高端创新要素集聚，来抢抓产业价值链高端，加快东湖高新区的主导产业融入全球产业价值链的分工合作体系，提升自主创新能力和国际竞争力。在相对集中的同时，也要根据自身发展的需要，进行适度分散，扩大政策覆盖面，积极发挥扩散效应。例如，允许有条件的省级开发区、都市工业园作为示范区的拓展区域，共享某些优惠政策，实现国家级优惠政策的拓展；引导示范区内不符合发展要求的企业外迁；引导示范区内的龙头企业根据用地需求、技术水平、发展规模、产业链定位等要求向拓展区布局。

第二，通过加速城市圈市场一体化步伐带动“两型社会”建设综合配套改革。在“两型社会”建设和区域发展中，武汉要发挥中部中心城市的重要作用。目前，基础设施已经比较完善，制约市场一体化的硬件因素基本上已经扫除，下一步必须在城市圈市场一体化方面加大力度，如主动取消与远城区和周边城市的公路收费站，推进区号共用、取消漫游费等通信同城。这是引导资源优化配置和发挥中心城市作用的关键一步，需要更具超前眼光和果敢魄力。只有产品、人才、技术、信息、资本等市场趋于一体化，才能真正实现以市场力量推动产业布局，做到产业“有所为，有所不为”。目前，城市圈产业双向转移困难，青山、阳逻和鄂州大循环经济区启而不动，城市圈开发区之间的共建缓慢等问题归根结底都是市场一体化滞后的结果。

第三，以江汉区全国服务业综合改革试点为契机，加快完善武汉服务业对城市圈和中部地区的辐射功能。2010年8月，国家正式批准江汉区进入首批全国服务业综合改革试点区，着力打造武汉城市圈及中部地区的金融中心、现代物流管理中心、企业总部经济中心、会展服务中心、中介服务中心、都市时尚中心等六大区域性服务业中心，积极探索建立与现代服务业中心相适应的投融资机制、土地资源管理体制、服务业创新机制、开放合作机制、政策扶持机制、统计考核机制、人才支撑机制、行政管理和社会管理体制等八大体制机制。要以此为契机，面向全国、立足中部、以点带面，加强武汉现有几个重要服务业功能区（如王家墩中央商务区、武昌滨江商务区、汉口沿江商务区等）建设，逐步建立起以服务经济为主的产业结构，发挥特大中心城市高端要素集聚功能和综合服务功能。

4. 协调推进重点功能区建设，做到产业和功能双落地

目前，全市的重点功能区比较多，其中大部分的功能和主导产业都十分明晰，但也存在着一些功能重叠和恶性竞争的问题。如，王家墩中央商务区、武昌滨江商务区和汉口沿江商务区之间，汉口北商贸物流枢纽区和汉正街商贸旅游区之间，在功能上或多或少相互重叠，如何在全市范围内进行统筹协调，防止产业同构和恶性竞争，做到聚焦明确、突出重点、有所为和有所不为，实现产业和功能双落地，仍然是一个有待解决的问题。

以海关特殊监管区域为例，武汉已有沌口出口加工区、东西湖保税物流中心（B型），东湖综合保税物流区也即将获批，黄陂临空经济区也在积极申请空港保税物流区。其中，前两个偏重于出口加工和保税物流，与口岸的关联度较弱，而后两者与口岸的关联度十分紧密。东湖综合保税物流区由流芳园区的陆路和阳逻港园区水路两部分共同组成“一区两地”的形式，黄陂空港保税物流区主要依托天河机场。未来这四个功能区将同为海关特殊监管区，如何实现“区区联动”和“区港联动”，意义重大。可以借鉴上海市政府的做法，建立海关特殊监管区域联席会议制度，由分管副市长任召集人，定期召开会议，及时了解海关特殊监管区域的工作情况、工作进度及存在的问题，研究全市海关特殊监管区域的发展战略、目标和任务，协调特殊监管区域的规划、建设、管理和政策支持，推动海关特殊监管区域有序发展，使海关特殊监管区域形成一个产业相连、综合协调的有机整体。

5. 统筹轨道交通和新城新镇建设，大力推进城乡融合发展

通过新型城市化带动新型工业化，重点突出地铁、轻轨、城铁等轨道交通的沿线建设，以发挥其促进城乡融合发展和提升城市生活品质的重要作用。

一方面，结合高速铁路和城际铁路对区域发展格局带来的新变化，充分利用出此产生的日益紧密的人流、物流、信息流，在重要节点及其沿线大力发展商贸服务业和生活定居点。尤其要在地铁或轻轨的站点出口多建大型商业设施。

另一方面，在“多轴多中心”的城市空间布局中，对新城新镇建设超前规划部署，在新城组群宜多建商业中心、主题公园等商贸和娱乐设施，分散中心城区的部分功能，减少拥挤和交通问题。

B.2

2010～2011年武汉社会形势分析与预测

武汉市社科院课题组*

摘　要：2010年是个承上启下之年，它既是武汉市“十一五”规划收官之年，又是“十二五”规划谋划之年。这一年武汉市经济社会发展取得了快速发展，表现为六个方面：经济增长持续快速，改善民生成效显著，社会保障全覆盖，城乡差距不断缩小，社会事业发展迅速，服务型政府建设取得新进步。与此同时也面临着挑战，表现为：与经济快速增长相比，居民收入增长缓慢，水平偏低；社会事业管理体制改革滞后；市政建设进入高峰期，交通成为市民心中的堵点；空气污染严重，碧水蓝天相距甚远；自主创新实验区落户武汉，但“创新武汉”建设任重道远。2011年是新一个五年规划第一年，抓住规划的纲，科学规划难点和重点，以民生为主任，以提升市民幸福为目标，武汉市的社会发展将会走上科学发展的道路。

关键词：社会预测　创新武汉　社会保障　社会管理

2010年是一个承上启下之年，它既是武汉市“十一五”规划收官之年，又是“十二五”规划谋划之年。这一年武汉市经济社会发展取得了快发展，同时也面临着经济社会发展带来的挑战。

一　2010年武汉市社会形势基本状况

（一）经济增长持续快速，居民收入增加平稳

统计数据显示，2010年全年GDP达5515.76亿元，比上年增加14.7%，是

* 课题负责人：黄红云；课题组成员：张玉、夏毓婷。

2005年的2倍多，增幅创近14年来新高。“全口径财政收入”达1416亿元，增幅40.9%，是2005年的3.64倍；“地方财政收入”达814.04亿元，增长52%。在武汉市主要经济指标快速增长，提前完成“十一五”目标的同时，有一项重要指标却在下降——到2009年，全市万元GDP能耗累计降幅达18.29%。

截至2010年12月底，武汉市规模以上工业增加值1941.33亿元，比上年增长21.7%。2010年武汉市全社会固定资产投资3753.17亿元，比上年增长25.1%；社会消费品零售总额首次超过2500亿元，达2523亿元，同比增长19.5%；2010年居民消费价格指数同比上涨3.0%，比全国平均水平低0.3个百分比。

全年城市居民人均可支配收入20806.32元，比上年增长13.2%；人均消费支出14490.07元，增长14.0%。其中，食品支出5367.36元，增长5.0%。人均住房建筑面积31.85平方米，增加0.97平方米。每百户拥有家用汽车7.6辆，电脑70.4台，空调148.0台，移动电话176.4部。

全年农民人均纯收入8294.81元，比上年增长15.8%。人均消费支出5630.98元，增长14.9%。其中，食品支出2329.34元，增长12.7%。人均居住面积48.77平方米，增加1.09平方米。每百户拥有摩托车53.3辆，彩色电视机134.0台，电冰箱86.1台，洗衣机73.4台，空调64.7台。

（二）社会发展全面迅速，改善民生成效显著

社会发展和改善民生是武汉“两型”社会建设的出发点和落脚点。最近五年，武汉发展进入快车道，政府提供公共服务的能力也得到极大提升。2006～2010年，武汉市政府承诺每年为武汉市民办十件实事，五年五十件实事，涉及住房、教育、医疗、社会保障等方方面面，2010年，武汉市政府又实实在在办了十件实事。

1. 2010年“十件实事”具体内容

2010年市政府在上年投入138163万元的基础上，又投入146329万元，为武汉市人民办了十件实事。①建设“市民之家”。②改善市民出行条件。③实施“武汉通”便民工程。④保障低收入家庭廉租住房。⑤推进老城区社区物业和环境管理提档升级。⑥改善农民生产生活条件。⑦改善农村义务教育办学条件。⑧提高“平安武汉”保障水平。⑨改善老年人生活条件。⑩关爱残疾人生活。

2. 实事关注重点对象在弱势群体

梳理办理实事聚焦一个词——“民生”。具体说来，实事选点离不开“食、住、行、文、教、卫、体”几字，离不开“学有所教、劳有所得、病有所医、老有所养、住有所居”的民生追求。改善民生，市政府坚持“普惠”与“扶弱”并举，“十件实事”重点关注两类人：普通市民，困难群体。例如改善中低收入家庭的住房困难，连续 5 年纳入“十件实事”。5 年来，全市共投入经济适用房开工总面积达 1099.09 万平方米，公开登记和摇号销售经济适用房 68953 套，落实廉租房房源 40259 套。5 年来，住房保障政策享受条件不断放宽，10 万余户中低收入家庭受益。

3. 实事的顺利实施得益于财政的高投入

2010 年市政府承诺的十件实事进展顺利，年内均可如期完成，财政投入也创历史新高，达到 14.63 亿元。2006～2010 年，政府共投入 49.35 亿元，2010 年的财政投入是 2006 年财政投入的四倍。从 2003 年以来，市政府年年确定为市民办十件实事，计划单列，一直坚持，始终围绕“保障和改善民生”主题。

4. 实事的实施体现政治民主性、科学性的进步

十件实事年年如期完成，给城市和市民带来的变化有目共睹，也具体细微地体现了政府执政为民的理念。市长与网民在线交流，直接听取群众建议，开武汉“网络问政”风气之先。本年再进一步：“十件实事”连同《政府工作报告》中其他主要目标任务，被细化分解为 280 项工作，在网站上每月通报办理进度，接受社会监督。这一政务公开之举属全国首创。政府征集和办理实事的过程，同时也是城市走向开门决策、民主决策的进步写照。十件实事既是具体事务，也是政府与市民良性互动的一个平台。一件件政府为民承诺之事，还寄托着政府自身职能和观念转型的时代重大议题，推动着社会政治经济的整体进步。十件实事听取民意、采纳民意，并且公开实事办理进度，接受社会监督，这种公开透明的做法，拉近了政府与市民的距离，为政府决策的民主性和科学性加分。民主决策是科学决策的前提，最大限度地公开、透明和尊重民意，将能使政府决策更为精准，实事更具针对性，从而获得市民更广泛的信任与支持。民生是政府责任，民意是决策来源，民心是检验标准，通过十件实事的征集与办理，城市政府展示了身子向下沉、眼睛向下看、劲往下使的施政新气象、新理念，它不仅带来巨大的现实成果，也具有深远的意义，成为宝贵的城市财富。

（三）社会保障全覆盖

截至2010年12月底，全市城镇登记失业率为4.1%，控制在政府工作报告要求的4.6%以内。同期对新产生的“零就业家庭”100%实行帮扶就业。全市完成下岗失业人员再就业5万人，占全年目标4万人的125%。共帮扶困难人员再就业2.1万人，占全年目标1.3万人的162%。全年共发放小额担保贷款4.34亿元，扶持劳动者自主创业成功2.5万人，带动就业8.5万人。全市全年共组织各类职业技能培训29.2万人次，完成全年目标26.5万人的110%。全市全年城镇新增就业人数14.8万人，完成全年目标13.5万人的109%。全市全年共转移农村劳动力就业6.62万人，完成全年目标6.6万人的101%。

城镇职工基本养老、基本医疗、失业、工伤等社会保险制度进一步健全，建立了居民医保、新型农村社会养老保险和生育保险制度。社会保险总参保人数从2005年的479万人次，增加到2010年的1142.8万人次。全市统筹范围内企业离退休人员月人均基本养老金由2005年的580元提高到2010年的1268元，失业保险金月发放标准由280元提高到630元。社会救助体系日益完善，五年累计发放低保金18.6亿元。2010年武汉市城镇职工基本养老保险净增参保18.8万人，完成全年目标5万人的376%；基本医疗保险净增参保24.5万人，完成全年目标10万人的245%；失业保险净增参保14.3万人，完成全年目标5万人的286%；工伤保险净增参保15.9万人，完成全年目标10万人的159%；生育保险净增参保14.5万人，完成全年目标10万人的145%。

通过实施“一增、两降、三提高”等政策，全面提高了城镇基本医疗保险待遇水平，全市500多万参保人员都能享受新的医保惠民政策。符合中央财政补助资金政策的困难企业退休人员已基本参保。另外，符合武政办〔2006〕111号和武政办〔2008〕182号文件规定范围的531户市、区属国有、集体困难企业的8.24万名退休人员通过财政借款参加了基本医疗保险。全市新型农村社会养老保险试点单位共有参保人数59.6万人，收取保费1.81亿元，领取保费人数15.15万人，发放基础养老金1.05亿元。2010年在汉94所高校科研院所的82万在汉大学生参加居民医疗保险。居民医疗保险运行正常。“城中村”村改居养老人员的养老保障标准每人每月增加60元，全市企业退休人员基本养老金月人

均增加131元。另按湖北省卫生厅2010年9月10日视频会议部署，全市企业退休人员每人每月再增加基本养老金15元。

（四）农村发展模式创新不断深化，城乡差距不断缩小

1. 大力发展现代都市农业

坚持以农民增收为核心，大力发展高产、优质、高效、生态农业和旅游观光农业。新增农产品正规化基地65万亩。国家级农业标准化示范区达到14个。规模以上农产品加工业总产值达到950亿元，比2005年增长154.7%。农业产业化农户覆盖率达到61.7%，比2005年提高9.8个百分点。

2. 着力改善农民生产生活条件

第一阶段“农村家园建设行动计划”全面完成。农村公路通车里程突破1万公里，远城区与中心城区快速连通道基本建成。所有建制村实现通水泥路、通电话、通有线电视、通宽带网络。加强农村水利基础设施建设，全市农田有效灌溉率由“十五”末的74.4%提高到77%。全面实现农村安全饮水目标，累计解决226万农村人口饮水安全问题，农村自来水普及率达到95%。农村无力自建房户危房改造任务全面完成。城市机关、单位与农村建制村实现“城乡互联、结对共建”全覆盖。

3. 农民收入有较大提高

2010年武汉市积极贯彻落实中央、省、市一号文件精神，以拓展农村新型工业化为抓手，大力推进都市农业发展，确保农村经济和农民现金收入较快增长。据700户农村住户抽样调查显示：2010年武汉市农民人均纯收入突破8000元，达到8295元，同比增加1134元，增长15.8%，增幅与全省持平，高于全国0.9个百分点，高于上年3个百分点。从纯收入结构看，人均工资性收入3618.8元，同比增加580.7元，增长19.1%，对收入增长贡献率达51.2%；家庭经营纯收入4018.4元，增加349.3元，增长9.5%，对收入增长贡献率为30.8%，其中，一产业纯收入2977.7元，增长7.3%；二产业纯收入303.5元，增长15.1%；三产业纯收入737.3元，增长17.1%。财产性收入246.4元，增加44.4元，增长14.9%，对收入增长贡献率为3.9%；转移性收入411.2元，增加159.4元，增长63.3%，对收入增长贡献率为14.1%。

（五）社会事业发展迅速

1. 各级各类教育加快发展

全面实行城乡免费义务教育。义务教育学校教师绩效工资改革全面完成。推动基础教育均衡优质发展。建成79所小学素质教育特色学校、202所初中标准化学校和171所农村寄宿制学校，优质高中在校生比例达到72.8%。职业教育振兴工程深入实施。武汉地区高等教育综合实力不断增强。促进和维护教育公平，累计资助困难大中小学生174.5万人次，资助金额8亿元。进城务工人员随迁子女入学问题得到妥善解决。

2. 医疗卫生服务水平进一步提高

推进医药卫生体制改革。完善基层医疗服务体系，中心城区基本实现社区卫生服务网络全覆盖，完成了84家乡镇卫生院和1807个村卫生室标准化建设任务。新型农村合作医疗制度全面实施。四级公共卫生服务网络基本建成，禽流感、甲型H1N1流感等重大突发公共卫生事件得到有效防控。在68家基层医疗卫生机构实施基本药物制度试点。开展了公立医院改革试点。全市医疗机构床位数从2005年的3.7万张增加到2010年的4.8万张。中部医疗服务中心建设取得初步成效。

3. 文化体育事业日益繁荣

成功举办第八届中国艺术节、第六届全国城市运动会，武汉国际杂技艺术节、国际渡江节、国际赛马节品牌效应不断扩大。琴台文化艺术中心、中山舰博物馆、武汉全民健身中心等一批大型文化体育设施建成投入使用，羽毛球馆、游泳馆、健身馆等群众健身场所逐渐普及，本市文体基础设施整体水平显著提升。一批文化艺术、新闻出版精品获国际国内大奖。群众性文体活动蓬勃开展，市民文化生活日益丰富。

4. 民主法治和精神文明建设不断加强

推进法治政府建设。市政府提请市人大常委会审议地方性法规26件，制定政府规章45件。认真执行市人大及其常委会决议，自觉接受市人大的法律监督和工作监督；积极支持市政协履行政治协商、民主监督和参政议政职能。人大议案、代表建议和政协建议、提案7826件全部办结。“五五”普法工作圆满完成。全国文明城市创建工作扎实开展。

5. 人口与计划生育工作不断加强，低生育水平保持稳定

“平安武汉”建设深入推进，社会治安综合治理、食品药品监管进一步加强，安全生产态势保持平稳，信访稳定工作扎实开展，和谐社区建设成效明显，国防教育、国防动员和“双拥”工作取得新成绩，连续 4 次荣获“全国双拥模范城”。国家安全、民防、消防、仲裁、保密、参事、气象、文史、档案、民族、宗教、侨务工作得到加强，妇女、儿童、老龄、残疾人工作取得新进步。

（六）服务型政府建设取得新进步

1. 新一轮政府机构改革全面完成

“两级政府、三级管理”体制逐步完善，向区下放投资、城市建设管理等 8 类、35 项审批权限。完善公共服务职能，着力提升行政效能。49 个部门向社会公开作出 254 项服务承诺，14 类公共服务窗口延长服务时间。深入开展服务企业活动，切实为企业排忧解难。区级政务服务中心规范化和市直部门审批窗口建设全面推进。电子政务系统不断完善。坚持从严治政，加强审计监督，推行行政效能电子监察，广泛开展行风评议活动，严肃查处行政过错案件 285 件，546 人受到责任追究。

2. 投资环境综合整治全面展开

继续进行投资环境综合整治，已组织开展 8 次集中暗访，涉及 23 个行政机关及基层站所，直接调查处理重要投诉 8 件，均办理完毕。从本年 9 月至次年 6 月，分动员部署、集中整治、考核总结三个阶段，重点围绕法制环境、政务环境、市场环境、社会环境 4 大类的 14 个方面集中清理和整治存在的突出问题，确保政策宽松、公开透明、落实到位，确保服务优质、行政高效、执法规范，确保公平竞争、服务配套、发展有序，确保以人为本、便民利民、环境优良。

3. 大城管格局基本形成

从 2010 年 7 月起，武汉市城管委办公室委托社会第三方调查机构，采取对称、暗访和随机的检查方式，借助拍照、摄像等手段，对武汉市市容环境进行检查和考核考评。5 个月来，市城管委办公室每月对各区城市管理的综合排名情况进行通报，并对各区存在的城市管理问题予以曝光，极大调动了各区对城市综合管理工作积极性。武汉市城管委办公室相关负责人称，目前正在运行的第三方评估已基本达到公开、公平、公正考评市容的效果。为推进第三方考评

工作持续、高效开展，市城管委办公室决定面向全国招标更有实力的第三方调查机构。

二　主要问题

（一）与经济快速增长相比，居民收入增长缓慢，水平偏低

本年武汉 GDP 增幅 14.7%，是近十年来的高增幅年份之一，人均月收入约为 1733 元。近三年来，武汉市 GDP 增幅都接近或超过 15%，但武汉市居民薪水却远没有 GDP 涨得快，并且长期以来武汉市居民收入水平在全国处于偏低水平①。

以武汉市 2010 年 10 月、11 月居民消费价格为例，武汉市居民消费价格环比上涨 0.4%；同比上涨 3.5%，增幅比上月扩大了 0.2 个百分点；1~10 月累计同比上涨 2.8%，环比价格连续 4 个月上涨。武汉市居民消费价格从 7 月开始已连续 4 个月上涨，10 月份，环比价格上涨 0.4%，涨幅与上月持平。构成武汉市居民消费“八大类”商品价格同比呈“七涨一降”态势。其中涨幅排在前三位的是食品、居住、医疗保健和个人用品类，价格分别上涨 6.4%、4.9% 和 4.3%。家庭设备用品及维修服务类价格上涨 2.6%，衣着类上涨 1.6%，烟酒及用品类上涨 0.8%，交通和通信类上涨 0.2%；娱乐教育文化用品及服务类下降 0.1%。

11 月，CPI 同比上涨 4.2%，比全国平均涨幅 5.1% 低了近一个百分点，蔬菜的大量上市及低价销售对抑制 CPI 上涨起到了不小的作用。11 月武汉市场上八大类商品“六涨两跌”，食品涨幅最高同比上涨 8.4%，其次分别为居住类商品、家庭设备用品及维修服务、医疗保健和个人用品、衣着、烟酒及用品，而交通和通信类商品、娱乐教育文化用品及服务价格略有下降。数据表明，食品价格上涨仍然是推高武汉 CPI“破四”的主要因素。数据显示，武汉上月食品价格同

① 2010.1.29 日《武汉晚报》消息：市发改委在分析经济形势时，披露了武汉综合经济指标在全国的排位：武汉与全国同类城市相比，固定资产投资高、社会消费品零售总额高，但居民收入相对较低。武汉固定资产投资在全国排行第五，在副省级城市中排行第三；社会消费品零售总额达到上海、北京、深圳、广州等全国一线城市水平。不理想的是居民收入水平，武汉市城镇居民可支配收入在 19 个副省级城市中排在倒数第五。

比上涨了 8.4%，仍然是拉动 CPI 高涨的主要动力。本年 1~11 月，武汉 CPI 涨幅达 2.9%，离 3% 警戒线已非常接近。

有关部门统计数据显示，武汉市城乡居民的收入一直在以两位数速度增长。然而，居民收入基础数据远远落后于能源价格和资源价格水平，能源类价格不断上涨，生产生活时时刻刻都在消耗它。居民收入水平以年为单位计算，而能源价格和生活必需品以天和小时为单位计算。这种比例极不协调的增长导致居民实际收入严重偏低。在我国能源类价格和房价与西方接轨，居民收入却比西方国家差了几十倍。这种收入分配的不平衡引发了社会矛盾和利益冲突，经济发展不协调很容易发生。

在我国，食品是居民主要消费支出项目。目前，我国的恩格尔系数为 40% 左右，而美国等发达国家的恩格尔系数大都在 20% 以下。因此，食品价格的波动会对居民的实际收入或实际购买力产生重大影响。从武汉市 2010 年 10 月和 11 月统计数据来看，在本次的物价上涨过程中，食品价格上涨扮演了主力军角色。居住类价格指数同样是导致物价上涨的另一个推手。虽然房价并未计算在内，但事实上购房款在整个居民储蓄和实际收入中占有相当大比重。而随着房价的飙升，居民的实际可支配收入大大降低，更出现了一批规模庞大的“房奴”。这部分人对价格更为敏感，这也是他们对物价上涨的承受力下降的重要原因。居民收入偏低导致的不仅仅是民众买不起房子，还有居民对医疗和社会保障的担忧。有专家指出，制约公众工资增长和消费“感觉”的，不单是收入和消费的绝对增长幅度，还有住房、养老、医疗、教育等公共产品供给与保障。

收入分配不公也是目前物价上涨承受力总体下降的根源。目前中国的收入分配差距已经达到“高度不平等”状态，10% 的富裕家庭占全部财产的 45%，而最低收入 10% 的家庭其财产总额只占全部居民财产的 1.4%。同样的物价上涨幅度，对富人来说也许算不上什么，但对于广大中低收入阶层来说，无异于雪上加霜。GDP 和政府财政收入的快速增长似乎与广大老百姓并不相关，老百姓所关注的是自己工资的增长是否落后于 GDP 的增速。而统计数据又表明，恩格尔系数在回升，普通居民拿更大比例的收入来支付日常生活必需，幸福感在下降，生活质量在下降。

（二）社会事业管理体制改革滞后

“十一五”期间武汉市社会事业管理体制改革取得一定成就，但与完善社会主义市场经济体制的要求相比，社会事业管理体制改革总体仍显相对滞后，社会事业的发展已满足不了市民日益增长的精神文化的需求。社会事业管理体制的改革仍停留在机构撤并、人员精简这一层面，必然存在诸多问题。

1. 改革存在思想阻碍

长期以来，事业单位不仅在人员、资产、业务等方面与政府部门有密切关联，而且在管理、待遇等方面基本等同于国家机关。事业单位改革不像企业改革已经在全社会达成共识。对于事业单位体制改革，一些领导机构存在有没有必要改、要不要改、怎么改的思想问题；而对于事业单位职工而言，实质性的产权和职工身份改革将彻底割断事业单位与政府的种种关系，进入市场参与竞争，各种既得利益将重新分配，观念转变更加困难，改革难度更大。人们的观念没有转化到位，就不可能自觉地进行或者接受改革，改革阻力可想而知。

2. 改革缺乏整体规划

近些年来武汉市对部分事业单位实施了企业化转制或企业化管理，但对企业化转制或企业化管理的事业单位选择，并不是建立在统一规划，科学分类的基础上，而是更多地依据机构自身市场生存能力。结果是，一些承担社会公益职能，事实上不应市场化、企业化的机构被推向市场；一些本应作为营利性市场主体存在的经营性机构仍存在于事业单位之中，结果是既扰乱了正常的市场经济秩序，又使得社会事业盘子过大，政府财政负担过重，而真正具有社会公益性的事业却难以得到足够支持。

3. 改革缺乏配套政策

人事、产权、社会保障、土地资源、财政经费供给、劳动关系等方面的相应政策不成熟，导致改革工作难以取得实质性成效。推动社会事业改革的工作机制，诸如培育相关市场运行机制、投融资机制、国有资产监管机制以及相关单位人员养老、医疗等保险关系的协调机制尚未建立或健全，导致改革工作难以有序推进。

（三）市政建设进入高峰期，交通成为市民心中的堵点

近年来，武汉市正处于大建设、大发展的关键时期，全市大小工地5000余个，由此带来的交通拥堵、施工渣土污染等问题，给市民生活和市容环境带来不小影响。至上年，武汉在副省级城市中的GDP排名到达第五，人均道路面积却

仅排位 14。城市道路的功能性设施明显落后。根据建设部要求，城市公共交通的出行率要达到 30%，武汉仅有 23%。关键就在于地铁、隧道等大运量交通线路少。不仅如此，武汉市中心城区从 20 世纪 90 年代建设大道一带，到本世纪初已转战发展大道，现在已向三环延伸。道路建设始终跑不赢迅速膨胀的机动车增量。2005～2008 年，全市一共新增 13 万辆机动车，其中还包括摩托车。2009 年一年，全市新增机动车的总和与过去 4 年持平，总量突破百万辆规模。目前，武汉轨道通车线路仅 28.5 公里，上海地铁长度已达 400 多公里，广州也有 200 多公里。地面建桥，地下修地铁，快速路与轨道两种工程同时新建齐头并进。本已脆弱的交通网线增加负载，武汉"阵痛"注定重于其他城市。1993 年至 2010 年的 18 年间，政协委员共提出了 1935 件事涉"出行"的提案，而本年的这类提案就有 73 件，占已提交的 472 件提案的 15% 左右。近年来，随着本市经济高速发展，道路基础设施建设有了长足发展，形成了环线加放射的城市道路网格局，基本满足了不断增长的道路交通需求，城市交通环境和城市整体功能得到明显提升。尽管如此，交通不畅问题仍然十分严重，堵车已成普遍现象。主要原因有：一是道路建设跟不上车辆增长的需要；二是过江交通通道堵塞；三是外交通的通道堵塞；四是市中心区交通堵塞；五是我市正处于大建设、大发展时期，高铁、地铁等建设对本来拥挤的道路交通增加了更多的拥堵。除上述特征外，相对于全国大城市，武汉道路交通也同样存在着普遍性的交通问题，如公共交通结构不合理，轨道交通通车里程仅 10 公里，公共交通主要以常规公交为主，运输方式较为单一，依赖常规公交难以满足日益增长的交通需求；停车场的建设不能满足日益增长的停车需求；交通管理手段落后，技术含量不高。

面对上述情况，市政府采取相应对策。武汉交通"十二五"规划提出，实现二环以内 90% 机动车出行时间不超过 30 分钟。基本建成主城内快速路交通网络。至 2015 年快速路总里程达 270 公里；规划提升 77 公里主干道为快捷路，增加快速路系统的覆盖率，主城内形成"三环六联十二射"的快速路网络格局。在建成 5 条轨道线路总里程 146.5 公里轨道交通网络基础上，开通快速公交和公交快线，提高高效率公交设施覆盖率，实现都市发展区 90% 居民公交出行时间不超过 60 分钟。"十二五"期间，将组建交通信息平台，不仅对全市的交通状况统一监控，还能查询到所有跟交通有关的数据信息，全方位"诊治"武汉的交通病。

相关分析表明，中国大城市交通拥堵主要有两个时期，一是20世纪80年代中期，是由交通基础设施长期建设不足引发的拥堵；二是20世纪90年代至今，主要是由机动车快速增长与交通设施滞后的矛盾引发。政府财力有限，交通建设是一个过程，尤其是重大特大设施建设不可能一蹴而就。

（四）空气污染严重，碧水蓝天相距甚远

武汉两年多的两型社会建设取得了不错的成绩，尤其是在水网改造、污水处理、绿色出行、节能减排、循环经济等方面。但是与民众的期待仍有很大差距，离“天蓝水绿、富足和谐”的理想社会还很远。武汉的空气污染还较为严重，前5个月空气污染指数仍高达80%；垃圾处理仍是个大问题，生活垃圾无害化处理率仅有80%，城市污水集中处理也未全覆盖；节能减排遭受技术瓶颈。目前武汉市大气污染类型正在由煤烟型向煤烟型与机动车排气污染混合型转化。机动车排放污染已是城市空气污染的主要“贡献者”，排放的污染物多达上百种，主要污染物有一氧化碳、氮氧化物、碳氢化合物、细微颗粒物等。据测算，本市机动车和过境车辆年污染物排放总量40多万吨。其中，一氧化碳约32万吨，碳氢化合物约5万吨，氮氧化物约4万吨。来自环境局数据显示，2010年武汉市机动车污染物排放总量达到45万吨左右。武汉市自2000年开始实施空气质量日报以来，可吸入颗粒物（PM10）一直是大气环境中的首要污染物。近几年来，机动车尾气产生的交通污染在环境空气中的分担率居高不下，若考虑与机动车相关的道路交通扬尘引起的排放，其分担率占40%、氮氧化物占20%、一氧化碳占63%以上。机动车排放的氮氧化物、细微颗粒物、硫化物是造成酸雨、雾霾等自然气象甚至灾害的重要原因。截至2010年11月23日，武汉市空气污染天数已达54天，占全年总天数16.5%。由于机动车排放的污染物主要集中在离地面一米左右的低层面，正处于人的呼吸带附近，对人体健康危害极大。

（五）自主创新实验区落户武汉，但“创新武汉”建设任重道远

武汉东湖高新区被国家批为“国家自主创新示范区”，这为武汉发展科技事业，创建“创新武汉”提供了很好的机遇。从目前各地发展现状来看，武汉的自主创新能力并不突出。以2010年前五个月的专利申请量为例，武汉为3847件，仅比沈阳和济南多一点，远远少于深圳和成都，并且武汉专利申请量在下

降，同比下降了1/5。武汉要在众多城市中脱颖而出，起到国家自主创新示范区的作用，建成真正意义上的“创新武汉”，还有很长一段路要走。

三　对2011年武汉市社会发展的建议与对策

（一）抓住规划的纲，科学规划难点和重点

2010年是编制“十二五”规划年，2011年是新一个五年规划第一年。规划编制的指导思想是“纲”，建议进一步强化可持续发展战略，坚决摒弃先污染后治理或者边污染边治理的思路，树立生态环保发展模式。市政府应根据经济社会的发展水平，同步提高和改善市民的生活水平和生活条件，将建设宜居城市作为制定“十二五”规划的重点和难点。建设宜居城市不仅体现在居住环境的改善，更重要的是，它涉及市民衣食住行以及各种生活条件和生活品质的改善。要突出绿色创新，树立绿色发展理念。把建设资源节约型、环境友好型社会放在更加突出的位置，推动形成有利于节约资源和保护生态环境的产业结构、增长方式和消费模式，推动经济社会发展步入科学发展的轨道。

（二）建立武汉市“民生指数”指标体系，让社会事业的发展更具科学性

我国执政的基础从经济发展走向社会基础，迫切需要政府转变职能。经济发展的态势和各种各样的波动都可以通过相应的系数与指数加以量化，用以监察，施以调整。但是在把握民生发展的态势上，信息还不够对称。随着和谐社会建设的深入，政府的决策已越来越体现在民生上，老百姓得益也越来越多；困扰民生的问题依然较突出，诸如阶层差距的扩大、房价居高不下、就业难、看病难、食品安全等问题，都需要倍加重视认真研究并着力解决。民生指数可以成为这样的信号，它能告诉政府工作的方向、工作的着力点。一旦民生指数出现“红灯”，就应引起政府的警惕，就要认真查找问题并审视工作有无偏差。设置民生指数，就是要使大家认识到经济发展要以社会发展为目的，社会发展要以人的全面发展为中心。

建立武汉市“两型社会”民生指数评价体系，旨在建立一个涵盖人民群众

社会生活方方面面的大群体的评价体系。它可以像温度计一样，使我们动态监察到群众的吃穿住行，生老病死，收入变化，就学就医以及诉求表达，权益保障等诸多情况及各个时期的变化。因此这一指标体系包括经济民生指数、社会民生指数、政治民生指数、文化民生指数、教育民生指数、医疗民生指数。武汉市两型社会建设的具体内容是资源节约型和环境友好型。因此，武汉城市民生指数还应该包括能源民生指数和环境民生指数，这样一方面通过指数评价体系反映现实民生问题，另一方面则可以通过这样一个指数评价体系为将来城市的可持续发展，为城市居民的生活习惯和生活方式指引一个方向。

（三）坚持以民生为根本，让广大市民、农民享受发展的成果

"十一五"期间，本市经济发展很快，城乡居民的收入也有所增长，但城乡居民的收入增长的幅度低于GDP增长的幅度。"十二五"期间，武汉市城市的建设要以建设人民幸福城市为目标，牢固树立民生优先理念，把实现好、维护好、发展好最广大人民的根本利益作为发展的出发点和落脚点。在保持经济快速持续增长的同时，注重经济结构的优化，科技水平的提高，人民生活的改善，社会的进步，注重解决增加居民收入、扩大就业等与人民切身利益密切相关的问题，妥善处理好改革、发展与稳定的关系，建立健全发展为了人民、发展依靠人民、发展成果由人民共享的体制机制，把发展的目的真正落实到满足人民需要、实现人民利益、提高人民生活水平上，使全市人民能够分享经济快速增长的成果。因此，市政府应着重关注保障性住房建设、劳动报酬率、最低生活保障标准、物价指数等老百姓最关心的民生问题，唯有如此才能最大限度地调动广大市民参与的积极性，同时，也将让市民对城市发展建设中所出现的问题给予更多的宽容、理解和支持。还要不断加大对农林业的投入比重，完善农村发展体制机制，促进公共服务城乡均等，谋划储备农林产业项目。以改善农村生产生活条件为重点，进一步提高对农村基础设施建设、农村安全饮用水工程建设、农村家园建设及农林业基地、生态补偿标准、山体复绿工程、农田林网水网建设等方面的投入。全面推进新型农村社会养老保险工作，让农民也均等享受改革开放和经济发展的成果。

（四）发展城市公共交通，解决市民出行难问题

"十二五"期间是武汉进入"地铁时代"、大规模进行城市建设的高峰期，

市民出行道路拥堵问题将贯穿整个“十二五”期间。发展城市公共交通不仅是建设“两型”社会，节能降耗，减少污染的有效途径，更是解决市民出行难的民心工程。建议市政府进一步明确“优先发展城市公共交通”的措施、步骤和相关指标，还要编制专项的《武汉市城市公共交通发展“十二五”规划》。实施疏堵保畅工程，有效缓解交通拥堵。坚持公共交通优先理念，全面实施“疏堵保畅三年行动计划”，切实改善市内交通。强化规划的引导控制作用，调整优化城市空间布局，加快中心城区长途汽车站和物流市场外迁步伐，合理引导人流、物流。重视道路建设的基础性作用，加速推进城市环线、过江交通、快速路、主次干道、微循环支路建设。畅通一环，建设二环，贯通三环，启动四环，基本建成二环线汉口段，全面贯通三环线。完善公共交通系统，推进出行方式转变。全面提速轨道交通建设，建成轨道交通 1 号线，加快建设 2 号线、3 号线、4 号线，尽快形成轨道交通三镇环网；加快公交场站和停车场建设，开辟公交专用线路，优化公交线网，完善智能交通系统。加强交通管理，全面排查、整改交通拥堵节点，组织动员全社会力量，共同破解城市道路管理和交通秩序混乱难题。强化施工现场管理，严格工期承诺制。综合整治违章占道、违禁行驶、乱停车、随意横穿马路等顽症，倡导文明出行。

（五）提高城市管理水平，切实改善市容环境

完善“市区联动、以区为主、条块结合、齐抓共管”的城管工作机制，推进城市管理常态化、规范化、精细化，努力实现城市整洁、有序、美化并向特色、生态、宜居提升。建立城管问题及时发现、及时处理和督查反馈机制，推进城市网格化管理。实施“城乡清洁工程”，加强环境综合治理，实现主次干道精细管理、背街小巷提档升级。深化创建市容环境达标街道、市民满意路工作，加强对机场、火车站、客运码头、长途汽车站等窗口地带的综合治理，持续推进城市亮化工作，加大违法建设控管力度。争创“国家生态园林城市”、“国家森林城市”，完成人工造林 8 万亩，建设一批道路、公园、社区、屋顶、桥梁等园林绿化项目，新建绿地 320 万平方米，提升城市园林绿化水平。实施“碧水蓝天”工程，加快实施大东湖生态水网构建工程，重点开展沙湖、水果湖、庙湖、杨春湖全面治理及沿线综合改造，打造“一湖一景”，基本完成汉阳“六湖连通”和金银湖水环境整治工程，继续实施湖泊水质提档升级工程，全面启动中心城区湖

泊生态修复工作和远城区湖泊保护行动计划，实现20个湖泊水质提档升级，大力减少劣V类湖泊。加快污水处理设施和污水管网系统建设，基本实现中心城区污水全收集全处理。完善远城区污水处理专项规划和建设计划，城关镇污水管网覆盖率达到50%以上。实施清洁空气工程，加大机动车排气污染治理力度，加强油烟污染综合整治。狠抓渣土运输及建设工地管理，切实防治扬尘污染。加快三环线以内化工企业搬迁整治。

推进绿色生产、绿色消费。着力推进青山、东西湖、阳逻等循环经济试验区建设，构建跨区域的大循环经济示范区。新创建15家循环型企业和清洁生产示范企业，新建10个农业循环经济示范点。推广绿色照明，加快公共照明节能改造步伐。发展绿色交通，推广应用节能与新能源汽车。推行绿色建筑，推进王家墩商务区和国际博览中心绿色建筑示范工程建设。拓展废旧电池回收网络，启动废旧电器回收超市建设。支持有条件的企业和社区建设中水回用系统。

（六）做好创新武汉的基础工作，为武汉市的自主创新创造良好条件

实现“十二五”跨越发展，需要自主创新，抓住机遇。不仅要善于引进国际、国内优秀企业、人才，还要通过体制机制的创新来激发本市现有的科教优势；不仅要做好外部引入工作，还要做好内部人才资源的利用。对引入的企业，不仅要看其贡献GDP大小，还要关注该企业所产生的辐射效应，是不是能够带动某一方面的发展。要激发大学生、研究生创业的积极性，并为大学生、研究生适时提供创业实践平台。要解决技术人才缺乏，技术工人缺乏正规的培训和学习问题，需要改变招工方式，通过整合资源，大力发展职业教育，部分企业可以用招生方式招工，提升企业职工的技术素质。

（七）全面推进社会事业管理体制改革

武汉市社会事业管理体制改革的实质，是要冲破妨碍发展的思想观念，改变束缚发展的做法和规定，会遇到许多意想不到的问题和矛盾，触犯一定的利益阶层。这就要求各相关部门解放思想，摒弃“改革不重要、不紧迫，重发展、轻改革，怕出乱子、怕惹麻烦”的倾向，切实提高对改革工作的认识，建立一套政、企、事各司其职的社会事业管理体制，通过组建管理中心，实现“政事分

开、政资分开、管办分离”。建议成立市区（市直）医院管理中心、文化艺术管理中心、体育场馆和训练管理中心或学校管理中心，形成“局加中心”格局。政事分开以后，各事业单位要把工作重点从以往具体的事务管理转移到宏观行业管理上，主动放弃过去管得过多、过死的权力，突出加强过去应该管好而没有管好的职能。政府的投入要进一步向社会事业领域倾斜，不断扩大对公共卫生、基础教育的投入规模，积极探索实施政府购买公共服务的模式，运用政府购买方式发展现代服务业。结合事业单位改革进程，试行公共支出项目的“公共性评判”，分类界定事业单位的性质、功能，按满足公共需求的数量和质量，分别实行预算保障、政府购买和财政补贴，进一步提高政府公共服务的供给能力和水平。

综 合 篇

General Themes

B.3

武汉新世纪第二个十年

赵凌云*

摘　要： 本文首先将武汉新世纪第一个十年的发展放在历史背景中从三个层面进行了考察，指出崛起构成武汉新世纪第一个十年的历史方位和历史主题。以此为历史基础，新世纪第二个十年将是武汉加速崛起、振兴复兴的十年，面对诸多历史性、全局性、战略性机遇，复兴成为第二个十年的时代主题。在对支撑武汉未来十年复兴的新优势进行全面分析后，进一步提出了推进武汉复兴的基本战略思路。

关键词： 武汉　崛起　复兴

伴随“十一五”完美收官，武汉经历了新世纪第一个十年的长足发展。当前，武汉处在一个新的历史起点上。武汉在新世纪第二个十年处在什么历史方

* 赵凌云，中南财经政法大学教授、博士生导师，武汉市人民政府决策咨询委员。

位？面临什么样的机遇与挑战？朝什么方向发展？如何发展？这是处在年代之交的武汉需要思考的问题。

一　崛起：新世纪武汉第一个十年的历史主线

将武汉新世纪第一个十年的发展放在历史背景中考察其方位，则可以发现更深层次的历史意义与指向。概而言之，“崛起”是武汉第一个十年的历史方位和历史主题，“复兴”则是第二个十年内涵的历史指向。

（一）从改革开放30年看武汉十年“崛起”

在改革开放30年的历史背景中，新世纪第一个十年是武汉发展速度上行的十年。从主要经济指标看，2000～2010年间，全市经济总量规模（GDP）增长3.6倍，人均GDP增长2.7倍，固定资产投资增长7.1倍，社会消费品零售总额增长4.2倍，工业增加值增长4.5倍，进出口增长13.3倍，全口径财政收入增长10.2倍。特别是经济总量规模实现两次倍增，2005年、2007年、2009年、2010年分别跨上2000亿元、3000亿元、4000亿元和5000亿元台阶。这标志着武汉已经进入发展快车道。①

（二）从建国60年看武汉十年“崛起”

在新中国60年的历史背景中，新世纪第一个十年是武汉功能提升的十年。建国初期，武汉是国家确定的南方工业基地，武钢等一批“武”字头大型企业落户武汉，确立了武汉在国家工业布局中的战略地位。改革开放以来，伴随国家工业中心的多元布局，特别是沿海地区工业的快速崛起，加上体制转轨带来的转型重负，武汉大工业优势一度被消解，地位急剧滑落。新世纪第一个十年，武汉提出和实施了具有深远意义的“工业强市、项目兴市”的发展战略。2003年，武汉市提出重振制造业雄风，出台《关于进一步加快建设武汉制造业基地的若干意见》，在空间布局上重点发展以通信设备和激光产品为特色的光电子信息产

① 2000～2009年数据来自历年武汉统计公报，2010年数据来自武汉市统计信息网、武汉海关门户、武汉财政局网站等公开网站。

业、以轿车为重点的机械制造业、钢材制造及新材料产业、生物工程及新医药产业、环保产业等五大产业板块，在产业布局上重点发展钢铁、汽车、光电子、石化、烟草及食品、生物医药、环保、纺织、服装、造纸及包装印刷、家电等十大行业，这一战略有力地提升了武汉的工业发展实力和后劲。富士康、80 万吨乙烯等一批特大项目落户武汉，武汉铁路枢纽、武汉新港等一批重大基础设施项目相继启动，武钢、武烟、神龙等一批企业在全国的竞争力迅速提升。组建武汉重工，武船集团，初步形成了集成式发展装备制造业的格局。重型数控机床、造船设备、核电装备、风电发电装备等方面形成了核心竞争力优势，重型机床等装备工业产品跻身国际市场。武汉锅炉集团成为全球最大的锅炉制造基地之一。可见，新世纪第一个十年，是武汉提升全国制造业中心地位的十年。

（三）从百年现代化历程看武汉十年“崛起”

在百年现代化历史进程中，新世纪第一个十年是武汉在中国现代化进程中全局地位提升的十年。在 19 世纪和 20 世纪之交的近 20 年间，张之洞督鄂，全面启动了武汉的近代化进程，将武汉推向全国现代化探索的前沿，武汉成为全国最大的工业基地、全国第二的间接对外贸易城市、位居前列的教育中心、全国市场枢纽、全国洋务运动和新政的中心。可以说，除政治、军事、外交以外，武汉都是全国中心，占尽鳌头。伴随国家现代化进程的推进以及世界经济和国民经济发展格局的变迁，武汉的一些中心地位逐渐消解，多中心地位逐渐缩至华中区域范围。到新中国成立初期，武汉的全局地位主要局限南方工业中心。改革开放以来，伴随制造业地位的滑落，全局地位一度下滑，以至于有了“武汉在哪里?”的追问和“武汉被低估”的命题。进入新世纪，伴随武汉制造业和商业的复兴，武汉的地位开始逐渐复兴。首先是 2003 年“工业兴市”带来的制造业的复兴，接着是 2005 年促进中部地区崛起战略支点的国家定位确立了武汉在中部崛起的核心地位，然后是 2007 年“两型”社会建设综合配套改革试验区落户武汉城市圈，赋予武汉全局战略使命，2009 年东湖国家自主创新示范区的落户提升武汉在国家创新驱动发展格局中的先导地位，此外，全国铁路枢纽城市、全国铁路指挥中心、高铁城市、综合交通枢纽城市，特别是中部中心城市的称号和定位不断抬升武汉的全局地位。可以说，第一个十年间，武汉的全局地位全方位地提升，在中部地区的中心地位全面显现。

上述三个层面的崛起，犹如历史层积一样，分别是武汉相对于改革30年这一短时段、建国60年这一中时段、现代化110年这一长时段的崛起，是速度、功能、地位三个层次的崛起，这种崛起具有深厚的历史背景和历史基础，因此，显现出一个共同的历史指向，即未来的十年，将是武汉“复兴”的十年。

二　复兴：新世纪武汉第二个十年的时代主题

如果说新世纪第一个十年是武汉战略上行、初步崛起的时期，新世纪第二个十年将是武汉加速崛起、振兴复兴的十年。

（一）支撑武汉未来十年复兴的时代

时代机遇推动武汉复兴。当前，武汉一改20世纪缺少机遇的历史性惠顾的状况，开始出现机遇累积叠加的局面。具体来讲，新世纪第二个十年，武汉面临诸多历史性、全局性、战略性机遇。

一是宏观发展方式转型加快推进，内生发展阶段开始到来，凸显武汉的内生型发展的全局战略价值。经过30多年的改革开放，中国发展方式已经进入根本性转型阶段，即从过去片面的外向发展为主转向内生发展为主、内外兼修阶段。这个时代的特点是内外资本融通、内外市场融合、内外贸齐驱、内外向并举的时代，开放先导、内生发展、内外兼修将是这一时期经济发展的基点。武汉与国内市场具有明显的接近性优势，具有富集的发展资源和优越的经济区位，具有自主创新的内生技术优势，内生发展是武汉新阶段发展的战略基点。

二是国内市场总体规模开始进入加快扩张时期，凸显武汉地处国内市场体系中的战略枢纽价值。党的“十七大”明确提出，到2020年全面建设小康社会目标实现之时，中国要成为国内市场总体规模位居世界前列的国家。2008年下半年以来，伴随中央一系列扩大内需政策的出台，中国开始加快扩大国内市场总体规模的现实进程。武汉作为国家经济地理、文化地理和市场地理的中心，在国内市场总体格局中的中心地位和国内市场体系中的枢纽地位日益凸显。

三是国土开发区域布局从纵向展开走向横向与纵向展开交错布局，凸显武汉在国家经济区位整合中的节点和轴心地位。新中国成立60年特别是改革开放30年来，国家的经济地理布局都是自上而下纵向展开的。未来30年，中国将通过

沿欧亚大陆桥、长江和珠江三条横线，推进国土开发的横向布局。其中，长江经济带是横向展开中国的空间主轴。湖北长江段占长江干流的1/3，武汉处于湖北长江段和整个长江经济带的中心位置，长江经济带的开放开发给武汉的发展提供新的战略基点。“十二五”时期，国家可能将整个长江经济带的开发开放上升为国家规划层面。武汉成为国十开发整合纵向主轴和横向主轴交汇的轴心。

四是沿海与内地进入优势互补、共同发展阶段，凸显武汉推进内生型发展与外向发展并举的新的战略基点，拓展武汉发展的战略空间。国家区域格局开始深度调整，国内区域经济格局正在发生深刻变化。从国家对珠三角、长三角、环渤海的新的定位，以及推进新一轮沿海经济战略的趋势来看，国家试图在力促沿海提升对外开放水平和国际以及沿海地缘功能的同时，促进沿海与内地加强分工、协作与互动，促进沿海经济要素向内地渗透，沿海与内地开始进入优势互补、协调互动的发展阶段。在这一阶段，一方面将有大量发展要素从沿海向内地转移，增强内地发展动能；另一方面，沿海和内地之间在发展方式上也开始出现分工协作、互相支撑和互补的格局。这种格局也为地处内陆的武汉提供了新的战略支撑。

五是中部地区开始进入崛起阶段，抬升了武汉重要战略支点地位的高度。2008年，湖北和湖南继河南之后，GDP总量跨上万亿台阶。2010年，安徽跨上万亿台阶。中部板块成为四大板块中发展速度第二的板块，开始崛起。沿海地区属于外向崛起，东北和西部则是通过国家投资外部推动的外促崛起，也属于外生崛起性质。中部地区则主要依托内需拉动和内源要素，依靠内生优势的发展，属于典型的内生型崛起，这是中部地区崛起与其他区域战略推进相比的特点。武汉作为国家促进中部地区崛起的重要战略支点，在中部地区内生型崛起中发挥关键作用。反过来，中部地区的崛起扩大武汉作为重要战略支点的作用空间，扩大武汉发挥内生优势的空间。

总之，在新的历史时期，武汉发展的战略环境变了，战略空间大了，战略地位高了，战略优势多了，所有这些，构成武汉“崛起”的强劲支撑。“武汉在哪里”的问题已经被时代解答，武汉在中国经济区位、市场区位、国土开发的枢纽位置上，“武汉被低估”的命题已经成为历史，武汉的全局战略价值的重要性已经无以复加。

（二）支撑武汉十年复兴的新的优势

新世纪第二个十年，相对于中部地区其他城市而言，武汉具有支撑复兴的六大优势。

1. 综合区位优势不断提升

从区域经济发展角度看，单纯的地理区位优势和交通区位优势对城市经济发展的影响有限。当前阶段，相对于周边省份的省会城市而言，武汉的区位优势已经是综合区位优势，即在交通和地理区位优势之上叠加了市场区位优势、产业区位优势。从市场区位看，武汉已经成为国内市场体系的枢纽，可以在此基础上推进国内市场枢纽建设。从产业区位优势来看，武汉的高新技术产业、装备制造业、现代服务业发展实力不断强化，开始成为中部地区自主创新中心、高新技术产业发展基地、装备制造业基地、现代服务业发展平台。

2. 发展平台优势加速聚集

相对于周边省份的省会城市而言，武汉拥有的发展平台也是全方位的，包括自主创新示范区、两型社会试验区、综合交通体系建设试点城市、低碳和循环经济试点城市等。这些累计叠加的优势有利于推动武汉的创新驱动发展、科学发展和跨越发展。

3. 内陆开放优势日渐显现

相对于周边省份城市而言，武汉具备了得天独厚的开放优势，初步形成了内陆地区开放发展格局。武汉开放资源丰富，武汉出口加工区拓展保税物流功能，成为目前国内对外开放区域中层次最高、政策最优惠、功能最齐全、区位优势最明显的海关特殊监管区域。东西湖保税物流中心 2009 年封关运行以来，服务范围涉及江西、湖南、河南等 10 余省市。开放平台多样，包括台商投资第五极、港澳以及东盟在中部地区的对接平台等。开放通道畅通，武汉是全国九大物流区域中心、21 个全国性物流节点城市之一，处于全国物流通道的中心位置。当前，武汉新港已经成为长江中上游第一个亿吨大港，成为中部地区通往海外的水上门户，以武汉为枢纽、贯通长江上中下游以集装箱和干散货为重点的江海直达运输和江海联运通道基本形成，成为国内外市场平台建设的坚实基础。

4. 自主创新优势不断强化

以东湖国家自主创新示范区为例，示范区初步形成了以光电子信息为主导、生物、环保节能、现代装备、高技术服务等竞相发展的格局。建成了我国最大的光纤光缆、光电器件生产基地，最大的光通信技术研发基地和最大的激光产业基地。其中光电子信息产业突破千亿元大关，实现总收入1144.9亿元。重大科技成果研发和产业化，光纤传感、燃料电池膜电极、生物抗衰老技术等一批重大科技成果实现了产业化。创新平台和服务体系建设加快。已建成各类科技企业孵化器13家，生产力促进中心11家，产业技术创新战略联盟13家，专业化特色园区12个，逐步形成了多层次的创新平台和服务网络。启动了东湖高新区光谷生物城、未来科技城、中华科技产业园、新能源产业园、富士康武汉科技园等五大重点产业园区建设。示范区自主创新实力显著增强。2010年，东湖高新区完成企业总收入2918亿元，同比增长29.1%；完成全口径财政收入96.8亿元，同比增长33.4%。全年新开工建设产业项目36个，平均每10天就有1个项目开工。一批前沿科研成果密集涌现，示范区企业全年专利申请达到4034件，再创历史新高。“武汉·中国光谷”已成为了我国在光电子信息产业领域参与国际竞争的标志性品牌，一批产业和技术开始向周边地区辐射。在示范区的引领下，2010年，全省高技术产业增加值超过1700亿元，区域创新能力居全国第八位。

5. 结构优势逐步显现

在中部地区省会中心城市中，武汉具有最强的支撑现代中心城市的结构优势。从整体结构来看，1998年武汉实现了“三、二、一”的产业比例结构后，多年来一直保持。2008年，全国19个副省级以上城市中只有武汉、北京、上海、广州、成都、沈阳、济南、哈尔滨和西安9个城市达到这样的产业结构水平。同时，第三产业结构出现积极变化，产业结构不断向高端升级，金融业比重上升明显，生产性服务业比重有所上升。例如，2008年与2005年相比，金融业增加值提高了2.78倍，占第三产业的比重提高了4.28个百分点，占GDP的比重提高了2.2个百分点。主要生产性服务业增加值提高了85%，占第三产业比重提高1.04个百分点，占GDP比重提高了0.7个百分点。武汉中部金融中心地位基本确立，武汉市金融机构聚集度在中部地区位居第一。湖北金融业增加值在中部地区位居第一，在全国居前列。武汉已经成为继北京、上海之后国内金融后台产业最为集中和建成规模最大的城市，金融后台服务体系开始建设，金融辐射周边的能力日益增强。此外，中部医疗中心，中部设计中心正在加速建设之中。可见，随着经济总量扩大、增速加快，金融业等现代服务业的作用逐渐显现，生产性服务业对武汉经济结构实现提升的重要性日益明显，促进了整体产业结构的快速提升和优化，成为支撑武汉中心城市功能的结构基础。

6. 空间优势正在形成

空间优势体现在辐射空间的扩大上。从武汉城市圈来看，伴随现有“五个一体化”的初步实现，武汉城市圈九个城市之间的产业耦合、结构耦合将加快推进，扩大武汉市对整个武汉城市圈的辐射空间。从中部地区来看，武汉市对中部地区的辐射功能逐步显现。例如，武广高铁开通从根本上解决了武广段运输紧张，增强湖北交通辐射功能。2010 年前五个月，湖北经铁路发送到湖南和广东的货物同比增长 20%。再例如，东西湖保税物流中心 2009 年封关运行以来，服务范围涉及江西、湖南、河南等 10 余省市。此外，市场辐射与带动效应也开始显现，汉口北市场集群是中部规模最大，设施配套最好的现代商贸物流区，正在建成中部地区第一个面向国际市场的批发市场。

上述五大机遇与六大优势将支撑武汉新世纪第二个十年的跨越式发展。抓住了这些机遇，做好了这些优势文章，武汉将在第一个十年崛起的基础上，跨上“复兴”的轨道。

三　武汉“复兴”的内涵与基本战略思路

武汉“复兴”是一个具有深刻历史内涵和时代内涵的过程，需要放眼长远、立足现实的战略谋划。

（一）武汉“复兴”的历史内涵与时代内涵

武汉“复兴”的基本内涵是，在崛起和振兴的基础上，全面复兴武汉在中国发展全局中的重要地位。

首先，武汉“复兴”的历史内涵是，复兴武汉在全国城市体系中的中心地位。武汉“复兴”的历史参照，是 100 年前，即晚清时期特别是张之洞督鄂时期武汉在全国的地位。当时的武汉，是中国现代化进程的领先者，近代经济发展的中心。具体来说，从近代产业实力上看，武汉大体上位居全国第二。1895 ~ 1913 年，全国共计设厂 549 家，资本投资总额 1.2 亿元，其中武汉设厂 28 家，占 5.1%，资本总额 1724 万元，占 14.3%，这一比例仅次于上海，位居全国第二，产业中的钢铁和纺织位居全国前列。从金融来看，辛亥革命前汉口设立本国银行8家，外商银行设立的分行9家，汉口成为与上海、天津和广州并列的全国四大金融中心之一。在港航方面，武汉是与上海、天津、青岛、广州并列的五大港埠之一。在贸易方面，与上海、天津、广州相比，1867~1911年45年间，武汉的直接进出口额有25年处于第四位，20年处于第三位。1865~1911年47年间，武汉间接对外贸易有30年处于第二位，12年处于第三位，5年处于第四位。此外，教育方面，武汉的大中小学数量和质量位居全国前列，市政建设位居全国前列。综合言之，这一时期的武汉，是中国内地最大的商业中心、工业中心、金融中心，在全国城市体系中的地位、综合实力和发展水平一度居第二位，① 是名副其实的全国中心城市。

其次，武汉“复兴”的时代内涵是，在一些关键领域和重大领域走在全国前列。具体来讲，一是在“两型”社会建设综合配套改革试验方面以及在“两型”社会建设方面走在全国前列；二是在自主创新、创新驱动，实现经济发展方式转变方面走在全国前列；三是在建设现代制造业基地、高新技术产业基地、现代服务业基地和综合交通枢纽方面走在中部地区前列，成为促进中部地区崛起的重要战略支点；四是在全面建设小康社会方面，走在中部地区乃至全国前列。

（二）推进武汉“复兴”的战略思路

要推进武汉新世纪第二个十年的“复兴”，必须确立明确的战略思路。

首先，要明确推进武汉“复兴”的战略顶层设计。

20世纪最后20年间，武汉基于宏观格局和武汉自身的发展要求，谋划和推进了一系列战略定位和发展战略。在战略定位方面，20世纪80年代，根据武汉产业基础和国家短缺经济的现实，提出把武汉建成商品生产基地。90年代，根据长江经济带开放开发要求，提出把武汉建成华中地区经济、贸易、金融、交通、科教五大中心。新的世纪，根据国家区域协调发展战略的要求，提出把武汉建成全省经济发展龙头、西部大开发与长江经济带开放开发的战略大支点，建成华中地区重要的经济、贸易、金融、交通信息、科技教育中心。在发展战略上先

① 皮明庥、邹进文：《武汉通史》（晚清卷上），武汉出版社，2006，第313~315页。

后形成了80年代上半期的“两通起飞”，90年代上半期的“开放先导”，90年代下半期的“科教兴市”和21世纪初期的“工业兴市”四个战略。

世纪之交，武汉市明确了在新世纪上半叶武汉发展的顶层战略，即用30～50年的时间，分三步将武汉建设成为现代化国际性城市。当时提出，第一步，用5年的时间，即到2005年把武汉建设成为华中地区和长江中游经济区的主要发展极，成为我国重要的经济增长中心；第二步，用10到15年的时间，即到2010年或2015年，把武汉建设成为我国中部地区的开放型、多功能中心城市，全市基本实现现代化；第三步，用30～50年的时间，即在2030～2050年间，将武汉建成现代化国际性城市。为了达到这一目标，中近期战略思路是：以积极推进经济体制和经济增长方式的根本性转变为主线，全面实施可持续发展战略，构建可持续发展的城市经济、社会、生态三大系统；紧紧依靠科技进步和扩大开放，实现从“两通突破”到“两翼起飞”的历史跨越，努力完成上述两个阶段性定位目标。为此，中近期的基本任务，一是构建可持续发展的经济系统，其中，工业形成光电子、汽车、钢材、生物医药、环保五大产业基地，第三产业形成中部地区的商务、物流、信息、科教文化、旅游五大中心，农业形成“十大产业”为主导的产业化新体系。二是以人的全面发展为中心，以提高人民生活水平和质量为出发点，以发展社会事业为重点，构建可持续发展的社会系统。三是坚持人文环境与自然环境并重，推进环境综合整治，建设宜居生态城市，构建可持续发展的生态系统。中近期战略重点是“科教兴市”和“开放先导”战略。①

上述战略思想气势恢宏、视野宏阔、极富远见，同时切合国家发展战略走势和武汉实际。其中的中心思想，即将武汉建成现代化国际性大城市，仍然不失为武汉新世纪上半叶发展战略的顶层设计。因此，我们可以以上述顶层设计为基础，谋划新世纪第二个十年武汉的发展战略。

其次，要明确武汉新世纪第二个十年的发展战略思路。

一是要确立建成国家中心城市的战略目标。武汉在新世纪第一个十年已经通过“崛起”成为中部地区中心城市，在第二个十年要通过“复兴”建成国家中

---

① 见王守海《迈向21世纪的武汉——发展定位与战略》，载武汉大学主编《新世纪的武汉——发展战略与对策》，武汉出版社，2000，第1～12页。

心城市。建成国家中心城市应该成为武汉第二个十年的战略目标。

二是要明确武汉作为国家中心城市的类型。从国外的分类来看，国家中心城市的种类可以从不同角度划分。从作用范围看，有全国性国家中心城市，区域性国家中心城市；从功能强度来看，有国际型国家中心城市，国内型国家中心城市；从城市内涵来看，有政治型国家中心城市、工商业型国家中心城市；从城市支撑要素来看，有交通、市场、经济等区位要素支撑和科技创新、国际组织聚集等特色要素支撑等不同类型。目前，国家确定的国家中心城市分别属于三种不同类型：北京是全国性、国际型、政治型和综合要素支撑型中心城市，上海、广州、天津属于全国性、国际型、产业型国家和区位要素支撑型中心城市，重庆则属于区域性、产业型和区位要素支撑型中心城市。从武汉实际和中部地区区情出发，武汉建设国家中心城市的起始定位应该是区域性、产业型和特色要素支撑型中心城市，长远定位是全国性、国际型、产业型和综合要素支撑型中心城市。

三是要明确武汉作为国家中心城市的核心功能和核心价值。现有的中心城市都有自己的城市核心价值，如北京是首都，天津是卫城，上海、广州是开放前沿，重庆是西部开发枢纽。武汉的核心功能和价值是什么？当前的武汉，至少具有十个方面的核心功能，即国内市场枢纽；两个转移节点；中部崛起战略支点；中部地区开放桥梁；国家区域整合枢纽；国家体制创新制高点；国家新一轮扩大内需着力点；中部地区与黄金海运带连接点；武汉城市圈核心；湖北长江经济带核心。所有这些价值都归结为一个核心价值，即枢纽价值，包括国内市场枢纽价值、国土开发枢纽价值和区域协调发展枢纽价值等三个方面。这个价值正是其他中心城市无法模仿和复制的，是武汉的核心优势和核心竞争力，是武汉建设国家中心城市的内在依托。

四是要明确武汉建设国家中心城市的推进步骤。国家中心城市建设不能急于求成，是一个长期过程，要设定武汉建设国家中心城市的战略时点。现有的北京、天津、上海、广州、重庆五个国家中心城市，前三个城市作为国家中心城市的地位已经有 60 年历史，后两个则是在改革开放 30 年中形成国家中心城市地位。如果现在把武汉作为建设中部中心城市的起点，基于其现有发展基础和国家战略走势，可以将建成国家中心城市的时间设定为十年，即 2020 年。理由在于，再经过两个五年规划，武汉城市群“两型”社会建设综合配套试验区的建设，自主创新示范区建设基本完成；中部地区基本崛起，国家区域协调发展格局基本形成；基于国内市场的中国发展新格局基本形成，届时，武汉将成为国家国内市场枢纽和区域协调发展的枢纽。同时，2020 年，伴随全面小康的实现，国家将进入推进基本实现现代化的新的历史时期，中部地区形成国家中心城市的要求将提上议事日程。届时，如果武汉成为名副其实的中部中心城市，可望实现国家中心城市的实至名归。因此，武汉建设国家中心城市的战略步骤可以考虑分为两个阶段，即在“十二五”期间，在发挥好促进中部地区崛起重要战略支点作用的进程中，充分发挥中部地区中心城市的功能，成为促进中部地区崛起的重要战略支点。在“十三五”期间，伴随发挥好国内市场枢纽和区域整合协调作用，成为国家发展重要增长极，最终成为国家中心城市。

五是要明确建设国家中心城市的内涵要求。国家中心城市的内涵是伴随时代的变迁而变化的。计划经济时代，北京是政治中心、经济中心、文化中心、外交中心。市场经济、对外开放、科学发展时代，国家中心城市趋向多元化，肩负不同的使命。北京作为政治中心、文化中心、外交中心的地位不可动摇，而经济中心则不再是重要内涵，上海、广州、天津肩负更多的对外开放和科学发展职能，重庆主要是肩负整合带动西部地区发展的区域中心功能。不管中心城市肩负的功能有什么区别，新的历史时期，中心城市的共同内涵都在于自主创新、科学发展、对外开放、区域带动四个基本方面。这四个方面也正是武汉建设国家中心城市需要把握的基本内涵。

六是要明确建设国家中心城市的近期重点。“十二五”时期，武汉要以充实中心城市内涵、完善中心城市形态、发挥中心城市功能为重点，为建成国家中心城市奠定基础。

其一，充实城市内涵和支撑要素。加快全国重要的工业基地、科教基地和综合交通枢纽建设，以科技自主创新和交通区位优势为基本支撑要素，逐步扩大对周边地区的辐射与带动作用。从长远看，要加大金融、市场、设计等现代服务业的发展，逐渐实现从制造业城市向服务业城市的转变，整合交通、经济、市场三个方面的区位优势，形成国家中心城市的综合支撑体系。

其二，完善中心城市形态。顺应国家调整优化城市化布局和形态的大趋势，通过内涵拓展，增强城市功能。从长远看，依托武汉城市圈，对接宜荆荆城市群和襄十随城市带，继而对接长株潭和环鄱阳湖城市圈，力争在长江中游城市群中发挥核心作用。

其三，充实和发挥服务和辐射带动周边的功能。武汉在中部地区的中心城市功能主要体现在对中部地区的辐射和带动上，这种辐射和带动功能的载体，一是高端产品，二是高端服务，三是科技创新，四是体制机制。因此，要面向包括中部地区的国内市场，加快高科技含量、高加工度、高附加值的高端制造业的发展，加快市场、商务、科技、人才、金融、物流等现代服务业的发展，加快推进自主创新体系建设，提升科技创新对周边地区的辐射与服务能力，加快推进“两型”社会建设和自主创新体系的体制机制创新，增强对周边地区的制度创新引领作用。

B.4

后危机时期金融创新与风险防范的着力点

张中华*

摘　要： 发轫于美国的全球金融危机给我国金融机构的创新与发展既带来了新的机遇，又带来了新的挑战。在后危机时期，我国金融机构创新应着力于满足日趋多样化的金融需求；着力于促进经济发展方式的转变；着力于建设金融强国以及着力于提升金融的风险配置功能。在未来的金融创新中，除一般意义的市场风险、信用风险和操作风险外，我国应着力于防范金融顺周期性的风险；防范过度混业经营的风险；防范大型金融机构的风险以及防范地方融资平台的风险。

关键词： 后金融危机　经济发展方式　风险防范　挑战与机遇

一　我国金融机构面临的机遇与挑战

此次发轫于美国的全球金融危机波及范围广泛，影响深刻，给我国金融的发展带来了新的机遇，同时也带来了许多新的挑战。

（一）我国金融机构面临的机遇

1. 我国金融机构的相对地位提升

在此次金融危机中，美国金融机构损失惨重，美国独立的投资银行已不复存在，大量中小商业银行破产倒闭，大型商业银行亏损严重，AIG 等保险机构纷纷

---

* 张中华，中南财经政法大学教授、副校长。

陷入危机，欧洲也有不少大型金融机构受到严重损失，而我国金融机构在危机中损失相对较小，我国金融机构在国际上的相对地位和竞争力提高。目前，我国工商银行、建设银行、中国银行的规模都已位居世界前列。按现在的发展势头，在不久的将来，我国将会产生一批规模位居世界前列的投资银行和保险机构，商业银行、投资银行和保险公司的市场竞争能力也将与国外金融机构一较高低。

2. 我国金融机构拓展海外业务的机遇

每次大的危机，都伴随着大规模的兼并重组，我国金融机构可以选择一些国外金融机构进行股权投资，甚至选择一些适当的目标进行并购，拓展海外金融业务。在此次金融危机中，美元作为国际货币的霸主地位受到挑战，各国要求改革国际货币体系的呼声高涨。尽管美元的地位不会因危机而根本动摇，但人民币将开始其国际化的道路，这一过程将极大地促进我国金融机构海外业务的拓展。

3. 我国金融机构的创新由追随型向自主型转变

我国金融业的发展相对落后，实施改革开放政策以来，我国金融机构主要采取追随型的战略，学习和借鉴西方发达国家特别是美国金融机构的经验。此次金融危机充分暴露了美国等西方发达国家金融机构创新中存在的问题。前车之鉴，后事之师，我国金融机构可以借鉴国外金融机构的教训，少犯错误。在未来的发展中，我国金融机构的创新可能由追随型向自主型转变，即更有自信，结合本国的情况和国际金融发展的需求，自主决定进行何种创新以及如何创新。

4. 经济发展方式的转变推动金融创新

此次金融危机，从实体经济层面看，重要原因是经济长周期波动。因此，金融危机爆发后，美国等西方发展国家纷纷出台促进战略性新兴产业发展的政策措施。我国将经济发展方式转变作为落实科学发展观，促进经济可持续发展的战略举措。经济发展方式的转变必须以体制机制创新和技术进步为动力，以发展新能源、生物工程等战略性新兴产业为突破口，大力发展低碳经济、循环经济和绿色经济。为此，就必须大力发展科技金融、碳金融和绿色金融。转变经济发展方式，还必须由以投资为主拉动经济发展逐步转变为以消费为主引导经济发展。为此，必须大力发展消费金融。这些都为金融机构的创新提供了广阔的空间。

5. 广泛延揽海外金融高端人才

金融的竞争归根到底是人才的竞争。随着国外一些大型金融机构的破产或重组，大量海外金融机构的业务骨干甚至高级管理人员失业，海外著名高校金融专

业的优秀毕业生就业变得比以往困难，为我国金融机构引进海外金融人才特别是高端人才提供了难得的机会。

（二）我国金融机构面临的挑战

1. 经济环境的不确定性增强

由于政府扩大财政支出、减税，央行降低基准利率，美国、德国、英国等主要经济体大多已走经济低谷，世界经济总体回暖。但继 2009 年 11 月迪拜债务危机后，希腊主权债务危机又成为人们关注的焦点。直到 2010 年 7 月 30 日，国际货币基金组织（IMF）在其发表的美国经济评估报告中仍指出：美国经济复苏缓慢，经济增长的下行风险增加，特别是房地产市场存在二次探底风险，外部金融环境恶化可能给美国金融市场和经济复苏带来冲击，决策者有必要采取进一步政策措施确保中期内经济稳步增长。我国经济在 2009 年就已率先走出低谷，但房地产价格居高不下，通货膨胀压力加大，经济增长的势头也有所减缓，经济环境充满不确定性。在未来 2～3 年的时间内，金融危机对世界经济的影响还不可能完全消除，世界经济恢复正常增长还有待时日。

2. 现行体制下的一些问题被强化

在特殊时期采取非常措施，以期在短期内尽快阻断金融危机对我国经济的传染，是必要的。但是，这样做是有代价的。一些措施的采用可能强化现行体制下的问题。例如，我国实施适度宽松的货币政策，加强了中央银行对商业银行的窗口指导，实际上强化了对商业银行的行政干预。我国实施适度宽松的货币政策，主要手段是增加商业银行的信贷投放，更加强化了过度依赖间接融资且风险过度集中于商业银行的问题。商业银行贷款的主要对象是地方政府投融资平台、大型国有或国有控股企业，贷款的行业主要是“铁、公、基”（铁路、公路和基础设施），这又进一步强化了商业银行信贷资金投放中存在的结构问题。

3. 商业银行的信贷风险增大

由于大规模增加信贷投放，商业银行的资本充足率普遍下降。至 2009 年末，中国工商银行、中国银行、中国建设银行和交通银行的资本充足率分别为 12.4%、11.1%、11.7%和 12.0%，银行大多需要大规模补充资本金。近年来，我国城市住房价格居高不下，引起社会普遍关注和不满。为了遏止房价的上涨和促进房地产市场可持续发展，我国政府已采取一系列措施，并已收到一定成效。但是，房地产市场的资金6成左右来源于商业银行，房地产市场价格下降过多，必然引发银行信贷的风险损失。同时，地方政府投融资平台不少是以土地收入作为担保，一旦房地产市场持续萧条，土地收入大幅度减少，地方政府投融资平台的负债也难以偿还。

4. 金融国际化的风险加大

此次金融危机，我国金融机构损失较小，最重要的原因不是我国金融机构防范风险的能力更强，而是我国金融市场的开放程度不高，我国金融机构涉足国际金融市场不深。无论是要成为金融强国，还是兑现我国加入WTO的承诺，都必须进一步提升我国金融的国际化程度。金融的国际化，可以促进我国经济的发展，但同时将增大我国金融机构的风险。推动汇率形成机制改革，避免人民币值高估而影响经济的内外部均衡，是我国既定的方针。然而，汇率的变动频率加快，波动幅度加大，意味金融机构可能遇到的风险也相应提高。金融机构扩大对外投资，不仅会遇到汇率风险、政治风险、法律风险，还会遇到文化差别、劳资矛盾等带来的挑战。如果要实现人民币的完全自由兑换，并使人民币成为重要的国际储备货币，国际金融市场与国内金融市场之间的防火墙也就彻底打开，受到国际游资冲击和国际金融危机传染的几率加大。

二　我国金融创新的着力点

面临金融危机带来的机遇和挑战，我国应确立建设金融强国的战略目标，积极推进金融创新，为国民经济的可持续发展、社会进步和生态文明提供强有力的金融支持。

（一）着力于满足日趋多样化的金融需求

推进金融创新的根本目的在于满足经济、社会发展日趋多样化的金融需求。实行改革开放政策以来，我国由传统的计划市场转向市场经济，经济发展的总体水平不断提高，金融需求结构日趋复杂。为了满足日趋复杂的金融需求，首先必须大力发展金融市场，扩大直接融资的比重。其次应加快发展企业债券市场和地方政府债券市场，积极发展多层次的产权交易市场和股权交易市场。再次应大力

发展中小商业银行、村镇银行、小额贷款公司、担保公司等金融机构，满足农村和中小企业差异化的金融需求。

（二）着力促进经济发展方式转变

应根据经济发展方式转变的要求，将发展科技金融、碳金融与绿色金融以及消费金融作为金融创新的重点。所谓科技金融是指促进科技开发、科技成果转化和高新技术产业发展的金融体系，包括为科技进步服务的金融机构、金融工具、金融制度与政策等。当下应大力发展风险投资基金、风险投资引导基金、科技银行、科技金融租赁、信用增进公司和专利保险。碳金融一般是指服务于减少温室气体排放的各种金融制度安排和金融交易，包括碳排放权及其衍生品的交易和投资、低碳项目开发的投融资以及其他相关的金融中介活动。绿色金融则泛指促进环境保护和绿色经济发展的金融体系。可以考虑创建环保政策性银行、专门的环保基金；建立“绿色信贷体系”，将环境因素纳入其贷款、投资和风险评估程序之中，对环境违法企业实行限制贷款；推出“绿色保险”产品，由保险公司对投保企业所发生的污染突发事故受害者进行赔偿；发行“绿色证券”产品。按照美国联邦存款保险公司（FDIC）的界定，消费金融指消费信贷，包括住宅抵押贷款、住房净值贷款、信用卡以及其他个人信贷。长期以来，我国金融机构的信贷主要是用于固定资产投资或用做流动资金，用于消费的比重很小，更缺乏专门服务于消费的金融机构。相比西方国家发达的消费金融体系，我国消费金融的发展不是过多过滥，而是严重不足。

（三）着力于建设金融强国

金融是现代经济的核心，同时也是国际经济竞争的关键性领域。中国的崛起和中华民族的伟大复兴，必须有一个强大金融体系的支持。建设金融强国，不仅有必要，而且有可能，对此不会有太多的争议。问题在于如何建设金融强国。金融强国不仅必须有强大的经济作为基础并与经济形成良性互动，还必须有健全的金融法律、有效的监管体系、国际一流的金融机构和金融人才；不仅需要提高我国金融市场的对外开放程度，在国内建设国际金融中心，还必须大力发展金融机构的海外分支机构，提升我国金融机构的跨国经营水平。同时，金融强国的建设过程与人民币国际化的过程也有着密切联系。人民币成为国际硬通货之日，可能就是我国成为金融强国之时。建设金融强国，不可能一蹴而就，需要制定我国金融长期发展纲要，明确我国金融强国的路线图。

（四）着力于提升金融的风险配置功能

1986年，德国著名的社会学家乌尔里希·贝克在《风险社会》一书中首次使用了“风险社会”的概念。此后，贝克还出版一系列著作阐述风险社会理论。在贝克等人看来，在后现代条件下，风险不仅大量出现而且全球化了，因此比过去更难以被计算、管理或避免。伴随着市场化、城市化、工业化和国际化的加速进行，我国已进入风险社会甚至是高风险社会，不仅要应对地震、冰雪、洪水、滑坡、地陷等频发的自然灾害和SARS、禽流感等传染性疾病的爆发，还要应对不断增加的重大交通、供水、供汽和矿山安全事故、食品卫生事故；不仅要尽力缓解因收入分配差别扩大引发的社会矛盾，还要应对进入老龄社会后不断增加的养老和医疗保险压力。为此，我国不仅要大力发展各类商业保险，还应积极探索用其他金融手段进行风险配置。例如，大力发展社会慈善基金和专门的防灾减灾基金，由专业的机构进行投资运营，保值增值，然后将增值部分用于灾害救助。再如，可以发展住房反向抵押贷款，即鼓励拥有住房的老年人将住房抵押给金融机构，定期从金融机构获取养老金，而在去世后将住房交由金融机构处置。

三　我国防范金融风险的着力点

为了防止金融危机的再度发生，美国已出台《金融监管改革法案》，其主要内容包括加强监管协调、扩大监管范围、限制金融机构的业务范围、防范“大而不倒”的金融机构引发系统性金融风险和提高透明度等。这些无疑对我国具有借鉴意义。我国金融领域的主要矛盾是发展不足，必须坚持创新，但同时必须加强风险防范。在未来创新中，除一般意义的市场风险、信用风险和操作风险外，我国金融机构应着力于防范如下几方面的风险。

（一）防范金融顺周期性的风险

20世纪80年代中期开始，一些学者的实证研究发现金融市场和金融机构的行为具有顺经济周期的特征。这种顺周期性是由金融的本质特征决定的。金融机

构的基本动力在于盈利，在经济上涨阶段，投资收益率上升，银行增加贷款；在经济萧条期，投资收益率下降，银行就会减少贷款。一旦爆发危机，金融机构难免出现资产缩水、严重亏损甚至破产倒闭，这反过来会加剧经济波动和危机。在我国，经济增长主要靠投资拉动，经济波动频繁而且波幅较大，而企业的外源资金主要依赖于商业银行，防范金融体系顺周期性风险显得尤为重要。为此，应进一步完善宏观金融风险预警体系，及时发布相关信息；可以实行弹性资本充足率制度，在经济增长率超过一定幅度后提高对金融机构资本充足率的要求；对大型金融机构高管人员的工资设立最高限制，以期减弱大型金融机构经营者因追求绩效收益而忽视风险；将防范顺周期风险纳入金融机构风险内控体系之中；审慎使用公允价值作为财务核算和信用评估的计量标准，进一步完善财务核算和信用评估的方法及会计准则。

（二）防范过度混业经营的风险

首先应该指出的是，金融危机与金融机构混业经营还是分业经营没有必然联系。德国、奥地利、瑞士以及北欧等国实行混业经营，商业银行可以从事证券业务，并没有因此而比实行分业经营的国家更频繁地爆发金融危机。其次，美国爆发金融危机的原因并不完全在于实行了由分业经营向混业经营的转变，还有许多其他原因。仅就混业经营而言，问题不在于同一金融机构控股了多种金融子公司或同一金融公司办理了多种金融业务，而在于影子银行、金融衍生工具以及银行表外业务和场外交易过度发展，同时对它们缺乏必要的监管。再次，对于银行来说，实行分业经营的原则，主要是为了防止商业银行将存款人的资金用于股票以及衍生金融产品等高风险的投资，或向其持有股权的公司提供贷款，造成存款人利益受损，并不是要限制商业银行参与所有的证券业务，如债券发行代理和股票账户托管等。对于保险公司而言，限制保险基金投资股票等高风险的资产的比例，则是为了避免因投资损失而损害投保人利益。分业还是混业关键在于能否有效地保护存款和投保人的利益。

在我国，金融业未来发展的方向应是适度混业经营，这包括如下几层含义：首先，应以发展金融控股集团作为混业经营的基本形式，即由金融控股集团以资本为纽带将独立经营的某种金融业务的公司链接在一起开展混业经营。在这种模式下，集团是混业经营，但内部分工明晰，资产负债表均可独立计量，并分别遵

循相关的监管规则。其次，严格限制商业银行、保险公司和证券公司参与高风险衍生金融品交易。一般而言，衍生金融产品的结构越复杂，委托代理的链条越长，风险越大。目前，我国金融衍生产品相对较少，对于衍生金融产品的发展一定要持谨慎的态度。在利率市场化和汇率形成机制改革以后，如果允许银行、保险公司为规避利率与汇率波动的风险而参与某些衍生品交易，必须对其参与的条件作出严格的规定。再次，增大商业银行、保险公司和证券公司经营的信息透明度。商业银行、保险和证券公司与存款人、投保人和证券公司客户利益相关的各类信息必须及时、客观、准确披露。

（三）防范大型金融机构的风险

目前，我国工、农、中、建、交五大银行业均为国有控股，而五大行在商业银行体系中占据绝对垄断地位。这种格局有利于维护我国的金融安全和增强中央政府的宏观调控能力。但是，银行的高度垄断蕴藏着极大的风险。首先是存在“大而不能倒”的风险。如果这些大型银行出现问题，任其倒闭，必然引起一系列反应，甚至因为大量存款者受到损失而引发社会动荡。其次，我国大型银行为国有控股，其主要负责人由国家选派，其经营行为不可避免要受到政府干预。政府头脑冷静，决策正确，银行不会出大的问题；如果政府决策失误，银行听命于政府，则可能出现大的系统性的错误。在 2009 年大规模的新增贷款之后，2010 年央行不得不调整适度宽松的货币政策的力度，缩小信贷投放规模，同时通过发行债券、定向增发和配股等方式补充资本金。采取这两方面的措施后，我国商业银行的资本充足率可以达到监管要求，不会因 2009 年大规模贷款投放而陷入危机。但是，这客观上已经造成金融资源的进一步集中，强化了我国金融结构失衡的问题。股市上对国有银行增发、配股的恐惧已表明，靠大型金融机构大规模发放信贷刺激国内需求扩张，靠大规模增发和配股补充资本金，不具有可持续性。

国有控股银行今后发展的基本思路不是进一步做大，而应该是做强。首先，应优化股权结构。目前，几大银行国有股份偏高，根据 2010 年 3 月 1 日数据，由汇金和财政部持有的工行、建行和中行的股份分别高达 70.53%、57.09% 和 67.53%。农行由汇金和财政部持有的股份高达 88.18%。除此之外，几大银行的股份还有相当一部分为大型国有控股实业企业所拥有。应逐步降低国有股份的比重，考虑可以将一部分国有银行股份划转社会保险基金持有。其次，应进一步

完善大型银行的治理结构，减少政府的行政干预。从长远来看，股份制银行的董事长应由股东代表大会推选，而行长则由董事会选聘。在国有控股的条件下，应增加外部独立董事；扩大董事长、行长公开选聘的范围和竞争性；保护非控股股东特别是中小股东在大型银行治理中的权力。再次，应限制大型银行进一步扩大规模，严格限制它们增发新股或配股。

（四）防范地方融资平台的风险

据中金公司研究报告，2009 年末，地方政府平台贷款余额大约为 7.2 万亿元，其中，2009 年净增 3 万亿。另据银监会披露的信息，目前占地方融资平台贷款总额 27% 的约 2 万亿元的贷款项目，可以偿还本息；而约占比达 50% 的 4 万亿元左右地方贷款存在还款源不足问题，属于可疑类贷款；另外，占 23% 比重的地方负债存在严重风险隐患，简易匡算其风险敞口达 1.76 万亿元，而同期银行系统拨备金仅 1.3 万亿元。①

地方政府投融资平台的风险无疑不容忽视，但至今为止，如何评估地方政府投融资平台的风险，似乎并不见有深度的分析，也没有公认的评价标准，这就需要进一步研究和探讨。同时，对地方债务需要分类研究。地方政府的债务可以分为两类：一类负债真正用于必要的基础设施建设，形成了优质资产，对地方社会、经济发展已经起到或即将起到重要的促进作用；另外一类则被用于不必要的形象工程、面子工程，效率低下，浪费严重，甚至腐败丛生。后者无疑是需要严格禁止的，而对于前一类，必要的基础设施无疑是应该建设的，需要决策的问题是应该何时建以及以何种方式筹措资金。

目前，地方投融资平台的风险显得突出有三个方面的原因：一是地方政府融资平台的资产负债率过高或相对一些地方政府的可支配财力债务比率过高。在实行分税制改革后，中央财政收入占比上升，地方财政收入占比下降，一些地方政府特别是中西部地区地方政府财政普遍比较困难，政府层级越低，财政越是困难。许多地方政府融资平台主要靠土地收入作为还款来源，一旦土地收入减少，债务风险就会加大。二是地方政府投融资负债主要为银行贷款，一旦出现债务危机，首当其冲的是银行。三是地方政府投融资平台的债务表面上是公司债务，而

① 《清理地方融资平台需深度变革》，2010 年 7 月 27 日《21 世纪经济报道》。

实际上是地方政府债务或者说是地方政府隐性债务，而这种债务并没有纳入预算，也不受地方人大的约束，因而很难说清楚，容易失控。

当前，确实有必要对地方政府投融资平台的债务进行清理。只有这样，才能进行风险的准确评估，也才能更清楚地分析其风险的主要来源，从而更好地寻找控制风险的对策。就目前已暴露的问题而言，控制地方政府投融资平台的风险，必须采取三个方面措施：一是完善分税制，调整中央财政与地方财政分配的比例；二是允许地方政府发行市政债券，并通过立法加以规范，以避免地方政府债务风险集中于银行；三是将地方政府投融资平台的债务纳入预算，并接受人民代表大会的控制。

B.5

武汉城市圈综合配套改革试验进展报告

武汉城市圈综改办课题组

摘　要：本文总结了武汉城市圈推进综合配套改革试验三年以来所取得的改革和发展方面的成就，对当前工作中存在的问题进行了分析，并提出在“十二五”开局之年，武汉城市圈加快改革和发展的建议。

关键词：武汉城市圈　综合配套　改革试验

武汉城市圈综改试验进行了三年。三年来，武汉城市圈九市、省直相关部门按照省委省政府统一部署，根据武汉城市圈“两型”社会建设总体方案和三年行动计划的要求，形成了规划引导机制、政策促进机制和改革试验推进机制，武汉城市圈关键领域改革有新突破，五个一体化建设有新局面，部省合作共建有新成效，重点项目建设有新进展，两型生产生活理念渐入人心，“两型”指标有新提升，武汉城市圈八市融入武汉、服务武汉、依托武汉的势头强劲，试验区建设呈现良好发展态势，有力地推动了城市圈经济社会健康发展。武汉城市圈综合配套改革试验区建设在促进全省经济发展方式转变中发挥了十分重要的作用，初步探索了具有湖北特色的经济发展方式转变之路。

一　武汉城市圈综合配套改革试验工作进展

（一）抓改革试验，九大体制机制创新有新突破

1. 环境保护领域

认真贯彻落实《省委、省政府关于大力加强生态文明建设的意见》（鄂发〔2009〕25 号），武汉城市圈各市全面启动生态文明建设。积极探索流域生态补

偿机制试点，研究建立科学合理的生态补偿机制。以城市生活污水处理厂建设和火电厂脱硫工程为重点，城市圈各市全面启动了环境保护模范城市创建工作，全面推进各类主要污染物排放源的治理工作。以农村集中连片环境综合整治试点省份为契机，以仙洪新农村建设试验区为平台，深入开展农村环境保护工作，加快推进城乡环境保护一体化进程，探索实施了“两清”、“两减”、“两治”、“两创”示范工程。组织编制了《武汉城市圈碧水规划》，完成城市圈各水域水质监测数据收集汇总及污染源信息收集汇总。2010 年 6 月 21 日，财政部和环保部联合下发了《关于同意湖北省开展主要污染物排污权有偿使用和交易试点的复函》（财建函〔2010〕21 号），我省排污权交易被纳入国家试点。9 月 15 日，武汉碳排放协会正式成立，成为国内第一家减排联盟组织。

2. 资源节约领域

发展循环经济领域方面，武汉、鄂州两市以发展循环经济为突破口，积极推进东西湖、青山—阳逻—鄂州循环经济示范区建设。区域性废物回收网络—武汉城市圈废电池回收网络建设稳步推进，在城市圈布设废电池回收点约 10000 个，建立电子废弃物回收超市 15 家，开创了电子废物市场化运作的新模式。武汉市正式颁布实施了《武汉市再生资源回收管理条例》，新建（改造）规范的再生资源回收站点 631 个，新增 2 个规范化再生资源集散交易市场。2010 年 5 月 11 日，国家正式批准武汉市筹备设立武汉循环经济产业投资基金，为循环经济发展提供了难得的机遇和有力的支撑。黄石、大冶、潜江市全面启动资源枯竭型城市转型试点。黄冈、天门、潜江等市启动了循环经济产业园区试点工作。

3. 创新科技体制领域

大力实施科技投融资专项行动，科技投融资体制改革取得了突破性进展，省政府正式印发了《关于创新科技投入机制的若干意见》（鄂政发〔2010〕36 号文件），重点围绕加快科技与金融信贷结合、加快创业投资发展、加大财政科技投入引导力度，出台了 19 条具体政策措施，建立和完善财政科技投入与银行贷款、企业投入、社会资金相结合的多元化投融资体系。大力实施农业科技创新体系建设专项行动，农业科技创新能力稳步提升，在武汉城市圈内建立农业科技创新示范基地 46 个，确定农业科技创新示范企业 81 家。大力实施创新型企业建设专项试点，武汉城市圈共有首批创新型试点企业 94 家。大力实施产学研结合专项行动，启动了湖北省产业技术创新基地行动计划。

4. 创新产业结构优化升级领域

积极支持产业资源向“两型”产业、优势产业和优势地区聚集，健全落后产能的退出机制，强化政策引导，设立“两型”社会建设激励性转移支付、节能以及淘汰落后产能专项资金、产业集群建设激励性转移支付，支持产业资源向“两型”产业、优势产业和优势地区聚集，健全落后产能的退出机制。武汉市硚口区出台了《两型（节能）项目以奖代补暂行办法》，鼓励和支持“两型”项目建设。江汉区积极推进现代服务改革试点。

5. 土地管理改革领域

制定了武汉城市圈土地管理改革专项方案并上报国土资源部。制定出台节约集约用地考核标准和有利于节约集约用地的激励政策，全面完成城市圈内开发区的节约集约用地评价工作，并开展了部分城镇集约节约用地评价工作。组织圈域内各市开展城镇建设用地规模增加与农村建设用地减少挂钩试点、城中村改造试点、农村土地整理试点和土地先行征收改革试点。积极开展农村承包地经营权转让交易试点。天门市出台了《天门市农村土地流转经营权抵押贷款试点办法》，初步建立了为种养大户提供金融服务模式，为解决农民贷款难问题开辟了一条新路。

6. 统筹城乡发展领域

城市圈各市积极探索城乡一体化发展新模式。鄂州市按照“全域鄂州”理念，把城区和农村作为一个整体，科学规划，一体推进，构建以主城区为中心，3 座新城为支撑、10 个特色镇为节点、106 个中心村（新社区）为基础的四位一体的“1311”城乡空间格局，形成“四位一体”的城镇体系，从一城带动转变为多城带动，从一点发展转变为多点发展。均衡城乡居民医疗保障，实行城镇职工医保、城镇居民医保、新农合“三网合一”，全市城乡居民综合参保率达 93%以上。在全省率先将城镇居民低保政策覆盖到农村，建立起普惠型城乡居民最低生活保障制度。天门市积极推进土地向规模经营集中，农民居住向农村社区集中，农业产业向特色板块集中，积极探索统筹城乡基础设施、社会保障、公共服务体系建设的新模式。其他各市立足本地特色，积极开展城乡一体化建设试点。

7. 金融财税改革领域

金融一体化改革着力，促进武汉城市圈信贷市场、票据市场、支付结算、外汇服务和金融信息一体化。金融生态环境建设方面，深入推进“企业、农村、社区和区域”四大信用工程建设。推动金融创新方面，小额贷款公司发展迅猛，城市圈共申请设立小额贷款公司36家，注册资本总额29.08亿元，省政府已复函设立26家。财政分配机制改革试点方面，制订了省对县市建设“资源节约型、环境友好型”社会激励性转移支持办法；税收管理改革方面，开展了国、地税合作办税试点，优化了纳税服务，提高了办税效率。

同时，在对内对外开放领域和行政管理改革领域也取得了积极进展。

（二）促圈域一体，推进五个一体化建设

1. 推动圈域产业一体化方面

武汉、孝感、黄冈、潜江等市在汽车、化工、纺织、临空经济等多个产业上进行有序流动与双向转移。孝感市与武汉市达成了高新技术产业、化工、农副产品基地、旅游、商贸物流、交通设施等十个方面的合作事项，产业融合加速推进。总的来看，产业有序转移扭转了盲目转移的势头，产业转移促进了产业集聚，延伸了产业链，促进了承接地产业的良性发展。钢铁及深加工产业主要向鄂州、黄石延伸，与鄂州、黄石传统产业优势相结合，医药、化工产业则主要向潜江、孝感、黄冈等城市转移，有效地同当地石油、岩盐等资源相结合，纺织、服装及印染产业主要向孝感、仙桃、天门转移，光电子产业则呈现向孝感、咸宁延伸的特点。建立了计量监管、技术共享、计量结果互认等新机制，实现了圈内主体准入政策统一、程序统一、网络统一、服务统一，圈内企业在“异地冠名”、登记年检、流动迁移等方面享受一视同仁的待遇和服务。

2. 加快圈域交通一体化方面

武汉城市圈骨架公路网络初具规模，2010年武汉城市圈可新增高速公路273公里，预计年底，武汉城市圈高速公路总里程将达到1896公里，武汉城市圈“承东启西、接南纳北”的高速公路骨架网络基本形成。武汉长江航运中心建设步伐加快，设计吞吐能力近1500万吨、总投资近4亿元的武穴、黄州、黄石等4个武汉城市圈港口项目同时开工；总投资22.6亿元的武汉长江航运中心5个港航项目开工建设；武汉新港阳逻集装箱二期工程、中石油油码头先后建成并投入运行；武汉新港“以港兴城、港城互动”成效显现，武汉城市圈“干支相连、通江达海”的航运体系加快形成。武汉至孝感、武汉经鄂州至黄石、武汉至咸宁、武汉至黄冈四条城际铁路等项目顺利推进。武汉机场三期扩建工程、武汉机

场新建国际楼工程稳步推进，综合交通枢纽建设加速推进。

3. 推进市场一体化方面

结合“万村千乡市场工程”、家电下乡等工作，完善圈域农村市场网络，构建连锁经营市场体系。支持城市圈12大流通企业集团发展冷链物流、配送中心、电子商务，培育企业发展后劲。

4. 推进农业产业一体化方面

加强政策资金扶持，引导龙头企业发展。圈域内目前有国家重点龙头企业22家，省级重点龙头企业23家，规模以上农业产业化龙头企业达到2100多家，积极扶持农业合作组织发展，推进农企、农超对接，促进农产品快运直销，做大做强农产品品牌，增强产品市场竞争力。

5. 推进圈域基本公共服务一体化方面

重点是推进科技、教育、文化、卫生、社保、体育、旅游、信息、宣传等9项社会事业联合体建设。科技方面，科技信息服务平台新增集团用户12家；农业科技信息平台新建专题文本库和语音库各36个、文本信息4万条、语音信息2.8万条；科技企业孵化平台建立了网络教学辅导体系，注册学员1158名，组织孵化器争取国家公共技术服务平台项目24项。科技成果交易平台组织了武汉城市圈科技供需对接洽谈会，对接项目64项。武汉光谷联合产权交易所不断完善技术交易制度和体系，为28家企业完成融资32笔，总金额超过6亿元。教育方面，积极推进部属高校与地方高校联合办学、武汉与周边八市基础教育对口支持和职业教育园区建设，促进教育资源共建共享。咸宁职教园区项目坚持内聚外引，致力打造中部职教示范区，目前各项工作正在积极推进之中。文化方面，武汉城市圈图书馆联盟网站正式开通，武汉城市圈图书馆联盟建设的范围不断拓展，由原来以市级馆为主扩展到县一级图书馆，签约成员馆由上年的18家增加到目前的25家，圈域内公共图书馆馆际间互通阅览服务已全面展开；初步建立了武汉城市圈演艺联盟；积极推进城市圈博物馆、纪念馆免费开放，目前已有48家博物馆实现了免费开放。卫生方面，开工建设武汉城市圈突发公共卫生应急指挥系统，第一期省级卫生应急决策与指挥信息系统建设已完成；推进武汉三级医疗机构与其他八市医疗卫生机构开展“双向转诊和院际会诊”协作，建立“一对一”的对口协作机制。旅游方面，组织编制了《武汉城市圈旅游发展总体规划》，积极推动武汉城市圈旅游业在项目招商、旅游产品打造、旅游推广等方面的一体化，推进旅游资源的整合与联动共享。信息方面，启动了武汉城市圈通信一体化改革，进一步降低了城市圈通信费用；积极推进新一代无线宽带网络在城市圈的试点应用，已建立了长江宽带无线示范网（武汉段）、武汉市宽带无线城域示范网（江汉区）等多个示范网。宣传方面，成立了武汉城市圈广播电视联盟、报业联盟；楚天卫星广播和电视公共频道联合圈域内9家广播电视机构全力打造新闻、专题、文艺宣传和大型活动四大平台，形成了合力，全方位地宣传武汉城市圈“两型”社会建设。

（三）搭合作平台，部省合作和中法合作平台建设有新成效

1. 部省合作共建方面

截至目前，与我省签订合作协议或备忘录的国家部委和单位达到70家。特别是全国“两会”期间，省领导与国家多家相关部委和单位主要领导，就部省合作共建工作进行了沟通与会谈，有力地推动了部省合作共建工作的深入展开，在上年的基础上，发改、工信、农业、住建、国土、商务、人社、交通、水利、卫生、文化、民政等部门通过部省合作，均又争取到一批项目和资金支持。如环保部2010年开始拟在3年内安排中央农村环保专项资金9.5亿元，继续支持我省农村环境连片综合整治；我省大东湖、梁子湖、滠水河等一批环境保护重点工程已纳入《长江中下游水污染防治规划（2009~2015年）》，梁子湖湖泊保护国家级示范区等一批重点项目已经纳入国家2010年重点支持范围和国家环境保护“十二五”规划的重点；农业部已落实武汉城市圈中央和省级项目资金13.3亿元。

2. 国际合作平台方面

我省与法国深化合作，搭建了鄂法城市可持续发展合作平台。本年4月，在法国总统萨科奇访华期间，签署了鄂法城市可持续发展合作意向书，将在技术合作、政府贷款、企业投资、文化交流等方面与法国开展深入合作，争取每年在引资、引智方面开展几个扎扎实实的项目合作。11月，举办了“中法可持续发展论坛暨武汉城市圈投资项目推介会”，一批项目已纳入法国政府贷款计划。法国专家参与编制了《大梁子湖生态旅游度假区规划》，与法国合作启动了《孝感临空经济区总体规划》和《咸宁新港总体规划》的编制工作。

（四）督项目实施，九大改革试验项目有新进展

9大项目建设是省政府及九市推进武汉城市圈综改试验区建设的重大工程，相关各方高度关注，重点推进，目前总体进展顺利。一是资金带动作用明显。除武汉市外，其余8个项目总投资110.2亿元，截至目前，8大改革试验项目累计完成投资45.02亿元。其中武汉市改革试验项目省预算内资金的使用方式与其他八市有别，该市按照优先支持社会经济环境效益好和示范带动效应明显项目的原则，在有关项目评估验收后，按照实际投资额的一定比例给予补助、贴息、奖励。2009年，共确定补贴支持项目23个，总投资约11.37亿元，政府投资补贴1000万元。2010年共策划了12个制度创新与试点示范项目，总投资948.1万元，共申报主体建设子项目99个，总投资432.78亿元。二是有力促进了改革试验。武汉市充分利用项目资金，积极推进改革创新，推广合同能源管理，制定出台《武汉市合同能源管理项目支持办法》，支持排污权交易试点正式启动，设立了循环经济发展引导专项资金，获批了循环经济产业投资基金；黄石市利用项目资金建立了推广使用清洁能源和建筑节能改造等节能新机制，全面推进节能减排；鄂州市探索和建立城乡公交一体化价格运行机制，对进村入镇公交车进行适当财政补贴，对公交企业征收的营业税和车辆使用税给予减免；潜江市积极探索通过发展农产品深加工，完善农村剩余劳动力就地转移就业的社会劳动保障制度，促进农村剩余劳动力有序就业。

（五）建“两型”社会，反映“两型”社会的主要指标有新提升

从武汉城市圈“两型”社会建设统计监测评价情况来看，通过对资源利用、环境友好、科技创新、社会进步等5大类28项武汉城市圈统计监测指标数据进行综合加权测算，2009年武汉城市圈“两型”社会建设总指数为89.56，比2008年、2007年有明显提高，比全省平均水平高2.35个百分点；武汉城市圈化学需氧量和二氧化硫排放量削减率、城市圈生活污水集中处理率等指标已完成“十一五”规划目标；2009年武汉城市圈单位地区生产总值能耗降低率为6.14%，比上年有明显的下降，空气优良率、湖泊水质达到了近年来最高水平。

（六）重宣传引导，“两型”生产生活理念渐入人心

通过采取多种形式，加强宣传引导，努力营造上下齐心、各界努力、人人参与的改革氛围，引导武汉城市圈倡导节约、环保、文明的生产方式和消费方式，让节约资源、保护环境成为每个社会成员的自觉行动，“两型”社会建设真正落实到了产业、园区、企业、社区、学校、机关单位和家庭，用“两型”理念来改善民生、惠及民生。如武汉市采取政府引导、企业运作的方式，基本建成了公共自行车免费租赁系统，共投放自行车2万辆，设立便民服务站点814个，日均租车6万人次；在全国率先启动“十城千辆”电动汽车示范工程，新增350台混合动力电动公交车；在全市范围内推行了65%的建筑节能标准，启动王家墩绿色CBD建设，成为中英两国可持续发展城市计划在中国推进“绿色建筑”的第一个城市；加强“两型”社区、“两型”机关等示范创建，启动了“两型”集中展示区建设，面向全社会公开征集了两型宣传标志，两型理念正在深入人心。

二　当前改革试验工作存在的主要问题

（一）改革的超前研究不够

目前我省改革仍然处在攻坚阶段，其系统性、艰巨性和紧迫性日益增强。但是一些地方、部门对深化改革认识不够，对改革的超前研究不够，改革创新意识不强，对破解难题办法不多，缺乏新思路、新举措，一些领域的改革还没有取得大的进展。

（二）改革试验推进机制有待健全

改革试验涉及方方面面，虽然在九大领域有所创新，但还缺少重大突破。目前面临的主要是一些涉及面宽、触及利益层次深、配套性强、风险较大的改革，改革到了真正啃“硬骨头”的时期。改革任务往往分布于各个部门，而部门利益大多又在不断强化，给改革平添了难度。改革试验和目标责任制考核没有形成直接的关联，需要进一步健全改革试验的推进机制。

（三）改革试验工作力量配备不够

综改工作任务多、牵涉面广，既有理论设计层面，又有实际推动方面，需要各方面的人才。除武汉市外，其他各市综改部门基本上都是1～2人，省直部门配备的工作人员也不够强，有的还是兼职。由此造成工作推进力度不够，信息反馈不及时，影响了改革试验工作的深入开展。

三　推进武汉城市圈综改试验工作的建议

根据武汉城市圈“十二五”规划的发展要求，2011年，将进一步明确工作任务，以资源节约、环境友好为主题，以新型工业化、新型城镇化为途径，五大示范区为载体，五个一体化为抓手，利用部省合作、国际合作两个平台，加大改革试验创新力度，促进发展方式转变，促进武汉城市圈科学发展、和谐发展。

（一）研究完善“十二五”改革试验工作思路

为推动两圈一带战略的实施，省委、省政府先后出台了关于推进鄂西圈、长江经济带的决定。为了构建两圈一带发展战略的完整框架体系，建议省委、省政府出台关于推进武汉城市圈建设的决定，我们拟对三年来改革试验工作进行全面总结，系统分析改革取得成绩，存在问题，研究提出下一步推进思路，开展武汉城市圈三年改革总结表彰系列活动，在深化认识的基础上，进一步明确工作目标任务，代省委、省政府研究起草《关于大力推进武汉城市圈综改试验建设的决定》，同时进一步完善武汉城市圈“十二五”规划，争取一并于2011年上半年出台。

（二）推进资源节约和环境保护领域专项改革

一是积极探索循环经济发展模式，推进资源节约领域体制机制创新。以青山—阳逻—鄂州大循环经济示范区建设为平台，健全节能减排激励约束机制，完善清洁发展机制，构建循环型产业体系。适时推进资源价格制度改革，开展绿色电价机制试点，完善差别化能源价格制度；开展城市水价改革试点，建立节约用水机制。推进资源枯竭城市转型改革试点，建立可持续发展长效机制。二是加

快推进水生态修复与保护工程，推进环境保护领域体制机制创新。推进武汉城市圈“碧水工程”的实施，完善梁子湖生态保护与开发的体制机制，启动部分工程建设，探索跨区域水生态修复与保护新模式。加快实施排污许可证制度，努力扩大排污权交易规模，完善环境保护的市场机制。

（三）推进武汉城市圈新型城镇化建设

一是推进武汉城市圈城际铁路沿线地区新型城镇化（即“一站一城”建设）。武汉城市圈城际铁路的开通会使武汉城市圈城际铁路沿线周边地区的通达性呈倍数放大，抓住机遇，推进武汉城市圈城际铁路沿线地区“一站一城”建设，是推进武汉城市圈新型城镇化发展的重要抓手。建议省政府研究出台《省人民政府关于推进武汉城市圈城际铁路沿线地区新型城镇化发展的意见》，积极协调推进城际铁路“一站一城”建设，在武汉城市圈城际铁路沿线地区率先建设一批发展领先、功能完备、环境优美、特色鲜明的新型城镇，探索新型城镇化路子。二是探索武汉城市圈强镇扩权改革试点。小城镇发展是推进城乡一体化的重要载体和联结纽带，是武汉城市圈县域经济发展壮大的重要基础。今年我们对强镇扩权改革试点进行初步调研，我们建议，根据武汉城市圈强镇的发展实际，借鉴外省市推进强镇扩权改革试点工作的经验做法，按照科学合理的指标体系，先行在武汉城市圈选择5个左右人口数量多、产业基础好、发展潜力大、区位条件优、带动能力强的强镇，推进强镇扩权改革试点，大力扶持试点镇的发展壮大，打造一批发展领先、功能完备、环境优美、特色鲜明的现代化中心城镇。三是研究探索户籍制度改革。现行户籍制度已不适应科学发展、和谐发展的时代要求，损害了相当一部分群众的利益，扭曲了资源配置，影响了经济发展方式转变。我们认为应充分利用部省合作平台，学习外省市经验做法，争取国家对武汉城市圈户改工作支持，特别是加大在土地、财税、公共服务投入等方面的支持力度，在武汉城市圈先行探索改革户籍制度。

（四）着力研究、适时推进物联网试点工作

目前，省经信委已编制完成物联产业发展规划，省经信委侧重于物联网产业的发展。拟在仙桃启动推进物联网在环境监测和保护方面的试点工作，目前方案正在草拟过程中，准备明年实施，为物联网发展探索新的路子。

（五）探索新型工业化道路

武汉城市圈各级开发区和产业园区是城市圈的产业集聚发展区，开发区的产业升级改造是转变发展方式、发展“两型”产业的落脚点，2011 年拟在城市圈选择 10 个有代表性的开发区或产业园区，结合培育战略性新兴产业，制定出台城市圈产业园区产业升级实施方案，集中政策和资金，重点支持开发区产业改造升级，大力发展“两型”产业，积极探索新型工化化新路子。

（六）抓好示范区建设

一是抓好省级层面五大示范区建设。大力推进东湖国家自主创新示范区、武汉东西湖区综合性示范区、青阳鄂大循环经济示范区、大东湖“两型”社会示范区和梁子湖生态旅游示范区建设。二是协调督促武汉城市圈其他八市抓好市级层面八大示范区建设。初步考虑是：黄石市重点推进黄金山低碳工业园示范区建设，探索低碳经济发展模式；鄂州市推进长港统筹城乡改革示范区建设，探索城乡一体化发展新路子；黄冈市推进临港经济示范区建设，探索新的经济增长点；咸宁市推进咸宁—嘉鱼临港示范区建设；孝感市推进临空经济示范区建设；仙桃市推进城南新区“两型”社会建设示范区建设；天门市推进岳口镇综合配套改革示范区建设；潜江市推进城矿乡统筹示范区建设。三是协调督促武汉城市圈九市大力推进九个改革试验项目建设。全面完成授资协议规定的改革项目和建设项目，搞好总结评估，推广改革试验成果。

（七）推进五个一体化

继续实施《武汉城市圈五个重点工作实施方案》，明确 2011 年度任务和工作要求。一是以产业双向转移为重点，推动圈域产业优化整合。二是以加快推进武汉新港建设、武汉城市圈四条城际铁路建设为重点，加快圈域交通基础设施建设。三是以现代农业基地建设为重点，推进现代农业产业化。四是以实施商业集团连锁经营为重点，推动圈域城乡市场繁荣。五是以推进九个联合体建设为重点，促进社会事业公共服务均等，争取工信部武汉城市圈资费一体化。

（八）推进部省合作和国际合作

一是进一步深化部省合作共建工作内涵。拓展部省合作共建领域和内容，不断争取改革创新试点事项，争取政策、项目、资金支持，通过部省会商机制，实现部省改革发展思路对接、工作互动，保持沟通渠道和工作平台长期有效。二是进一步完善国际合作平台。开拓引资引智新路径。进一步深化我省与法国深化合作，在技术合作、政府贷款、企业投资、文化交流等方面与法国开展广泛合作，争取在引资、引智方面开展一系列扎扎实实的项目合作。积极策划和探索与美国、韩国等国的合作，全方位推进武汉城市圈“两型”社会建设。

𝔹.6

武汉市两型社会建设发展报告

武汉市两型办*

摘　要：两型社会建设综合配套改革试验区获批以来，武汉市上下认真落实《实施方案》和《三年行动计划》，按照“项目化、资金化、政策化”的要求，扎实推进，大胆创新，两型社会建设改革试验取得了积极成效，对经济社会发展的引领带动作用逐步显现。2011 年是“十二五”规划的开局之年，也是我市“两型社会”建设综合配套改革试验深入推进的重要节点，全市两型改革试验按照“项目化、资金化、政策化”的要求，扎实推进，大胆创新，充分发挥改革试验对经济社会发展的引领带动作用。

关键词：两型社会　发展　“十二五”规划

一　三年来主要成效

（一）围绕资源高效利用，循环经济发展模式初显雏形

坚持把循环经济作为突破口，以青山区、东西湖区、阳逻开发区等国家、省级示范园区为重点，着力推进全市循环经济发展。青山区累计完成投资 100 亿元，基本形成了以钢铁、石化、环保等主导产业为基础的循环经济产业链，积极探索重化工集聚区循环经济发展模式。阳逻开发区累计完成投资 115 亿元，以阳逻电厂等重点企业为平台，积极探索资源循环利用模式，实施了阳逻电厂粉煤灰、脱硫石膏、余热、循环水等综合利用工程，其中，粉煤灰利用率达到 97%，

* 武汉市两型办全称为武汉市资源节约型和环境友好型社会建设综合配套改革试验工作领导小组办公室。

实现了经济、社会和环境的共赢。加快推进东西湖两型示范区建设，建立了以都市生态农业和农产品加工为重点的14个循环经济示范点，着力构建农业、工业、园区、社会四个层面的循环体系。推进循环经济跨区域发展，规划建设青阳鄂大循环经济示范区。企业资源循环利用水平不断提高，培育了金凤凰纸业、保华新材料等一批循环经济示范企业。为循环经济发展营造良好支撑环境，设立了循环经济发展引导专项资金，争取获批了循环经济产业投资基金，创办了武汉循环经济发展研究院和实验室等。我市单位生产总值能耗保持下降趋势，两年来分别下降6.15%、6.04%。

（二）围绕滨江滨湖城市建设，环境质量明显改善

近年来，我市围绕滨江滨湖宜居城市建设，实施了一批重大水环境工程，取得了突破性进展。大东湖生态水网构建工程总体方案获国家发改委批准，东湖九峰渠工程顺利完工。“清水入湖”工程取得阶段性成果，中心城区40个湖泊基本实现截污。污水处理设施加快建设，城市污水集中处理率达到89.8%，比2007年提高13.8个百分点。水生态系统保护与修复试点工作通过国家验收，成为全国唯一节水型城市、节水型社会建设“双试点”城市。2009年，中心城区16个湖泊水质提档升级，劣五类湖泊减少9个，东湖水质由劣五类升至四类，初步扭转我市湖泊水质恶化趋势。第十三届世界湖泊大会在我市召开，发表了《武汉宣言》，武汉治水的国际影响开始显现。

连续3年实施“清洁空气工程”，基本完成禁燃区锅炉改燃，实施了机动车环保分类管理，开展了建筑工地扬尘综合整治，2009年城区空气质量优良天数首次超过300天，创近年来最佳水平。全市森林覆盖率达到26.5%，比上年提高了1.4个百分点，并获评国家森林城市。

垃圾收集处理工程抓紧实施。着力构建以垃圾焚烧发电为主、垃圾填埋为辅的城市生活垃圾处理系统，建成2座垃圾卫生填埋场，抓紧推进5座垃圾焚烧发电厂，届时我市城市生活垃圾无害化处理率将达到95%以上。垃圾分类收集处理工作逐步推开，着手开展餐厨、建筑垃圾集中处理试点。

农村生态环境得到改善。集中连片推广应用太阳能热水器3.47万台，完成“一池三改”户用沼气建设9.65万户，农村秸秆汽化集中供气超过4100户。畜禽养殖小区污染治理全面加强，全市242个畜禽养殖规模小区中，93个实现环

保达标排放。创建了怡山湾生态农庄、柏泉农场、石榴红村等一批两型村镇典型，较好地实现了农业发展、农民增收、农村面貌改善的有机结合。

（三）围绕改善民生，两型生产生活理念渐入人心

近年来，我市紧扣与广大市民生活密切相关的领域，推进示范项目建设，力争用两型理念改善民生、惠及民生。采取“政府引导、企业运作”的方式，基本建成了公共自行车系统，截至目前共投放自行车3万余辆，设立便民服务站点814多个，受到广大市民的普遍欢迎。在全国率先启动“十城千辆”电动汽车示范工程，新增350台混合动力电动公交车。深入实施国家“十城万盏”半导体照明试点工程，建成了汉口江滩、东湖路等绿色照明示范路，实施了节能灯推广三年计划，累计投放185万只，2010年将再投放230万只。率先破题废旧电池回收工作，初步建成了“政府补贴、企业运作、市民参与”的回收系统。在全市范围内推行了65%的建筑节能标准，启动王家墩绿色CBD建设，成为中英两国可持续发展城市计划在中国推进“绿色建筑”的第一个城市。强力推进光城计划、无线城市建设，光纤用户累计达到90万户，无线热点已基本覆盖大型公共场所。加强两型社区、两型机关等示范创建，启动两型集中展示区建设，面向全社会公开征集了两型宣传标志，两型理念正在深入人心。

（四）围绕破解难题，体制机制创新取得有效进展

围绕我市两型社会建设的重点领域和关键环节，大胆创新，不断探索，以土地、金融等为重点的改革试验取得有效进展。

创新土地管理体制。建立了全市统一的土地有形市场，开展了区级土地储备试点。推进土地集约节约利用，全面推进了二环线内56个城中村改造，成功申报了9个城乡建设用地增减挂钩试点项目。促进农村土地等资源合理流动，武汉农村综合产权交易所正式挂牌，交易品种全国最全，农村土地经营权抵押贷款规模全国最大，截至2010年8月份，累计鉴证交易项目363宗，交易面积33.2万亩，交易金额28.68亿元，抵押贷款规模达到9740万元。

积极构建区域性金融中心。汉口银行、武汉农村商业银行先后获批，民生银行金融租赁公司、12家小额贷款公司正式运营，建设银行、交通银行等16家金融机构后台服务中心落户武汉。企业直接融资取得较大进展，三年来，新增上市

公司9家，募集资金总额达到60亿元以上。

完善环保管理体制。出台了《武汉市湖泊整治管理办法》，强化湖泊保护问责制。积极推广合同能源管理，制定出台了《武汉市合同能源管理项目支持办法》。成立了武汉碳减排协会，积极探索符合我国国情的碳减排、碳交易的体制机制。排污权交易试点正式启动，成功纳入国家试点范围。启动了绿色保险、绿色信贷工作，我市绿色保险规模已位居全国前列。

二 2011年工作要点

（一）发展循环经济

坚持把发展循环经济作为两型社会建设的主要着力点，按照减量化、再利用、资源化的原则，全面提高资源循环利用效率，着力构建政府大力推动、市场有效驱动、社会全方位参与的循环经济发展新机制，形成武汉循环经济发展模式。

围绕化工、钢铁、物流等重点行业，实施十大重点循环经济示范项目，在项目审批、资源配置、资金组织、配套基础设施建设和税收等方面予以扶持，力争在节约降耗、资源综合利用和清洁生产等方面取得突破性进展。

推进国家、省、市三级循环经济示范区建设。支持青阳鄂大循环经济示范区建设，鼓励循环型企业围绕区域内钢铁、石化、电力等支柱产业进行布局，形成若干循环经济产业链和循环经济集聚发展区，构建区域内循环型的钢铁、电力、建材、化工等产业集群。

进一步完善武汉城市矿产交易所功能，将工业再生资源、社会再生资源及城市其他可再利用资源纳入交易范围，促进资源的高效利用。加快完善再生资源标准化回收站点及网络体系，深入推进“全国再生资源回收体系建设试点城市”建设。

围绕我市工业发展的优势领域和行业，重点支持钢铁、汽车、装备制造、电子信息和环保等领域探索建立产学研结合新模式，研究开发产业发展所需的污染治理、废物利用、清洁生产、生态工业链接等共性技术、关键技术和装备，积极做好引进技术消化吸收创新工作，为循环经济发展提供技术支持。

（二）实施节能减排

加快结构调整，形成以政府为主导、企业为主体、全社会共同推进的工作格局，健全有利于节能减排的长效发展机制，探索建立与我市经济发展水平相适应的低碳发展模式。

探索碳减排的有效途径。依托武汉碳减排协会，进一步加强全市碳减排平台建设，设立市政府碳减排引导资金，研究制定碳盘查认证、执行标准，选择若干重点行业的代表性企业开展碳盘查试点，根据碳盘查数据研究拟定行业基准线。

狠抓主要污染物减排。将氨氮、氮氧化物列为减排指标，优化地区与企业的排污总量分配。加强对企业节能减排和资源综合利用的监督，完善科学、统一的节能减排统计指标体系和监测体系。制定排污许可证制度管理办法，强化许可证核发工作。开展环境监察稽查试点，严查环境违法行为，组织开展“整治违法排污专项行动”。

实施重点节能工程。突出抓好企业技术改造，着力实施一批重点技术改造项目，对武昌造船厂、马应龙药业、长飞光纤光缆等 30 余家企业进行清洁生产试点。加快推行合同能源管理，抓好工业、建筑、交通运输等重点领域节能。强化节能目标责任考核，对 65 户重点耗能企业实行动态管理，对年综合能耗 10 万吨以上标煤的企业实施跟踪。

发展低碳建筑、低碳交通。结合四新国际博览中心、东湖国家自主创新示范区新能源产业基地、生物基地和“武汉市民之家”等项目建设，增加绿色建筑试点示范工程 150 万平方米。开展国家康居示范工程、低碳住宅小区试点示范工程。完善自行车专用道路网络，在蔡甸区、东西湖区协商开展辖区便民自行车公共服务系统建设试点工作。在主城区内建设 10 条慢行道。加大混合动力公交车、纯电动车的投放力度，淘汰达不到“欧 II”排放标准及使用化油器车辆。新增 CNG（压缩天然气）加气站 10 座，完成出租车 CNG 改燃 2000 辆。

（三）保护生态环境

坚持预防为主、综合治理，强化从源头防治污染和保护环境，促进重要的生态系统休养生息，环境管理水平与城市环保功能明显提升。

探索建立生态补偿机制。科学划定全市重要生态功能区，设立生态补偿专项资金，积极开展生态补偿试点。制定出台实施生态补偿配套政策，建立客观公正的生态补偿标准体系，为实施生态补偿提供政策和法制保障，推动我市的环境保护工作实现从以行政手段为主向综合运用法律、经济、技术和行政手段的转变。深入开展环境容量测算、资源消耗评价等关键技术的科研攻关，建立自然资源和生态环境价值评价体系。

加强大气污染防治。将机动车尾气污染治理路检工作常态化，实施机动车环保标志管理，淘汰冒黑烟公交车、出租车，禁止不符合国家机动车排放标准车辆的生产、销售和注册登记。制定《绿色工地创建与考核管理办法》，加大建筑工地的扬尘治理力度，实现建设工地文明施工的常态化管理。

提高垃圾处理无害化水平。以垃圾焚烧发电项目建设为推进重点，实现青山地区垃圾焚烧厂实质性开工，锅顶山、新沟厂建成投产。推进陈家冲场二期和长山口生活垃圾卫生填埋场二期工程的建设，出台《餐厨垃圾集中处理管理办法》，兴建餐厨垃圾处理场和大型生活垃圾转运站，力争都市发展区垃圾无害化处理率达到95%以上的目标。启动古田化工地区、谌家矶片区实施土壤修复治理工程，对已关闭的紫霞观等4座简易垃圾填埋场进行生态修复。

努力改善农村生态环境。划定乡镇集中式饮用水水源保护区，清理整顿环境隐患。基本实现规模化畜禽养殖场污染物排放达标。结合我市农村“家园建设行动”计划和城乡一体化工作，提高农村生活垃圾收集清运率与生活污水集中处理率。开展连片村污染综合整治，完成一批试点项目。创建一批环境优美的乡镇和生态村。

（四）加强水环境治理

按照建设“生态、文明、宜居、滨水”特色城市和打造中部地区中心城市的要求，紧扣两型社会建设，力争在水资源管理、水环境建设、水生态修复等方面走在全国前列。

实施排污口截污工程。完成好清水入湖截污工程的最后收尾工作，完成剩余黄家湖、严西湖、龙阳湖等7个排污口的最后截污。

加大污水收集处理能力。主城区新建污水管网108.5公里，启动北湖污水处理厂建设，大力推进龙王嘴污水处理厂扩建和黄浦路污水处理厂升级改造工程。

远城区大力推进镇、街道等地方污水管网建设，逐步完善污水收集系统。鼓励企业实施中水回用改造工程。推进城市水业产权改革，加快污水处理设施建设与运营的市场化步伐。

继续实施大东湖生态水网工程。继续实施沙湖水生态修复工程，官桥湖综合整治工程完成80%，东沙湖连通工程完工，启动九峰渠连通工程。实施面源污染控制工程，进行水域内、滨湖带、汇水区生态修复。

深入实施湖泊综合整治工程。继续对中心城区湖泊岸线进行生态固稳，实现湖泊岸线清晰顺畅、岸坡稳定。采取污染源控制、生态修复以及环境整治的综合手段实施湖泊整治，实现主城区湖泊水质提档升级，恢复湖泊功能。制定《武汉市远城区湖泊保护规划》，实施湖泊形态控制工程，实施湖泊面源污染控制，对蔡甸后官湖、莲花湖、黄陂后湖、江夏梁子湖等实施重点整治。

（五）培育两型文化

在全社会倡导节约、环保、文明的生产方式和消费方式，让节约资源、保护环境成为每个社会成员的自觉行动，将“两型社会”建设真正落实到每个家庭、每个单位。

推进“两型”示范创建。进一步加大社区、村镇、学校、家庭、机关创建力度，巩固已有的创建成果，不断丰富创建内容，完善推进机制，规范创建标准，总结推广成功经验，树立一批创建典型，实现“两型”示范创建的常态化、规范化，营造“两型社会”建设共建共享的良好氛围，使“两型”理念深入人心。

实施“呵护江城”计划。设立“环境调查与教育小额基金”，对民间实施的环保公益项目进行资助，探索环境调查、环境教育的新机制。继续举办绿色生态讲堂，围绕节约资源、保护环境定期举行各领域主题报告、经验交流、知识讲座、学术研讨，探索两型志愿者活动交流新空间。在汉口江滩建设两型活动体验基地，普及生态环境知识，展示两型社会建设成果，打造两型理念普及新载体。

倡导绿色消费。深入开展绿色饭店、绿色餐饮、绿色超市创建，加大绿色商品营销力度和流通服务业节能减排工作力度，做好抑制商品过度包装和限制塑料袋使用工作。大力推广绿色照明，积极推进“十城万盏”示范工程，在街道、

车站、住宅小区、旅游景区及室内照明等重点区域（领域）推广 LED 功能性照明产品。加快公共照明节能改造步伐。

营造浓厚社会氛围。开展“两型社会”建设理念宣传与成果展示活动，提高社会各界对“两型社会”建设的认知度、参与度和贡献度。扩大两型标志和宣传标语的宣传范围，设立宣传展示大型户外广告，组织好节能宣传周、城市节水宣传周、世界环境日、地球日、水日、无车日、无烟日等活动，使资源节约环境友好的观念深入人心，成为社会普遍接受并积极践行的价值观念和行动指南。

（六）创新体制机制

探索充满睿智与活力的武汉独创的体制机制，形成两型社会建设武汉模式，为推动全国两型社会建设综合配套改革发挥示范和带动作用。

创新城乡规划和土地管理体制机制。制定建设用地控制标准体系，建立土地节约集约利用评价体系和考核体系。扩大“征转分离”试点，降低城市建设成本。积极稳妥探索农村集体建设用地流转新模式，扩大土地经营权抵押贷款试点规模。建立基本农田保护补偿机制，切实控制农用地转为建设用地的规模。出台《全市土地节约集约利用考核办法》，将各区集约利用土地状况纳入政府绩效考核目标。

创新财税管理体制机制。积极争取中央有利于武汉两型社会建设综合配套改革试验的财税政策。加快出台节约资源保护环境的财税政策。加快制定有利于节能减排的企业间中间产品税收优惠和以奖代补政策。积极争取资源税、环境税在武汉率先进行试点。探索发行水环境治理债券。加快实施增值税转型改革，全面推行增值税“全额抵扣”和“全行业试点”。争取在武汉开展两型社会建设公益彩票发行试点。

创新资源节约和污染物减排的体制机制。完善排污权交易制度，全面推行排污许可证制度，加快建设主要污染物排污权交易市场，逐步扩大排污权交易规模。加快推进资源性产品价格和环保收费改革，建立反映资源稀缺度、环境损害成本的生产要素和资源的价格形成机制。建立节能减排监测考核体系，实行节能减排行政问责制。通过合同能源管理（EMC）对全市路灯等公共照明进行节能改造，积极推广清洁发展机制（CDM）等节能新机制。

创新促进生态建设和环境保护的体制机制。建立生态补偿长效机制，积极探索多样化的生态补偿方式，在东湖等区域落实生态补偿资金。继续推进危险化学品等重点行业环境安全专项整治，建立全市涉危企业环境信息和排污数据库，加快推进环境污染责任险。构建突发环境事件预警系统。完善跨行政区的水体污染综合治理机制。建立城乡环境保护协调联防机制。

创新“两型社会”建设工作推进机制。完善调度会制度和专题协调会制度，及时协调解决两型社会建设中出现的问题。建立健全多层次信息报送制度。完善“两型社会”建设评价体系，不断总结、完善我市在相关领域的试点经验，形成规范的操作办法，进一步丰富和完善“两型社会”建设的“武汉标准”。完善“两型社会”建设工作激励机制，对作出突出贡献的单位和个人予以表彰奖励。

B.7

2010～2011年武汉市土地市场运行分析与预测

武汉市国土资源与规划局

摘　要：2010年，武汉市土地市场在积极落实国家宏观调控政策的同时，保持了快速发展的良好态势，土地成交规模大幅增加，成交价格基本稳定，有力地服务和支撑了武汉市经济社会持续健康发展。随着国家宏观调控政策连续出台和持续发力，市场形势渐趋严峻，土地市场运行的不确定性增加。

关键词：土地市场　运行指标　分析预测　宏观调控

第一部分　2010年度武汉市土地市场运行情况

一　全市土地市场成交概况

2010年，全市土地市场成交土地569宗，土地面积3477.86公顷（合52168亩），同比增长17.9%；规划建筑面积6366.91万平方米，同比增长49.7%；成交金额845.43亿元，同比增长117.7%。在19个副省级及以上城市中，武汉市土地市场成交金额排名第5位，跻身全国最具影响力的土地市场之一。在土地供应量扩大的同时，土地价值和土地集约节约利用水平有了更明显提升。

其中，中心城区成交土地93宗，土地面积716.33公顷（合10745亩），同比增长24.8%；规划建筑面积2643.17万平方米，同比增长124.02%；成交金额660.14亿元，同比增长185.1%。

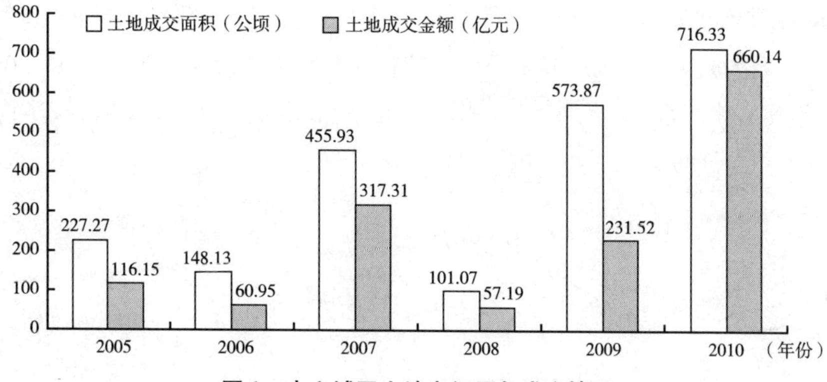

图1　中心城区土地市场历年成交情况

远城区、开发区成交土地476宗，土地面积2761.53公顷（合41423亩），同比增长16.2%；规划建筑面积3723.74万平方米，同比增长21.1%，成交金额185.29亿元，同比增长18.1%。

二　房地产开发用地成交情况

2010年，全市成交房地产开发用地226宗，土地面积1721.65公顷（合25825亩），同比增长0.2%；规划建筑面积达到4366.04万平方米，同比增长47.3%；成交金额792.39亿元，同比增长122.9%；平均楼面地价1814元/平方米，同比增长51.3%（主要是因为2009年上半年价格较低，拉低了全年整体价格水平）。在19个副省级城市中，房地产开发用地成交金额排名第4位，平均楼面地价排名12位。

（一）中心城区房地产开发用地成交情况

1. 成交规模

中心城区房地产用地成交规模扩大，集约利用水平提升，土地价值显著增长。全年成交土地88宗，土地面积701.41公顷（合10521亩），同比增长27.7%，完成2010年中心城区房地产用地供应计划的122.3%；规划建筑面积2620.80万平方米，同比增长128.3%；成交金额659.16亿元，同比增长186.7%。

2. 成交价格

中心城区成交的房地产开发用地平均楼面地价2516元/平方米，比2009年2406元/平方米的水平增长4.6%，低于全市房价19.4%的同比增幅，占同期中心城区平均房价的30%左右。

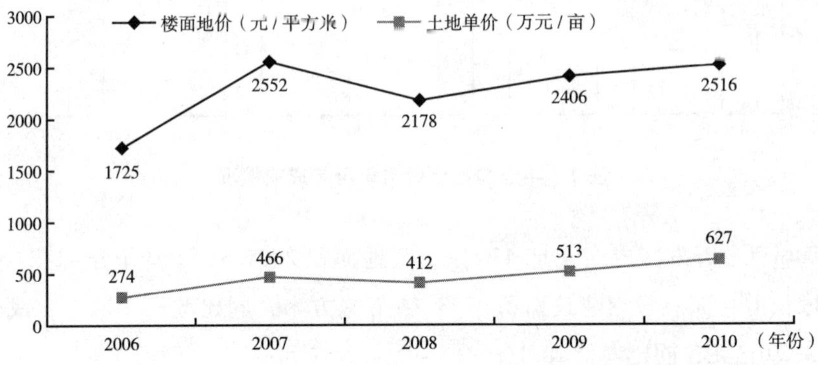

图2　历年中心城区房地产开发用地成交价格情况

从成交土地的楼面地价分布看，楼面地价在3000元/平方米以下地块的规划建筑面积占74.9%；3000~4000元/平方米的占16.0%；4000~5000元/平方米的占4.1%，5000~6000元/平方米的占2.6%，6000元/平方米的占2.5%。楼面地价在4000元/平方米及以下的地块规划建筑面积占90.9%。

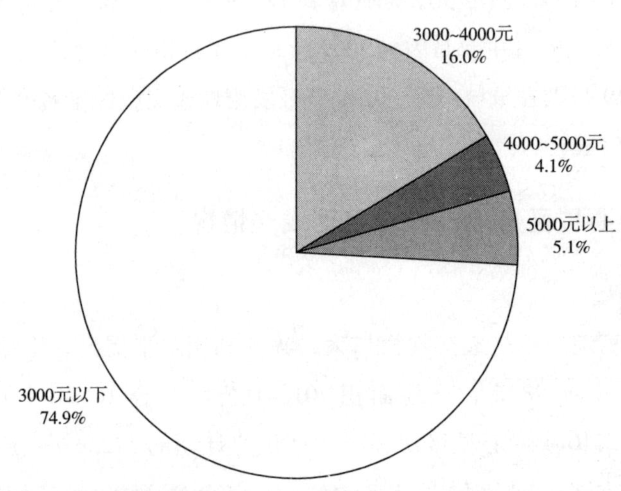

图3　2010年中心城区成交房地产用地楼面地价分布情况

从成交土地环线分布情况看，中心城区二环内房地产开发用地平均楼面地价 3229 元/平方米，同比增长 10.8%；二环外房地产开发用地平均楼面地价 1943 元/平方米，与 2009 年水平基本持平。6000 元/平方米以上的土地绝大多数位于二环线内区域。

从竞价、溢价情况来看，挂牌出让的 80 宗房地产开发用地中，有 33 宗有多家企业报价，其中 28 宗产生竞价，竞价率为 35%；总成交金额较起始价溢价 52.26 亿元，溢价率为 10.8%，土地溢价水平总体较为合理。

3. 供地结构

（1）用途结构。中心城区加大了居住用地供应，同时注重通过土地市场引导办公商服、公建设施等城市配套功能的完善。2010 年，中心城区成交土地中商住兼容用地占比达到 63.1%，土地面积 443.02 公顷（合 6645 亩），同比增长 6.7%；居住用地 205.99 公顷（合 3090 亩），占 29.4%，同比增长 92.5%；商业用地 52.40 公顷（合 786 亩），占 7.5%，同比增长 92.5%。

若计入商住兼容用地中的居住用地，则居住用地占房地产开发用地总成交面积的 77%，成交面积达到 537.88 公顷（合 8068 亩），规划建筑面积 2015.32 万平方米，同比增长 52.0%；商业用地成交面积占房地产开发用地成交总面积的 23%，达到 163.53 公顷（合 2453 亩），规划建筑面积 605.48 万平方米，用途结构比较合理。

表 1　2010 年中心城区房地产用地（各规划用途）成交情况

用途	土地面积		规划建筑面积		成交金额		宗数
	公顷	占比(%)	万平方米	占比(%)	亿元	占比(%)	
居住	205.99	29.4	724.10	27.6	136.79	20.8	33
兼容	443.02	63.1	1773.09	67.7	495.13	75.1	41
商业	52.40	7.5	123.61	4.7	27.24	4.1	14
小计	701.41	100.0	2620.80	100.0	659.16	100.0	88

（2）区域分布结构。江汉、汉阳、武昌、洪山等 4 个行政区的房地产开发用地成交面积超过 100 公顷，主要由于以上 4 个区的城中村改造项目及市级重点项目供地面积较大。

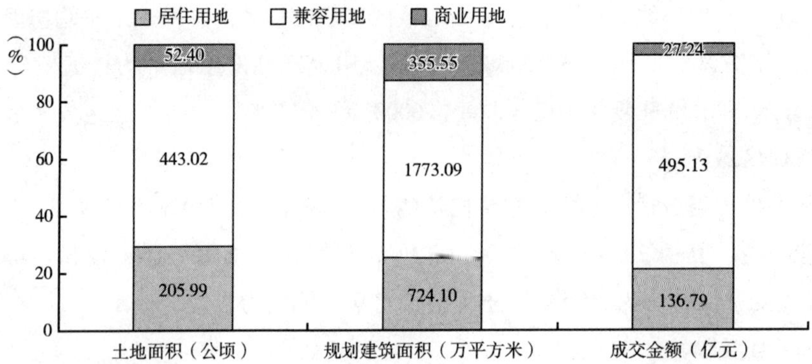

图4　2010年中心城区房地产用地（各规划用途）成交情况

表2　2010年各中心城区房地产开发用地成交情况

区　域	土地面积		建筑面积	成交金额	宗数
	公顷	亩	万平方米	亿元	
江　岸	61.99	930	210.20	46.23	10
江　汉	109.24	1639	506.01	95.00	13
硚　口	63.13	947	216.96	71.34	9
汉　阳	172.72	2591	568.25	123.19	20
武　昌	144.75	2171	608.82	229.23	18
青　山	3.04	46	6.81	1.86	2
洪　山	146.54	2198	503.74	92.32	16
合　计	701.41	10521	2620.80	659.16	88

从环线分布来看，二环内房地产开发用地成交土地面积同比增长101.7%，占中心城区房地产开发用地成交面积的40%，比2009年的25%增加了15个百分点；二环外房地产开发用地成交土地面积同比增长2.5%，占中心城区房地产开发用地成交面积的60%。

表3　2010年二环内、外房地产开发用地成交情况

区域	土地面积		建筑面积	成交金额	宗数
	公顷	亩	万平方米	亿元	
二环内	281.52	4223	1166.30	376.59	37
二环外	419.89	6298	1454.50	282.57	51

（二）远城区、开发区房地产开发用地成交情况

1. 成交规模

远城区、开发区房地产开发用地共成交138宗，土地面积1024.24公顷（合15304亩），同比减少12.8%，占2010年远城区、开发区成交土地面积的36.9%；规划建筑面积1745.24万平方米，同比减少4.0%；成交金额133.23亿元，同比增加6.0%。

2. 成交价格

远城区、开发区的房地产开发用地平均楼面地价739元/平方米，同比增长6.9%，平均土地单价94万元/亩，同比增长31.0%。

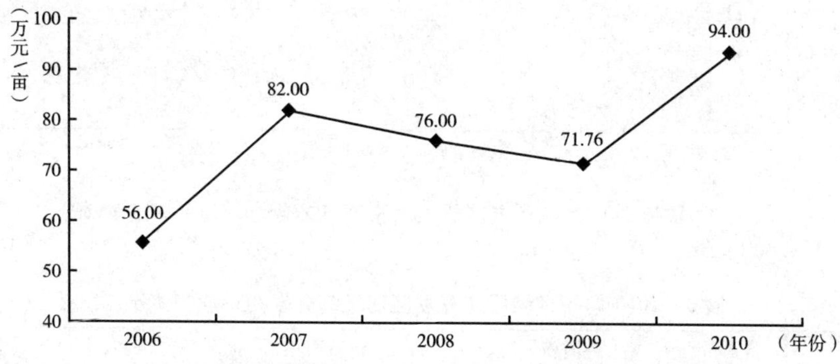

图5　历年远城区、开发区房地产开发用地成交亩单价情况

2010年，在全市统一土地有形市场中挂牌成交的103宗远城区、开发区土地中，其中37宗多家报价，26宗产生竞价，竞价率为25.2%；总成交金额较起始价溢价23.54亿元，溢价率为26.6%，土地价格溢价明显。

3. 供地结构

（1）用途结构。远城区、开发区房地产开发用地中居住用地比重相对较大，居住、兼容、商业三类房地产开发用地面积所占比重大致为40%∶35%∶25%。

（2）区域分布结构。江夏区和蔡甸区房地产开发用地成交面积相对较大，分别达到359.51公顷（5393亩）和223.54公顷（3353亩），武汉开发区和新洲区房地产开发用地成交面积较小，分别为11.99公顷（180亩）和21.58公顷（234亩）。

表4　2010年远城区、开发区各规划用途土地成交情况

用途	土地面积		规划建筑面积		成交金额		宗数
	公顷	占比(%)	万平方米	占比(%)	亿元	占比(%)	
居住	412.95	40.5	640.39	36.7	55.16	41.4	65
兼容	355.54	34.8	811.30	46.5	57.27	43.0	40
商业	251.74	24.7	293.55	16.8	20.79	15.6	33
小计	1020.24	100.0	1745.24	100.0	133.23	100.0	138

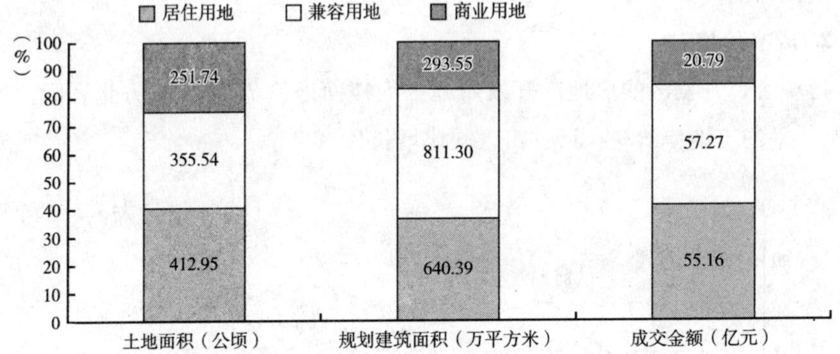

图6　2010年远城区、开发区房地产用地（各规划用途）成交情况

表5　2010年各远城区、开发区房地产开发用地成交情况

区　域	土地面积		建筑面积	成交金额	宗数
	公顷	同比(%)	万平方米	亿元	
东西湖	83.75	278.4	240.75	24.02	21
汉　南	120.34	-59.1	330.71	7.65	9
蔡　甸	223.54	-5.5	206.08	22.76	17
江　夏	359.51	31.0	474.50	25.75	45
黄　陂	125.15	10.7	276.25	23.84	28
新　洲	21.58	-77.4	50.62	2.95	7
东湖开发区	74.37	2.4	130.35	22.65	10
武汉开发区	11.99	-80.1	35.98	3.60	1
合　计	1020.24	-12.8	1745.24	133.23	138

三　工业用地成交情况

2010年，全市工业用地成交343宗，土地面积1756.21公顷（合26343亩），

同比增加 42.5%，占全市土地市场成交面积的 50.5%；成交金额 53.04 亿元，同比增加 61.5%。平均单价 20 万元/亩，同比增长 13.3%。

中心城区工业用地成交 5 宗，土地面积 14.91 公顷（合 224 亩），同比减少 39.3%，占中心城区土地市场成交面积的 2.1%，均位于汉阳黄金口工业园；成交金额 0.98 亿元，同比减少 38.6%。平均单价 44 万元/亩，与上年同期基本持平。

远城区、开发区工业及其他用地成交 338 宗，土地面积 1741.29 公顷（合 26119 亩），同比增长 44.2%，占远城区、开发区土地市场总成交面积的 63.1%，居于主体地位，各区成交量基本在 2000 亩以上。成交金额 52.07 亿元，同比增长 66.7%。平均土地单价 20 万元/亩，比上年 17 万元/亩的平均水平增长 16%。

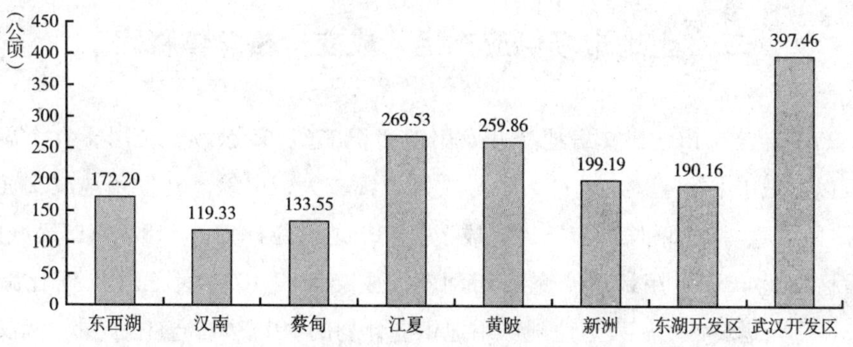

图 6　2010 年各远城区、开发区工业用地成交情况

第二部分：2010 年武汉市土地市场运行特征

一　调控政策连续出台，市场形势渐趋严峻

2010 年，国家连续出台调控政策，调控力度不断加强，采用经济和行政手段，从抑制需求、增加供给、加强监管等方面实施全面调控。1 月出台的“国十一条”提出增加保障性住房和普通商品住房有效供给，提高二套房首付比例；4 月“国十条”提出建立考核问责机制，限制二套房贷利率，大幅提高三套房贷

利率；9月国土资源部和住建部联合下发151号文，提高了土地出让门槛；国务院下发通知要求严格实行问责制，暂停发放三套房贷款，对房价上涨过快、供应紧张的城市，在一定时间内限定购房套数；12月中央经济工作会议明确货币政策由“适度宽松”转向“稳健”，要求加强宏观调控；2011年1月“新国八条”要求各直辖市、计划单列市、省会城市和房价过高、上涨过快的城市从严制定和执行住房“限购”措施，加大公共租赁住房等保障性住房建设力度。武汉市结合自身实际，推出了“汉版限购令”等调控实施细则。

在各项政策的叠加作用下，市场预期发生重大变化，观望气氛浓厚，供求关系酝酿变化，房地产市场成交量明显回落，价格增幅渐趋平缓，我市土地市场也受到明显影响。密集的宏观调控虽有利于市场长远发展，但对今后一段时期特别是2011年市场稳定将产生较大影响，市场运行环境进一步严峻。

二　土地市场供应充足，成交价格总体稳定

2010年全市市场成交房地产开发用地面积1721.65公顷，位居十九个副省级及以上城市中第4位。其中，中心城区增幅较大，房地产开发用地成交面积701.41公顷，同比增长27.7%，完成了全年土地供应计划的118.1%；远城区、开发区房地产开发用地成交量有所回落，成交面积1024.24公顷，同比减少12.8%，是远城区、开发区房地产用地供应计划的191.3%。整体上看，武汉市土地市场供应满足了市场需求，稳定了市场预期。

土地成交价格总体水平保持稳定。2010年全市房地产开发用地平均楼面地价为1814元/平方米，在十九个副省级及以上城市中名列12位，占同口径商品房销售均价的27.6%。其中，中心城区成交的房地产开发用地平均楼面地价2516元/平方米，同比增长4.6%，占同口径商品房销售均价的33.5%。中心城区楼面地价在3000元/平方米以下地块的规划建筑面积占74.9%，6000元/平方米以上地块占比2.5%，地价占房价比重基本合理。

三　城中村项目密集投放，工业用地供应大幅增长

2010年中心城区供应土地中城中村改造项目占据主导地位，共实施23个城

中村改造项目供地工作，成交土地面积约421.77公顷（合6327亩），占成交房地产开发用地总面积的60.1%；建筑面积约1613.65万平方米，占总建筑面积的61.0%，是同期中心城区商品住宅526万平方米成交量的3倍；成交价款287.91亿元，占成交总价款的43.68%；平均楼面地价约1784元/平方米，约为中心城区成交的房地产开发用地平均楼面地价的70%；同时，还配套供应了164.70公顷（合2471亩）还建用地，可建480.20万平方米还建房。城中村改造项目密集投放，对快速改善城市面貌、扩大土地供应、稳定房价预期起到了积极的作用。

2010年远城区工业用地供应大幅增长，共成交工业用地约1741.29公顷（合26119亩），同比增长44.2%；总成交金额约52.07亿元，同比增长66.7%；平均土地单价约20万元/亩，同比增长16%，充分响应了承接工业转移、大力发展现代制造业的要求，有利于加快远城区工业化发展进程，促进中心城区产业升级换代。

四　“三外”企业纷纷进入，局部竞争日趋激烈

2010年，瑞典宜家、香港九龙仓、上海绿地等一批具有外资、外地、外行业背景的“三外”企业表现活跃，纷纷进入我市土地市场投资购地，表现出数量多、投资规模大、竞争激烈的特点。据统计，2010年参与我市土地竞买的“三外”企业累计投入竞买保证金约300亿元，参与了170余宗（次）房地产开发用地的竞买活动。全年“三外”企业共竞得土地99宗，总面积806.51公顷，成交金额406.04亿元，分别占全年全市房地产用地的39%、47%和51%。“三外”企业的进入，不仅有利于吸引外部投资，优化城市功能，显化土地价值，也推动了我市土地市场向全国区域性土地市场转型。

“三外”企业的踊跃参与，促进了我市土地市场的有效竞争。全年产生竞价的项目中，“三外”企业参与的占90%以上，成交楼面地价突破6000元/平方米的项目均有“三外”企业的参与。但同时，也造成了内环线、沿湖沿江等局部区域竞争过于激烈，甚至出现“高地价”现象，不利于土地价格的稳定，需进一步加强规范和引导。

第三部分　2011年展望

一　土地市场形势分析

进入2011年，国家进一步加强房地产调控，出台了以“限购令”为主导的更为严厉的系列调控政策，房产市场成交量迅速回落，土地供求势必受到较大影响，市场形势渐趋严峻。

一是金融政策收紧，实施稳健的货币政策，信贷目标额度从上年的9.6万亿降至7.5万亿，并按月考核拨放。存款准备金率本年最高可能上调至23%左右；同时，动用货币价格工具，提高贷款利率，导致货币流动性明显紧缩，土地储备、房地产开发以及个人住房贷款的资金严重不足，土地供应、需求面临双双萎缩的局面。

二是限购新政出台，要求限二套房、禁三套房、提高非本地居民购房门槛，抑制不合理需求。由于我市非本地居民购房占50%以上，房产需求将大幅萎缩，房地产企业资金回笼速度将受到严重影响，导致现金流紧张，从而引发土地需求大量减少。

三是房屋征收条例颁布，土地和房屋征收价格将根据市场价格确定，征收补偿成本大幅提高，加大了土地储备资金压力。可以预见，土地整理储备周期拖长、难度加大，土地储备供应面临严峻考验。

四是国家要求加大保障性住房供应，将稳定房价列入地方政府考核和问责目标，地方政府控制房价的压力明显增大，各地保障性住房建设规模大幅增加，房地产供应结构将出现重大变化。

随着各项调控政策的实施，“抑需求、调供应”的效应已经显现，市场预期和供求关系已发生逆转，土地市场回调已成定局。但同时也应该看到：我市“两规”获批，建设国家中心城市战略的确定，经济社会持续快速发展，居民收入水平较快增长，刚性需求仍然较为旺盛；在企业分化的过程中，部分资金较为充裕的企业纷纷从风险较大、成本较高的一线城市向二、三线城市转移，我市土地市场仍有相当大的吸引力，这些因素都为做好土地供应工作，维护土地市场稳定创造了条件。

二　土地市场管理相关建议

（一）合理确定土地市场运行目标

明确以“显化土地价值、服务经济民生”为核心目标，在保障土地市场供应规模和土地价格基本稳定的前提下，突出重点，有保有压，妥善处理好三个关系：中心城区、远城区、开发区供应配比的关系；政策性供地与经营性供地的关系；重点项目与一般项目的关系。在适度控制供应总量的基础上，一方面，合理调配中心城区、远城区（开发区）的土地供应规模比例，促进全市各区域土地市场的良性循环；另一方面，中心城区应确保城中村改造、限价房等政策性市场供地规模，适当增加经营性项目的供地规模；第三，在确保重点项目实施的前提下，兼顾普通经营性项目，维持市场供需平衡。

（二）科学编制年度供应计划

一是要在加强政策、市场及相关形势分析研究的基础上，准确研判市场运行态势，科学编制全市年度土地供应计划，合理确定供应规模和节奏，在保持土地供应量基本稳定的前提下，适当增加计划弹性。

二是要适度调整供应结构，处理好保障性住房建设与商品房开发的关系，在确保完成住房保障目标的同时，保障重点区域、重点项目的土地供应，适度加大商住、公建用地供应；保障工业用地供应，落实“工业倍增”计划的用地需求。

三是要充分运用政策，因势利导，加大棚户区改造、旧城区改造、城中村改造三类项目的土地供应。在保障民生的同时，促进城市面貌的改善和城市功能的提升。

（三）大力推进土地供应精细化管理

一是实行土地出让预公告制度，提前掌握和引导市场需求，合理安排土地供应节奏和供地策略，提高土地供应管理的针对性和有效性，并以此为平台，积极规范开展招商活动，特别是加强“三外”企业的招商工作。

二是创新供地方式，探索实施综合招标、带方案挂牌等供地方式，兼顾政府土地收益和城市功能提升的双重目标。

三是优化限价安置商品房的供地程序，有效缓解城市重点工程及重大基础设施建设的拆迁安置矛盾。

四是继续推进全市统一土地市场建设，进一步健全覆盖全市的土地供应价格体系和交易规则，逐步将远城区、开发区的旅游、娱乐等经营性用地纳入全市统一土地市场平台。

（四）切实加强土地市场监管

一是根据国家宏观调控政策要求，加强房地产用地供后监管，完善土地交易规则，严厉查处闲置土地、违法用地行为，增强土地有效供应能力。

二是联合监察、土地、房产、建设、税收、金融等相关部门，建立开发企业诚信档案，建立限制违规失信企业参加土地拍卖、融资信贷、房地产开发等相关活动的管理机制，努力营造良好的市场秩序。

三是创造条件，畅通土地流转渠道。积极推动土地二级市场转让交易，适度降低土地流转环节的税费，帮助资金困难企业通过土地市场实现土地的合法、安全、低成本流转，防范土地闲置和出现“烂尾楼”的风险。

B.8

推进武汉“智慧城市”建设的战略思考

王留军*

摘　要：当前，互联网正在改变城市的物质文化生活和思维方式，影响着城市发展的诸多方面，已成为全球不可逆转的潮流。智慧城市，正是在物联网、云计算等新一代信息技术快速发展的背景下孕育而生的城市发展新模式，它以互联网、电信网、广电网、无线宽带网等网络组合为基础，以信息技术高度集成、信息资源综合应用为主要特征，以智慧技术、智慧产业、智慧服务、智慧管理、智慧生活等为重要内容。本文从武汉市的现实和需要出发，提出建设智慧城市的意义、思路、重点和举措。

关键词：智慧城市　信息技术　战略思考

一　建设智慧城市对武汉发展的战略意义

1. 建设智慧城市是顺应信息化发展趋势，抢占发展制高点的必然选择

智慧城市把城里分散的、各自为政的信息化系统、物联网系统整合起来，提升为一个具有较好协同能力和调控能力的有机整体，是传统意义上的城市信息化的升华与飞跃。2008 年 IBM 公司提出了“智慧地球”战略，美国政府积极回应并将它写进创新战略。2009 年 4 月，美国正式公布了 72 亿美元的国家宽带网络发展计划；欧盟 2009 年 6 月提出了“欧盟物联网行动计划”，2010 年 9 月又启动了“欧洲网络基础设施项目（EGI）”；德国制定了 e－欧洲宽带战略 i2010；日本在 Future Design Center 中提出“Smart City”计划。国内上海、南京、宁波、深圳等城市。都纷纷提出建设智慧城市的决定，正全力进行战略布局以抢占新一

---

* 王留军，武汉市信息产业办公室综合处处长。

轮信息产业制高点。武汉作为实施国家中部崛起战略的中心城市，更需借助智慧城市建设的浪潮，加快发展以信息技术为先导的高新技术产业，以发挥引领示范作用。

2. 建设智慧城市是推进“两型社会”建设，构建区域竞争新优势的客观要求

智慧城市是以新一代信息技术为手段，推动城市范围内生产、生活、管理方式和经济社会发展观发生深刻变化，在很大程度上可以减少和节约城市中各种物质和能源的投入，减少资源和能源的消耗，减少城市环境污染，使市场配置资源的效果进一步改善，劳动生产率进一步提高。这正与武汉城市圈“两型社会”建设综合配套改革示范的要求和方向一致，两者可以有机结合，相辅相成，走出一条科技含量高、经济效益好、资源消耗低、环境污染少、人力资源优势得到充分发挥的全新发展形态的城市化道路。

3. 建设智慧城市是推进发展方式转变，发展战略性新兴产业的迫切需要

经济危机往往会加速重大科技创新的进程。金融危机之后以能源、材料、信息与生物为核心的新科技革命，引领人类进入绿色、智能和可持续发展的新时代。智慧城市的建设和发展，将催生出一种新的产业，即智能产业，并以它为纽带，推动整个城市的运转。2010 年《国务院关于加快培育和发展战略性新兴产业的决定》，提出大力发展节能环保、新一代信息技术、生物、高端装备制造、新能源、新材料和新能源汽车等产业。武汉建设智慧城市，是充分发挥国家光电子产业基地优势，促进新一代信息技术成长的一个重要发展契机，将会带动一大批具有广阔市场前景，资源消耗低，产业带动大，就业机会多、综合效益好的产业发展，加快产业结构的调整和升级。

4. 建设智慧城市是提升城市功能，满足信息化惠民需求的重要举措

信息技术的保有量、应用与管理水平决定一个城市的品质。智慧城市的目标是使绝大部分市民都能享受智慧城市丰富多彩的综合性成果，在确保较高“人均接入”率问题的同时，又能解决“人均带宽”和“人均信息占有量”的问题，将在更大程度上、更宽范围内满足人们的物质和文化生活的需要。智慧城市成为“信息化”、电子政务、“三网融合”、“物联网”、“低碳生活”不断向纵深发展的新阶段，它以“发展更科学，管理更高效，社会更和谐，生活更美好”为目标，构建新型城市生活环境、文化环境、管理结构、产业结构、空间结构，面向未来构建全新的城市形态。

二 建设智慧城市应把握的目标和原则

智慧城市建设对武汉发展来说是一次重大的机遇，也是一次竞争性的挑战，必须充分认识其重要性和紧迫性。在指导思想和目标上，要深入贯彻落实科学发展观，按照国家发展战略性新兴产业的总体部署，以加快转变经济发展方式为主线，以创新体制机制和技术为核心，以提升信息基础设施为基础，以拓展智慧应用为导向，以加快智慧产业发展为支撑，在城市管理方式和发展模式上实现突破和创新，基本建成高度信息化、全面网络化的智能互联武汉，全面推进武汉向信息化社会迈进，实现武汉在中部地区率先崛起。在建设过程中，必须遵循以下原则。

——跟踪前沿，稳步推进。准确把握国际信息化发展趋势，掌握先进适用的信息技术，高标准规划和建设智慧型项目。充分发挥政府的政策引导和制度保障作用，有计划、分层次地协调推进。

——需求主导，市场运作。以需求为主导，充分发挥市场机制配置资源的基础性作用，探索成本低、实效好的信息化发展模式。

——基础共建，资源共享。加快信息化基础网络和信息交换共享平台的建设，通过政府的引导作用，推动集约化建设，加快信息资源的有效整合与共享交换。

——立足产业，拓展应用。把培育智慧产业作为建设智慧城市的立足点，以智慧应用带动产业发展，以产业发展促进智慧应用，大力推动基于新一代信息技术的智慧产品和服务的研发制造和广泛应用，促进经济发展方式转变。

——重点突破，示范带动。抓住我市创新试点的机遇，找准突破口，先行先试，着力推进智慧产业和重点领域智慧应用建设，以示范和试点带动“智慧武汉”建设整体工作。

——开放合作，安全高效。加强对外交流与合作，汇聚全球智慧和资源，更好地为“智慧武汉”建设服务。要高度重视信息安全，以安全保发展，在发展中求安全。

三 武汉建设智慧城市的重点领域和示范

智慧城市建设是一项综合性的复杂系统工程，涉及很多方面和领域，但概括起来，主要包括网络基础层、智慧应用层、产业支撑层三个层面。它们相互依存、相互促进，共同构成智慧城市建设的框架。因此，必须要把握这三个层面的重点领域，推进工程示范，科学系统地建设智慧城市。

1. 提升完善“智慧武汉”的基础设施

建设智慧城市，需要宽带、互联、泛在、融合、安全的信息基础设施为支撑。要高标准、高起点、集约化规划和建设城市信息基础设施，避免重复建设，不断提升和完善网络基础设施、云平台和公共数据中心、信息安全保障等方面的设施，以满足智慧城市建设的基础需求。

——网络基础设施。深入推进“光城计划”建设，大规模部署无线宽带覆盖，促进电信网、互联网、广播电视网的融合，构建大宽带、全业务融合的有线无线宽带的全覆盖网络，加快信息管网资源集约化建设和整合利用，全面提升城市信息网络基础设施水平。到2015年，光纤到户达到150万户，主城区公共信息管网覆盖率达到80%；热点区域无线宽带接入带宽达到每秒20兆比特以上，城市用户入户能力超过每秒100兆比特；实现自然村光纤覆盖率达到95%；数字电视和手机电视全面普及，高清互动家庭用户突破120万。

——云平台和公共数据中心。加强与国家部委、科研院所和大型企业的合作，鼓励微软、IBM、华为、中兴通讯、烽火、神州数码、曙光等国内外知名企业参与我市智慧城市建设，建立合作机制，启动建设武汉云计算公共平台，依托行业应用建设一批数据中心。要以“市民之家”信息化系统、东西湖NEC超算中心、华大基因超算中心等项目推动云计算技术的应用。完善武汉空间地理信息中心、人口数据信息系统，建设和完善企业资源信息交换平台。拓展云计算技术应用，对中小企业、重点行业和科研机构提供个性化服务。

——信息安全。加强信息安全的统筹协调，成立安全评估小组和安全管理机构，对网络信息系统安全实行分级管理。对政府信息系统和涉及重大民生及城市公共服务重要信息系统，建立与之配套的数据灾备中心。强化安全监控、密钥管理、网络信任等信息安全基础设施建设。建立网络可信执法体系，加强信息化法制工作。

2. 建设实施“智慧武汉”的应用体系

以提升城市运行和管理效率为目标，以物联网、云计算等技术为支撑，在城市运营、经济发展、社会管理、公共服务等领域开展试点示范。通过试点示范项

目，构建产品、技术与市场之间的桥梁，拓展物联网技术应用市场，壮大物联网产业、完善技术标准体系，打造物联网技术与城市发展有机融合的“智慧武汉”综合体。重点推进七个方面应用体系和试点示范。

——智慧低碳环保经济。以提升企业精细化管理水平、促进节能降耗为主要切入点，不断推动物联网技术在经济领域的运用，重点在汽车、钢铁、石化、装备等领域，推进“两化（工业化与信息化）融合”；选择东西湖、江夏、黄陂等区试点推进精准农业；建立全自动化的物流配送中心，推进智慧物流；建设武汉旅游综合服务管理平台，推进智慧旅游；推进智能电网建设，实现节能减排、不中断供电及电网安全可靠运行。

——智慧城市管理。加快推进社会治安监控体系、灾难预警体系、应急体系、安全生产等重点领域防控体系、口岸疫情预警体系等指挥安保系统建设，完善公共安全应急处置机构。进一步推进数字城建、数字城管平台建设，提升城市建设和管理的规范化、精准化、智能化水平。以城市视频监控系统项目建设为契机，在机场、学校、百货大楼等公共场所以及突发事件中运用物联网技术与系统，实现实时监控监测、人员定位、智能分析判断等功能。

——智慧交通。整合现有资源，在主要交通节点实施交通流控制、电视监控和交通诱导，有效均衡全市交通流。对重点地区的停车场所进行实时监控。以路桥不停车收费系统（ETC）、环线交通控制系统，完善电子警察系统、交通信息互动发布平台建设为示范，逐步建立城市均衡有序的交通流，向社会提供实时交通流量信息和出行建议，结合实时交通流量信息，为市民提供点到点服务，进一步优化本市交通状况，提升交通管理水平。

——智慧环境监控。围绕生态监测、保护，将无线传感器网络技术、地理信息技术等运用到无人维护、条件恶劣生态环境监测中，提高生态监测实时性、可靠性，扩大生态监测范围。重点以实施大东湖生态水网工程为契机，推进水资源、地下管网监测和森林生态安全监测试点示范。

——智慧食品安全溯源。将物联网技术与食品、药品等生产企业原有的生产管理系统、供应链管理系统相融合，开发涵盖生产、加工、存储和运输全过程的食品、药品溯源系统，快速、自动、准确地采集各个环节的信息，实现对食品、药品生产、流通、消费的全程监控。

——智慧生活服务。围绕改善生活、方便百姓的目标，推动物联网技术融入百姓日常生活的多个领域。采用“网上虚拟大厅与实体大厅相结合”的新型公共服务模式，搭建行政审批服务管理系统基础平台，推进智慧政务服务；建成覆盖城乡各类卫生医疗架构的信息化网络体系，推进智慧医疗，实现全民电子病历档案，三甲医院实现网络诊疗，网络会诊。智慧小区等示范工程。选择一批条件成熟的小区，集成多元服务、物业管理、安防、住宅智能化系统，在楼宇安防、门禁、电梯管理等方面实行实时动态交互、在线监控、动态管理，建设智慧小区；不断完善拓展“武汉通”支付和管理功能，实现最大限度的一城一卡、一卡多用。

——智慧文化教育。围绕推进社会事业发展现代化的目标，在文化、教育等领域充分运用宽带、无线、海量存储、智能传感等新一代信息技术，逐步实现数字化、网络化、智能化。重点整合文化信息资源，促进数字电视、电子娱乐、电子书刊、数字图书馆、数字博物馆、数字档案馆等发展，提升武汉文化品牌。推进教学模式的数字化、网络化、智能化和多媒体化，推进教育领域的开放、共享、交互、协作，实现教育现代化。

3. 发展壮大“智慧武汉”的支撑性产业

以建设武汉“未来科技城”为契机，大力发展智慧应用技术产业，降低“智慧武汉”建设成本，把武汉建成国内领先、具有世界一流水准的创新创业产业基地和研发机构集群城市。重点发展以下七个领域的支撑性产业。

——智能装备。以两个国家级开发区为基础，依托现有产业，培育发展激光、数字机床、船舶、智能电网等新一代智能装备和产品。抓好武重中高档数控重型和超重型机床及关键基础功能部件技术升级、武汉华中数控全数字总线式高档数控系统产业化、湖北华鑫集团混合型可变磁阻开关磁阻电机制造、华工科技等离子切割系统和激光加工技术及装备高技术产业基地公共服务系统建设、华工激光大功率光纤激光器和激光精密微细加工系统、武汉法利莱公司大功率宽幅面厚板数控激光切割机等项目。

——光通信。充分发挥我市光纤光缆、光通信器件的产业优势，通过资产重组、项目整合或以产业联盟的方式，重点培植一批龙头企业，提升产业整体竞争力，将武汉建设成为国内一流、国际知名的光通信研发和产业化基地。重点抓好长飞光纤光缆公司的光纤第九期项目投产、藤仓烽火光电公司的大直径光纤预制棒产业化、高德红外公司红外热像仪产业化基地、烽火通信公司的超大容量包交

换（PTN 分组传送网）、华工图像技术公司的精确脱铝激光全息加密防伪材料产业化等项目。

——移动通信。加强企业自主创新和科研成果在本地的转化，依托产业联盟促进产业链整合，积极推进新一代移动通信示范网的应用，争取在系统设备、终端、增值服务等领域形成核心优势和产业规模。抓好虹信通信基于中国自主产权的 LTE 基站系统、众友科技公司的 TD－SCDMA/GSM 双模终端综合测试仪开发及产业化等项目。

——新型显示。完善显示产品产业体系，以面板生产为重点引进国内外液晶模组（LCM）和薄膜晶体管液晶显示（TFT－LCD）6 代以上生产线；加快推进多点光电触摸屏的研发和生产，积极推广人机互动技术的广泛应用；加强硅基液晶（LCOS）芯片研发，重点突破 LCOS 光源新技术，加快研制激光光源产品；重点研究开发有机发光二极管显示（OLED）等新型显示技术。抓好武汉天马 TFT－LCD4.5 代线投产、全真光电科技的 LCOS 全高清显示器产业化、LCOS 芯片产业园、激光光源项目、激光显示器、冠捷液晶电视生产等项目。

——集成电路。抓好武汉新芯公司集成电路芯片制造、扩产项目，加强集成电路设计，逐步在汽车电子、通信、电脑、存储器等方面形成特色。积极推动新芯公司完成月产 20000 片的生产能力，引进 2～3 家集成电路封测试生产线，与武汉芯片制造项目配套发展。拓展和完善电子设计自动化（EDA）软、硬件设计支撑平台，建立适用于大规模芯片设计的 IT 集成环境，打造集成电路设计、制造、封装、测试和半导体化学材料为一体的完整产业链。

——应用电子。大力发展智能家电、传感设备、节能电子、金融电子产业。推进高端传感器、RFID、二维条码、智能家电等重点项目，推广全市“十城万盏”半导体照明示范工程等项目。加快发展半导体照明芯片、照明灯具以及自动柜员机（ATM）、销售点终端（POS）、自动票据清分机等终端类金融电子产品。建设智能家电产业园区，制订光纤传感器、二维条码等地方行业标准，建设国内最大的 LED 白光照明生产基地。

——软件与信息服务。巩固和扩大 3S 地理信息系统、3C 制造业信息化软件、光通信和数控制造嵌入式软件、数据库及信息安全软件在全国的领先优势。重点抓好金融港、方正软件园一期、达梦数据库产业化等项目。建设九峰软件产业基地，抓好武汉天喻信息公司智能金融卡、江通动画公司的新媒体动漫制作中心等重点项目，积极推进设计数字化、产品智能化、生产自动化、管理网络化，推动信息化与工业化融合平台建设。构建动漫产品研发、原创、制作、运营和衍生产品开发产业链。

四 推进智慧城市建设的措施建议

推进智慧城市建设是一项创新性工作，体制机制是关键。为扎实推进武汉智慧城市建设，需加强和建立以下六个方面的机制。

1. 组织协调机制

成立“智慧武汉”建设工作领导小组，负责智慧城市建设的决策指导和协调。同时，下设两个办公室，一个在市科技局，负责总体方案和顶层设计；另一个在市信息产业办，负责应用体系和示范工程推进。市政府办公厅加强督办检查，确保全市重大战略的实施。

2. 咨询评估机制

成立“智慧武汉”建设专家咨询委员会，加强对智慧城市建设的咨询指导。依托武汉邮电科学院、武大、华科大等单位组建智慧城市规划标准发展研究院，开展“智慧武汉”发展战略与规划、各应用体系建设方案、标准与法规研究制订等工作。

3. 技术创新机制

设立“智慧武汉”产业研发专项资金，加强微软、IBM、中国航天、曙光、神州数码等一批知名企业与武汉物联网联盟、云计算产业联盟等深度合作，建立一批高起点、高水平的技术研发中心。发挥武汉科教资源作用，推动“产学研”合作，突破关键技术，形成一批自主知识产权的核心技术和集成应用方案。加强智慧城市地方性立法工作，开展技术标准、法规规范、制度规则的研究制订和实施试点示范工作。

4. 开放合作机制

加大对“智慧武汉”建设的统筹投入，创新政府扶持资金的有效动态支持机制，重点对智慧技术和产品研发、智慧应用系统试点示范工程、智慧产业基地创建、人才引进和培养等方面给予政策支持。市政府每年预算安排扶持智慧城市建设的引导扶持资金。加快完善风险投资机制，发挥政府投资的导向作用，建立

健全政府与企业等多方参与的投资融资机制。

5. 人才支撑机制

坚持引进与培养并重，注重高技能创新型人才培养，加强高层次人才再教育，以推进示范项目为载体，培育一批高水平的人才队伍。发挥重大人才工程的引领作用，将“智慧武汉”建设的急需人才纳入“黄鹤英才计划”、“3551 人才计划”工程。充分利用国家自主创新示范区的优惠政策，引进海内外物联网科技人才和管理人才。

6. 宣传推进机制

加大舆论宣传力度，积极宣传建设“智慧武汉”的重要意义和工作部署，在全社会广泛开展智慧城市建设相关知识的普及工作，提高市民科技素养和智慧技术应用能力，增强人民群众对建设“智慧武汉”的认知度和参与度。充分调动各方积极性，构建以政府为主导、企业和市民为主体、市场为导向、产学研相结合的推进机制，形成各方共同推进“智慧武汉”建设的强大合力。

B.9

促进武汉地区重大科技成果转化的报告

中共武汉市委办公厅、武汉市社会科学院联合课题组*

摘　要： 为了客观了解武汉科技成果转化的实际成效，总结经验，发现问题，破解制约本地区科技成果转化的体制机制障碍，探寻科技成果转化的有效途径，本课题组以国家863计划（高技术研究发展计划）、科技支撑计划（攻关计划）等重大科技计划项目为切入点，以科技成果的研发、流通与商业化应用过程为主线，通过召开座谈会、个别访谈、发放调查问卷等方式，先后对科研项目的承担单位、科技成果转化的中介机构、科技成果的应用单位以及科技管理部门进行了调查。

关键词： 科技成果转化　体制机制障碍　对策建议

一　国家重大科技项目及其成果转化的基本状况

为了深入了解武汉地区承担国家重大科技项目及其形成的成果转化状况，我们在面上调研基础上，综合考虑研发和应用的周期性以及科研成果转化的时效性等因素，抽样调查了研发周期处于2006年～2008年的200个已结题或验收的科研计划项目。

1. 武汉地区加大科技创新体系建设和科研团队建设，为争取国家重大科技计划项目奠定了良好基础

根据科技部门提供的统计数据，2006～2009年，武汉地区共承担863计划607项（含子课题，下同）、国拨科研经费4.83亿元；科技支撑计划182项，国

* 课题负责人：石峰，武汉市社会科学院长江流域经济研究所研究员。

拨科研经费2.65亿元，两大计划共789项。根据调查，这两大计划的承担主体主要集中在华中科技大学、武汉大学以及少数大院大所、大型高科技企业。其中，华中科技大学126项，占总项目数的16.0%；武汉大学116项，占总项目数的14.7%，两校合计约占地区项目总数的1/3。特别是以华中科技大学武汉光电国家实验室、激光技术国家重点实验室、数字装备与技术国家重点实验室，以武汉大学软件工程国家重点实验室、测绘遥感信息工程国家重点实验室，武汉理工大学材料复合新技术国家重点实验室、光纤传感技术国家工程实验室等为代表的高校科研团队，以及以武汉长飞光纤、武汉烽火通讯、华工科技、天喻软件等为代表的一批企业科研团队，在承担或参与国家重大科技计划方面，发挥了领军作用，为重大科技成果的就地转化创造了条件。

2. 重大科技项目成果水平与质量总体有所提高，原始创新与重大集成不足

根据统计，武汉重大科技计划成果主要分布在电子信息、软件以及先进技术制造领域，同时涵盖生物医药、新材料、新能源、现代农业等高新技术领域。其中，电子信息62项，占样本总数的31%；软件54项，占样本总数的27%；先进制造计算与机电一体化39项，占样本总数的19.5%；生物医药22项，占样本总数的11%；新材料8项，占样本总数的4%；新能源与高效节能6项，占样本总数的3%；环境保护3项，占样本总数的1.5%；现代农业6项，占样本总数的3%，重大科技成果多数达到了国内领先水平。其中，国际领先9项，占样本总数的4.5%；国际先进67项，占样本总数的33.5%；国内领先91项，占样本总数的45.5%；国内先进水平33项，占样本总数的16.5%。另外，在中央及各高校一系列政策引导下，知识产权保护工作日益受到重视。抽样调查表明，近50%以上的成果已申请了专利或著作权，其中，部分成果形成多项专利或形成专利池加以保护。据初步统计，这些成果已授权发明专利数54项，占样本总数的27%；动植物新品种审定数16项，占样本总数的8%；软件著作权登记数68项，占样本总数的34%；其他（未申请或授权）62项，占样本总数的31%。

历史地看，国家重大科技计划成果产出的数量与质量都有了较大幅度的提升。但是，根据我们对样本的统计与分析，原始创新与重大集成创新还存在着明显不足。

一是软技术成果多，硬技术成果少。所谓软技术成果主要指为产品制造服务的技术方案以及软件制品等；所谓硬技术成果主要指以满足终端消费为主的产品

发明，表现为样机、样品等。根据统计结果及样本分析，前者占样本总数 74%，后者仅为 26%。

二是单项技术成果多，集成技术成果少。所谓单项技术是指为解决生产制造过程中某一具体环节的关键工艺或技术方案等；所谓集成技术是以市场需求为导向，以产品实现为目标，把各个相互关联的单项技术有机地组合起来，创造的一种新的产品、新的制造工艺系统。根据统计结果及样本分析，以单项技术的突破为目标的技术成果约占 90% 左右，而以产品及其技术集成为主的研究成果不足 10%。

三是革新性技术成果多，原创性技术成果少。所谓革新性技术成果是指在现有技术或技术路径基础上的改革、改进；所谓原创性技术成果是指在人类历史上首次发明的技术（新产品、新工艺）成果或者是运用完全不同的技术路径替代现有产品或技术（体系）的发明创造成果。根据统计结果及样本分析，大约 85% 的技术成果属于革新性技术成果，而原创性技术成果仅占 15% 左右。

3. 国家重大科技项目成果的转化状况不容乐观，为本区域经济发展提供的支撑服务能力有待进一步提升

根据 200 份抽样调查结果，尚处于实验室阶段 3 项，占样本总数的 1.5%；实验室完成 136 项，占样本总数的 68%；中试阶段 17 项，占样本总数的 8.5%；中试完成未投入生产 13 项，占样本总数的 6.5%；试生产 19 项，占样本总数的 9.5%；规模生产 12 项，占样本总数的 6%。我们把进入中试到规模化生产的成果视为实现转化或应用的成果，则共为 61 项，占样本数的 30.5%；剩余 139 项除了 3 项尚处于实验室阶段，还没有进入转化。换句话说，科技成果的转化率大约为 30% 左右。当然，这 30% 的成果，除了规模生产的成果外，其转化成功与否还存在着一定的不确定性。在实施转化的项目中，转移到武汉市的 17 项，占实施转化样本数的 28%；转移到湖北省（不含武汉市）的 11 项，占样本数的 18%；转移到外省市的 33 项，占样本数的 54%。科技成果未转化或转化不成功的原因是：归结缺乏转化资金因素的占 58%（该影响因子统计数/未转化或未成功转化样本数，可多选，下同）；38% 认为忙于应付教学、科研而无精力或者还没来得及进行转化；认为合作不愉快或转让经费低的达到 37%；认为成果本身不成熟的占 27%；认为工作与生活比较舒适不愿冒险的占 23%；认为缺乏信息沟通渠道的占 14%。

根据对样本的统计与问卷分析，重大科技项目转化状况总体呈如下特征。

一是通过合作开发与技术转让的方式进行成果转化的项目多于通过自主创业进行转化的项目，而且前者的成功率也高于后者。根据调查，依靠研究开发人员自主创业的占转化样本数的23%；通过技术转让或合作开发实施转化的占转化样本数的50.5%。

二是以企业为主体开发的项目比以高校为主体开发的项目转化状况好。在抽样项目中，有16个项目是以企业为主体进行开发的，其转化率达到了70%以上；但其他以高校为主体开发的项目转化率仅为30%左右。

三是产业共性技术转化状况好于产品集成技术转化状况。在抽样调查项目中，有122个项目属于产业共性技术，26个项目属于产品集成技术项目（不含样品、配方类产品）。前者的应用转化率约为60%，而后者的转化率仅为20%左右。

四是软技术成果转化应用状况好于硬技术成果转化应用状况。据统计结果及样本分析，占样本总数74%的软技术成果，转化率达到80%；而占样本总数26%的硬技术成果的转化率不到30%。

五是转移到外地的项目转化状况总体好于转移到本地的项目。据问卷样本分析，转移到外地的项目主要是北京以及珠三角与长三角等发达地区，这些地区由于经济发达，在项目投入上舍得花本钱，因此，转化的成功率以及经济效益明显好于本地转化的项目。

二　科技成果转化的重要因素

根据《国家中长期科学和技术发展规划纲要（2006~2020年）》的目标和部署，国家863计划主要是致力于事关国家长远发展和国家安全的战略性、前沿性和前瞻性高技术研究，以提高原始创新能力、集成创新能力和形成战略产品原型或技术系统为目标，发展具有自主知识产权的高技术。国家科技支撑计划则是以重大公益技术及产业共性技术研究开发与应用示范为重点，结合重大工程建设和重大装备开发，重点解决涉及全局性、跨行业、跨地区的重大技术问题，实现集成创新和引进消化吸收再创新。这两大计划形成的成果直接服务于社会需求，引领产业发展，并代表着国家先进技术水平，其应用转化状况，也具有代表性。调查结果显示：现有成果及其转化情况与国家设定的目标还存在着一定差距，特别是由于原始创新与集成创新能力不足，使得科技成果转化的效率和效能受到严重削弱。

1. 科技成果持有人对成果转化的态度与积极性是决定科技成果转化成功与否的关键

与物质商品的买与卖不同，科技成果不是“一手交钱，一手交货”。科技成果以“科技成果持有人”本身为载体，存在着对“科技成果持有人”的依附性。科技成果转化离不开科技成果发明者的持续不断的投入。现在的情况是，我们许多成果的持有人在立项之初就压根没想到要转化，他们的目的就是获得科研经费，完成“科研考核指标”。科研项目的获取，不是源自兴趣爱好，而是利益的驱动。靠着重复不断的“科研项目”，可以源源不断地争取到国家支持。依靠这些支持，也完全可以过上体面的生活，又何必冒风险去进行转化呢？就此而论，我们认为，要使科技成果转化取得突破，必须从根本上改革我们“科研终身制”的体制。

2. 科技成果本身的性质直接决定着科技成果转化的效率、效能

就科技成果本身的性质而言，存在着工艺技术与产品技术，单项技术与集成技术，产业共性技术与产品特有技术，革新性技术与原创性技术等的差别，不同性质的技术，应用范围，投入强度，转化链条长短，以及最终社会经济效果存在着重大差异。作为国家级重大科技项目，应该努力把着力点放在产品技术、集成技术以及原始创新技术的研发与转化上，而那些短平快的项目则应该交给社会或地方政府去做。

3. 科技成果能否就地转化与当地环境以及产业吸纳力与承载力密切相关

地方政府关心的是有多少科技成果在本地转化。但是，有些技术，特别是一些行业共性技术、工艺技术，可以同时服务于多个主体。这些技术既可以在本地转化，也可以在外地转化。能否在本地转化，就取决于当地的产业配套环境以及当地产业对技术的吸纳力、超载力。作为地方政府来说，应该更加关注的是那些产品集成技术在本地的开发与应用。比如“红光高清 NVD 视盘机”项目，集成了芯片、机芯、盘片、整机及软件开发乃至技术标准等一系列技术，尽管转化周期长、投资大，风险高，但一旦开发成功，就会对产业产生强大带动作用，甚至形成一个新的产业链或产业集群，对于形成区域新的经济增长点、提升产业

竞争力具有强大的带动作用。对于这些项目，政府应下大力气做好顶层设计和政策引导。

三　促进武汉地区重大科技成果转化的建议

武汉区域促进科技成果转化的全部政策着力点应放在如下两个方面：一是从源头上抓科技成果的质量，特别是抓原始创新与集成创新的重大突破，并切实解决好科研人员直接参与成果转化的动力机制和社会保障问题；二是进一步提升区域经济对人才和科技成果的吸纳力与承载力，并切实完善区域产业配套环境，为优秀科技成果在当地转化创造条件。

1. 以国家重大科技计划项目成果为着力点，抓好科技成果转化的统筹协调和科学规划

市科技职能部门应跟踪科研院所及研究性大学的科研团队的重大科技计划项目研发成果，明确什么项目适合本地转化，什么项目不适合在本地转化。在项目筛选基础上，做到超前谋划，科学规划，顶层设计，创新过程无缝对接。特别是要选择一些技术集成度高、产业带动性强的新产品开发项目进行重点部署。建议在十大科技专项基础上，组织以新产品开发为轴心的“十大科技创新工程”，即根据当前科技发展的趋势与武汉的科技资源优势，在新能源、现代通信、激光、生物、医药、新材料、电动汽车、环保新设备、现代机械装备等重点领域谋划一批战略性新产品开发项目，进行联合开发。

2. 以提升区域科技成果转化能力为着力点，探索建立市级科技成果资本经营体系

设立市国有科技成果资本经营公司，探索运用资本经营推动科技成果转化的新路子。市国有科技成果资本经营公司作为国有科技投入形成的科技成果的资本责任主体，对国有科技投入形成的科技成果的运营状况、效益和效果负责。其主要职能是通过股权投资、债权投资、期权投资、科技成果知识产权的收购、转让、回购、拍卖等形式，管理、运营区域科技成果，推动区域科技成果的产权经营，并通过科技成果产权资本的合理配置和流动，维护本地区国有科技投入的保值增值，推动本区域科技成果的转化，提升区域科技成果的吸纳力。

3. 设立武汉市战略性高技术产业扶持基金，促进重大科技成果转化

产业扶持基金必须是大手笔，至少数百亿元规模。资金来源主要是借经济结构实施战略转型之际，有计划地将本市国有资本从传统产业中战略性撤出，然后集中起来建立高新技术产业扶持基金，专门用于扶持新型战略性高技术产业。武汉市战略性高新技术产业扶持基金可以纳入科技成果资本经营公司进行统一运营。

4. 严格科技计划管理程序，完善项目管理的约束监督机制

建议在市级项目计划管理中，引入商业合同管理模式，强化项目管理部门和承担单位的责任与义务。探索订单式计划和政府采购机制。对于一些具有产业化前景的项目，政府通过订单方式，提前介入，在项目完成后，通过政府采购方式由市国有科技成果资本经营公司进行经营管理，促进实现本地转化。进一步完善项目招投标制。政府确立的战略性产品开发项目，采取公开招标方式确定承担单位。

5. 以科技成果终极价值评价为目标，进一步完善科技成果评价机制

根据不同性质科学技术活动的特点，建立科技成果分类考核评价制度。对于应用研究与开发研究，以考核专利和 Know—How 为主，并将转化效益作为考核的最终目标和职称晋升的重要依据。合理设置不同性质研究成果的考核权重。

对不同性质科学技术活动建立分类奖励制度。对于应用与开发性质的研究成果，纳入现行政府科技进步奖励体系，在评审指标中除了评价技术创新程度、技术经济指标的先进程度外，加大经济效益和社会效益指标的权重，引导科技人员投入到科技成果产业化上来。

6. 深化人事、分配制度改革，完善考核评价机制，推动人才双向流动

延长科研人员的考核周期，在年度考核中，引入备案制，在项目研究周期内，年度考核只备案，不计工作量，在项目完成后统一核算工作量，评定工作业绩。高校、科研院所的科研人员可以到企业兼职或从事所研发的成果转化工作，企业科研人员也可以到高校、科研院所从事科研、教学工作。完善人事制度和社会保障体系，保障双向交流的科技人才的合理待遇。

B.10

“十二五”：武汉市破解城乡二元结构的关键期

王铁　曹莹*

摘　要：武汉市市区与远城区城镇化率的差距较大，远城区还处于工业化中期前半段，城镇化发展缓慢，严重滞后于工业化发展。武汉市在破除城乡二元结构，大胆探索户籍改革这一方面也明显滞后于重庆、成都等城市的步伐。“十二五”期间，我国城乡区域发展的协调性将进一步增强，武汉市应尽快启动户籍改革，加速推进城乡一体化进程，重点建设副中心，慎重发展小城镇，达到“十二五”期间远城区实现跨越式发展目标。

关键词：十二五　城镇化　城乡二元结构

武汉市作为中部地区特大中心城市，在改革创新方面一直走在全国前列。加速推进武汉市远城区城镇化建设，事关武汉市未来10～20年的发展大局，尤其会对武汉市远城区的新农村建设产生重大而深远的影响，也会对武汉城市圈乃至中部的城市化和新农村建设起到不可忽视的带动作用。如何加快远城区城镇化建设，就成为武汉市当前统筹城乡发展的一个重点和难点。

一　武汉市城市化历程

武汉市全区城市化率主要分为三个阶段，第一阶段起步发展阶段（1949～1965年），此阶段城市化率由1949年的38.14%快速增长到1965年的50%，年

* 王铁，武汉市社会科学院新农村研究中心主任、研究员；曹莹，武汉市社会科学院新农村研究中心助理研究员。

均增长0.74个百分点；第二阶段回落调整阶段（1966～1978年），此阶段由于政策原因城市化率基本属于回落阶段；第三阶段加速发展阶段（1979～2009年），此阶段城市化率从1979年的46.39%平滑上升至2009年的64.75%，年均增幅0.6个百分点。

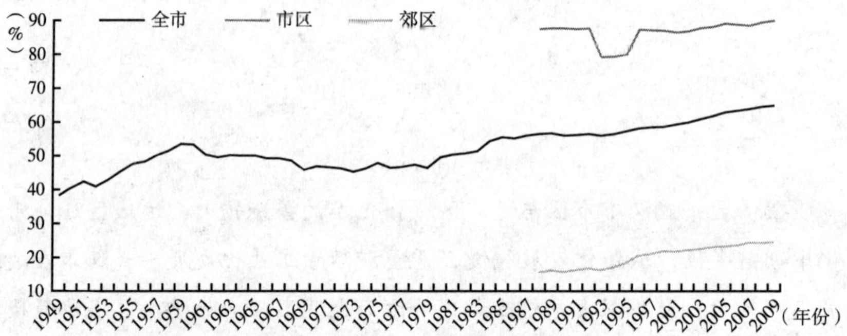

图1　武汉市全市、市区、郊区城市化趋势图（1949～2009年）

由于数据来源的限制，1978～1987年度、1992～1995年度郊县包括江夏区、新洲区、黄陂区三个区，市区包括蔡甸区、江岸区、江汉区等10个区；其他年度郊县包括蔡甸区、江夏区、新洲区、黄陂区四个区，市区包括江岸区、江汉等9个区。城市化率是根据户籍人口推算而出。数据来源：《武汉统计年鉴》1988～2009年度，《武汉四十年（1949～1989）》

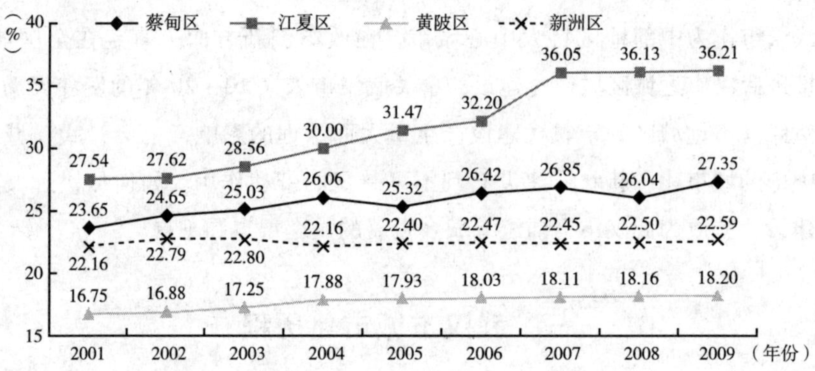

图2　2001～2009年四大远郊区城市化趋势图

武汉市四个远城区中江夏区城镇化水平最高，变化幅度也最大，由2001年的27.54%上升至2009年的36.21%，年均增长0.96个百分点，尤其是2006～2007年增幅高至3.85个百分点；蔡甸区城镇化率呈波浪形上升趋势，年均增长

0.4 个百分点；新洲区城镇化率从最低点的 22.16%（2001）上升至最高点的 22.8%（2003）后又下降至 2004 年的 22.16%，至 2009 年城镇化率为 22.59%，仅比 2001 年的 22.16% 高出 0.43 个百分点；黄陂区城镇化率一直处于前工业化阶段，由 2001 年的 16.75% 上升至 2009 年的 18.20%，年均增幅仅为 0.16 个百分点。

由此可见，武汉市远城区城镇化发展缓慢，尤其是黄陂区和新洲区 9 年仅增加 1.45 和 0.43 个百分点。同时武汉市市区与远城区城镇化率的差距较大，1988 年最高为 5.62 倍（中心城区 87.55%，远城区 15.59%），最低是 2009 年的 3.68 倍（中心城区 89.86%，远城区 24.42%），差距虽然逐年缩小，但至 2009 年远城区城镇化率仍仅 24.42%，处于前工业化阶段，城市化严重滞后于工业化发展。

二　远城区城镇化的几个特殊视角

（一）远城区工业化现状

武汉市农村工业发展概况和特点

2010 年 1～8 月，武汉 6 个远城区（东西湖、汉南、蔡甸、江夏、黄陂、新洲）全口径财政收入 143.04 亿元，同比增长 60.18%；完成地方财政一般预算收入 43.29 亿元，同比增长 37.3%；完成规模以上工业总产值 877.68 亿元，同比增长 44.06%；完成全社会固定资产投资 590.89 亿元，同比增长 38.19%。农民人均现金收入 6498.99 元，同比增长 15.7%。

我市农村工业经济发展呈现良好的发展态势，经济结构不断优化，工业化水平逐年提高。2009 年 6 个远城区完成规模以上工业总产值 906.02 亿，占全市规模以上工业总产值的 15.6%，比上年提高 3 个百分点。武汉市远城区一产业比重明显减少，二、三产业比重进一步加大，特别是工业经济比重逐年提高，农村工业出现强劲的发展态势，工业化步伐正在加快，长期以来形成的农村经济以农业经济为主体的产业结构正逐渐向以工业经济为主体的产业结构转化。

（二）远城区工业化测算

根据学术界对工业化划分的方法，我们对武汉市远城区 2008 年工业化现状进行初步测算。

结果显示，2008 年黄陂区、新洲区属于工业化中期前半段，蔡甸区、江夏区属于工业化中期后半段。

三次产业产值比，2008 年黄陂区（24.7∶42.2∶33.1）属于工业化初期后半段，江夏区（19.3∶47.6∶32.5）、新洲区（19.7∶52.6∶27.7）属于工业化中期前半段，蔡甸区（16.6∶58.8∶24.6）属于工业化中期后半段。

城镇化率，江夏区（36.1%）属于工业化初期前半段，蔡甸区（26%）、黄陂区（18.2%）、新洲区（22.5%）均属于前工业化阶段。

第一产业就业比，2008 年江夏区（44.1%）、黄陂区（43.8%）处于工业化中期前半段，蔡甸区（49.2%）、新洲区（46.8%）处于工业化初期后半段。

表 1　工业化不同阶段的标志值*

基本指标	前工业化阶段（1）	工业化实现阶段			后工业化阶段（5）
		工业化初期（2）	工业化中期（3）	工业化后期（4）	
1. 人均 GDP(经济发展水平)					
(1)1964 年美元	100 ~ 200	200 ~ 400	400 ~ 800	800 ~ 1500	1500 以上
(2)1995 年美元	610 ~ 1220	1220 ~ 2430	2430 ~ 4870	4870 ~ 9120	9120 以上
(3)1996 年美元	620 ~ 1240	1240 ~ 2480	2480 ~ 4960	4960 ~ 9300	9300 以上
(4)2000 年美元	660 ~ 1320	1320 ~ 2640	2640 ~ 5280	5280 ~ 9910	9910 以上
(5)2002 年美元	680 ~ 1360	1360 ~ 2730	2730 ~ 5460	5460 ~ 10200	10200 以上
(6)2004 年美元	720 ~ 1440	1440 ~ 2880	2880 ~ 5760	5760 ~ 10810	10810 以上
(7)2005 年美元	745 ~ 1490	1490 ~ 2980	2980 ~ 5960	5960 ~ 11170	11170 以上
2. 三次产业产值结构(产业结构)	A > I	A > 20%，且 A < I	A < 20%，且 I > S	A < 10%，且 I > S	A < 10%，且 I < S
3. 制造业增加值占总商品增加值比重(工业结构)	20% 以下	20% ~ 40%	40% ~ 50%	50% ~ 60%	60% 以上
4. 人口城市化率(空间结构)	30% 以下	30% ~ 50%	50% ~ 60%	60% ~ 75%	75% 以上
5. 第一产业就业人员占比(就业结构)	60% 以上	45% ~ 60%	30% ~ 45%	10% ~ 30%	10% 以下

* 陈佳贵、黄群慧、钟宏武、王延中等主编《中国工业化进程报告（1995 ~ 2005 年）》，社会科学文献出版社，2007，第 27 页。

注：A 代表第一产业，I 代表第二产业，S 代表第三产业。

表 2　2008 年武汉市及远城区工业化原始数据

地区	人均 GDP		三次产业产值比(%)			人口城市化率(%)	第一产业就业人员占比(%)		
	(元/人)	汇率 - 平价法(美元/人)	一	二	三		一	二	三
武汉	44290	9107	3.7	46.2	50.2	64.5	17.5	34.2	48.3
蔡甸	22418	4609	16.6	58.8	24.6	26.0	49.2	26.9	23.9
江夏	25583	5260	19.3	47.6	32.5	36.1	44.1	19.1	36.8
黄陂	17799	3660	24.7	42.2	33.1	18.2	43.8	33.9	22.3
新洲	17003	3496	19.7	52.6	27.7	22.5	46.8	28.5	24.7

资料来源：《武汉统计年鉴 2009》，人均 GDP 均根据地区生产总值和户籍常住人口推算得出；人均 GDP（美元）根据汇率 - 平价法推算得出，人民币直接汇率为 2008 年人民币基准汇率累计平均值 6.95，PPP 折算比率为 3.54（根据世界银行测算数据推算）；三次产业结构，蔡甸来源于《蔡甸 2009 年鉴》，江夏来源于《江夏新农村规划》，黄陂来源于《黄陂 2009 年鉴》，新洲来源于《关于新洲区 2009 年国民经济和社会发展计划执行情况与 2010 年国民经济和社会发展计划草案的报告》；第一产业就业人员占比根据分区乡村户数、人口、从业人员（2008 年）推算而来。

表 3　武汉市及远城区工业化阶段测算

地区	人均 GDP（权重 =36）	三次产业产值比（权重 =22）	城市化率（权重 =12）	产业就业比（权重 =8）	综合评价
武汉	四(Ⅱ)	五	四(Ⅰ)	四(Ⅱ)	
蔡甸	三(Ⅱ)	三(Ⅱ)	一	二(Ⅱ)	三(Ⅰ)
江夏	三(Ⅱ)	三(Ⅰ)	二(Ⅰ)	三(Ⅰ)	三(Ⅱ)
黄陂	三(Ⅰ)	二(Ⅱ)	一	三(Ⅰ)	二(Ⅱ)
新洲	三(Ⅰ)	三(Ⅰ)	一	二(Ⅱ)	二(Ⅱ)

注：一表示前工业化阶段，二表示工业化初期，三表示工业化中期，四表示工业化后期，五表示后工业化阶段；（Ⅰ）表示前半阶段，（Ⅱ）表示后半阶段。

综上所述，江夏区处于工业化中期后半段，蔡甸区处于工业化中期前半段向后半段过渡期，黄陂区、新洲区均处于工业化初期后半段向工业化中期前半段的过渡时期。总体来看，武汉市四个远城区尚处于工业化中期前半段。从积极推进远城区城镇化角度来看，远城区工业化需要一个突破性的发展。

（三）远城区城镇化目标

2007 年 12 月，国家批准武汉城市圈为"全国资源节约型和环境友好型社会建设综合配套改革试验区"。基于这一政策历史机遇，"十一五"期间，武汉市积极扩展城市骨架，拓展市区土地面积，强调组团布局和功能分区，突出主城引导都市发展区布局；加大交通基础设施投资力度，推动和实现“五个一体化”。这一系列战略举措，对武汉市远城区区域经济发展和城镇建设带来巨大的发展机遇。

至2009年，武汉市远城区的城镇化率为24.42%，各区分别为27.35%（蔡甸）、36.21%（江夏）、18.20%（黄陂）、22.59%（新洲）。《武汉市新农村建设空间规划（2009～2020年）》预期2020年以上各区的城镇化率分别为83%（蔡甸）、75%（江夏）、67%（黄陂）、70%（新洲），其中蔡甸区、江夏区2010年预期目标为56.6%、52.2%，黄陂区2012年预期目标为45.9%。

参照有关研究对不同阶段城镇化率年均增长百分点的预期，我们对武汉市远城区的城镇化率2009～2030年进行两种起点的推算，第一种方法以2009年武汉远城区户籍口径城镇化率24.42%为基数，第二种方法以常住人口推算的武汉远城区城镇化率40%为基数。

以第一种方法进行推算，2015年理想目标为29.82%，保守目标为29.22%，跳跃目标为30.42%；2020年理想目标为35.12%，保守目标为34.02%，跳跃目标为36.42%；2030年理想目标为46.62%，保守目标为44.02%，跳跃目标为49.82%。

由此可见，在现行政策不变的情况下，武汉市远城区城镇化率不可能达到各区的预期目标，也不能达到武汉市委、武汉市政府2015年城镇化率50%的目标。

以第二种方法进行推算，2015年理想目标为47.2%，保守目标为46%，跳跃目标为48.4%；2020年理想目标为53%，保守目标为50.9%，跳跃目标为54.8%；2030年理想目标为62.8%，保守目标为59.9%，跳跃目标为65.3%。

显而易见，以第二种基数测算的武汉市远城区城镇化率的预期值与各规划中的预期值比较接近，但不会像各区空间规划中设计的城镇化率跳跃那么大。就是以跳跃目标来看，武汉市远城区城镇化率至2020年仅为54.8%，至2030年才能达到65.3%。而各区的空间规划中城镇化率至2020年最低的都达到67%（黄陂），最高的竟然达到83%（蔡甸），这显然不符合城市化发展规律，也不符合实际。

需要特别指出的是，跳跃目标包含着当前在城市生活的常住人口中相当比

例的农村人口，还未取得城市户籍，这意味着要达到跳跃目标必须实施户籍改革。

三　远城区城镇化迫切需要解决的问题

（一）尽快启动户籍改革，加速推进城乡一体化进程

1. 户籍改革大势所趋

中央确定现阶段重庆、成都为统筹城乡发展试验区，与此同时，北京、上海、天津、郑州等地均推出了不同程度的户籍改革措施。到目前为止，武汉市在破除城乡二元结构，大胆探索户籍改革方面明显滞后于重庆、成都等城市。

2. 进行专题调研，为武汉市提供户籍改革的可行性方案

在全国各大城市纷纷进行户籍改革探索的态势下，尤其是重庆市户籍改革取得了较好成效，已经形成对我市统筹城乡发展，尽快启动户籍改革的巨大压力。到目前为止，我市与城乡发展有关部门还未在如何推进城乡统筹发展上有较为清晰的认识和紧迫感。因此，建议武汉市立即成立专班，对户籍改革进行专题调研，为户籍改革提供可行性的方案，为尽快启动武汉市的户籍改革创造条件。

（二）以加快工业化推进远城区城镇化进程

1. 抓住机遇，加快发展远城区工业化

城市化的本质是工业化，是大量农村剩余劳动力脱离第一产业，转移到第二产业、第三产业，并进入城市生活，成为城市人口。没有工业化发展，就不可能有城市化的提高。就武汉市的全局来看，主城区的工业化已进入到工业化后期后半段，城镇化率已高达90%左右；远城区的工业化仅处于工业化中期前半段，甚至还有个别区刚刚进入工业化中期，城镇化率仅为24.42%。

加快远城区工业化是推进远城区城市化的关键。《武汉市远城区工业产业发展规划（2010～2015年）（征求意见稿）》提出：“远城区是武汉集聚资源、承接产业转移的重要区域，是武汉服务辐射周边、推进武汉城市圈市场一体化和产业一体化的重要功能节点。远城区推进新型工业化和新型城市化，是武汉进一步转变发展方式，优化经济结构和城市空间结构，深入推进武汉城市圈

"两型社会"建设综合配套改革的重要战略举措。"这个分析是正确的。

2. 对远城区城镇化发展指标的评价

根据工业化水平指标体系测算，2008 年江夏区处于工业化中期后半段，蔡甸区处于工业化中期前半段向后半段过渡期，黄陂区、新洲区均处于工业化初期后半段向工业化中期前半段的过渡时期。其中城镇化率，江夏区（36.1%）属于工业化初期前半段，蔡甸区（26%）、黄陂区（18.2%）、新洲区（22.5%）均属于前工业化阶段。城镇化率水平均严重滞后于工业化水平，因此，在远城区加速推进城市化进程是符合城市化发展规律的。

但是，四个远城区对城市化进程的设计普遍存在城镇化水平设计过高的倾向，根据各区新农村空间规划提出的城镇化指标，至 2010 或 2012 年蔡甸区为 56.6%，江夏区为 52.2%，黄陂区为 45.9%；至 2020 年，蔡甸区、江夏区、黄陂区、新洲区四个远城区的城镇化率分别为 83%、75%、67%、70%。

显而易见，在没有对户籍政策做出重大调整和实质性突破的情况下，以上各区在 2010 年达到设计目标是完全不可能的。如蔡甸区 2008 年城镇化率为 26%，2010 年就要达到 56.6%，年均增长 15.3 个百分点。上升幅度之大，让人无法理解。

改变城乡二元结构，构建新型工农、城乡关系，推进城市化进程，在我国必定是一个长期的过程，不可能一蹴而就。即便是对武汉市远城区这样特殊的区域，尽管该区域有着与武汉主城区紧密联系的优势，而与一般意义上的广大农村和县域发展有很大不同，但城市化的发展必须要服从其内在的规律，违反规律是要付出代价的。

因此，我们认为武汉市远城区城镇化率至 2020 年仅为 54%，至 2030 年达到 65%，这不仅符合城市化发展规律，也是符合实际的。

3. 主城开放，重点建设副中心，形成城市规模，慎重发展小城镇

《武汉市城市总体规划（2010～2020 年）》预测，到 2020 年，市域常住人口在 1180 万人左右，其中城镇人口在 991.2 万人左右，城镇化率约 84%；到 2010 年，市域常住人口 994 万人，其中城镇人口 745.5 万人左右，城镇化率约 75%。到 2020 年，主城区常住人口为 502 万人，2010 年为 440 万人。而实际情况是，到 2009 年主城区常住人口已达到 575.74 万人，远超过 2010 年规划人口 440 万人，超过值为 135.74 万人。预计 2020 年规划目标 1180 万人也必将突破。

《武汉城市总体规划（2010～2020年）》提出建设四新、鲁巷、杨春湖三个城市副中心。这三个城市副中心仍然处于主城范围，按规划实施，这三个副中心必然吸引大量人口，武汉市主城区的人口规模将会进一步扩大。因此，顺应城市化发展的规律，武汉市的主城区必然要对外实施人口开放的政策，"只要人手，不要人口"的做法在新形势下是断然不可取的。武汉市主城区应承担农村转移人口当中的重要责任。当然，主城区人口的开放在户籍政策方面可实施与远城区人口开放的差异政策。因此，武汉市户籍改革应马上提到议事日程。

《武汉城市总体规划（2010～2020年）》还提出：严格控制主城用地，积极促进新城发展，强化建设一批重点城镇，形成以主城为核心，新城为重点，中心镇和一般镇为基础，辐射到广大农村地区的多层次、网络状城镇体系。

以长江、汉水及318国道、武黄公路、汉十高速公路等为主要城镇发展轴，点轴式布局各级城镇，构筑武汉市四级城镇体系。第一级为主城；第二级为新城；第三级为中心镇；第四级为一般镇。

第二级新城应成为远城区城市化推进的重点和吸纳农村转移人口的主力。对第三级的中心镇也应给予高度重视，但对第四级的一般镇的发展要取慎重态度。

经济篇

Economic Themes

B.11

提升武汉工业核心竞争力对策研究

刘 杨*

摘 要： 改革开放以来，武汉工业经过持续快速健康发展，已经具备了一定的竞争优势，但仍存在一些问题。当前，武汉工业仍处于加快发展黄金期，国内外环境的深刻变化也正对武汉工业竞争力产生越来越全面、深刻的影响。不断增强武汉工业核心竞争力，既是当前一项十分紧迫的重要工作，又是一项必须持之以恒地长期抓好的战略性任务。本文通过对武汉工业竞争力的现状、工业发展的国内外环境的分析，提出了未来进一步提高武汉工业核心竞争力的构想和战略任务。

关键词： 工业　竞争力　战略任务

着力打造全国重要的先进制造业中心，是“十二五”时期武汉发展的战略任务。不断增强武汉工业核心竞争力，则是这一战略的核心。

---

* 刘杨，武汉市经济和信息化委员会综合规划处。

一　武汉工业经济竞争力综合评价

（一）武汉工业已具备较强的竞争力

改革开放特别是“十一五”以来，武汉工业持续、快速、健康发展，已显示出了较强竞争力。

1. 工业经济实力较强

“十一五”期间，武汉全部工业总产值分别突破3000亿元、4000亿元和5000亿元大关，2010年迈上7000亿元台阶，年均增长21.2%。全部工业增加值由2005年的852.5亿元增加到2010年的2079.8亿元，年均增长18.5%。2010年全市规模以上工业产品销售收入、利税总额和利润总额分别是2005年的3.32倍、2.95倍和2.73倍。“十一五”时期，武汉工业发展平均增速在全国十九个副省级以上城市列第六位。2010年武汉规模以上工业增加值占全省比重达到31.6%，全部工业增加值占全国比重由2005年1.06%提高到1.3%。在中部六省省会城市中列第一，在全国十九个副省级以上城市中列第12位。

2. 产业集群具有比较明显的优势

武汉初步实现了从老工业基地向具有产业集聚特色的先进制造业基地转变。东湖新技术开发区获批国家自主创新示范区，形成以电子信息为代表的高新技术产业集群，武汉开发区获批国家新型工业化产业示范基地，形成以80万辆整车为代表的汽车及零部件产业集群，吴家山经济开发区获批为武汉第三个国家级开发区，形成了以食品、机电、物流为主体的产业集群。青山区形成以钢铁、石化为主体的产业集群。全市六个远城区异军突起，成为工业发展的新力军，规模以上工业增加值占GDP的比重比“十五”末提高13.7个百分点。

3. 产业集中度日趋提高

汽车及零部件产业实现产值1212.3亿元，成为首个突破千亿元的产业。电子信息、钢铁、装备制造等产业产值均超过800亿元，食品烟草、能源及环保等产业过600亿元，六大产业完成产值占全部工业总产值的80.8%，形成多点支撑新格局。高新技术产业迅猛发展，2010年实现产值占全部工业总产值的36.6%，占比较“十五”末提高5.3个百分点。2010年产值过亿元企业588户，

过10亿元企业62户，过100亿元企业10户，分别比“十五”末增加361户、35户、5户，过百亿元企业合计产值占规模以上工业的46.8%。

4. 先发体制优势比较明显

改革开放以来，我市一直坚持不懈地推进体制改革，形成了多种所有制经济共同发展的格局。国有企业战略重组和兼并扩张进程加快，武钢集团联合重组鄂钢、柳钢、昆钢后，形成年产钢近3000万吨的综合生产能力；武烟集团完成省内18家卷烟厂的联合重组，综合竞争实力排名全国烟草行业前列；武汉重工集团成功组建，市场控制力和竞争力明显增强。全市规模以上企业户数达2821户（按新标准为1492户），是“十五”期末的1.93倍；2010年中小企业、民营经济占全市GDP的比重分别达到47.1%和41%，分别比“十五”末提高1.2和1.5个百分点；规模以上外商及港澳台投资企业实现工业总产值占规模以上工业的32.9%，占比较“十五”末提高10.1个百分点。

（二）武汉工业竞争力存在的突出问题

虽然武汉工业竞争力有了明显提高，但还存在很多制约因素。一是产业技术水平较低。多数行业形成了生产能力，但开发能力普遍偏弱。多数企业只是生产主体，没有成为创新主体，没有掌握核心技术。工业企业技术开发投入不足，技术人员占从业人员比重、科技经费占销售收入比重较低。科技成果向现实生产力转化的有效机制尚未真正形成。二是产业组织化程度不高。多数工业企业普遍达不到最低经济规模，行业集中度不高。大型龙头企业、规模以上企业户数与沿海同类城市相比还有很大差距。众多中小企业生产社会化水平较低，不少企业重生产轻服务，没有形成完善的营销网络和服务体系。三是工业可持续发展面临较大挑战。工业发展尚未从根本上摆脱粗放经营路子。资源综合利用效率不高，自然资源短缺与资源粗放利用的矛盾加大。能源、原材料工业的加快发展，使我市控制工业污染的任务比较艰巨，生态环境的压力较大。

二　经济发展环境对武汉工业竞争力的影响

“十二五”时期，国内外经济发展环境正发生深刻变化，对武汉工业竞争力产生越来越全面、深刻的影响。

（一）世界经济进入后危机时代重整期，寻求经济增长新动力源更为迫切

1. 全球经济将进入平缓增长期，外需拉动增长放缓

受2007年金融危机的影响，“十二五”期间全球经济将很难恢复到过去10年来5%以上的平均增速。发达国家过度消费、储蓄不足的结构性失衡难以持续，新兴市场的出口导向、过度依赖出口的发展战略也面临深度调整，全球贸易、储蓄与消费正处于再平衡和调整过程。国际贸易、投资保护主义抬头和升级，加大了经济复苏的阻力。

2. 新科技革命加速推进，抢占后新制高点的竞争更趋激烈

本次危机表面上由次贷引发，实质是科技创新不足，经济增长动力减弱。危机后，各国重新将重点转移到新能源、新材料、信息技术、节能环保等新兴产业培育上。这些新兴产业将成为新技术革命的突破口和新一轮经济增长主动力。

3. 产业结构将快速重组，产业融合加速推进

国际金融危机为全球产业结构调整带来重大机遇，现代制造业和高新技术产业重新更受青睐。产业融合进一步加速，信息技术革命将广泛作用于传统产业，不同产业或产业内部的不同行业相互交叉、渗透、融合，不断催生出新的融合产业或新型业态，促使产业结构动态高度化与合理化。

（二）我国进入经济社会转型期，结构调整逐步成为主旋律

1. 技术创新将成为经济发展重要驱动力

金融危机造成国际市场收缩，加上国内要素成本全面上升和生态环境约束加剧，以“大进大出”为基本特征的传统增长模式难以为继。我国将逐步放弃“以资源促发展”、“以市场换技术”和“以利润换资本”等要素和投资驱动的发展方式，创新驱动，技术创新将成为经济发展的重要驱动力。

2. 传统产业提升和新兴产业培育成为新的产业增长动力

传统产业优化升级和发展新兴产业将是未来我国新型工业化的必然选择。加快运用高新技术和先进适用技术改造传统产业，大幅提升农业、制造业和传统服

务业的现代化水平。增强前沿技术的预研能力，突破制约产业转型升级的关键技术，促进战略性新兴产业加快发展。

3. 内需拉动作用逐步增强将成为长期趋势

由于全球贸易增速放慢，拉动工业经济增长的出口推力下降，“十二五”时期扩大内需，增强国内消费对经济增长的拉动作用将成为我国经济发展的一大主题，并成为工业转型升级的强大动力。

（三）武汉工业进入加快发展跃升期，转型升级提出更高要求

1. 国家战略重叠推进、城市功能提升拓展，对武汉工业发展提出加快发展、乘势而上的更高要求

国家中部崛起战略全面实施、“两型社会”建设稳步推进和东湖高新区获批自主创新示范区，为武汉在政策、资金、重点项目布局等方面获得国家更多支持创造条件。武广、武合高铁的建成，建立起沟通武汉与珠三角、长三角等经济发达区域的快捷联系，武汉新港、天河机场、东西湖保税物流中心等一批重大项目建设，提升城市功能。在这样宏观背景下，武汉提出在“十二五”实现万亿GDP的奋斗目标，实现弯道超车，对支撑全市经济发展的工业提高进一步核心竞争力提出更高要求。

2. 推进城市发展转型、建立以服务经济为主的产业结构，对工业发展提出优势延伸、产业融合的更高要求

“十二五”期间武汉战略着力点是提升城市能级，丰富城市功能和核心价值，加快建设高端制造业基地和区域金融中心、全国性商贸物流中心、商务信息服务中心，巩固和提升中部经济中心地位；在经济形态上，加快建立以服务经济为主的产业结构，形成创新驱动为主的经济增长动力机制，从而实现在发展中转型，通过转型促发展。这需要加快发展运输物流、金融服务、国际会展、休闲旅游、文化创意、高端培训、专业市场、服务外包等现代服务业，这些现代服务业发展离不开工业支撑，需要以新型工业与现代服务业融合为重点促进工业基础优势的拓展延伸。

3. 推进产业空间结构集聚、提升产业内部关联度，对工业发展提出优化布局、拓展空间的更高要求

“十二五”武汉将加快推进城乡一体化，这就需要工业就加快调整优化空间

职能结构，重点推进中心城区发展，发展总部经济与高端服务业、加快发展邻二环线周边建设核心功能区和特色功能区，加快推进远城区重点发展工业。进一步壮大产业规模、提高产业关联度和配套水平、发展产业集群也将成为“十二五”工业组织结构调整的重点。

4. 推进发展模式转型，突破资源环境瓶颈，对工业提出创新先导、集约发展的更高要求

武汉作为一个能源净输入城市，缺煤、少气、乏油，随着工业发展，能源、资源消耗增大，能源供应直接影响了工业发展的速度和效益，工业污染排放与治理对结构升级和发展方式的转变形成较大压力。“十二五”期间工业发展既受到土地资源总量扩大的制约，又面临着空间结构性矛盾，武汉工业必须转变发展模式，强化能源资源集约利用，将生态环境保护放在突出位置。

三 提升武汉工业核心竞争力的构想和战略任务

基于对武汉市工业未来发展环境的分析，为持续提高武汉工业核心竞争力，必须切实把传统产业优势、科教优势、区位优势充分转化为竞争优势，就必须切实提高产业技术水平和核心竞争力。“十二五”期间，武汉市工业要逐步建成以三大产业板块为支撑，以六大支柱产业和七个新兴产业为基础，特色鲜明、优势突出的全国重要的高新技术产业基地和先进制造业基地，构建具有综合竞争优势的“两型”产业体系。

（一）构建梯次推进的产业新体系

1. 把支柱产业打造为千亿产业

选准突破重点和发展方向，加强技术改造，创新品种、创建品牌、提升质量、改进服务，促进电子信息、汽车、装备制造、钢铁、石油化工、食品等六个千亿产业转型升级。促进支柱优势产业在转变发展方式中创造新的需求，形成新的增长点，实现跨越式发展。

2. 把新兴产业培育为支柱产业

以新一代信息技术、新材料、节能环保、新能源、生物医药、新能源汽车和高端装备制造等战略性新兴产业为主攻方向，通过重点培育，政策聚焦，促使其壮大规模，做强做大。加快推进国家高技术产业基地建设，重点抓好国家光电子产业基地、生物产业基地、信息产业基地建设。支持企业与高校和科研院所建立战略联盟和产业联盟，深入实施知识产权战略，建设产学研相结合的创新体系。

3. 着力推进产业集群式发展

制定鼓励重点产业链优化整合政策，推进产业结构调整的一批重大项目建设，培育龙头企业和优势产业。以优势产业和重点企业为龙头，通过产业链延伸，培育龙头企业和优势产业。培育一批强势配套企业，形成大、中、小企业协调配套、共生共赢的产业链发展格局。在钢材深加工，汽车零部件和乙烯下游产品延伸等方面形成规模较大的循环型产业链。

（二）围绕项目兴市促进工业投资

1. 切实抓好重大项目建设

坚持“非禁则入，有需则让”的原则，大力引导资本投向政府鼓励项目和符合国家产业政策的领域。策划、推进和实施一批重大工业投资和技改项目，继续保持建成投产一批、开工建设一批、准备开工一批和策划推进一批等项目建设梯次发展格局。积极向国家衔接汇报，争取一批项目增补到国家“十二五”专项规划，争取一批项目早日开工建设。

2. 促进工业投资稳定增长

在积极争取中央投资的同时，加紧研究地方配套资金来源，充分发挥各类政府投融资平台作用，抢抓国家货币政策宽松的机遇，积极开展与各银行新一轮信贷资金衔接，加快增值税转型等各项促进投资的政策落实到位，积极吸引民间投资，努力保证项目建设需要。抢抓中央扩大投资机遇，组织企业申报一批国家支持的项目，争取国家更多资金支持。

（三）加快推进发展方式转变

1. 突出企业技术改造的提升作用

引导和促进企业利用当前经济调整的时机，大力推进以信息化为引领的技术改造，促进工业化与信息化、制造业与服务业的融合，推进产业升级。引导企业把技术改造同结构调整、产业升级、兼并重组结合起来，创新管理方式方法。鼓

励和支持企业引进先进技术和设备，进行新产品研发、提高产品附加值，为下一轮发展打下坚实的基础。

2. 加快推进绿色制造

组织实施节能减排新技术、新工艺与新产品推广应用项目。推动一批生态工业园区建设，培植一批清洁生产企业。充分发挥武汉在环保技术、产业、品牌等方面的优势，突出重点和特色，在环保设备、水污染防治、废弃物处理与综合利用、大气防治、可再生能源等领域加快发展。建设节能环保的研发、制造、集成、服务、总部等产业集群。

3. 调整优化产业空间布局与发展结构

科学确定区域主体功能定位和产业分工，优化生产力布局，推进千亿板块建设。在更大范围和更深层次优化全市工业布局，以全市七个中心城区都市工业园为载体，支持知识技术密集型和都市型工业加快发展。以三个国家级开发区和六个省级开发区为载体，沿城市外环形成具备综合竞争实力的先进制造业基地。协调发展全市6大省重点成长型产业集群，促进全市企业群的聚集发展，扩大集群规模、更好带动全市工业的发展。

（四）不断创新工业经济发展体制和机制

1. 增强国有企业综合实力

以提高国有企业整体竞争力为目标，继续支持中央在汉企业做强主业、兼并重组、规模扩张、主辅分离。继续深化“武字头”企业改革。加快国有企业结构调整，完善企业的股权结构，培育大型国有集团公司。鼓励支持国有控股上市公司利用资本市场发展壮大，推动国有优质企业上市融资。鼓励各类资本参与国有企业改组改造。以重点企业为主体推进钢铁、电子信息、装备制造等行业的整合重组，优化产业布局，提高产业集中度。

2. 提高利用外资水平

瞄准国际知名公司和龙头企业，大力引进产业带动强、科技含量高、投资强度大、资源消耗低的工业项目。积极吸引跨国公司在我市设立地区总部、研发中心，引导外商以收购兼并、控股、参股等形式参与我市企业改革重组。精心策划和组织重大招商活动。切实改善投资者投资和生活环境，继续营造亲商、安商、富商的开放氛围。重视国际产业人才资源，进一步做好引进国外智力工作。

3. 加快民营和中小企业发展

每年滚动培养一批重点中小工业企业和民营科技企业。推动重点企业率先发展。推进“三年千户”“小进规”计划，壮大规模以上企业队伍。推进创业基地建设，加强创业指导，推动万户创办。协调建立市民营经济发展联席会议制度，统筹全市中小企业和民营经济工作，构建民营经济长效工作机制。积极完善中小企业服务体系，推进全市中小企业民营企业的“六大服务工程”。

（五）加大促进工业经济发展的人才培养工作

1. 加快企业经营管理人才培养

坚持“政府调控、行业指导、单位自主、个人自觉”的原则，采取政府培训和企业培训相结合，国内培训和国外培训相结合的方式，提高企业经营管理人员素质。引入市场竞争机制，面向社会公开招聘高级经营管理人才；以培养造就一支具有战略思维能力和现代企业经营管理水平、具有开拓创新精神的企业经营管理人员队伍为目标，大力实施“领导力培养计划”。

2. 鼓励企业引进专业技术人才

促进各类人才向钢铁、汽车、机械装备、电子信息、石油化工等重点领域和行业进一步聚集。建立海外高层次人才联络机制，积极吸引各类外籍人才来汉工作、讲学或创业；在武汉东湖新技术开发区、武汉经济技术开发区创建“人才特区”，探索实行符合市场经济规律的人事管理、户籍管理、社会保障、分配奖励等一系列有利于吸纳和用好人才的新制度。整合各类人才开发专项资金，确保人才开发专项资金随着财政收入的增长而逐步增加；积极推行引进人才在汉工作居住证制度，加快人才管理立法步伐。

3. 鼓励培养制造业高技能人才

紧密结合产业发展需求，提高高技能人才培训工作支撑发展力度；整合院校培训资源，充分发挥企业培训主体作用，积极扶持市场培训主体；大力开展各类职业技能竞赛，制定技能大师评选表彰奖励办法；引导制造业企业与职业学校联合办学，采取定向培养等方式培养和培训技术工人和高级技工。

B.12

武汉市整体协调推进战略性新兴产业的体制机制和政策措施

周阳　辜小勇　顾晓焱*

摘　要： 武汉市率先制定了《武汉市加快集成电路等15个新兴产业发展实施方案》，并成立了相应的新兴产业振兴工作组，但分产业的扶持措施缺乏相互间的平衡性与协调度。下一步可以从区域产业布局的引导机制、政府财政资金的整合机制、产业战略联盟的利益协调机制、重大科技专项的整合实施机制、创新市场培育机制、统筹人才引进和培养机制等六个方面，深入研究促进武汉战略性新兴产业整体实施和协调推进的政策措施，形成一个相对完整、有效的政策体系。

关键词： 战略性新兴产业　整体实施　协调推进　体制机制

加快发展战略性新兴产业，是转变发展方式、调整经济结构、增强自主创新能力的迫切要求，意义重大。2009年武汉率先制定了加快发展新兴产业的实施方案，并成立了相应的新兴产业振兴工作组。在抢抓机遇、占领制高点方面领先了一步，但如果不注重相关扶持政策措施的整体实施和协调推进，在激烈的区域竞争态势下，未来仍有可能曲折反复。

一　战略性新兴产业及发展背景

国际金融危机以来，全球掀起了一股以科技创新拉动经济、以技术创新克服

* 周阳，武汉市社会科学院城市经济研究所助理研究员；辜小勇，武汉市社会科学院城市经济研究所副研究员；顾晓焱，武汉市社会科学院城市经济研究所助理研究员。

危机的热潮。新一轮国际竞争已经演变成争夺科技和产业发展制高点的竞争，战略性新兴产业成为引领未来发展的强大引擎。

1. 战略性新兴产业的主要特征

战略性新兴产业本质上是以科技创新和核心技术重大突破为支撑的高新技术产业，关键技术的创新和应用是战略性新兴产业发展的主要推动力量。没有科技创新和技术突破，就谈不上新兴产业的大发展。与一般性的科技创新和研发活动不同，战略性新兴产业的技术创新具有基础研发强度高、投资风险大、投资回收期长等特点。一方面，试验研发的成败具有很大不确定性；另一方面，处于起步期和成长期的企业往往收益很少甚至亏损。因此，一般企业不会贸然对新兴产业的技术创新进行大规模投入。然而，战略性新兴产业的关键技术一旦有所突破，它在给研发企业带来巨大收益的同时，也将极大地促进社会经济的大发展，产生显著的“溢出效应”。正因如此，一国政府往往从社会整体利益出发，制定和实施扶持政策，主动承担起促进战略性新兴产业发展的重任。

2. 发展战略性新兴产业的基本原则

第一，发展战略性新兴产业必须处理好四个方面的关系。

——扩大规模与提升水平的关系。引导要素集聚，迅速扩大规模，努力做到技术上有话语权、市场上有定价权，不断提升核心竞争力。

——重点突破与整体推进的关系。结合区域优势，选择战略性新兴产业中的重点领域和重点项目率先突破，积极拓展新兴产业发展空间，加快构筑整体发展优势。

——新兴产业发展与传统产业升级的关系。运用高新技术改造提升传统产业，引导传统产业通过产品技术的换代升级、延伸产业链进入新兴产业领域，实现二者的有机互动发展。

——市场主导与政府引导的关系。发挥好政府的引导作用，有效运用经济、法律、行政手段支持技术研发和市场推广，尊重经济发展规律，强化企业主体地位，充分发挥市场在发展新兴产业中的主导作用。

第二，发展战略性新兴产业必须遵循市场机制和企业主导的基本原则，积极发挥市场自主调节、自由选择、充分竞争、优胜劣汰的作用，从四个方面完备市场运作机制。

——供求机制。改变运用产业政策和微观经济政策从“供给”方面促进产

业发展的传统观念，形成需求拉动战略性新兴产业发展的格局，防止供求机制扭曲。

——竞争机制。建立公平竞争的市场环境，鼓励和引导国有企业、民营企业、外资企业等不同类型的投资主体共同发展战略性新兴产业，在同一个平台上充分竞争。

——价格机制。在竞争机制的基础上形成合理的价格机制，进而形成有利于新兴产业发展的利益分配格局，借助市场之手事半功倍地发展战略性新兴产业。

——风险机制。进一步完善创业及投资风险机制、科技成果转化风险机制等新型风险分担机制，分担由于技术创新的复杂性、艰巨性、长期性所产生的系统风险。

第三，发展战略性新兴产业必须建立有效的政府引导、协调、统筹、整合和激励等机制。战略性新兴产业包含门类多、涉及领域广、协调难度大，政府应主动解决这些难题。

——引导机制。对于技术方向选择难度大、投资回收期长、风险相对较高，一般企业不敢贸然投入的新兴产业，政府必须扮演先行者的角色，拿出一定的财政资金进行前期培育引导，进而推动社会资本特别是风险资本进入，形成多渠道的投融资体系。

——协调机制。一些战略性新兴产业涉及多技术、多业务和多部门的分工协作，产学研脱节问题、民营企业不平等待遇问题、部门和地区利益摩擦问题等，都需要政府进行总体利益协调。

——统筹和整合机制。对于政府各部门支持战略性新兴产业发展的资金、技术和政策等资源，有必要将这些来源分散的资源进行整合集中，然后有重点地投入，实现统筹集约使用，进而短期内壮大优先发展的重点产业。

——激励机制。通过发明奖励、技术入股、研发人员持股、知识产权质押等激励措施，不仅对产生重大技术突破的个人和团体予以奖励，而且对提出新的商业模式、盈利模式和组织模式的个人和团体予以奖励。

3. 战略性新兴产业的扶持政策现状

从根本上讲，战略性新兴产业必须适应市场需要，满足市场需求，坚持市场化的基本方向。但在战略性新兴产业发展初期，由于规模小、技术不够成熟、基础设施和服务体系不够完善等诸多原因，其产品和服务往往成本偏高，消费者认同度低，市场难以得到有效启动。在这种情况下，政府有必要制定和实施扶持政策，通过各种方式促进战略性新兴产业的发展，待其壮大之后再逐步退出这些扶持政策。

一般而言，政府对战略性新兴产业的扶持政策有普遍性和特殊性之分。对所有战略性新兴产业都起作用的是普遍性扶持政策，仅针对个别战略性新兴产业单独起作用的是特殊性扶持政策。不同的战略性新兴产业对扶持政策的需求有很大差别，有的主要需要普遍性扶持政策，有的主要需要特殊性扶持政策，有的则两者都需要。

武汉市对战略性新兴产业的扶持政策主要体现于《武汉市加快集成电路等15个新兴产业发展实施方案》之中。方案按15个新兴产业类别，分别阐述了相关产业发展重点和拟采取的政策措施，在形式上是特殊性扶持政策的写法，但在具体内容上又主要是普遍性扶持政策。每一类别基本上都涉及了人才、资金、技术、项目、市场培育等普遍性的政策措施，而相互之间又缺乏较好的平衡与协调，由此必然影响下一步的操作与落实。

因此，有必要对现行的扶持政策按普遍性政策、特殊性政策两大类别进行适当的归并、补充，形成一个相对完整、有效的扶持政策体系。为加强发展战略性新兴产业的整合度和协调度，可以从区域产业布局的引导机制、政府财政资金的整合机制、产业战略联盟的利益协调机制、重大科技专项的整合实施机制、创新市场培育机制、统筹人才引进和培养机制等六个方面，深入研究促进武汉战略性新兴产业整体实施和协调推进的政策措施。

二 建立有序、错位、特色发展的区域产业布局引导机制

武汉战略性新兴产业当前主要分布在两大板块：一是以东湖高新区带动江夏和洪山相邻区域，以光电子信息产业为主导，新能源、节能环保、生物与新医药等产业集聚的东南经济板块；二是以武汉经济技术开发区带动汉阳、蔡甸和汉南相邻区域，以电子信息、电气机械等产业形成集聚的西南经济板块。为进一步促进战略性新兴产业发展壮大，应当继续完善区域产业布局引导机制，促进相关产

业合理布局、错位发展、特色发展。两大国家级开发区重点发展技术和资本密集型、辐射带动作用强的战略产业，远城区紧密对接开发区，按照产业专业化和资源、基础设施共享的原则进行生产组织，充分发挥区域优势。

1. 发挥规划引导功能，实现差异化和错位发展

统筹全市开发区的产业规划、城市规划和土地利用规划，进一步明确不同产业区的功能定位、发展方向、发展重点和发展目标，引导各开发区错位发展。

各级开发区空间位置不同，基础条件不同，发展环境不同，必须因地制宜，通过发挥比较优势，发展培育有特色和有市场竞争力的主导产业，加强特色产业集聚，突出差异性。东湖高新技术开发区全力打造功能完整、集约高效的创新服务平台和示范基地，形成以光电子信息产业为龙头，以节能与环保、生物技术、现代装备制造、研发与信息服务为重要支撑的“1+4”产业结构。武汉经济技术开发区进一步完善汽车产业链条，提升汽车产业的竞争力，形成新能源汽车规模生产能力，努力在TFT-LCD及其模组、液晶电视等方面实现电子电器产业的突破发展。江夏经济开发区发挥毗邻东湖高新技术开发区的优势，突出发展高新技术产业和先进装备制造业；蔡甸经济开发区和汉南经济开发区与武汉经济技术开发区充分对接，抓好汽车零部件产业、新型显示等；洪山左岭经济开发区围绕80万吨乙烯工程，突出抓好化工新型材料产业；洪山开发区布局软件和创意产业；青山开发区重点发展节能环保产业；江北民营经济科技园重点发展现代通信产业。

2. 统筹招商引资机制，增强主导产业集聚效应

根据不同产业定位，形成不同的引资重点。国家级开发区重点招引国内外知名企业和辐射带动能力强、处在行业前沿的大项目好项目。省级开发区重点引进对接项目、配套产业，能够促进整体产业效率提高的，给予适当资金补助。

完善招商引资政策体系，打造开发区不同特色的招商品牌。整合各类园区优势资源，并作为一个项目整体推出，实现联合招商，引进跨国公司投资。建立健全部、省、市共建机制和联系协调机制，完善产业基地招商引资项目库和定期信息发布制度。根据产业区发展定位及产业导向，深化“产业链”招商，进一步推动资本资源、人才资源、项目资源向产业区集聚。探索建立招商项目流转制度，通过财政、税收利益分成等方式，促进重大项目在产业

区间流转。

3. 整合各类政策资源，完善利益共享机制

整合国家、省、市扶持国家级试点和基地建设的各类政策，特别是适用于东湖国家自主创新示范区的系列优惠鼓励政策，允许有条件的省级开发区、都市工业园作为国家级基地拓展区，共享某些优惠政策，实现国家级优惠政策的拓展。通过对拓展区主导产业的扶持培育，进一步提升产业优势，强化特色集聚功能。完善利益共享机制，引导国家级开发区龙头企业根据用地需求、技术水平、发展规模、产业链定位等要求向拓展区外迁，对国家级产业基地引进项目落户拓展区的，其产生的税费等收益，由引进地和落户地协商、经市政府批准后可按比例分成。

4. 完善基础设施建设，促进区域产业联动发展

加快建设武汉阳逻深水港物流园、武汉天河空港物流园、汉口北商贸物流园、东西湖保税区物流园、东湖高新区物流园和武汉经济技术开发区物流园等综合型物流园区，实现各产业区在水、铁、公、空多种运输方式上的有效衔接，促进要素流通。加快大宗商品物流通道建设，完善物流配送网络。加快“区港联动”和“区区联动”，促进武汉经济技术开发区、东湖高新技术开发区、阳逻开发区（阳逻港）、盘龙城开发区（天河空港）、吴家山开发区（武汉保税物流中心）联动发展。

三　建立政府财政资金的整合机制，加大支持力度

战略性新兴产业的培育和发展需要高强度的资金投入，需要系统性的财税、投融资政策支持。

1. 确定财政引导资金的投资额度和投入重点

在国务院2010年9月份通过的《关于加快培育和发展战略性新兴产业的决定》中，明确了节能环保、新一代信息技术、生物、高端装备制造、新能源、新材料和新能源汽车等七个战略性新兴产业发展的重点方向。综合各方面的材料和信息，七大战略性新兴产业的重点细分行业如表1所示。

在七大战略性新兴产业的重点细分行业中，每一类武汉都有进一步发挥的空间。但根据武汉的资源特点、产业特征和区域特征，综合考虑各方面的比较优势，

表 1　我国战略性新兴产业及其重点细分行业

序号	新兴产业	重点细分行业
1	新能源	核能、太阳能、风能、生物质能
2	新能源汽车	插电式混合动力汽车和纯电动汽车
3	生物	生物医药、生物农业、生物制造
4	节能环保	高效节能、先进环保、循环利用
5	新一代信息技术	下一代通信网络、物联网、三网融合、新型平板显示、高性能集成电路和高端软件
6	高端装备制造	航空航天、海洋工程装备和高端智能装备
7	新材料	特种功能和高性能复合材料

发展战略性新兴产业的战略重点或突破口应当放在以光电子信息产业为主导的新一代信息技术，以生物医药、生物农业、清洁生物技术和生物服务业为主导的生物产业，和以高效节能、水污染防治、大气污染防治为主导的节能环保产业方面。

财政引导资金应当把新一代信息技术、生物产业和节能环保产业作为投入重点，引导多渠道的社会资金向这些重点产业、重点企业和重点项目集中，从而使这些产业迅速做大做强，形成规模效应和产业优势。初步预计，要使三大产业规模平均各增加 1000 亿元，按照创业投资引导基金 1∶50 的带动系数换算，需要 60 亿元的引导资金。因此，可以建立新兴产业创业投资引导基金，初期规模 20～30 亿元，2～3 年内逐步扩大到 60 亿元，通过风险补贴、投资补偿等无偿资助方式，吸引创投机构重点向三大产业进行风险投资，拉动和吸引更多的民间资本力量，加速孵化出一批优质的企业资源，争取 5～6 年内三大产业规模合计增加 3000 亿元的产值。

2. 整合聚集财政资金，建立财政投入增长机制

目前，政府可用财政资金不足，但分散在各个部门的实际用于支持产业发展和科技创新的资金规模却不在少数。资金使用过于分散既不利于统一指挥，向重点产业、重点工程倾斜，也不利于提高财政资金的使用效率，而且增加了监督成本。因此，建立政府财政扶持资金的整合机制十分必要。

第一，成立战略性新兴产业发展促进委员会，由市长亲任主任，各区区长为委员，下设专职副主任负责日常工作，发改委、经信委、科技局、商务局等政府各行政部门为组成成员。将促委会打造成引导、协调新兴产业发展的权威机构，负责战略性新兴产业的整体实施。

第二，建立新兴产业创业投资引导基金，由促委会负责日常运营。引导基金的运营情况作为促委会绩效考核的主要目标；引导基金的规模如前所述；引导基金的来源可以通过清理整合分散在发改委、经信委、科技局等各部门的各类专项资金，划出一定比例，同时从土地出让金中划出一定比例；引导基金的支持重点为创投机构，投入方向限定在支持新兴产业基地内的基础设施、重点项目、科研开发、公共服务平台和创新能力建设等。

第三，逐步加大财政资金的支持力度，形成稳定的财政投入增长机制，确保支持战略性新兴产业发展的财政资金投入增幅明显高于财政经常性收入增幅。

3. 创新引导方式，形成多元化的新兴产业投入体系

一方面，通过给予政府定价、融资担保、土地使用、投资补贴、税收减免或返还等优惠政策吸引社会资金进入战略性新兴产业；另一方面，建立健全财政资金引导、社会资金为主的创业投资体系。着力创新财政资金引导方式，综合财政补贴、基金、贴息等多种方式，引导企业和社会力量加大投入，形成多元化、多渠道的新兴产业投入体系。

推动银行、担保、风投、保险公司建立促进战略性新兴产业发展金融合作联盟。银行机构加大对战略性新兴产业的信贷支持力度，实行优惠贷款利率政策，开展以产品订单（合同）、股权、自主知识产权设定抵（质）押权等信贷业务创新，满足企业有效信贷需求；担保机构在同等条件下优先满足战略性新兴产业担保需求；对政府资金扶持项目，各类金融机构应列入重点支持范围，银行机构加大信贷支持力度，风投资金、担保资金、保险金等其他各类资金配套跟进，发挥联动作用，降低投资风险。

4. 统筹财政资金投入方向，提高使用效率

重点支持产业确定之后，仍然要明确财政资金在重点产业中的主要投入方向，在引导优质要素资源向重点产业集聚的同时，实行政策和资金聚焦，打通影响重点产业发展的关键环节。

（1）财政资金的投入总体上要有利于增强自主创新能力，有利于突破核心关键技术，有利于培育自主知识产权。只要是能够满足“三个有利于”的项目或企业，都应加大资金和政策的倾斜力度。

（2）财政资金的着力点要聚焦到支持产品研发的前端和推广应用的后端上

来。重点加大对前沿性、关键性、基础性和共性技术研究的支持力度。

（3）调整财政资金投入结构，对国有企业、大企业和中小民营企业一视同仁，加强对创新型中小科技企业的扶持力度。推行“优势企业培育工程”，重点扶持100家主业突出、核心竞争力强的优势企业，组织实施100个技术先进、影响巨大的重大产业化项目。对进入“优势企业培育工程”的企业和项目不以所有制和规模大小为标准，而以“三个有利于”为标准。

（4）实行事后奖励政策，设立奖励基金，提高奖励资金额度。对年度十大创新企业给予奖励，对填补国内技术空白、迅速实现产业化的创新技术给予奖励，对研发能力强、成果储备多的各类技术创新平台给予奖励，对列入国家和省级新兴产业关键技术领域的重大产业化项目给予奖励。

5. 健全投融资体系，扩大新兴产业的投融资规模

健全投融资体系，搭建投融资服务平台，扩大融资渠道，促进战略性新兴产业发展。

（1）建立健全多层次的风险投资体系。大力发展创业投资和股权投资，大力发展创业引导基金和新兴产业基金。充分发挥已有产业基金和创业投资引导基金的放大作用，迅速扩大创业投资基金规模。积极争取国家参股设立光电子信息、生物、节能环保等创投基金。

（2）充分发挥直接融资的核心作用。优先鼓励和支持战略性新兴产业骨干企业充分利用中小板、创业板市场上市融资，对新兴产业上市企业给予奖励。鼓励中小企业发集合债，支持企业通过发行企业债券、公司债券或其他金融创新产品筹措资金。

（3）引导金融机构创新金融服务，建立适应战略性新兴产业特点的信贷体系和保险、担保联动机制，促进知识产权质押贷款等金融创新。发展科技型中小企业信用担保体系，建立科技性中小企业金融服务机构。

（4）加大信贷资金的支持力度。充分发挥金融体系信贷投入主渠道作用，积极引导、推动金融机构加大投放力度，满足战略性新兴产业资金需求。地方商业银行在总贷款规模中，划出一定比例的资金，用于支持新兴产业发展。

四　建立合作、共享、互补的产业联盟利益协调机制

产业联盟是企业和相关组织间结成的以互相协作和资源整合为目的的一种合

作模式。对于战略性新兴产业而言，建立以提升产业技术创新能力为目标的产业战略联盟，是整合产业技术创新资源、引导创新要素集聚、促进产业技术集成创新、提高产业技术创新能力及提升产业核心竞争力的有效途径。武汉突出的科教优势尚未有效转化为发展战略性新兴产业的产业优势，需要通过产业联盟的市场化运作，引导、整合创新资源，迅速做大做强战略性新兴产业。

1. 以企业为创新主体，形成产学研的内在合作动力机制

在知识多样化、分散化及知识产权市场有限的条件下，企业作为技术创新主体具有内在的合作动力与要求，因此，产业联盟应由企业、大学、科研机构或其他组织机构等独立法人，根据自愿原则，立足共同需求，按市场经济规则，以契约形式结成合作开发的共同体，不需要政府批准。联盟以其符合国家利益、区域利益的行为争取政府支持。

但是产学研合作涉及多方利益主体，需要在政府的推动下形成有效的战略框架，建立有效的制度与组织结构。政府主要发挥协调引导作用，营造有利的政策和法制环境，推动产学研组建的联盟符合国家战略目标或区域支柱产业发展的需要。在推动产学研合作中，政府应围绕战略新兴产业重大技术需求，制定产学研战略联盟具体的技术发展目标和方案，引导联盟合作的形成。事实证明，只有关乎联盟各方共同的生存发展，立足于联盟各方的共同需求，联盟成员才会有内在的合作动力机制。

2. 营造政策环境，推动联盟构建

通过营造政策环境、倾斜资源配置等方式，推动联盟构建。一是发挥科技计划资源配置的引导作用，依托各类科技计划中具有产学研结合基础的项目，推动联盟形成；二是积极引导产学研各方按照《关于推动产业技术创新战略联盟构建的指导意见》（国科发政［2008］770 号）的文件精神构建联盟，特别是根据武汉市战略性新兴产业的发展方向，重点推动及深化光纤接入、3G、高清光盘、动漫、物联网、地球空间信息、节能环保、新能源汽车等产业联盟。三是在“十二五”期间，修改完善科技计划管理办法，进一步明确对构建产业技术创新联盟的推动力度。

3. 加强统筹协调，形成合力支持产业联盟

加强对产学研各组织的统筹协调，即使是在发达国家也十分重视，有专门的统筹协调机构进行整合和协调工作。如美国政府设有国家科学技术委员会，统筹

协调科技战略与政策，其下属九个协调委员会负责协调各部门、科技界和产业界利益。在市级政府层面，可以模仿建立由经信委、发改委、科技局、财政局等多个行政部门，以及江汉大学、市社科院、经济研究所、党校等研究部门组成的产学研协调委员会，协调各方利益，形成支持产业联盟等产学研合作组织的合力。

4. 以市场为导向，形成产学研各方的利益和信用保障机制

相对资本关联等联合形式，产业联盟是一种组织形式相对松散的结合，只有运用市场经济规则建立持续稳固、有法律约束和保护的合作关系，战略合作才会有持续的保障。应采用合同契约方式，在各方自愿的基础上，建立产学研长期合作的信用约束机制。签订有法律约束力的联盟协议，协议中明确技术创新目标和任务分工，明晰联盟成员的责权利关系；联盟协议必须由成员单位法定代表人共同签署生效；设立决策、咨询和执行等组织机构，完善联盟组织构架；由理事会、专家技术委员会和常设机构组成决策机构，建立有效的决策与执行机制，明确联盟对外承担责任的主体；联盟执行机构应配备专职人员，负责有关日常事务。把知识产权作为解决利益分配机制问题的中心环节，联盟研发项目产生的成果和知识产权应事先通过协议明确权利归属、许可使用和转化收益分配的办法，强化违约责任追究，明确各方的责、权、利，保障产学研合作各方的利益。

5. 创新投入和管理体制，完善产业联盟的风险共担机制

改变目前产学研合作风险完全由企业承担的状况，形成企业、高校、科研院等合作各方风险共担的机制。可以从两个方面入手解决。其一，对产学研合作项目采用部分资助办法，要求企业自身必须承担一定的投资风险，减少了企业盲目申报政府资助项目的可能性，同时增强企业配合、监督科研单位开发工作的动力，减小政府对项目执行情况的监督成本。其二，通过税收优惠、资金补贴等政策分担或降低企业的风险，支持风险投资机构扩大对产学研项目的投入力度，科技创新投入的对象由以科研机构为主转向以创新企业为主，特别支持有产学研合作基础的项目投入。

6. 建设公共信息服务平台，促进产业联盟开放式发展

未来政府的产业支持模式，有从支持单个企业转向支持产业联盟、支持关键共享技术的公共信息服务平台的趋势。公共信息服务平台一方面可以增强企业间和产业联盟间的沟通了解，开展与外部组织的交流与合作；另一方面也可以促进创新成果的扩散与产业化。根据武汉市情，未来应重点建立光电子信息、钢铁制造与新材料、先进制造、生物医药、节能与环保、都市农业、现代服务业等七大共性关键技术平台，推动共性关键技术的开发与应用。建设高新技术产业内外交流的信息和服务平台，鼓励和支持高新技术企业“走出去”，吸引国际组织和跨国公司、研发机构“走进来”。建设高新技术产业发展的国际合作平台，制定重大国际科技合作计划，设立国际科技合作专项资金，进一步拓展产业联盟的外延。

五　建立国家、省市各级重大科技专项的整合实施机制

战略性新兴产业的发展离不开科技创新，而目前政府对科技创新的支持主要是通过重大科技专项来实现。

1. 支持战略性新兴产业技术创新的关键点

根据战略性新兴产业技术创新的需要，借鉴发达国家经验，支持战略性新兴产业技术创新需要注意四个关键点。

一是支持的强度要足够大。新兴产业形成主流的技术路线和产品需要经过市场的长期筛选和多方面的尝试。以多晶硅生产为例，现有改良西门子法、硅烷法、流化床法、冶金法、气液沉积法、重掺硅废料提纯法等多种生产技术，一次新技术的出现往往是对前一个技术的颠覆性创新，新技术很可能使旧技术失去任何存在的商业价值。由此就要求政府对新兴产业的扶持要有韧性，有“十年磨一剑”的思想准备。

二是要有宽容失败的制度安排。研发创新具有偶然性，一项关键技术取得突破，一个新的产业真正成长为战略性产业，在经济中发挥支柱作用，是一个很难的过程，成功的概率并不高。不能宽容失败实际上是制约了技术创新的可能空间。

三是技术创新必须由企业主导，政府主要起一个“资助者”的作用。战略性新兴产业技术创新的机会很多，陷阱也多。政府离技术前沿较远，容易看错方向，从而导致努力白费。同时政府与市场的距离也比较远，其观点往往会与实际市场需求脱节。以日本为例，从20世纪80年代到90年代，先后由政府主导组织进行了超大规模集成电路、第五代电子计算机、智能机器人、模拟高清晰度电

视、纳米技术等多项大规模的技术创新活动。虽然耗时长、投入巨大，但对促进新兴产业发展的实际效果却十分有限。

四是对政府所资助的企业必须有严格的“门槛”限制。设置严格的“门槛”限制，防止出现企业单纯争取政府赞助，而不对研发成果认真负责的道德风险。

2. 国家和省市重大科技专项现状

目前，我国的重大科技专项有国家、省、市三个层级，不同层级所选择的重点存在差异。

国家重大科技专项的来源是《国家中长期科学和技术发展规划纲要》，原计划实施时间为2006~2020年，在国家发布了七大战略性新兴产业发展计划后，该计划的实施时间大幅提前。共有16个重大专项，总投资约6000亿元，目前已公布了13个，包括：①核心电子器件、高端通用芯片及基础软件产品专项；②极大规模集成电路制造装备与成套工艺专项；③新一代宽带无线移动通信网专项；④高档数控机床与基础制造装备专项；⑤大型油气田及煤层气开发专项；⑥大型先进压水堆及高温气冷堆核电站专项；⑦水体污染控制与治理专项；⑧转基因生物新品种培育专项；⑨重大新药创制专项；⑩艾滋病和病毒性肝炎等重大传染病防治专项；⑪大型飞机专项；⑫高分辨率对地观测系统专项；⑬载人航天与探月工程专项等。

省级重大科技专项一般由省科技厅主持，按年度组织专家评选，不同年度专项内容有所不同。2009年，湖北省重大科技专项总投资14亿元，共设立20个研究专项，全部依托企业完成，涉及光电子、先进制造、生物技术与新医药、新材料、新能源、现代农业等多个领域，将在两年到三年内完成。根据项目的不同特点，专项资金支持方式分为无偿资助、贷款贴息两种。

市级重大科技专项与省级的操作模式基本相同。2009年，武汉市重点实施了光电子技术产业化、数字通信设备、应用软件与集成电路设计、电动汽车及汽车新技术、生物医药、节能减排与环保新技术及设备、先进制造技术与装备、新材料、都市农业与农产品加工、重大科技成果转化等10个重大科技专项，总投资规模1.5亿元。根据企业和项目的不同特点，分别采取无偿资助、贷款贴息、风险投资等方式给予支持，支持额度不低于100万元。

3. 建立重大科技专项的整合实施机制

根据政府支持战略性新兴产业技术创新注意的四个原则，在发展战略性新兴产业的背景下，武汉市重大科技专项的实施机制显然需要进行调整与整合。

（1）市重大科技专项不再是由市科技局主持，在市内独立、封闭进行的科技创新项目，而应成为武汉地区企事业单位获得七大战略性新兴产业领域内的国家重大科技专项后，地方配套资金的一个基本来源。

（2）市重大科技专项不再是按年度组织进行，而是依据有关企事业单位获得国家重大科技专项的进展同步进行，有一家配套一家，不同年度专项的内容都集中在战略性新兴产业。

（3）不降低标准，宁缺毋滥。只“锦上添花”，不“雪中送炭”，如果年度没有合适项目，则将资金留存下年使用。

六　建立普遍性和特殊性相结合的市场培育机制

根据战略性新兴产业发展的需要，结合武汉市实际，政府要创新对战略性新兴产业的市场培育机制，包括普遍性扶持政策和特殊性扶持政策。

（一）普遍性扶持政策

（1）加强政策引导，明确扶持重点。编制下发《武汉市战略性新兴产业发展重点支持目录》，以此作为享受武汉市战略性新兴产业扶持政策的基本依据。同时，为优化新兴产业空间布局，鼓励企业加强自主创新，上述政策的享受对象必须是位于我市新兴产业集聚区（基地、园区）内的新兴产业企业和项目，且须拥有自主知识产权和自有品牌。

（2）加快共性技术服务平台建设。建设工业设计、检验检测、试验试制、技术咨询和推广等共性技术服务平台，加快产业孵化器、技术成果转化交易平台、行业协会、产业联盟等中介服务机构建设。

（3）加大专利、品牌、标准建设支持力度。对新兴产业领域中的专利申请，在现有政策标准基础上进一步给予超额经费资助。支持企业开展名优产品品牌创建、品牌宣传、品牌维护，政府对有关费用给予适当补贴。

（4）政府优先采购。新兴产业自主创新产品和服务产品优先列入政府采购目录，优先安排采购。对首次投放市场的创新产品、创新服务，实行“政府首购”。

（5）建立战略性新兴产业与重点项目、重大工程对接机制。地铁、机场、路桥等政府重点投资建设工程及节电、节水等重点环保示范项目，在同等条件下优先选购和使用战略性新兴产业的企业产品。

（6）加大服务保障力度。新兴产业项目全部进入“绿色通道”办理审批，优先推荐申报争取国家和省各类专项资金、高新企业认定等，对获得国家和省资金补助的项目，优先予以配套。减免各类行政事业性收费，优惠各类中介经营服务性收费。

（7）全面的税收优惠。包括在研发环节的货物和劳务税退税、房产税与城镇土地使用税优惠、创新型人才的个人所得税优惠；生产与运营环节的补充加速折旧、再投资退税或抵免、延长亏损弥补期限、增加费用扣除；投资环节的商业银行信贷税收优惠、民间资本投资所得税优惠等。

（8）加大土地保障支持。城市建设用地计划指标安排优先向新兴产业倾斜，减免征收国有土地有偿使用费。

（二）特殊性扶持政策

1. 节能环保产业

节能环保产业是最需要政府特殊性扶持政策的产业，但同时节能环保产业又十分分散，几乎涉及社会生活的方方面面，政府全面扶持又力有未逮。根据政府实际能力、武汉节能环保产业优势、节能环保产业主要发展方向等综合考虑，给予武汉节能环保骨干企业特殊性扶持政策。

2. 新能源产业

武汉新能源产业的基本现状是：以新能源装备制造企业为主，少数企业在少数领域技术领先，总体产业规模偏小，缺乏行业龙头企业，企业分布比较零散，还没能形成一条相对完整的产业链。根据这种情况，武汉对新能源产业的特殊扶持政策应以“以奖代补”为基调，集中宝贵的财政资金支持产业做大规模。

3. 新能源汽车

2010 年 6 月 1 日，财政部等四部委联合出台《关于开展私人购买新能源汽车补贴试点的通知》，确定在上海、长春、深圳、杭州、合肥等 5 个城市启动私人购买新能源汽车补贴试点工作。武汉要出台对新能源汽车的特殊扶持政策，当务之急是要进入国家第二批试点城市范围，享受国家财政支持。在此基础上，再

配套适当的财政补贴。在此之前，可以做一些相关准备工作。

4. 高端装备制造产业

在很大程度上，新能源装备制造业的状况就是我市高端装备制造业现状的一个缩影，因此，对新能源产业实施的“以奖代补”的特殊扶持政策，也可以基本移植到对高端装备制造业的鼓励扶持上来。

5. 生物产业

武汉生物产业的基本特点是研发优势较为突出而产业基础相对薄弱，生物产业的现状与新能源装备制造业的情况有类似之处，因此，对新能源产业实施的“以奖代补”的特殊扶持政策，同样也可以基本移植到对生物产业的鼓励扶持上来，成为生物产业特殊扶持政策的重要组成部分。

2007 年 6 月，国家发改委正式批准同意建设武汉国家生物产业基地（即“光谷生物城”）。从全市的角度看，支持推进“武汉国家生物产业基地”建设的各项措施，包括建立专门的基地管理机构，探索组建基地建设管理公司，统筹基地基础设施建设与管理，实行特殊的招商引资政策等，均可视为发展武汉生物产业的特殊扶持政策的有机组成部分。

6. 新材料产业

根据武汉实际，该产业的特殊扶持政策主要有：支持武钢成为全球最具竞争力的冷轧硅钢片、国内高档汽车板和高性能工程结构钢的主要生产基地。移植新能源产业实施的“以奖代补”的特殊扶持政策，使之对武汉的新材料产业同样适用。在政府投资的建设工程中强制推广使用新型建筑材料。支持推进“武汉新材料产业基地”建设的各项措施，实行特殊的招商引资政策等。

7. 新一代信息技术产业

目前，我市在电子信息产业领域掌握了大批具有自主知识产权的核心技术，“武汉中国光谷”和东湖高新区在光电子信息领域已经具有一定的世界知名度。对新一代信息技术产业的特殊扶持主要体现在对“武汉中国光谷”进一步发展的大力支持。

七　整合人才政策，统筹人才引进和培养机制

人才资源是创新发展的第一资源，要整合人才政策，统筹人才引进和培养机

制，努力培养造就一支规模宏大、结构优化、布局合理、素质优良的人才队伍，为战略性新兴产业发展提供强有力的人才保证和智力支撑。

（一）人才储备和竞争是推动战略性新兴产业发展的关键

人才争夺战已成为新一轮产业结构调整的关键。为此，国家实施了吸引高层次人才的“千人计划”，在重点学科、重大专项、高新技术和金融管理领域加快引进海外高层次人才。在重大专项实施过程和战略性新兴产业的发展中，要大力培养和造就一大批创新型技术人才、管理人才和企业家。

（二）注重人才引进和培养，完善用人机制，构筑人才高地

1. 鼓励人才引进和人才培养

重点引进高层次的创新创业人才，特别要引进高层次的创新创业团队。依托高校、科研院所和骨干企业，以重点学科、重大项目、重点产业的实施和管理为载体，培养适应战略性新兴产业发展需要的各类人才。

2. 完善用人机制

将人才引进与培养和科技创业、科研项目有机结合起来，探索建立技术入股、专利入股、期权激励等政策，充分调动科研机构和人才创新创业的积极性，确保高层次人才引得进、留得住、用得好。

3. 通过人才引进和培养使用相结合，加快构筑人才高地

鼓励企业引进一批掌握核心技术，具有持续研发能力，并能实施重要产业化项目的海外领军型科研人才，同时培养带领一批高端创新人才，努力造就一支结构合理的高层次新兴产业人才队伍。

（三）加大人才资金投入，优化人才服务环境

1. 建立引才基金和人才培养专项基金，加大对人才的资金投入

引才基金的资助重点为：有重大发明创造或在重大技术革新中解决关键技术难题的高级人才，从事自然科学研究、基础应用研究的优秀专业技术人才，从事自主知识产权项目研发、高新技术成果转化或其他特需人才，金融、法律、咨询等现代服务业紧缺人才，以及在新技术、新工艺、新方法推广和项目产业化中贡献突出的专业技术人才。

人才培养专项基金的资助重点为：对外合作交流资助，资助用人单位有计划、有重点地选送高层次和紧缺人才到境内外高校、研究机构等组织进行科技合作交流活动；岗位资助，对区重点扶持发展产业中的高科技成长企业引进的紧缺人才给予岗位资助；研修培训资助，对新兴科技企业员工参加在职培训的学费予以部分资助；医疗保险资助，给予高层次和紧缺人才资助办理综合医疗保险，每年组织一次全面体检。

2. 优化人才服务环境

解决高层次海外人才子女教育问题。兴办一些高水平的国际学校和双语学校，实行与国际接轨的教学方式。实行高层次海外人才子女入学“点读”政策（按照引进人才意愿入学入托）。

推行人才安居工程。在交通便利、靠近主要产业聚集区的位置开发建设人才公寓，以低租金的运营方式和合理的租售轮候标准，降低人才居住成本，提高人次居住生活质量，节省工作通勤时间。建立“人才居住特区”，整体改造沿江旧租界区的名楼、建造沿湖风景优美的别墅等特区，作为奖励，免费对武汉发展战略性新兴产业做出重大突出贡献的优秀领军人才提供保姆式居住生活服务，吸引人才安居乐业。

参照解决现役军官家属就业政策，制定安排人才配偶工作政策，解决人才的后顾之忧。

（四）加大人才工程的协调实施力度

加大各类人才工程的实施力度，采取直接资金、各类补贴和配套服务等多种扶持措施，构筑人才链与产业链配套、人才集聚与产业集聚互促、引进培养与开发使用三位一体的引才格局。

（1）将中央的“千人计划”、湖北省“百人计划”、武汉市“黄鹤英才计划”与东湖高新区的“3551”人才工程有机结合，整体协调推进，扩大人才引进的叠加和协同效应，增强武汉人才的集聚水平。

（2）建立健全人才评价体系，根据人才的稀缺程度和市场价值对各类人才进行认定和分级管理，对不同层次的人才给予相应的工作和生活待遇。借鉴国家“千人计划”评审规则，进一步完善专业技术评审、风投及财务评审、产业契合度综合评审和走访考察等评审重要环节，推动人才评价工作科学规范发展。

（3）建立引才与引智并举的柔性引才机制。在采用直接引才的同时也可采用人才租赁、人才交流、项目合作和聘任制等柔性方式引进产业发展所需人才，建立人才“自由港”。

（4）建立政府引导、市场配置和发挥用人单位主体作用相结合的投入机制。积极发挥税收、贴息等政策杠杆的导向作用，鼓励和引导企业不断加大引才、育才投入，充分发挥企业在人才资源开发中的主体作用。

（五）探索引智和引资相结合的人才引进和培养机制

（1）以东湖未来科技城为载体，打造一个聚集国内外重点大型企业、科研院所、高校的研发基地，成为具有世界一流水准、引领我国应用科技发展方向、代表我国相关产业应用研究技术最高水平的高端人才创新基地。

不限所有制，不限国内外，不限规模，大力引进央企、国企、民企、外企和大学、科研院所入驻，设立研发中心，引进先进技术。以应用型研发为主，兼顾基础性研究，带中试孵化功能，具备产业化能力之后在其他区域进行转化。

配套建设一流的生活设施，探索实行先进的人才激励机制，建立人才交流、人才合作的发展机制，扩大人才的集聚效应，增强人才的凝聚力，激发人才的创新活力，培养和聚集一批优秀科技创新人才，引进和培养若干高水平科技创新创业团队，真正使未来城成为国内外科研人才的积聚地。

（2）以中华科技产业园为载体，吸引海外华人华侨的回国投资和创新创业热情，以引智带动丰富的资本、技术、管理等资源，打造海外华人华侨高科技项目产业化基地。

深度打造“华创会”品牌效应，主要面向海外华人华侨引进高科技项目，实现产业化。探索吸引海归人才和海外华人华侨归国创新创业的新机制。

努力探索适合世界华人华侨需求和国际通行规则的经济科技合作模式，使华人华侨专业人士及侨商在区域内充分自由，以主人翁姿态参与建设开发，突出地域、人文、科技和生态特色。

B.13

武汉市发展现代服务业新业态的若干思考

张建民*

摘　要：现代服务业是衡量一个国家和地区发展水平的重要标志，也是提升城市竞争力的重要途径。武汉市作为省会城市和中部地区的特大中心城市，大力发展现代服务业，对于优化产业结构、转变经济发展方式、增加就业、保持经济持续增长和促进区域协调发展有着重要意义。武汉市“十二五”时期经济社会发展的目标之一，是要将武汉市打造成全国重要的现代服务业中心。要实现该目标，除了进一步完善现代服务业体系，继续提高现代服务业发展水平，积极发展以金融、物流等为核心的生产性服务业，以商贸、旅游等为主导的消费性服务业外，还应根据吸纳就业能力、产业带动能力、经济增长能力和可持续发展能力等标准，采取相关措施，积极发展现代服务业的新业态。

关键词：现代服务业　新业态　“十二五”

现代服务业主要是指对经济发展具有重要作用，技术含量高、附加值高、人力资本密集的服务性产业，通常包括金融、房地产、商务服务、信息传输、计算机服务、软件业、科研技术服务、环境管理、教育、卫生、社会保障、文化、体育和娱乐业等行业。

现代服务业是衡量一个国家和地区发展水平的重要标志，也是提升城市竞争力的重要途径。武汉市作为省会城市和中部地区的特大中心城市，大力发展现代服务业，对于优化产业结构、转变经济发展方式、增加就业、保持经济持续增长和促进区域协调发展有着重要意义。武汉市“十二五”时期经济社会发展的目

* 张建民，中南财经政法大学工商管理学院教授，博士生导师。

标之一，是要将武汉市打造成全国重要的现代服务业中心。要实现该目标，除了进一步完善现代服务业体系，继续提高现代服务业发展水平，积极发展以金融、物流等为核心的生产性服务业，以商贸、旅游等为主导的消费性服务业外，还应根据吸纳就业能力、产业带动能力、经济增长能力和可持续发展能力等标准，采取相关措施，积极发展现代服务业的新业态。

一　环保服务业

环保服务业的含义与产业范围国内外尚无统一标准。通常讲环保服务业是为环境污染防治、生态环境改善、自然资源保护等提供专业服务的行业。环保服务产业范围一般包括：①环境污染治理服务，即从事废水处理、废弃物处理处置、土壤及地下水污染整治、大气污染控制、噪声污染控制等的开发、设计及其工程总承包以及设施的运营管理服务，环保监测诊断服务等。②与环境管理相关的服务，即环境影响评价（评估），环境污染治理工程可行性研究、评估以及招投标活动的组织，危险废物处置风险评估，环境与经济政策研究，环境调查，环保法律法规咨询，环保科技成果和实用技术的引进、筛选及推广，排污许可证、污染治理证等管理活动中的具体事务的承办，环保产品、无公害产品的组织认证活动等。③与环保产品设备贸易与金融相关的服务。④与环保研究及发展，环境教育、训练相关的服务。

武汉市优先发展环境保护服务业的原因，其一，环保服务业的发展有利于武汉市两型社会的建设。武汉市是国家两型社会建设综合配套改革试验区——武汉城市圈的核心区域，在不断提高生活水平的条件下更集约地利用资源，更严格地保护环境，实现经济发展的低投入、高产出，低消耗、少排放，能循环、可持续，是武汉市社会经济发展的重要目标。环保服务业是为保护自然资源、防治环境污染、改善生态环境等提供服务的行业。大力发展环保服务业，能够实现环保技术、环保产品生产与环保需求的对接，带动环保产业的资源整合，提升环保产业的发展空间与产业发展能力，提高社会资本投资环保设施与资源综合开发、节能减排的积极性，推动资源节约型、环境友好型社会的全面发展。其二，环保服务业的发展可以为众多中小企业的节能减排、防治污染提供全方位服务，解决中小企业在环境治理方面所面临的专业知识不足、信息不完全、技术手段不够等困难，能够有效促进环境治理和资源利用。其三，环保服务业发展有利于整个环保产业的发展。环保产业是国际公认的发展前景最好的产业之一，而环保服务业是环保产业中最为活跃的行业，一方面为环保技术、环保产品与设备生产提供需求，通过环保产品设备贸易服务、环保设施运营管理服务等为现有环保技术和产品设备寻找需求市场；另一方面环保设施运营、环保服务贸易、环境污染治理的专业化、社会化等，推动环保技术开发与环保产品生产向更深层次发展，从而带动整个环保产业的发展。其四，环保服务业本身也是高成长的新兴产业。依据欧盟的估计，全球环境市场2003年约为5500亿美元，预估至2010年将为6400亿美元。其中，一半为设备和物资产品，另一半为环保服务，在环保服务中，废弃物管理约占22.6%，水处理服务为14.3%，咨询和工程占5.9%。我国在“十一五”期间，国家投入环保资金约13750亿元，比“十五”期间增长64%；据环保部初步测算，“十二五”期间环保总投资将达到3.1万亿元，其中环境污染治理设施要投入1万亿元。这些投资至少有一半是环保服务业。可见，环保服务业是座蕴藏着无限商机的富矿。

武汉市进一步发展环保服务业，重要的是要积极探索环保服务业管理体制的改革，逐步推进由政府行政管理向市场监管转变。加强环境服务业的市场化建设，建立和完善环境服务市场体系，加大政策扶植力度，制定和完善扶持环保服务业的财政、税收、金融、科技等优惠政策，加快推进环保服务业的发展。创建多元化的环境服务业投资环境，更大幅度地启动民间投资，培育环境服务业的骨干企业等。

二　研发服务业

研发服务业是指以自然、工程、社会及人文科学等专门性知识或技能提供研究发展服务的产业。一般来讲，研发服务产业包括：①提供研发策略的规划服务：业务内容包括市场分析研究、技术预测、风险评估、技术发展规划、知识产权检索、知识产权趋势分析、知识产权布局与研发成果产出的策略规划等。②提供专门技术的服务：业务内容包括各产业或各领域技术及软硬件技术服务、实验模拟检测服务等。③提供研发成果运用的规划服务：研发成果投资评估、创新创业育成、研发成果组合与营销、研发成果评价、研发成果移转与授权、研发成果

保护与侵权鉴定、研发成果获利模式规划等。

应用技术和新产品的研发是产业发展的动力，是企业的核心竞争力，也是国家自主创新战略的重要组成部分。企业技术创新以及国家自主创新战略的实现离不开研发服务业的发展。因为，其一，在研发发展迅速，科技整合日益繁杂的背景下，国内外企业界为提升研发效率，逐渐将不符合经济规模或效益的研发项目，委托给专业领域的研发公司进行。我国目前大学科研经费60%以上来自于企业委托的研究课题，每年达500多亿元；原部属256个应用型科研机构改制之后，有的进入企业内部，有的成为独立的科技创新型企业，专门从事研发服务。其二，中小企业人力、技术、设备、资金等研发资源薄弱，研发全过程都需要有研发服务业提供专业知识和服务。如2006年我国大中型工业企业中68%的企业尚未建立研发机构，76%的企业没有研发活动，企业研发投入占销售收入的比重仅为0.76%，远远低于国际上一般为3%的水平。其三，研发成果的试验、推广以及产业化也需要有研发服务业来提供相应的支持条件。

发展研发服务业不仅具有重要意义，而且也有广阔前景。随着我国自主创新战略和国家中长期科技发展规划纲要的落实，研发服务业也会迅猛发展。根据国家统计局第二次全国经济普查数据，2008年末，我国规模以上工业企业，投入的科技活动经费是5941.7亿元，比2004年增长147.4%。其中，大中型工业企业研发经费投入为2681.3亿元。2009年中国GDP达到34万亿左右，按年增长8%计算，2010年中国的GDP为36.72万亿元，根据2006年2月国务院发布的《国家中长期科学和技术发展规划纲要》预计，2010年全社会研究开发投入占GDP的比重达到2%，届时全社会研究开发投入将达到7344亿元。如果GDP增长速度不变，按照《纲要》规定到2020年全社会研究开发投入占GDP的比重提高到2.5%以上，研发投入总额更是相当可观。研发服务业会迎来发展的大好机遇。

武汉市具有发展研发服务业的有利条件。除了具备产业基础雄厚、高校和研究机构云集、人才资源丰富等有利的基础条件外，武汉东湖国家自主创新示范区的建设更为武汉市研发服务业的发展提供了重大机遇。2009年12月国务院批准东湖高新区成为国家自主创新示范区，并赋予了包括开展股权激励试点、深化科技金融改革创新试点、支持新型产业组织参与国家重点科技项目、组织编制发展规划等优惠政策。省市相关部门和东湖高新区也相继制定出台了18项相关配套

政策，在开展股权激励和科技成果转化奖励、科技金融改革创新、新型产业组织参与国家科技重大专项、政府采购和示范推广、促进创新创业的财税政策、高层次人才引进和培养、高新区管理体制改革创新等方面进行探索。国家自主创新示范区建设，一方面极大地调动了企业、高校和研究机构的研发创新的积极性，另方面也激起了企业应用新技术、生产新产品、发展新产业的热情，研发的供求同时增长，为武汉研发服务业的发展提供了良好的环境。

三　文化创意产业

国内外对文化创意产业的含义以及产业范围还没有统一界定。通常将文化创意产业定义为依靠开发和运用个人创意、技巧和才华，借助于高科技对文化资源进行创造与提升，生产出拥有知识产权的高附加值产品的一种产业形态。从产业范围来看，联合国教科文组织（UNESCO），将文化创意产业主要分成文化产品、文化服务与知识产权三项，主要包括，视觉艺术、表演艺术、工艺与设计、印刷出版、电影、广告、建筑、歌舞剧与音乐的制作、多媒体、视听产品、文化观光、运动；台湾地区将文化创意产业的范围界定为文化展演设施产业、视觉艺术产业、音乐与表演艺术产业、工艺产业、电影产业、广播电视产业、出版产业、广告产业、设计产业、设计品牌时尚产业、建筑设计产业、创意生活产业、数字休闲娱乐产业等。从产业属性上看，文化创意产业本身既是生产型服务业，也是消费型服务业，不仅包含设计、研发、制造、销售等生产销售领域的活动，而且包含艺术、文化、信息、休闲、娱乐等消费领域的服务。

随着经济全球化进程的不断加快和科学技术水平的不断提高，将传统文化与现代数字技术、生产性服务业与消费性服务业相融合的文化创意产业蓬勃兴起，为经济的发展注入了生机与活力。文化创意产业的发展规模和程度已经成为衡量一个国家或城市综合竞争力水平高低的重要标志。近些年，文化创意产业在美国、英国、日本、韩国等经济较为发达国家的国民经济中地位不断提高，文化创意产业的规模已经超过了传统的农业、工业、交通和建筑等行业，成为国民经济的重要支柱。世界许多城市也把文化创意产业作为战略产业和支柱产业，并采取相应的政策措施积极推动和扶持其发展。据2003年发表的《伦敦市长文化战略草案》介绍，伦敦文化创意产业每年创造的产值达到250～290亿英镑，从业人

员达到52.5万人，产值占到伦敦GDP的15%，而且成为近10年来伦敦增长最快的产业。2008年北京市文化创意产业增加值超过批发零售、房地产业、商业服务业、交通运输业等行业，仅次于金融业，在第三产业中位居第二，其支柱产业地位日益明确，已成为拉动北京市经济社会发展的新引擎。

武汉市具备发展文化创意产业的诸多优势和基础，在工业设计、动漫制作、文化传媒、印刷出版、演艺、休闲和文化观光等领域都具有比较优势和良好的资源禀赋。近年来，武汉文化创意产业发展较快，成效显著。据不完全统计，目前武汉市建成和规划在建的文化创意产业园区已达33个，一些文化创意产业园区或基地已初具规模，形成了产业链，取得了良好经济效益和社会效益。一些文化创意企业也逐步成长壮大，成为业内龙头企业。但与上海、北京、广州、深圳、长沙等城市相比，武汉市的文化创意产业总体水平不高，门类和规模有限，没有形成品牌效应，也没有形成较大的影响力和辐射力。同时在现有的文化创意产业园中，入驻的企业多数比较弱小，人才不足，园区不同程度存在产业关联度低、产业链脱节等现象。另外，武汉市各城区在发展文化创意产业方面的“各自为战”和“各行其是”，也削弱了武汉文化创意产业发展的资源优势、综合实力及整体竞争力。

武汉市已经确立了文化强市、创意大市，努力探索具有中国特色、突出武汉特点的文化创意产业发展战略，旨在成为立足湖北、辐射全国、具有一定国际影响力的创意城市，实现武汉文化创意产业跨越式发展。针对武汉市文化创意产业发展中存在的问题，要学习借鉴国内外经验，采取有效措施，进一步加大推进文化创意产业发展的力度，以打造创意大市。首先，要整合资源，编制规划，完善政策，通过立法，营造有利于文化创意产业发展的社会环境。特别是目前的文化创意产业是市场不成熟，需求不稳定，产业链尚不完整的风险产业，更需要政府有关部门，提供平台，提供政策支持。其次，要加快培育文化创意骨干企业，加强对文化创意产业人才特别是高端人才、复合型人才的培养，开发一批既体现武汉文化特色，又在国内外有影响的拳头项目和产品，提升武汉文化创意产业的竞争力。再次，要建立公开、透明的文化创意市场准入机制和公平、公正、自由竞争、保护知识产权的产业环境。吸引外资与民营资本的进入，以报业、电视、广播、网络、出版、娱乐和广告等业务板块为核心，吸引外资和民营资金的进入，从产业链整体上构架“多主体规模投资、多品牌集群发展、多渠道推广促进、

多环节增值营收”的投资运营体系。另外，各城区应实行“协议式分工”，促进城区、开发区之间理性的合作与竞争，共同打造创意大市。

四 专业服务业

专业服务业是从传统服务业中分化出来的、以知识为基础的生产性服务业，也是当今世界发展最为迅猛的新型服务产业之一。专业服务是拥有特殊知识、技能、经验和有关信息的服务提供者，采用科学的方法和先进手段，为客户在某一领域进行专业调查、评估、诊断以及方案设计，提供合适的解决方法，提出具有针对性的建议、方案等。根据世界贸易组织服务部门分类的界定，专业服务业主要包括法律服务，会计、审计和簿记服务，税收服务，建筑服务，工程服务，综合工程服务，城市规划和风景建筑服务，医疗与牙医服务，兽医服务，助产士、护士、理疗家和护理员提供的服务及其他服务等。

一般来说，专业技术服务业的特点主要有：第一，高智力投入。专业服务业属于典型的知识和技术密集型服务业，从业人员一般需要掌握较高水平的专业技术，并经过专门培训，才有能力为各种产业或个人家庭提供专门的服务。第二，高集聚性。专业服务业具有低有形资产投入及高附加价值的特点，能够支付城市高昂的地租，同时，也符合城市污染少、占用土地资源和水资源少的要求。因而，专业服务业主要集聚于大都市中心城区，对城市的可持续发展、城市综合竞争力的加强具有重要意义。第三，高附加值。专业服务业通过知识的不断发展和传递为企业创造价值，依据对每一个客户的建议、方案，以及对问题的诊断、设计方案、解决方法等所花费的时间来定价和获取收益。根据有关研究资料表明，如果产值同为100亿元的话，工业只能创造20%的附加值，而知识服务业则高达60%，而专业服务业则是知识服务业的主要组成部分。第四，高需求收入弹性。专业服务业提供的常常是与较高层次生活需求及高科技、高信息含量的生产需求相适应，具有高需求收入弹性特点的服务项目。科学技术进步，尤其是电子信息技术的发展，彻底改变了专业服务因其必须与顾客交互而“不可贸易”的特性，使服务的某些模块可以标准化实现网上专递。例如境外的教育培训、医疗诊断、会计审计、工程设计和项目咨询都可以在实现标准化的前提下，通过互联网实现。同时社会经济的发展，社会对专业服务的需求日益增加，专业服务业的

发展具有广阔的市场前景。第五，高成长性。专业服务业已成为许多城市经济增长的新引擎。一般传统产业的发展速度为6%～7%，而专业服务业的发展速度要快上两倍。从专业服务业的国际投资来看，1990～2002年，世界制造业FDI流入、流出增长了3.03倍和2.58倍，服务业流入、流出增长了4.60倍和5.81倍。而在此期间，专业服务业FDI流入、流出的增长则分别达到了9.15倍和31.89倍。再如，从律师服务业来看，据不完全统计，2007年世界法律服务业创造的总收入约达到4300亿美元，世界各国律师业从业人员约达到213万人。预计这一增长趋势在未来几年内仍会持续下去。据我国司法部统计，截至2007年底，全国共有律师事务所13593家。中国律师行业从业人员总数为198747人，其中律师143967人，辅助人员54780人，律师从业人数比2006年增长了20.8%。2007年全年律师业务收入265.2亿元人民币，比2006年增长了24.7%。

在后工业社会，国民经济尤其是城市经济都由服务业主导。专业服务业尤其集中在大都市地区，是城市经济发展的重要推动力。专业服务业提供的服务产品属于市场经济体系的“基础设施”，它在优化配置资源、规范经济行为和提高决策水平及运行效率方面具有十分重要的作用。与其他城市相比，武汉市专业服务业的发展起步晚，无论从经营规模、从业人数、人均价值创造，还是服务领域、管理水平等方面均有较大的差距。以律师服务业为例，2007年底，武汉市有律师事务所132家，从业人员过百的1家，近1/3的事务所执业律师少于5人，所均律师数9.46，接近全国平均水平。执业律师1249人，律师在总人口中的占比为万分之1.59，高于全国平均水平，但大大低于许多城市。2004年，武汉律师业总收入不到1亿元，而北京40亿元，上海22亿元，广州27亿元，南京1.4亿元。在法律服务方面，法律咨询、法律顾问等非诉讼业务比重偏小，金融、保险、电子商务、海商海事、企业破产、反倾销反垄断等新兴法律服务领域涉猎不多，现代大型公司化律师事务所的CEO阶层几乎没有形成。其他专业服务领域也不同程度存在类似的问题。

武汉市专业服务业的发展，首先要消除体制障碍，大力培育专业服务业组织机构，使其真正成为独立的市场微观主体；降低部分行业的进入门槛，鼓励民营资本和外资的进入，一定程度上引入竞争机制，激发行业的活力。要推动政府职能转变，大力开拓服务市场。要建立条块结合，以块为主的综合化的监管体制，理顺政府、行业协会、专业服务机构、社会四者之间的关系。其次要规范从业行

为，提高行业诚信度。加强对专业服务人员执业资格、机构服务质量和诚信表现、遵纪守法情况的监督，经常进行诚信教育和守法经营教育，纠正、处罚违规违法行为和不诚信的突出问题，健全完善行业自律规范。再次要制定和落实鼓励专业服务业发展的有关政策。政府对专业服务业企业在企业转制、并购扩张、资质升级、新资质申报、新业务拓展、购租办公场地、减轻企业负担等方面应给予支持；要以引进对外直接投资、承接国际服务外包和国际合作等方式，扩大专业服务业的对外开放，引进国际知名的咨询、会计、律师、审计等专业服务机构，探索武汉市专业服务国际化、高端化、综合化发展的有效途径；鼓励专业服务机构并购外地企业以及在外地增设分支机构；鼓励专业服务机构扩大规模，拓宽业务领域，引进高端人才，扩大影响力，提高市场占有率，使武汉成为国内专业服务门类较齐全、国际化程度较高的地区。

五　信息服务业

信息服务业是指利用计算机、通信和网络等现代信息技术从事信息的生成、收集、处理加工、存储、传递、检索和利用，向社会提供各种信息产品或服务，从而实现信息价值增值的行业集合体。信息服务业一般包括：信息传输服务、信息内容服务和信息技术服务，具体包括基础性信息传输服务、网络增值服务、数字媒体内容业、数据库业、软件和集成电路设计业、面向商贸流通的现代信息技术服务业、面向生产制造的现代信息技术服务业、面向农村的现代信息技术服务业、空间地理信息服务业、电子商务等。信息服务业具有科技含量高、附加值大、能源消耗低、环境污染少以及对其他产业的关联、带动作用大的特点，是农业、工业和传统服务业发展的重要支撑，也是现代服务业中发展速度最快、创新最活跃的行业。

经过多年的努力，武汉信息服务业取得长足发展，产业规模日趋壮大，形态日益丰富，企业数量和从业人员不断增加，市场发展前景十分广阔。但是与其他城市相比，武汉市信息服务业存在总量规模偏小，竞争力较弱，融资渠道不宽，原创型的创新不多等差距。进一步发展信息服务业，是推进武汉市经济结构调整，加快转变经济增长方式的必由之路，是有效缓解能源资源短缺的瓶颈制约、提高资源利用效率的迫切需要，也是促进工业和第三产业竞争力提升的有效途

径。因此，必须加强对信息服务业支持力度，完善信息服务业发展环境，促进其又好又快发展。

在政府激励信息服务业发展措施中，鼓励信息服务业自主创新的措施十分重要。理论研究和实践经验都已证明，信息服务业的发展也是靠创新驱动的，尤其是新服务项目、新经营模式、新营销模式、新商业应用技术的创新，对信息服务业以及相关企业的发展，更具有重要意义。建议武汉市出台有关激励信息服务业研发创新的办法，调动服务企业自主从事研究发展的意愿，引导新模式、新业态及新业种的产生，进而促进信息服务业的发展。

B.14

2010年武汉商圈发展态势分析与2011年展望

王谟 王斌*

摘　要： 2010年，武汉商业围绕拉动内需的总体目标，进一步完善城市商业网点发展规划，继续推进传统商业改造，加快商业现代化进程，促进了商品市场的繁荣和兴旺。2010年全市社会消费品零售总额将实现2510亿元，居全国第7位。全市中心城区人均拥有零售商业营业面积已达1.1平方米，处于历史较高水平。

关键词： 商圈　新型业态　长效机制

一　2010年武汉商圈发展基本态势

2010年，武汉商业具有如下特点。

（1）原武汉市商业网点规划中提出的建立以中心商业区、市级商业中心区为核心、以市级商业副中心和专业特色街（商圈）为骨干、内环线体现繁荣繁华和便民利民、中外环线体现集聚辐射功能的布局合理、层次较分明、特色较鲜明、配套较齐全的商业网点体系基本形成；以核心商业区高端化与社区商业服务便利化为代表的多层次商业网点布局进一步完善；核心商圈商贸服务能级进一步提升；中心城区商业现代化发展趋于成熟。

（2）商圈现代化水平与网点结构进一步提升。2010年全市各类连锁经营网点发展到6000多个，比2005年增加3倍。各类大中型超市、仓储式商场、大型

* 王谟，复旦大学计算机科学技术学院；王斌，武汉市商业经济研究所所长。

购物中心、专业店、专卖店、便民店等多种业态规模不断扩大，经营特色突出，区域发展加快，品牌效应不断凸显。全市连锁经营企业实现销售额占全社会消费品零售总额的比重达 41%。物流配送、电子商务等现代流通方式加快推进。商业管理现代化水平有新的提高，全市限额以上批零企业 260 家中，99% 配置微机并联网，98% 以上实现了财务、统计数据处理和劳资人事微机化管理，95% 使用了 POS 系统，对电子商务的认同度达到 50% 以上。电子商务应用技术的开发和投入推动网上交易额和品牌影响力逐步提高，2010 年不完全统计全市电子商务交易额超过 200 多亿元。商品批发市场集聚辐射能力功能进一步增强，影响力不断加大。

（3）新商圈不断孕育。核心商业区外延不断扩展并与临近商圈对接而形成更大商圈的趋势日益明显；部分传统“闹市中心”与社区商业一体化发展格局进一步深化；新兴商圈建设步伐正在加快。

（4）远城区商业发展和武汉城市圈流通一体化有新进展。2010 年武汉城市圈社会商品零售总额达 3732.14 亿元。重点商业集团向武汉城市圈发展连锁网点 125 个，向省内各市州县拓展 270 余个，连锁网点基本覆盖省内各市州县。“万村千乡”和“双百市场”工程取得积极进展，“农家店”建成 2200 余家，实现乡镇全覆盖、行政村覆盖面达 90%。

二　2011 年武汉商圈发展展望

2011 年是武汉商业“十二五”发展的开局年。依据近年来对武汉商圈的动态跟踪和调查研究，结合全市“十二五”发展规划编制思路和进展情况，2011 年武汉商圈发展应在以下方面作出新的努力。

（一）强化中心城区商圈特色建设

以“提升品位、完善功能、丰富业态、便民利民”为原则，继续打造一批类型多样、特色鲜明、购物便利、交通便捷、环境优美的特色商圈。主要内容包括：持续提升中心城区核心商圈服务能级；积极培育江南、江北以及武汉三镇各新兴区域商业中心；加快武汉 CBD 建设，将其建成集金融贸易区、金融博览区和综合居住区于一体，立足华中，辐射全国的金融、保险中心和以企业地区总部

办公为主导，服务武汉现代制造业的现代商务区，形成武汉商贸产业新的增长极；重视超前规划发展江南江北“轨道交通商贸业”，在长江南北两岸和汉水之滨轻轨和地铁沿线及其重要节点，规划发展一批大型商业综合体，形成交通流通一体化发展格局；高度重视加强边远社区商业服务业网点建设等。通过上述措施，逐步实现在汉口核心商贸区巩固提高的基础上，长江南岸的青山、武昌、洪山以及汉阳商贸业与汉口商贸业同步发展。

（二）强化远城区商贸产业建设

为了尽快改变远城区商业发展滞后状况，要在原有城关镇、中心镇采取招商引资、连锁延伸，社会投资、积极推进市内外企业大项目投资等多种方式，加快远城区中心商业街规划建设，逐步完善商业业态，满足居民消费需求。在乡村一级，则应结合新农村建设，积极推进农村市场体系建设，继续实施“万村千乡市场工程”、“双百市场工程”、“农超对接工程”和“新农村现代流通服务网络工程”。积极探索建立健全农村商业升级发展长效机制，不断改善农贸市场的经营环境，提升农产品流通网络的标准和档次。积极探索“大中型超市 + 农产品直采基地”、“大中型超市 + 农产品生产基地 + 农户”和“大中型超市 + 农产品专业合作社”等农超对接新模式，提高远城区商贸流通现代化水平。

从长远来看，对现有武汉远城区应实行分类发展原则。对那些发展较快、较成熟的远城区如武汉市黄陂区等，应在商圈发展定位上作为中等城市对待，采取特殊扶持政策予以推动，由此形成远城区梯次发展结构，为最终形成大武汉商圈、进而为构筑武汉城市圈统一大市场奠定基础。

（三）继续发展新型流通业态

2011 年，武汉商业连锁区域化网点布局还将加快步伐。电视购物、电话购物、邮政购物、直销、自动售货亭等新型、“低碳”商业服务方式应有进一步增加。为了满足不同层次消费群需求，应该考虑适量引入国际大牌商品或高档商品，积极引进国外大型新型商业业态。要结合国家推导的“便利消费进社区，便民服务进家庭”的“双进工程”，围绕生活服务业结构调整，推动市级以上开发区、工业园区和新建居民社区服务业网点配套工作不断提速。对生活服务业特别是家庭服务业应多加扶持使之进入发展快车道。

（四）“老字号”将得到政策的大力扶持

从 2011 年开始，武汉市一批特色突出、具有自主知识产权、市场竞争力较强的重点“老字号”企业将加快在武汉城市圈布点设店。预计在 3 年内，我市将加快筹划在江南和江北的中心城区各选一址，依托商业街或旅游集中地建设具有楚汉地域商业文化、经营环境优美的“老字号”示范商业街，使我市商贸服务以及其他相关行业的“老字号”共聚一地，集中展示武汉数百年商业历史风貌。

总之，2010 年武汉市商圈建设取得的进步非常显著，发展方向基本正确。为“十二五”时期全力推动武汉商务转型奠定了基础。

三　构建商圈健康发展的长效机制

商圈一般都是经济社会多种因素发展的产物，它既可以由市场推动，也可以借助社会的、行政的力量形成。运用综合杠杆构筑商圈健康发展的长效机制值得重视。

（一）加强对商圈均衡发展的指标考核

商圈布局发展的本质是“补缺”。由于城市经济发展和人流交通状况的调整变化，商圈总是处于不断的调整变化之中。武汉市正处于经济大发展、城市大建设、消费大增长的黄金期，商圈的发展也相应处在历史性大调整、大变化之中。随着武汉中部崛起战略的实施以及产业的大发展，城市化进程将不断提速，大量外来人口的涌入，将不断扩展城市版图，导致新兴居住区不断形成，要求及时实施商圈“补缺”措施。这将是一个长期动态的过程。因此为了适应城市化发展，满足人口消费需要，实现拉动内需、促进经济增长的目标，必须不断完善商圈布局规划，确保商圈协调发展，有必要加强对商圈发展进行经常性监测和管理。实现监测和管理，首先要求采用指标测定考核方法。

一是用“区域人均网点离差率指标”对商圈发展的均衡合理性加以考核评价。“区域人均网点离差率指标”主要反映网点布局均衡合理性和购物便利性。指标计算方法是将中心城区、远城区、各主要社区之间的年度人均网点数分别与最高值相减之和再除以样本数，再除以最大值与最小值之差额，再乘以 100%。

该指标采取年度环比方法进行计算考核。主管部门则根据这一指标的年度变化，及时调整规划，研究制定发展和调整政策，促进商圈合理发展。

二是推出“单位商业经营面积实现销售额比值指标”。它是以年度社会商品零售总额除以该年度社会商业经营面积总数得出的一个比值。设立“单位商业经营面积实现销售额比值指标”并定期加以颁布，可以正确引导商圈投资。因为这项指标实际上可以看做一个社会商业投资回报率的动态平均值。每一个投资商都可以参照这一平均值指标，依据所投资商圈内的客流、物流、费用成本与行业毛利率，计算投资回报率，确定自身项目设立与否以及商圈服务半径内的投资营运规模，从而在微观上有利于提高商业投资效益，在宏观上有利于商业投资的理性化，促进商圈布局的相对均衡化。

（二）解决商圈发展的交通“瓶颈”制约

交通发展是流通发展的重要条件之一，而随着流通对交通要素的过度利用，交通又成为流通进一步发展的制约因素。商圈发展的规律从某种意义上说是一种历史的循环：市政建设和交通设施建设的推进，吸引众多商家不断向交通节点聚集，商业网点过度聚集和扩张的结果导致交通日益严重的堵塞，最后导致越来越多的消费者忍受不了购物的劳累，从而逐步地放弃在此地购物，由此推动另一个新的商圈开始孕育。由于国情不同，我们现在还不能学习一些西方国家的那种把大型购物中心建在郊外的做法，但是在商圈布局中，特别是在中心城区的商圈布局中，还是应该尽可能地处理好流通和交通的矛盾，既要注重提高网点层次性和聚集度以满足购物的针对性和便利性，同时又要通过网点合理布局来最大限度地减少网点过大过密而抵消交通设计效益。这不仅是城市规划和交通科学研究的重大课题，也考验着商业投资者或商圈规划和管理者的智慧。

（三）正确处理大中小商业服务网点的关系

2011 年既要突出大型或特大型商贸服务网点的现代化带动作用，又要切实保护中小网点的利益，创造公平竞争、共同发展的条件。既要重视政策支持和有效引导中小商业网点的发展，支持中小企业在资金和技术、业务交流、权益保障等方面进行自我协调和自我服务，又要重视解决个别大企业利用自身优势“恶意排挤”民营中小商业的问题，在全社会营造“包容性增长”的市场环境。

（四）建立健全商圈建设的市级跨部门协调机制

建立全市性商业规划管理机制，定期或不定期召开跨部门会议，沟通商圈发展情况，做好重大项目部门协调，帮助商圈发展和企业经营中需要协调解决的困难和问题。这一办法的实质是要提升商业管理部门在制定、修改、完善和执行城市规划中的功能地位，为它在城市规划中足够预留“话语权”，提高城市商圈规划执行力，有效解决商圈发展和城市发展之间某些部分相互脱节甚至相悖的矛盾。

（五）完善商圈发展政策手段

制定商圈发展规划，推动商圈协调发展，政策手段是关键。20 世纪 80 年代为了加快商业网点发展，国务院曾制定商业网点集资收费管理办法，它要求房屋开发商必须从建筑总面积中义务免费供出一定面积的楼房底层建筑作为商业网点，否则按相应面积支付网点建设费。该办法在当时对于缓解商业网点缺乏、方便群众购物起到了历史性的作用。然而现在网点不足已经不是全局性矛盾，楼房底层用作商业网点，导致商居混杂，也不符合商业现代化和城市现代化发展的趋势要求。但是在边远区域商业服务网点不足的问题，毕竟长期缺乏相应有效的解决办法。为此需要设立一个规模适中的商业服务业网点发展基金，主要作为边远地区人口虽多但交通不便且区域分散、多数商家不愿投资的状况下的政府扶持性的启动资金或“带头资金”，以此吸引社会商业趋同投资，逐步聚集人气，促进区域基本商业服务功能不断完善，这对拉动内需、满足消费、促进商圈合理化发展均将发挥积极的作用。

（六）着力发展电子商务

电子商务，尤其是其 B－TO－C 模式，具有“不出门而逛街”的功能，既可以节约商业投资，也有利于缓解商圈交通困境，是降低商业“碳密度”、增强商业“绿色”竞争力、实现商贸产业绿色发展目标的长远措施。网络购物在未来十年将具有爆炸性增长，应该在全新视角下获得高度重视，得到更快发展。

𝔹.15

武汉市会展业发展研究报告

——走向"市场化、品牌化、国际化"新时代

联合课题组*

摘　要： 在会展业已成为衡量一个城市国际化程度和经济社会发展水平重要标志的背景下，武汉要依托三大国家战略机遇以及武汉特有的产业、交通、商务、科教和资源等优势，大力发展会展业。要积极培育市场主体，实现会展业市场化，依托产业资源优势，实现会展业品牌化，提升对外开放水平，实现会展业国际化。同时要进一步优化场馆空间布局，完善配套服务设施，并从多方面加强组织领导和政策扶持，努力把武汉打造成立足华中，辐射全国，面向世界的中国会展名城。

关键词： 武汉会展业　市场化　品牌化　国际化

一　武汉会展业的发展基础

（一）武汉会展业发展的基本历程回顾

1. 初始发展期

20 世纪五六十年代，苏联出资在我国的北京、上海、广州、武汉先后建设了四大综合性展览馆。武汉展览馆占地面积 11 万平方米，加上独特的区位优势，武汉在当时成为紧随京、沪、穗的第四大会展城市。武汉展览馆曾先后举办过各类大中型中外展览 700 多次，在国内外展览界享有较高声誉。当时形成的场馆规

* 武汉市社会科学院、武汉市贸促会联合课题组。

模、办展经验、展会影响力为武汉会展业今后的发展奠定了坚实的基础。

2. 缓慢发展期

20 世纪 90 年代，随着改革开放和市场经济的深入发展，武汉的商业性展会需求呈增势兴起，各种类型的国际国内技术交流会、商品交易会、信息发布会逐年增加，集商品展示、交易和经济技术合作等功能为一体，综合性展销会和博览会也开始出现。但是因武汉展览馆的拆除而缺乏具有规模性的展馆和充足完善的配套基础设施，武汉市会展经济的发展受到局限。

3. 探索培育阶段

21 世纪初，武汉国际会展中心和武汉科技会展中心两个大型综合性展馆相继建成，标志着武汉会展业迈入了一个新的发展阶段，初步具备了大力发展会展业的基础。“十一五”期间武汉国际博览中心开工建设，会展业的基础硬件条件逐步改善。近年来，武汉市连续举办了医博会、中博会、机博会、食博会、农博会、光博会、国际汽车展等各类大型展会活动。武汉成为中部地区会展业的重镇。

（二）“十一五”期间会展业发展形成良好基础

经过对会展业市场的探索培育，武汉会展业已形成了初步规模，经济效益日益明显，总量不断上升，并结合武汉优势产业办展，逐步呈现出一定的专业化、品牌化、国际化趋势。

1. 会展业快速发展，规模逐渐扩大

近年来武汉市展览项目数量逐年上升，展览展出规模逐渐扩大，2001 年武汉国际会展中心初建成时，全市展览数量仅为 88 个。2008 年全市共举办展览会 161 个，其中展出面积达 10000 平方米以上的展览会有 21 个，占 19%；展出面积在 5000～10000 平方米之间的展览会有 56 个，占 50%。伴随着武汉市会展业的迅速发展，会展业对武汉市经济的拉动效应正在逐步显现。“十一五”期间武汉市展览成交额以高于 10% 的速度增长，到 2010 年底将突破 1000 亿元。

2. 专业性品牌会展脱颖而出，对外影响力不断提升

目前，武汉市已逐步形成了一批在省内乃至国内知名的品牌展会，光博会、机博会、中博会、医博会、农博会、食博会、汽车展等大型专业展会，无论在规模、专业性、影响力以及展出效果等方面均有较大提升。同时，人口论坛、东湖

论坛、华创会等国际性会议的影响力也在日益扩大。此外，近几年来，武汉成功举办了第三届中国中部投资博览、台湾周，承办了女足世界杯、第六届城运会、世界湖泊大会，举行了八艺节、杂技节、赛马节等节庆活动。逐年增加的会展活动，展示了武汉丰富多彩的风貌，扩大了武汉的对外影响力。

3. 会展设施不断完善，形成新型发展格局

武汉市目前可供展览使用的面积达 11.4 万平方米，可搭建国际标准展位 3600~4450 个。其中，武汉国际会展中心可供展览面积 5 万平方米（室外展场 2 万平方米），可搭建国际标准展位 2500 个；武汉科技会展中心可供展览面积 3 万平方米，可搭建国际标准展位 1300 个；其他中小型非专业性展览场馆，一般可承接 80 个展位左右的小型展览或商品展销会。此外，正在建设中的武汉国际博览中心（汉阳），是武汉会展场馆的标志性建筑，将成为武汉会展业发展的核心平台。武汉会展场馆正在形成三镇展馆各有侧重、相互呼应、大中小结构层次分明的会展场馆新格局。

（三）武汉会展业发展面临的机遇和挑战

1. 战略机遇和现实基础

（1）国家战略在武汉的实施为武汉会展业的发展提供了历史性的战略机遇。当前国家重大战略聚焦武汉，为武汉会展业的发展提供了历史性的机遇。第一，在促进中部地区崛起战略机遇下，武汉将在发挥承东启西和产业发展优势中率先崛起，武汉将建设全国重要的现代装备制造及高技术产业基地和综合交通运输枢纽，构建以武汉等全国性市场为中心的商贸流通体系。第二，建设城市圈“两型社会”综合配套改革试验区战略，将促进武汉统筹城乡产业结构升级、公共服务体系建设和循环经济发展，推动富有竞争力的“两型”产业的发展及和谐城市的建设。第三，建设国家自主创新示范区战略，将促进武汉实施高新技术产业化战略，推进科技优势向现实生产力转化。三大国家战略任务的实施，将为武汉会展业的发展提供广阔的舞台。

（2）坚实的现代产业基础支撑着武汉会展业不断开拓发展空间。2009 年，武汉制订了《重点产业调整和振兴实施方案》，在促进钢铁、汽车、石化、装备制造、电子信息等八个主导产业上规模、上水平的同时，着力培育发展半导体及大规模集成电路、新能源、生物、节能环保、软件及服务外包等 15 个战略性新

兴产业。这些产业的发展水平和相关企业品牌效应的提升，既是会展业本身的重要内容，也需要通过会展业开拓市场、扩大发展。

（3）现代交通枢纽地位为武汉发展会展业提供了不可替代的优势。武汉素有“九省通衢”之称，具有水陆空公交通枢纽的区位优势。2009 年武汉获批全国首个综合交通枢纽研究试点城市，未来 5 年，武汉将建设全国主要铁路枢纽、航空运输中心、长江航运中心和全国高速公路客运中心，并大力推进市内轨道交通的发展。同时，“高铁”时代的到来将引领武汉成为中国 4 小时经济圈中心。2010 年，国务院明确了武汉“长江中游航运中心”的地位，武汉新港全面启动。武汉在中部率先对台直航，新航站楼建设也拉开了序幕，天河机场将成为与北京、上海、广州媲美的全国四大门户枢纽机场之一。2009 年国家明确了武汉的“全国性物流节点城市”地位，武汉在中部率先获批保税物流中心。便捷的交通枢纽和市场流通条件，为武汉会展业的“外向型”、“国际化”发展奠定了坚实基础。

2. 制约因素与主要挑战

（1）从会展业市场看，品牌展会项目较少，市场主体影响力有限。武汉市会展业总体上仍处于产业初创阶段，会展业整体品牌在国内外的影响力还不大，多数项目处于品牌初创期和培育期，知名度不高、规模较小。近年来，武汉市每年举办展会约 160 个，其中 70% 以上的展会规模在 300 个展位以下，专业展会不足 30%。从市场主体看，会展企业规模较小、实力较弱，难以独立承办大型的、有影响力的会展活动，有能力到国外办展、组展的企业更是屈指可数。从国际化程度看，武汉会展业利用外资的工作刚刚起步，国际化合作程度较低。国际性展览偏少、偏小，境外展位数和客商比重不高，国际性会议档次偏低、规模偏小，节庆活动的国际影响力较弱。

（2）从会展业制度环境看，配套服务协调性不够，财税激励和奖励措施缺位。大型的会展活动涉及交通、安保、通信、邮政、工商、甚至海关等公共服务，以及酒店、餐饮、翻译、旅游等诸多配套服务项目，需要社会各部门形成一个科学的分工协作体系。杭州市由主要领导挂帅来协调会展业的配套服务工作。武汉市会展业尚未形成良好的公共服务与配套行业专业分工协作体系，服务与服务之间衔接通道不够畅通，对会展服务的质量产生了不利的影响。

财税激励和奖励措施是促进地方会展业发展的重要措施。成都市 2009 年的会展发展基金达到3000万元。但到目前为止，武汉会展业尚无任何成文的奖励政策和措施。同时，武汉市对于会展业的从业主体也没财税优惠、奖励等激励措施，这在一定程度上影响了会展从业主体的积极性，并制约了武汉会展业的发展。

（3）从会展从业人员看，会展专业人才短缺。首先，武汉缺乏专业的会展人才培训机构，武汉众多的高校和大专院校中，仅有两所高校开设了会展经济与管理专业。其次，武汉会展活动的组织者、管理者和从业人员大都来自各相关行业，没有经过专门培训。正是由于缺乏大型会展策划、组织、营销等高素质人才，尤其缺乏掌握外语、精通展览设计、熟悉组织策划、了解国际惯例、富有实际操作经验的高级人才，才导致武汉会展业的办展水平和服务质量难以满足会展业专业化、国际化的发展要求。

（4）从同类城市的竞争看，争创中国会展名城竞争日趋激烈。从全国同类城市发展态势分析，竞争日趋激烈。成都提出了创建世界田园城市，建设“辐射全国、面向世界的会展之都”的目标，目前成都已成为中西部地区会展业的领先者；杭州以“西湖博览会”作为城市经营理念的生动实践，通过会展活动项目资源的整合、包装，实施会展行业品牌建设工程，策划八大生活品质系列会展，极大地提升了城市的国际化水平；厦门充分利用地处海峡西岸的地理特点和旖旎的海滨风光等优势，举办“中国国际投资贸易洽谈会”、“台交会”等影响深远的会展，把会展业的发展作为重点打造的产业集群，并提出了“打造中国顶级会议目的地城市”的口号；大连利用东北地区重要的国际航运枢纽地位和秀丽海滨风光的优势，成功地召开世界达沃斯论坛、世界港口大会、亚欧经济部长会议等国际性会议，会展专业化和国际化水平不断提高。以上这些城市都在积极争创“中国会展名城”，武汉面临激烈的竞争。

（5）从国际发展趋势看，武汉会展业还需要从多方面奋起直追。随着经济全球化程度的日益加深，国际会展业呈现如下趋势：一是政府对会展业的发展提供必要的支持。包括政策投入、场馆建设的经济投入，为企业提供出国参展经费支持，协助、配合会展公司开展展会推广工作等。二是依托城市优势产业培育会展品牌，许多专业性展览会都是以城市产业为依托而逐步发展起来的。三是通过投资、收购、兼并等手段对外扩张和重组展览资本，形成了展览公司集团化、展会大型化趋势。四是展会日趋专业化、国际化，专业性的展览已成为国际会展业发展的主流。五是以电子商务、互联网和物联网技术为支撑的网络展会方兴未艾。武汉会展业要想实现跨越发展，必须向国际趋势看齐，奋起直追。

二　武汉会展业发展总体战略

（一）战略要旨

以实施国家重大发展战略为契机，以会展业的市场化、专业化、品牌化、规模化、国际化发展为目标，以“政府引导、部门协调、市场化运作”为核心，依托武汉产业、区位、市场、科教、资源等方面的优势，整合武汉城市圈、湖北省及中部地区的会展资源，通过体制创新、品牌引领、项目驱动、设施优化、人才支撑，大力提升武汉会展业的综合竞争力，把会展业的发展作为促进国家战略实施的重要举措，使会展业成为武汉现代服务业发展的先导性产业和武汉国民经济发展新的经济增长点。

（二）战略原则

1. 坚持解放思想和创新驱动的原则

切实发挥武汉优势，进一步发展壮大武汉会展业，增强武汉的引领和辐射功能。努力探索吸纳国内外会展界一切先进的价值观念、体制机制和管理经验，通过制度和机制改进来解决会展业发展中的问题。加强与国内外会展组织和企业的合作，引进和承办国内外大型会展，提升武汉办会展的水平和档次。

2. 坚持政府推动和市场运作相结合的原则

加大政府对会展业发展的宏观指导和扶持力度，实施政策聚焦，强化服务意识、加强市场监管，营造良好发展环境。同时，充分发挥市场配置会展资源的作用，培育壮大市场主体，形成市场导向、企业主体、协会服务、政府监管扶持的良性发展机制。

3. 坚持量的扩张与质的提升并重的原则

做好现有会展项目，引进和培育新的项目，增加总量；实施品牌战略，大力培育精品，提升整体水平，增强会展业竞争力。

4. 坚持近期突破和长远发展相结合的原则

既要抓好培育品牌展会、指导招展招商、培养会展人才、搭建信息平台、开展目标考核等基础性工作，也要重视研究发展战略、创新管理机制、加大国际合作等工作，努力探索有利于会展业长远发展的路子。

5. 坚持促进发展和规范管理相结合的原则

在推动武汉市会展业加快发展同时，要高度重视会展业管理工作，制订和完善会展管理规定，引导行业自律，建立规范有序的会展秩序，以管理促发展。

（三）战略目标

从武汉市会展业21世纪初叶发展的趋势出发，根据《市人民政府关于进一步加快服务业发展的若干意见》的要求，武汉会展业发展的战略目标可分为两个阶段。

第一阶段：通过5年的努力，力争实现会展总量、规模、交易额和收益的四个翻番。到2015年，全市举办各种会展活动比2010年总量翻一番，会展总面积达到200万平方米以上；会展业直接经济收入比2010年翻一番，年均增幅达到15%～18%；会展业交易额年均增幅达到20%以上；武汉展览场馆面积达30万平方米以上；拥有单体最大容量3000人以上的现代化会议中心。到2015年，年度赴境外国家和地区参加或举办会展的不少于20场次；在发达国家（参展或举办）、发展中国家（参展或举办）分别占总数的40%和60%。到2015年，培育中外合资企业达到5～6家；武汉会展业专业核心型人才和辅助型人才占专业从业人员的70%以上。

第二阶段：再通过5年的奋力开拓与跨越发展，把武汉建设成立足华中，辐射全国，面向世界的中国会展名城。

以发展与武汉市战略性新兴产业、支柱产业关联度较高的专业会展为重点，努力培育一批专业化、国际化的知名会展品牌；与武汉经济社会发展规划和建设规划相协调，加快基础设施建设和现代化的场馆设施建设，完善相关配套服务；积极培育会展企业，探索符合武汉实际的市场化运作机制；形成与国际惯例接轨、宏观管理协调、资源配置合理、配套服务优良、市场竞争有序的会展业发展新格局，实现武汉会展业的历史性崛起，重振武汉会展雄风。

三　积极培育市场主体，实现会展业市场化

市场化运作是会展业发展的根本方向，市场机制有利于会展企业积极参与市场竞争，促进会展业的发展和繁荣。

（一）坚持市场化运作，培育行业协会和中介组织

完善武汉会展行业中介组织和行业协会，使其充分发挥地方政府与会展企业之间桥梁与纽带作用。武汉会展行业中介组织和行业协会的主要工作职能应集中在以下几个方面：在政府有关部门的指导下，制定会展行业标准和经营行为自律规范，引导会展企业执行各项会展管理规定，提高办展能力和专业服务质量；建立和推行符合国际惯例的会展项目评估和主体资质认证，提高武汉地区展会项目、办展和参展主体的整体水平，促进武汉会展行业在专业化、标准化、规范化方面，逐步与国际先进水平接轨；完善信息、联络、代理、咨询、调解等服务功能，同时加强对会展行业的统计调查、统计分析和效益评估，为促进行业合作和资源整合、制定会展产业政策、开展会展业评估和领导决策提供依据；组织培训专业会展人才和人才专业等级认证。

（二）强化竞争机制，培育现代化会展业市场主体

加大扶持培育力度，强化竞争激励机制，促进会展企业走规模化、集团化的发展道路，培育一批规模大的专业化会展集团，为武汉市会展业参与国内外竞争与合作创造条件。

支持以场馆经营为主业的会展公司做大做强。以发展成为国内一流会展集团公司为目标，推动武汉会展企业依托现有场馆，主办、承办各类会展活动，占领高端会展市场；以武汉国际博览中心为主体，组建国有资本参股会展集团公司，提高会展业市场化运作效率；大力支持武汉国际会展中心、武汉科技会展中心、武汉体育中心、各区体育馆等场馆开展多元化经营，发展成为有规模、有实力的综合性会展企业。

大力培育会展项目运营企业和专业服务企业，打造会展服务集群区。通过收购、兼并、联合、参股、控股等方式，培育一批实力强大的会展项目运营企业和

专业服务企业。整合武汉会展企业和优势资源，组建和培育运营会展项目武汉会展集团，形成武汉会展业项目运营的龙头企业；大力培育会展策划、咨询中介、器材租赁、展品运输等会展专业服务企业，大力发展以旅游会展、商务会展为重点的专业化会展服务公司，提供高品质、高规格，多样化、个性化的会展服务；着力组织会展相关企业集聚，形成以大型会展专业企业为核心，以交通运输、通信、旅游、餐饮、住宿业为支撑，以广告、印刷、装修、布展、翻译企业为配套的会展服务产业集群，形成武汉会展业分工协作的产业链。

（三）引导多方参与合作，创新市场运作体制机制

积极促进本地企业的市场合作。鼓励武汉的大型企业和旅游服务公司积极参与会展活动，增强企业策划、组织、服务会展的能力。鼓励和支持中小会展企业加强联合，采取合并、合作的方式，联合举办会展活动，避免重复办展办会，提高会展品质。

积极吸引国内外会展名企来汉参与合作。积极引入境外会展载体，支持会展龙头企业加强与国内和国际展览公司的对接，鼓励国内外有实力的知名会展公司和配套服务企业以资本为纽带，通过收购、兼并、入股等形式，组建新型会展企业集团，培育发展各类国际专业办展机构，为扩大会展业对外开放，加强国际性、区域性合作创造条件。

强化社会参与配合会展业发展。加强会展与传媒、商贸、旅游、交通、酒店等行业的联系，建立互动合作机制，及时通报会展情况，在互利共赢中优化会展服务，实现不同行业资源的优化配置。强化社会参与，并采取一定的奖励手段，鼓励各部门、各区积极发掘会展资源和信息。加强宣传引导，组织遴选城市形象大使，增加居民和群众对会展的关注和支持，营造武汉会展业发展的氛围，培育武汉和谐积极的市场形象。

四　依托产业资源优势，实现会展业品牌化

武汉会展业要充分发挥其生产性服务业的功能，集中力量优先发展符合武汉产业发展方向的重要会展项目，培育一批综合性、专业性的国际会展品牌，同时积极举办各种国内国际会议及有影响力的节庆赛事活动。

（一）培育以战略性新兴产业为亮点的会展

紧密围绕武汉的光电子信息、生物、新能源、节能环保、新材料等五大战略性新兴产业，培育形成专业会展品牌，突出创新主题，扩大以光电子信息产业为主题的“中国光谷”国际光电子博览会暨论坛（简称“光博会”）的国内国际影响。同时，结合生物、新能源、新材料、节能环保等四个战略性新兴产业组织策划战略性新兴产业的专业展会，为企业发展和现代创新技术及其产业化应用提供项目推介、投资合作等展会交流平台。

围绕新动力汽车、软件及服务外包、地球空间信息、数控机床、现代物流、金融服务和动漫产业等新兴产业和项目发展，策划实施会展项目，努力推介、引进技术交流与合作，扩大产品和项目交易，使战略性新兴产业成为武汉会展业的重点。

（二）提升现有会展品牌的辐射力和影响力

对已具有一定规模和影响的机博会、光博会、食博会等品牌展会，巩固现有基础，提升规格和品质。努力扩大参会、参展的规模，提升展会的质量，增强持续发展能力，逐步做大做强，使其发展成为国内外的知名品牌；对与武汉市主导产业相关的展会，在政策上重点扶持，实现规模化发展；对现有展会中基本达到国际展览联盟（UFI）认可条件的展览会，鼓励其积极申报认证，并给予重点扶持，扩大武汉会展业的国际影响。要着力提升武汉会展项目的规模和层次，精心打造国际会展品牌和区域性会展品牌，发挥示范、辐射、带动作用，扩大影响力。

（三）拓展以支柱和传统优势产业为重点的会展

武汉是国家重要的制造业城市，进一步依托这些支柱产业和传统优势产业拓展会展项目，打造石化、钢铁、电力、环保、新能源等大型工业展，为武汉新型工业发展提供会展平台；拓展教育、人力资源、网络硬件与软件、旅游等现代服务产业展，为服务业发展提供会展平台；办好纺织、服装机械、建材等传统产业展，为传统产业提供会展平台；发展蔬果、食品等农副产品展，为农、林、牧、副、渔业发展提供会展平台。

（四）打造国内外驰名的品牌会议

依托武汉实施的国家战略，通过举办有影响力的国际性会议，进一步提升武汉的知名度，努力策划和打造相关主题的会议和论坛。围绕促进中部地区崛起战略，打造“中部城市发展论坛”及相关的企业、产业发展国际会议；围绕建设“两型社会”试验区，策划“两型社会”建设论坛、国际环保大会、“两型”产业论坛、绿色建筑及可持续发展研讨会等资源环境主题的会议；围绕建设东湖国家自主创新示范区，打造国家自主创新高层发展论坛、自主创新成果转化及科技企业家论坛等。

同时，支持各类会议机构积极申办、招揽各类会议前来武汉市举办，特别是国际性会议和大型国内会议，争取有2~3个国际性会议固定在武汉市举办。

（五）整合文化旅游资源，发展旅游节庆会展

突出武汉鲜明的城市产业和文化特色，大力整合文化旅游资源，发展旅游节庆会展。加强“展、会、节、赛、演”的整合与有机结合，进一步延伸和拉长产业链，力求取得良好的会展综合效果。根据旅游会展的特点，开发相应的旅游会展产品和旅游会展项目。发挥武汉市盘龙城文化、殷商文化、琴台文化、首义文化、黄鹤楼、东湖水资源等旅游资源，大力开发旅游会展产品。注重会展活动向旅游延伸，将“武汉国际旅游博览会”、“长江游轮会议”、“中国（武昌）辛亥首义文化节”等特色品牌项目打造成促进旅游节庆会展的龙头产品。同时，利用高知名度景区对参展商和观展商的吸引作用，将大型精品旅游节庆活动和大型会展相结合，形成以会展带动旅游，以旅游、节庆促进会展的良性互动发展模式。

五　提升对外开放水平，实现会展业国际化

（一）积极招商引展，重点引进国内外知名会展

积极与国家、省有关部门和行业协会联系，有针对性地收集全国性巡回名展和其他全国性重大会展信息，建立动态信息库，争取全国性巡回名展的承办权；加强与国际会展业界的联系和交流，加强与中国贸促会（CCPIT）、国际展览业协会（UFI）、国际展览与项目协会（IAEE）、国际会议协会（ICCA）等国际会展行业组织，以及与会展发达国家和地区的会展管理机构和行业组织建立联系和

合作，引进相关的专业展会；支持和鼓励国外有实力的展览公司在汉设立独资或合资公司，引进具有国际品牌的会展项目；加强与国际、国内经济组织、学术机构、大专院校和新闻单位的合作，积极引进和兴办档次高、影响大、且对经济社会发展有推动作用的论坛、会议。

（二）开拓国际市场，精心策划组织国际性会展项目

市级各职能部门、行业协会和会展企业要充分发挥各自职能，依托武汉的产业和经贸资源优势，对外推广武汉的会展项目，积极走出武汉办展会。

积极策划组织武汉市优质产业和特色项目出国举办专项展会或巡回展；积极参加国外城市所举办的贸易展，加强武汉市企业与国外的商贸往来，促进企业创新和特色产品的出口，扩大武汉市会展业的国际影响；鼓励和支持武汉市有实力的会展集团公司、会展机构、会展项目加入国际展览业协会（UFI）、国际会议协会（ICCA）、国际展览管理协会（IAEM）等国际会展组织；积极参与全国性和国际性会展活动和宣传推介，加强与国际会展业界的联系和交流，通过国际会展平台，实现武汉展会的对外扩张。

（三）建立错位发展机制，增强品牌会展国际竞争力

充分利用已经形成的海外会展资源优势和掌握的各国地域、产业和经济发展状况，以灵活多样的形式开展与世界各国的会展合作，形成差异性特色。结合世界各地的资源、产业优势，打破行业界限，以其投资、贸易、技术创新需求为切入点，举办投资、贸易、技术交流层面的专业展览。依据各国经济发展水平和会展业发展水平，有层次有侧重地与各大洲开展不同形式的合作，尤其注意培育巩固有发展潜力的国家和地区的会展资源，使武汉会展触及世界各个区域，增强武汉国际影响力，并取得差异化的发展空间。

六　优化场馆空间布局，完善配套服务设施

（一）优化展馆布局，明确功能定位

依托现有和在建的大型展馆及其他可用空间资源，构建以武汉国际博览中心

为主，以武汉国际会展中心、武汉科技会展中心为辅，以拟建的王家墩中央商务区国际会议中心、豹澥会议中心等包括大型星级酒店、高校会议场馆、文化艺术体育场馆、节庆表演及竞技赛事场馆以及商业展览区为星点的“一主两辅、各区多点”的，能够满足展、会、节、赛、演多种会展需求的立体型展馆布局。形成合理的展馆规模梯队和明晰的展馆功能结构，满足不同层次、不同类型展会的需要。

武汉国际博览中心依托武汉经济技术开发区和场馆规模优势，定位于举办大型、综合性品牌会展，武汉国际会展中心要发挥位于市中心的区位和历史名馆优势，举办消费类、文化类、经贸交流类等中小型轻工商贸会展；武汉科技会展中心举办高新技术类专业会展，建设以服务科技创新与产业化为主导功能的科技成果展示和交流场所；王家墩中央商务区国际会议中心以举办国际性精品展、商务活动和其他高层次论坛会议为主，建设以展示、交流、洽谈为主导功能的国际性会议场所。其他会展空间资源作为四大重点会展区域的重要补充，以举办文化、体育、园林、民俗、小商品等领域的小型会展为主，形成丰富多彩、高度灵活的若干特色会展场所。

（二）建设高端政务和商务中心

建设具有国际水平的现代会展中心是提升武汉会展业竞争力的现实需要。武汉国际博览中心是基于武汉会展业发展现实需要和科学规划基础上的重点现代化会展设施项目，到2015年末，国际博览中心要在拥有13万平方米展面、7400个国际标准展位主展馆的基础上，建成由临江的国际会议中心、洲际酒店、海洋乐园和四星级假日酒店、超高层写字楼等配套建筑群。国际会议中心要按照国家星级绿色建筑标准设计，提供国际标准会议厅、阶梯报告厅、可灵活分隔的6000平方米特大宴会厅。完善配套设施，形成集展览、会议、食宿、购物、商务、文化休闲等功能于一体的多功能复合型的国际博览城，从根本上改变武汉市会展业基础设施和展馆薄弱的局面。

（三）大力改善和提升会展场馆的基础设施和配套服务设施

要着力改善展馆配套基础设施。高标准建设完善的路网系统和水网、电网、信息网，进一步优化相关地区交通组织和换乘系统，形成人口能够快速集聚和疏散的现代交通格局。

着力改善办展环境和条件，发挥现有场馆资源优势，进行合理改造和调整，提升办展基础设施及环境的综合配套能力。

构建商、游、住、食、休闲等多功能为一体的后勤服务设施。充分利用和建设配套建设五星级酒店、商务楼宇和住宅小区，以及便利的商业网点、停车位和公园绿地，大力发展金融保险、商务贸易、中介咨询、文化娱乐等现代服务业，努力形成集展览、会议、食宿、购物、商务、文化休闲等功能于一体的多功能综合区。

加强会展相关部门的“一站式”配套服务。积极发展电讯邮政、银行、税务、海关、商检、保险、运输、贸易咨询等配套服务，有利于参展主体提高参展效率，形成会展期间货物和展品的进出便利通道。

七　加强组织领导和政策扶持，实现会展业可持续发展

（一）加强组织领导，理顺管理体制和服务体系

1. 建立健全全市会展工作领导机制

建议组建由市委市政府主要领导担任负责人，由市级有关部门领导为成员的全市会展工作领导小组，全面负责武汉市会展发展政策制定、战略规划审定、下达阶段性工作任务，研究解决会展业发展中遇到的重大问题。由会展行政责任部门负责具体管理、协调、指导、监督、服务工作。每年召开一次全市会展工作推进会，解决制约会展业发展的重大问题，促进会展业发展。

2. 建立健全会展工作责任和公共服务体系

一是健全会展公共服务体系。明确相关部门在会展项目引进、报批、举办等各个环节的工作职责、办事程序和服务方式，在市政府网站、市会展网站上公布，接受社会监督。二是建立责任体系。明确宣传、工商、公安、公交、城管、消防、检疫、海关、旅游、商务、文化等各有关部门和各区的职责，把会展的各项工作按职能职责进行分解，落实到各级、各部门和各单位，形成各区参与会展，部门重视会展，各界支持会展的强大合力。

（二）健全法规条例，明确财税扶持和奖励措施

1. 健全法规条例，制定行业规范

加快会展业在法律法规和制度方面的建设，尽快制订出台《武汉市会展业发展若干意见》、《武汉市会展业管理暂行办法》、《武汉市会展业统计管理办法》、《武汉市会展评估细则》等规章，对市场准入机制、行业规范、知识产权保障体系、诚信自律机制等进行明确规定，从而有效确保会展业的规范运作，使会展业发展有法可依，有章可循。

2. 加大财税扶持，明确奖励措施

从财政、税收、信贷等方面对会展业发展给予支持和激励。一是由市会展业行政主管部门制定《武汉市会展业奖励暂行办法》，由市财政设立“会展业发展专项资金”，明确并细化会展工作奖励制度及财政扶持范围，努力培养一批地方性知名品牌展会；支持大型国际国内展会和国际性会议来汉举办；对为武汉市会展业发展作出贡献的会展企业、会展场馆给予一定的奖励。二是对会展企业给予税收优惠政策，降低会展企业的各项税费，鼓励各部门、各行业协会、各企业集团、各专业市场以及自然人以各自的产业基础和社会网络优势组建会展经营公司和会展服务公司。三是鼓励金融部门放宽信贷条件，以低息、贴息贷款等方式，向会展企业提供信贷资金，保障会展企业业务发展的资金需求。

（三）强化市场监测，建立统计制度和信息平台

1. 完善市场监测，建立统计制度

市场管理部门、统计部门，以及相关的旅游等产业部门联合构筑科学完整的会展业市场监测指标体系，建立《武汉市会展业统计制度》，把会展业的统计纳入武汉市日常统计工作范围，准确、全面地反映会展业发展动态；建立完善企业统计员队伍，实行统计部门依法统计与企业定期上报统计资料相结合，确保统计工作有序推进，产业评估、制定产业政策提供依据。

2. 依托会展行业协会构建行业信息平台

会展行业协会要通过建立“武汉会展网站”、印制《武汉会议与展览》宣传册等，着力构建武汉会展业信息平台；及时反映行业意见，研究会展业政策，交流会展信息，推介会展项目，推动会展业的对外交流与合作；进一步提高武汉城

市、展会知名度，吸引更多的海内外组织和企业来武汉市参展办展，促进武汉会展业蓬勃发展。

（四）发挥科教优势，加快专业人才培养和引进

1. 建立多层次的会展人才培养体系

充分发挥武汉市科教和人才优势，建立学历教育、职业教育、岗位培训和资格认证等多形式、多层次的会展人才培养体系。逐步在武汉市正规的高等教育中增设会展相关专业，并加强会展理论研究。着力增加武汉市高职高专在会展职业教育方面的普及程度，有条件的学校可以与知名会展企业联合订单式培养“专业+技能”型人才。会展企业要大力开展人才岗位培训，组织员工参与会展职业教育和国际会展职业培训活动，提高会展从业人员的素质；会展行业协会要着力组织资质认证培训，积极探索与中部其他省市联合制定实行统一标准、统一教材、统一考试，证书互认。

2. 加强对高级会展人才的引进和交流

积极引进会展策划师、会展设计师、展览业高级项目经理等紧缺人才，将国际会展人才纳入武汉市紧缺人才引进计划。积极培育和引进专业会议组织者和目的地管理公司，提高展馆管理队伍的素质，构筑高层次会展团队。同时，积极邀请国内外会展专业人士讲座、授课，并鼓励会展行业协会联合企业选送从业人员到会展教育发达的城市培训。通过开展多种形式的交流与合作，强化武汉会展经济向国际化、专业化、品牌化发展的人才基础。

B.16

武汉现代都市农业发展现状与展望

涂同明*

摘　要：现代都市农业是都市经济发展到较高水平时，农村与城市、农业与非农产业等进一步融合过程中的一种发达的现代农业，是未来农业发展的新潮流。2010 年武汉都市农业的发展亮点纷呈，呈现良好的发展态势。然而，武汉都市农业仍然存在发展方式粗放、市场体系不完善、龙头企业综合实力不强、组织化程度相对较低、增收的长效机制尚未建立、产权制度不适应发展需要等问题。2011 年武汉应该进一步调动农民的积极性，加强质量管理，不断提高农业现代化和产业化经营水平，推进科技创新，加强“两型”农业建设，进一步提高都市农业的对外开放力度，继续深化农业改革，创新农业发展体制机制。

关键词：现代都市农业　产业化经营　“两型”农业　农业组织化

现代都市农业是指处在城市化地区及其周边地区，充分利用大城市提供的科技成果及现代化设备进行生产，并紧密服务于城市的现代化农业，是都市经济发展到较高水平时农村与城市、农业与非农产业等进一步融合过程中的一种发达的现代农业。都市农业的崛起以及它的业绩，足以证明 20 世纪著名发展经济学家刘易斯在其两个部分模型理论中强调的农业仅仅是一种“支援工业”产业的观点已经过时，都市的现代农业是与工业并立的、充满生机的基础产业。都市农业的出现展现了未来农业的新潮流，为发展我市农业带来了新的希望。

---

* 涂同明，武汉市农业局高级农艺师。

一　武汉现代都市农业发展现状与存在问题

（一）发展现状

近年来，武汉市现代都市农业得到了长足的发展。2010 年，我市积极应对低温寡照、外洪内涝等极端灾害天气，农产品价格大幅波动和后金融危机时期全球经济面临变局等种种挑战，保持了农业农村经济持续稳定发展的态势，农业发展方式实现重大转变，农业生产保持安全稳定，农民收入实现稳步增长。全年实现农业总产值 267 亿元，农业增加值 159 亿元，固定资产投资 27.5 亿元，农民人均纯收入 8295 元。盘点 2010 年的农业工作，亮点纷呈：农民收入增幅位居全国副省级城市首位，增幅达 15.83%，连续 4 年增速超过 10%，且连续第三年增速超过城镇居民收入增幅；武汉都市农业发展进入全国第一方阵。继北京、上海、成都之后，武汉被国际都市农业基金会授予全国第四家现代都市农业试点示范城市称号；武汉农交所积极申报国家改革试验区；市农业龙头企业武汉市丰泽农牧科技发展有限公司于 2010 年 7 月 20 日在美国纳斯达克挂牌上市，为农业企业的资本运作提供了宝贵经验；菜篮子工程建设成效获上级充分肯定；农产品质量安全检测在全国影响深远。农业部的多次质量安全例行检测中，我市农产品抽检合格率在全国名列前茅；农博会成为全国农业展会知名品牌；农业投融资服务瓶颈得到有效破解；我市首部农业知识产权战略《武汉农业知识产权战略》获得通过。

1. 增收致富，不断拓宽农民收入渠道

一是大力促进农民转移就业。随着经济整体回暖，农民工就业形势良好，市内外务工岗位增多，2010 年全市新增转移农村富余劳动力 6.62 万人，加之大多地方提高了最低工资标准，带动农民人均增收 300 元以上。二是积极推动农民创业。今年全市共新增创业农民 1350 人，涌现出了一批有较强影响力和示范带动作用的农民企业家。三是深入推进农业结构调整。农业生产效益进一步提升，畜牧水产业产值占农业总产值的比重由上年的 43.8% 提高到 45%，特色高效农业产值比重提高 1 个百分点，达到 80%。四是进一步加大惠农补贴力度。五是努力增加农民财产性收入。农村土地流转步伐加快，农村综合产权交易活跃，全年经农交所鉴证的农村产权交易达 320 宗，交易金额达 20.07 亿元，通过产权交易，农民获得了更多的财产性收入。

2. 压减低效作物，着力加强农业结构调整

一是大力压减低效作物。市农业局制定了压减低效作物的实施意见和具体工作方案，派出 7 个工作专班实行包保责任制，全年共压减低效作物种植面积 28.4 万亩，超额完成了市委市政府提出的 20 万亩目标。二是大力发展经济作物和名特优产品养殖。全市新增瓜菜、玉米、毛豆等高效作物种植面积 5 万亩，总面积达 263 万亩，占全市总播面的近 30%；畜牧业批复新建畜禽养殖小区 23 个，畜牧业内部结构调整步伐加快。三是大力加强农产品标准化基地建设。全市新（改）建优势农产品正规化基地 12 万亩，其中种植（蔬菜）业基地 4.8 万亩、名特优水产基地 1.6 万亩、高产农田基地 4.8 万亩、种养循环农场 1 万亩。四是大力发展设施农业。新建智能化、工厂化食用菌小区 2 个，新增蔬菜钢架大棚 2 万亩，新增微孔纳米增氧等渔业设施面积 2000 亩，新增喷滴灌面积近 2 万亩，累计达 5 万亩。

3. 两型农业发展，加快推进农业转型升级

一是加强循环农业建设。全市新建循环农业示范点 10 个，示范点总数达到 34 个，核心示范区面积达到 5 万亩，辐射推广面积达 30 万亩，农业与加工业、三产业的循环利用范围不断扩大。二是加强节约型农业技术推广。蔬菜保温栽培、高效种植、林地间作套种、水产套养等节约型技术、模式推广面积达 120 万亩。测土配方施肥核心样板示范区达 30 万亩，推广应用面积累计达 300 万亩。新增节能环保农业机械 3000 台（套），新建风能提水示范点 6 处。三是加强农业面源污染治理。四是加强农村清洁能源开发。

4. 农产品加工，努力提高农业产业化经营水平

一是加快农产品加工业发展。全市“一区六园”7 个农产品加工园区基础设施建设基本完成，2010 年全市农产品加工产值达 950 亿元。二是加强对农业龙头企业监测认定。全市认定新一届农业产业化重点龙头企业 178 家，其中国家重点龙头企业 8 家、省级龙头企业 48 家。三是加快农民专业合作社发展。2010 年全市新建农民专业合作社 227 家，总数已达 830 家，新增社员 6000 多人。全市农民专业合作社实现销售收入 26 亿元，带动农民增收效果明显。四是加大土地流转力度。2010 年我市新增农村土地流转面积 26.73 万亩，新增 1000 亩以上规

模经营项目105宗，流转面积达17.77万亩。五是加强农业经营模式创新。总结推广了“村企业化”、“龙头企业+专业合作社+农户”、“土地股份合作社”、家庭农场等12种发展模式，有效提高了农业组织化程度。

5. 广泛交流合作，加大农业对外开放力度

一是大力推动农产品出口。通过积极引导企业调整出口农产品结构，帮助企业协调海关解决出口中的瓶颈问题，创造了良好的出口形势，全市农产品出口创汇额突破1.5亿美元。二是大力加强招商引资。成功举办我市首届农业投资洽谈会，参会企业代表达200多人，全市共引进农业项目70个，协议资金达133.8亿元人民币、4120万美元，实际到位资金达到11.4亿元人民币、1500万美元。三是加强了农产品营销促销。成功地举办了第七届中国武汉农业博览会和一系列农业节事活动，组织农超对接活动23场，同时还组织企业参加了郑州农博会、泉州龙眼推介会等外地节会推介武汉农产品。

6. 服务方式创新，强化农业科技支撑

我市农业科技进步贡献率达到60%，高出全国平均水平52%的8个百分点。一是深入推进农业科技进村入户。组织开展了千名科技人员下乡服务农业生产活动，通过各种方式对农村各类人员进行培训和科技指导20余万人（次），农业科技入户率达94%。二是加大农业新品种新技术推广力度。2010年全市重点推广种养业新品种55个，全市良种覆盖率达到95.5%；推广实用新技术45项，辐射推广面积达120多万亩。三是创新农业技术推广项目实施方式。2010年首次将农业科技推广公共项目全部通过武汉农村综合产权交易所进行招标，19个招标项目涉及金额达700万元，通过招投标共吸引社会投资3100万元，资金放大效应达1∶4.43，项目经专家评审验收均达到合格以上档次。四是继续实施农业科技“六个一”工程。2010年新增专家团队2个，新建农业科技专家大院3个，新签订科技合作协议5项，重点支持天种畜牧、汉口精武食品工业园等12家科技型企业加快发展，有力推进了农业科技成果转化。五是加强科技培训，培训人数超过7.2万人。六是加强农业信息服务。建成了“农业百事通”系统平台和电子商务网站，完成了12316热线的升级，丰富了电台、电视台农业专题节目内容，初步形成了全方位的农业信息服务体系。

7. 质量安全监管，全力保障农产品消费安全

一是积极推进农业标准化生产。启动建设农业标准化示范区10个，其中种植业标准化示范区5个，畜牧业标准化示范区2个，水产业标准化示范区3个，新增农业标准化生产面积达1.14万亩。二是不断加大农产品质量安全检验检测力度，开展多次农产品质量安全专项整治行动。三是加强农产品质量安全监管体系建设。四是加强“三品”认证，全市有效使用“三品”标志总数达508个。五是畜产品安全得到加强。本市全年未出现一例畜产品安全事故，同时对查出不合格产品的12个市（区、县）的畜产品采取了限期禁止准入武汉销售的处理措施。

（二）存在问题

近年来，我市农业投入逐年增加，基础设施不断完善、农业服务能力逐步提升，科技水平普遍提高，产业化经营长足发展，现代都市农业崭露头角。但在发展的过程中仍存在诸多困难和问题。

1. 农业发展方式比较粗放

目前，我市农业发展中的高投入、高排放、高污染、低效益问题还比较突出，土地、化肥、农药等农业资源利用率偏低，农业生态环境保护压力较大。以化肥、秸秆为例，目前全市化肥施用量近20万吨（折纯），而利用率仅30%左右，农作物秸秆达275万吨，但用于生产饲料、肥料和还田的只有35%左右。农业循环经济还处在起步阶段，普及面不广。土壤酸化、盐渍化等农业面源污染问题较为突出，耕地掠夺性经营情况较为普遍，湖泊水体遭到不同程度破坏。

2. 农业生产结构不尽合理

从农业总产值构成来看，我市优势特色农业产业所占比重为76%，与发达地区特色产业产值占85%以上的水平还有一定差距。从种植业内部来讲，传统农作物种植比例仍然过大，水稻、小麦及棉花的种植面积占农作物总播面的比例达51%，而瓜菜类作物播种面积仅占农作物总播面的35%。从区域布局来看，农业生产“百花园”的问题比较突出，上万亩、几万亩连片的优势农产品基地还不多见。

3. 农业投入无法满足发展需要

近年来，虽然我市对农业农村的投入在逐步增加、投入的力度在逐步加大，但政府的资金投入与现代都市农业发展的实际需要相比还存在很大缺口，与我市GDP、财政收入的增长也不成比例，政府资金投入的城市偏好还没有得到根本性的扭转。金融部门对农业农村的投入力度很小，农民贷款难的问题比较突出，农村资金仍处于净流出状态。农业保险刚刚起步，农业风险转移机制还非常缺乏。

4. 农业龙头企业综合实力不强

我市农业龙头企业经过近几年来的培育和扶持已得到长足的发展，总体上规模不小，但其综合竞争能力还不够强。从资本规模上看，全市178家市级以上农业龙头企业中，资产规模最大的也仅为10亿元左右，且仅有一家。从销售情况看，2009年全市农业龙头企业中销售收入过10亿元的企业只有4家，尚无一家超过100亿元。从带动农民致富效果看，3/4以上农产品加工企业与基地、农户之间还停留在产销合作的基础层面，还没有形成真正意义上的“风险共担、利益均沾”的经济利益共同体。从企业科技创新能力上看，全市大多数农业龙头企业科技创新能力、产品研发能力低，在科技推广方面还没有起到“主体”的作用。

5. 农民组织化程度相对较低

近几年来，我市农民专业合作社发展较快，但从总体上看，仍处于初创阶段，尚存在着许多困难与问题。一是覆盖面不够广。目前，我市农民专业合作社农户覆盖率不到20%。二是规模较小，带动力不强。全市现有的702家农民专业合作社普遍规模较小，不能形成较强的带动力。三是经营和服务水平不高。农民专业合作社市场意识不够强，服务质量也有待提高。四是运行还不够规范。我市还有相当部分的专业合作社运行机制不够规范，在法人治理结构、民主管理和财务管理等方面的制度有待健全。

6. 农业生产条件有待改善

近些年来，我市在农业基础设施建设上的资金，大多集中在大江大河的堤防建设和大中型排涝泵站的更新改造上，而小农水建设历史欠账较多，现有的农业水利设施大多为20世纪70年代以前所建，老化严重，灌溉沟渠与塘堰淤塞，农业的抗灾能力较差，在大灾之年的保收能力只有50%，中灾之年的保收能力只有62%，小灾之年的保收能力也只有80%。机械化程度不高，多数农民仍未从繁重的体力劳动中解脱出来。

7. 农民增收的长效机制仍未建立

近年来，武汉农民收入增长速度明显加快，特别是2008年、2009年和2010

年，全市农村居民人均纯收入分别比前一年增长18.2%、13.8%和15.83%，均高于当年的城镇居民人均收入增幅。但从总体上看，农民增收的基础仍比较薄弱，增收的渠道仍比较缺乏，农民增收的不确定性因素仍然很多，农民收入在较高基数上继续保持快速增长势头难度很大，缩小城乡居民收入差距任重而道远。

8. 农产品市场体系尚不完善

我市的农产品批发市场相对偏少，市区除白沙洲、黄金堂批发市场规模较大外，其他农产品批发市场场地狭小，设施简陋，基本没有仓储、制冷等配套设施。产地交易市场建设薄弱，从某种程度上制约了我市本地农产品的外销能力和市场竞争力。另外我市适应信息时代消费潮流和物联网发展需要的电子商务网络平台建设严重滞后，有利于实现农产品套期保值的期货市场缺乏培育。在市场建设布局上，统一规划不够，存在低水平重复建设和无序竞争。在市场监管方面，还没有推行市场准入制度和责任追究制度，一些不合格产品得不到有效控制。作为组织农民与大市场对接的主要平台，我市农民专业合作社在市场流通中的作用还未完全发挥。

9. 农村产权制度不适应发展需要

本市虽然在全国率先建立了农村综合产权交易市场，在盘活农村产权上作了一些有益的探索，但农民产权难以财富化、资产化的问题依然存在。一是农民目前只是法律和政治上的产权主体，没有真正享有产权收益、分配、处置权利。二是农村资源流动不足，农村要素市场不活跃。三是当前的农村产权制度使部分农民处于城乡两栖的尴尬状况。四是城市单边抽取农村优质资源的状况严重阻碍了农村的和谐稳定发展。

二　2011年武汉现代都市农业目标任务与保障措施

（一）目标任务

2011年是全面实施“十二五”现代都市农业发展规划、深入推进新一轮新农村建设和“菜篮子”工程建设的开局之年，也是调整农业经济结构、加快转变农业发展方式和保持农产品价格基本稳定的关键之年。预期本年农业增加值增

长3%，农民人均纯收入增长12%，农业固定资产投资增长15%，主要“菜篮子”产品自给率达到70%，市级农产品质量安全监测达到3.4万批次，农业产业化经营农户覆盖率达到63.3%，农业科技对农业增长的贡献率达到61%，农机化综合水平达到62.8%，农业综合生产成本下降8%，农村能源开发利用率增长7.5%，农村综合产权交易额达到20亿元，农产品出口创汇1.55亿美元。

（二）保障措施

1. 认真落实党的农村政策，切实调动农民积极性

（1）全面落实各项强农惠农政策。认真落实种粮补贴、良种补贴、农资综合直补、农机购置补贴等惠农补贴。积极会同有关部门做好村级公益事业建设一事一议财政奖补和被征地农民基本生活保障工作，做好禁渔期渔民生产生活补助资金和燃油补贴发放工作，积极探索农机作业补贴方式。加强惠农政策落实情况监督检查和农民负担监管，坚决制止举债搞新农村建设。探索建立绿色蔬菜（瓜、藕、菌）、优质畜禽、名特水产等优势特色农产品补贴制度。

（2）抓好新一轮新农村建设产业结构优化工作。按照“整体推进、重点提升”的思路，大力推进新一轮新农村建设农业生产发展工作，高标准制订乡镇街新农村建设产业发展规划，高质量实施一批致富门道项目，完善提升全市7个新农村示范片，夯实新农村建设的物质基础。加快推进国有农场改革与发展，努力把国有农场打造成我市现代都市农业发展和新农村建设的示范区。配合做好城乡一体化相关工作。

（3）加大老区贫困地区扶贫开发力度。在继续推进全市4个试点街乡扶贫开发工作的基础上，2011年新增5个街乡镇实施整体推进扶贫开发。加大开发式扶贫力度，努力实现全市老区贫困地区农民人均纯收入增幅超过全市增幅2个百分点，减少贫困人口6500人以上。继续做好中心城区对口支持远城区共建新农村、“城乡互联、结对共建”、农村小康建设等帮扶工作。认真抓好移民稳定致富工作。

（4）发展壮大农村集体经济。认真抓好农村集体经济“空壳村”结对共建工作，加大项目支持力度。健全农村集体资金、资产、资源管理制度，实行村账街（乡镇）管、街（乡镇）账区管，农村“三资”监管代理覆盖率和村级财务公开率达到100%，建立健全农村“三资”监管代理和农村财务审计长效机制。

（5）稳步推进农业政策性保险。

2. 加快改善农业设施装备条件，不断提高农业现代化水平

（1）突出抓好高标准农田建设。按照“田成方、林成网、路相通、渠相连、旱能灌、涝能排”的标准，加快推进农田集中连片规模开发、田水路综合治理，切实改善农业生产条件。2011 年，积极整合土地整理、农业综合开发、农产品板块基地建设等有关方面资金，新建 8 万亩高标准农田。

（2）加强耕地质量建设。大力推广深松整地、秸秆还田等土壤改良技术，鼓励农民种植绿肥、增施有机肥，大幅度增加高产稳产农田比重，全年推广生物有机肥 5 万吨。充分运用测土成果，大力推进配方施肥，全年新增面积 20 万亩。全面启动全市不同类型土壤检测养分分布图的编制工作。指导农民科学种植，合理配茬，实行保护性耕作。

（3）加快发展农业机械化，力争 2011 年，全市农机工业产值达到 3 亿元。

（4）大力发展设施农业。整合涉农资金，加大设施农业投入力度，提高农业生产水平和防灾减灾能力。

（5）提高农业信息化水平。健全基层农业信息服务体系，完成乡镇或区域性农业信息服务站建设，重点建设 300 个农业信息服务示范点。拓展“12316 三农热线”服务功能，提升服务质量，确保热线接通率达到 98% 以上。加强农业信息网站开发，完成“农业百事通”系统建设，完善农产品电子商务平台、农产品质量安全监控系统、农村综合产权交易系统和农业地理信息系统。进一步提升为农业发展服务传媒的功能。

3. 大力加强“两型”农业建设，促进农业低碳可持续发展

（1）加快发展农业循环经济。突出抓好以沼气为纽带的能源生态模式、以食用菌为纽带的废物利用模式、以动植物互利为纽带的种养结合模式等循环农业模式推广，加强农业废弃物综合利用和畜禽养殖小区治污配套工程建设，推进农业节能减排。

（2）大力发展节约型农业。积极推广应用节地、节水、节肥、节种、节能等节约型农业技术和农业装备。

（3）促进乡村休闲游产业提档升级。进一步优化乡村休闲游区域布局，完善公共旅游基础设施，延伸农旅产业链条，发挥文化传承功能，加强旅游品牌培育和市场监管，切实提高发展质量和效益。充分发挥远城区山水林资源，利用村

庄整治整理的旧宅基地、空闲地等农村集体建设用地，在符合规划的前提下，多形式发展乡村休闲游产业。加快推进新洲花果山生态农业园、蔡甸知音观荷园、江夏梁子湖休闲农业带等重点项目建设，继续支持建设一批乡村休闲游专业村、特色村和旅游名镇，打造3~5条特色乡村休闲游线路。精心组织开展系列乡村休闲游主题活动，开发乡村休闲游市场。

（4）强化农业生物资源养护和生态环境保护。加强水生生物资源保护，继续执行长江和汉江禁渔期制度，组织开展增殖放流活动，累计投放各类鱼苗5000万尾以上。加大农业面源污染治理力度，大力实施农业投入品减量化工程，控制并逐步减少远城区湖泊、水库“三网”养殖面积，调整养殖品种结构，降低养殖密度，逐步改善和修复养殖水域生态环境。加强水生野生动物保护，完善渔业水域滩涂养殖证管理制度，稳定渔民水域滩涂养殖使用权。加强畜禽遗传资源保护，防止畜禽遗传资源的流失和灭绝。

（5）加强农村可再生能源开发利用。因地制宜推广“一池三改”户用沼气池2000户、在农村集中连片推广太阳能热水器3000台，建设大中型沼气工程10处、小型及联户沼气工程20处，改建省柴节煤炉灶2.6万户，新增一批秸秆气化集中供气项目。健全农村能源后续服务体系，积极开展太阳能路灯试点工作。

4. 加快推进农业科技进步和创新，着力提高农业发展支撑能力

（1）提高农业科技自主创新能力。充分发挥我市涉农大专院校、科研院所密集的优势，加强产学研用协作，努力在种业科技创新、绿色农业投入品创制与应用、农业资源保护与高效利用、动物疫病防控、农业机械化与轻简化生产、农产品精深加工和保鲜储运、农业防灾减灾等方面取得重大科技成果。

（2）积极发展种子种苗产业。围绕建设武汉种子种苗繁育中心，充分发挥有关科研院所的种子种苗科技优势，以水生蔬菜、名特水产、双低油菜、良种猪等为重点，大力培植孵化中心，做大做强良种繁育推广基地。加强对本地种子种苗资源的开发利用。加快推进种子种苗生产基地建设，全市新增育苗能力3亿株。积极鼓励和支持种业企业并购、重组和上市，着力打造种业航母。

（3）健全农业科技服务体系。大力推广“管理在区、服务在街镇”的派出制服务模式，保障公益性服务经费，改善基层工作条件，提高农技推广服务能力。大力发展互助性农民专业合作组织和经营性农技服务组织，充分调动农业科研教育单位和涉农企业、协会等社会力量参与农业技术推广，逐步建立起公益性与经营性服务组织相结合、多种所有制服务主体共同发展的新型农业科技服务体系。

（4）加快农业科技成果转化与应用。继续实施农业科技“六个一”工程，加快建立一批产学研相结合的农业科技创新示范基地。突出武汉南湖国家农业科技园、武湖现代农业高科技示范园（黄陂台湾农民创业园）以及东西湖柏泉现代农业高科技示范区、汉南湘口水产高科技示范园等7个万亩农业高科技示范园区建设。全年推广种养业优良品种40个以上、农业实用新技术30项以上、新模式30种以上。

（5）加强农业农村实用人才队伍建设，为现代都市农业发展培养高素质人才。

5. 实施农产品加工“四个一批”工程，大力推进农业产业化经营

（1）突破性发展农产品加工业。积极发展农产品精深加工业，着力发展猪肉制品、乳制品、禽类制品、水产品、粮食、油脂、饲料、蔬菜等8大特色农产品加工产业集群。加快推进农产品加工“一区六园”建设，引导企业向园区聚集，抓紧建设重大加工项目，确保农产品加工产值增长25%以上、突破1200亿元。

（2）增强龙头企业带动能力。积极搭建银企对接平台，加强企业上市辅导，加大以奖代补、贷款贴息等政策扶持力度，加快培育壮大一批成长性好、带动力强的龙头企业，特别是加工龙头企业，引导龙头企业采取兼并、重组、参股、收购等方式，整合资源要素，组建大型企业集团。大力推广“龙头企业+农民专业合作社+农户”的产业化经营机制，发展和规范订单农业，引导农民专业合作社通过多种形式参股龙头企业，进一步提高农业产业化经营水平。

（3）大力发展农民专业合作社。加大对农民专业合作社发展的支持力度，鼓励和支持龙头企业、农技推广和供销合作组织、农村运销、种养和农机大户等各类主体领办农民专业合作社。深入推进示范社建设行动，对服务能力强、民主管理好的农民专业合作社给予财政补助。打破行政区域限制，积极鼓励扶持发展跨地域或跨行业的农民专业合作社。鼓励农民专业合作社开展信用合作，提高其生产经营、技术应用、信息搜集和市场开拓能力。全年新增农民专业合作社150家，建设示范合作社20家。

（4）集中精力打造品牌。大力实施农产品品牌战略，加强品牌整合和宣传推介，支持品牌做大做响，力争2011年创建省级以上名牌农产品1~2个。加强“三品”（无公害农产品、绿色食品、有机食品）认证和管理，力争全年新增“三品”数量20个，对不符合“三品”认证标准的企业督促进行整改，整改后仍达不到标准的，上报农业部撤销认证。

6. 加强农产品质量安全全程监管，着力打造农产品安全城市

（1）加强农业投入品监管。严格农业投入品市场准入，加快农资标准化放心店建设。开展禁限用高毒农药专项整治，强化兽药质量监管和残留监控，规范安全用药。加大农资质量抽检力度，积极推行主推品种公告制、诚信经营承诺制、农资质量追溯制、违法行为曝光制等制度，建立健全监管长效机制。

（2）大力推进农业标准化建设。坚持制标、修标与贯标相结合，积极配合有关部门抓好10个以上地方农业标准的制（修）订工作，重点建设10个农业标准化生产示范区，示范推广面积20万亩，建设25个国家级健康养殖示范场（小区）。

（3）加强农产品质量安全监测与执法。完善农产品质量安全监管体系，进一步建立完善乡镇农产品质量安全监管站所，稳步推进村级服务站点建设，督促和指导农产品生产基地和经营单位建立和完善自检机构。突出加强对农产品批发市场、高温季节农产品、外埠农产品和本地重点品种的监管，加大水产品检测力度，加强生鲜乳收购站监督管理，及时发现和处置不合格农产品。健全动物检疫报检点制度，确保生猪定点屠宰同步检疫率和病害产品无害化处理率达100%。建立健全产地准出、市场准入、质量追溯、新闻曝光等监管制度，完善协调配合、检打联动、联防联控、应急处置机制。

7. 实施开放先导战略，努力提高农业对外开放水平

（1）加大农业招商引资力度。围绕我市特色优势产业，精心策划、包装、跟踪服务一批重点农业项目，充分利用辛亥革命100周年纪念活动、台湾周、华创会、农博会等平台做好招商工作，积极组织国（境）内外招商活动，力争全年引进内资1.6亿元、外资1600万美元。积极引导农民工回乡创业。

（2）积极推动农产品出口。加强优势农产品出口基地建设，在巩固和扩大传统出口产品的基础上，着力培育农产品出口新的增长点。积极引导企业调整出口产品结构，扩大精深加工产品出口比重，提高出口农产品附加值。坚持自营出口与供货出口两手抓，力争全市农产品出口创汇达到1.55亿美元。

（3）加强农业经济协作。认真实施《武汉城市圈“十二五”两型农业建设规划》，深化武汉城市圈两型农业合作，着力在农超对接、农产品市场准入、农村综合产权交易、农业投资担保、农业信息服务等方面开展合作。深化与15个副省级城市、中部6省省会城市和我国台湾、日本等国家和地区的农业交流合作。加强与涉农区、市直有关部门和有关科研院校的合作共建。扎实做好农业援藏、援疆和对口帮扶工作。

8. 继续深化农业改革，创新农业发展体制机制

（1）深化农村产权制度改革。加快农村综合产权市场建设，增加交易品种，扩大交易规模，延长服务链条，积极推进农村产权抵押贷款工作，培育农村产权交易经纪人队伍，加强农村产权交易系统建设，力争全年组织交易250宗，实现交易额20亿元，农村产权抵押贷款达到1.2亿元。继续扩大农村集体产权制度创新试点，积极推进农村集体资产股份制改造，支持农村集体股份合作经济组织以市场化运作方式参与新型工业化、城镇化和新农村建设。

（2）深化农业投入政策改革。创新农业项目资金使用和管理方式，调整财政资金投资方向，逐步将财政资金从充分竞争的行业中退出，重点投向普惠的、公益性农业基础设施建设、农产品质量安全监管、两型农业建设、农业社会化服务体系建设等领域。做好农业发展项目的策划申报，积极争取国家和省级项目资金支持。采取贷款贴息、以奖代补等多种形式，引导社会资本、金融资本投入现代都市农业建设。积极会同有关部门推进以项目为载体的涉农资金整合工作。建立农业资金项目招投标制度，加强财政支持项目的评估，提高财政资金使用效益。

（3）深化农业投融资改革。积极配合有关部门加快发展小额贷款（担保）公司，鼓励金融机构开展农村小额信贷业务。完善农业科技示范户贷款贴息的管理规定，放宽准入门槛，提高授信额度。充分发挥市、区农投公司的融资（担保）作用，引导各类社会资本参与农业开发和农村建设。鼓励有条件的农业龙头企业进行股份制改造和上市，通过资本市场募集发展资金。

（4）深化农业经营体制改革。认真贯彻落实中央即将出台的农村土地承包关系长久不变的实施办法和农村土地承包经营权流转指导意见。坚持和完善农村基本经营制度，做好土地承包经营权证登记试点准备工作，在依法自愿有偿和加

强服务基础上完善农村土地承包经营权流转市场，加强土地流转管理和服务，全市新增农村土地流转面积 18 万亩以上。制定农业各产业适度规模经营标准，发展多种形式的适度规模经营，大力培育和推广土地股份合作社、家庭农场等以农民为经营主体的新型农业发展模式。认真做好农村土地承包经营管理信息化和档案工作，建立健全各区农村土地承包经营纠纷调处仲裁体系，切实保障农民土地权益。

B.17
2010～2011年武汉市财政经济形势分析与展望

武汉市财政局

摘　要：2010年，武汉市坚持以科学发展观为指导，认真落实中央的宏观经济政策，抓住国家促进中部地区崛起、两型社会建设、东湖国家自主创新示范区建设的重大机遇，加快推进经济结构调整和经济发展方式的转变，经济平稳较快的发展势头进一步巩固。全市各级财税部门按照市委市政府的统一部署，贯彻落实积极的财政政策，大力支持经济发展，严格依法治税，不断优化财政支出结构，财政收入实现较快增长，财政支出保证了各项重点支出的需要，财政运行情况良好。

关键词：宏观经济　财政支出　财政收入　财政运行

一　2010年全市财政经济运行情况及特点

2010年以来，全市宏观经济回升向好势头持续发展，主要经济指标高开稳走，财政收入与国民经济总体协调增长。2010年，全市财政收入累计完成1416亿元，为年度计划的115.7%，增长40.9%。其中，地方财政收入814亿元，为年度计划的119.1%，增长52%，地方一般预算收入390亿元，为年度计划的109.2%，增长23.4%。全市税收收入完成920亿元，增长24.25%，税收占财政收入的比重为65%。全市财政支出959亿元，为年度计划的99.1%，增长34.7%，其中：一般预算支出557亿元，为年度计划的99.1%，增长10.6%。

总体上看，全市财政运行情况较好，财政收入超过了平均进度要求，保持了较高的增长水平，财政支出基本保证了经济建设和社会事业发展等重点支出需要。全市财税形势呈现以下几个特点。

（一）财政收入较好体现国民经济增长的成果

2010年，我市国民经济保持平稳较快增长，经济回升基础进一步好转，财政收入增长基础进一步巩固。从具体指标看，全市GDP累计完成5516亿元，增长14.7%；规模以上工业总产值完成6425亿元，增长28.4%；全社会固定资产投资完成3753亿元，增长25.1%；社会消费品零售总额实现2523亿元，增长19.5%。主要经济指标的增长，为财政收入的增长奠定了坚实的税源基础。1～12月，全市财政收入一直保持20%以上的增长水平。

（二）税收收入较快增长提升财政收入质量

全市税收收入完成920亿元，增长24.25%。其中，地方一般预算收入中税收收入306亿元，增长23.6%，占全市地方一般预算收入的78.5%，财政收入质量稳步提高。从主要税种看：增值税、营业税、企业所得税、个人所得税、消费税分别增长5.6%、15.8%、38.6%、20.1%、58%，均保持稳定增长。

（三）重点支柱税源企业增势较好

2010年，全市纳税排名前100户企业总体经营情况良好，共缴纳各项税收481亿元，增收88.6亿元，增长22.6%。前100户企业纳税额占全市税收收入的52.3%，占地方一般预算收入的24.8%。从纳税规模看，纳税大户增加，其中，纳税过亿元的企业有53户，比上年同期净增加4户；过5亿元的企业有12户，与上年同期持平；过10亿元的企业有8户，比上年同期净增加3户。纳税前5位的是湖北中烟138亿元、东风本田64亿元、中石化武汉分公司55亿元、神龙公司34亿元和东风汽车14亿元。5户企业共纳税305亿元，比上年同期增长47.3%，占前100户企业纳税总额的63.4%。

（四）区级财政收入规模和比重不断上升

13个区地方一般预算收入完成184亿元，增长27.6%，高于市本级4.2个百分点，占全市地方一般预算收入的比重为47.3%，比上年同期高出1.4个百分点。远城区增长势头好于中心城区。七个中心城区一般预算收入完成110亿元，增长20%，六个远城区一般预算收入完成74亿元，增长42.3%。两个开发区在市级收入占比提高。武汉经济开发区和东湖新技术开发区完成地方一般预算收入43亿元，同比增长54%。

（五）财政支出保障能力不断提高

各级财政部门严格预算执行管理，加大资金支付力度，重点保障农业、教育、科学、社保、卫生等法定支出，重点支持自主创新、两型社会建设及新兴产业的发展，重点保障环保、廉租房建设等项目的资金需求。与过去相比，支出结构进一步优化，资金拨付进度加快，支出的均衡性不断提高。2010年，全市财政支出959亿元，为年度预算的99.1%，增长34.7%。其中：全市一般预算支出557亿元，为年度预算的99.1%，增长10.6%。一般预算支出中用于教育、科学、文化、卫生、社会保障和就业五个方面支出达到215亿元，比上年增加15亿元。

二　财税工作中存在的主要问题

2010年，我市财政收支完成情况较好，为完成全市财政工作任务，做好2011年各项财政工作奠定了坚实基础，同时也存在一些问题和困难。

（一）经济持续增长的基础还不够稳固

国际金融危机的深层次影响尚未完全消除，国家宏观调控政策出现明显变化，经济刺激力度减弱，房地产市场调控力度空前，市场需求放缓，市场竞争激烈。原材料、燃料、动力购进价格持续上涨，企业经营成本压力持续加大。上述因素决定，2011年经济能否持续平稳回升具有不确定性。

（二）新的收入增长点不突出

全市工业投资相对不足，新的增长点不多。目前工业生产的高速增长主要靠现有产能的发挥，因此工业持续增长的空间有限。税收靠大企业支撑的基本格局没有发生根本性变化，中小企业税收收入在财政收入中的比重较低，新增财源和后继财源不足，可用财力不多，收入结构有待进一步改善。

（三）财政收入组织难度加大

近三年来，我市财政收入均保持了 20% 以上的高速增长，收入基数较高。同时，税务部门加大税收征管力度，大力压缩欠税，继续压欠的潜力不大，财政收入继续保持高速增长将面临更大的压力。

（四）财政收支矛盾更加突出

促进经济增长方式转变，发展各项社会事业都对财政支出提出了更高的要求。目前各方面要求增支的呼声较高，医疗卫生、教育、体育、文化、公共交通、城市管理、人口计生、"三农"、民政、社会保障、司法救助等社会事业发展对财政资金的需求加大，财政收入增长的有限性和社会各项事业的发展对财政支出需求不断增加的矛盾更加突出。

（五）财政支出效率有待进一步提高

通过近几年的财政改革，特别是绩效评价工作的深入开展，使财政支出的规范性有了明显改善，资金运行的安全性和使用效益有所提高。但部分预算部门和单位预算执行不规范，项目进展缓慢，擅自提高支出标准、挤占挪用项目经费等违纪违规行为还不同程度存在，还有少数单位国有资产经营收入没有及时上缴，财政资金的使用效益需进一步提高。

三　2011 年财政收支预测

根据 2010 年武汉市国民经济持续稳定增长和经济运行质量稳步提高的有利形势及财政收支完成情况，综合考虑现有的税源条件、2011 年收支调整因素和预算平衡的需要，结合全市国民经济和社会发展计划及财政收入增长目标，按照财政收入与 GDP 同步增长的原则，预计 2011 年全市财政收入将完成 1617 亿元，同比增长 14.2%，其中：地方财政收入预计完成 1038 亿元，同比增长 14.7%。地方一般预算收入预计完成 543 亿元，同比增长 13%。按统筹兼顾、突出重点、有保有压的原则，全市财政支出安排 980 亿元，比上年市人代会批准的年初预算增长 24.4%。

2011 年全市财政收支安排主要考虑以下因素。

（一）收入方面

一是经济增长因素。按照财政收入增长应与GDP增长基本相适应的要求，根据2011年地区生产总值增长预期目标，综合考虑2011年宏观调控政策对财政收支的影响，以及重点税源企业生产经营情况，本着积极稳妥的原则，财政收入增幅按略高于地区生产总值增幅安排。二是税源分析因素。虽然近两年我市投资规模逐年增大，新建项目投产增多，给我市带来了一定的新增税源，但考虑到国家实施宏观调控政策力度的加大，2011年财政经济走势不确定因素增多。三是政策性减收因素。随着国家宏观调控措施的逐步到位，特别是中央出台了一系列房地产调控政策，包括严格土地供应、银行信贷以及房产交易税收等政策，其滞后效应将在明年逐步显现，使得我市经济和税收增长的不确定性增大。

（二）支出方面

根据《预算法》、《武汉市预算审查监督条例》，结合我市国民经济和社会发展"十二五"规划和中央、省、市有关明年财政支出的政策要求，考虑财力可能和支出实际需求在分配预算时，努力体现公共财政的要求：一是坚持依法理财。支出预算的编制要严格按《预算法》等法律法规的要求，符合政府宏观调控目标，符合国家产业政策，体现法定增长要求，与国民经济和社会发展规划相一致，与部门履行职能及事业发展计划相协调，与政府财力相适应。二是符合公共财政的要求。财政资金安排要着力推进经济社会协调可持续发展，积极改善民生，满足公共需求，促进基本公共服务均等化水平的提高。2011年，财政支出预算编制，按照相关法律法规的规定，确保农业、科学、教育、文化、卫生、计生等六项法定支出的增长幅度，按高于当年市本级经常性财政收入增幅进行安排，加大"三农"、就业再就业、廉租房建设、社会保障、科教文卫事业等支持力度，推动基本公共服务均等化。三是进一步优化财政支出结构。按照"保增长、保民生、保稳定"和建设"两型社会"的要求，进一步优化支出结构，合理调整资金存量，科学安排增量，集中财力办大事。在兼顾一般支出的同时，优先保证重点支出和应急支出。财政专项资金预算按照突出重点，讲求效益的原则，优先安排市委、市政府确定的重点项目，以及统筹社会事业协调发展和保障民生基本需求的项目。四是支出标准制定进一步科学公平。进一步完善部门预算

基本支出编制标准，促进预算分配公平合理。考虑到近年来客观经济形势变化和物价上涨的实际情况，部分经费的定额标准已经不能适应需要，决定对2011年市直行政机关日常公用经费定额标准进行适当调整。同时根据国家和省市有关规定，统一规范住房公积金、提租补贴等经费计提基数。五是坚持厉行节约，降低行政运行成本。出国（境）费、车辆购置及运行费、公务接待费和水、电、油费等四项经费支出继续按市纪委、市监察局、市财政局、市审计局联合下达的控制数执行。项目支出在剔除一次性项目并调整相关支出结构后原则上按“零增长”安排。严格控制党政机关办公楼等楼堂馆所建设，大力压缩会议、文件等一般性支出，切实降低行政运行成本。

四　完成财政工作任务的措施

按照中央、省、市关于经济社会发展的总体要求，以科学发展为主题，以加快转变经济发展方式为主线，继续贯彻落实积极的财政政策，大力推进经济结构调整，着力保障和改善民生，促进经济社会又好又快发展。

（一）坚持服务经济发展大局，促进经济发展

抢抓国家促进中部地区崛起、两型社会建设、东湖国家自主创新示范区建设的重大机遇，推动经济结构调整和经济发展方式转变，促进国民经济持续稳步增长。

一是积极支持结构调整和产业升级。充分发挥财政政策和财政资金的导向作用，支持走新型工业化道路，深入实施“工业强市”战略和“工业倍增计划”，加快建设全国重要的先进制造业中心。支持做大、做优、做强电子信息、汽车、装备制造、钢铁、石化、食品加工等主导产业，加快发展轻工家电、纺织服装、新型建材等优势产业。进一步整合财政资源，完善财税支持政策，通过投资补助和研发补贴方式，鼓励企业科技创新和成果转化，促进新一代信息技术、节能环保等战略性新兴产业发展壮大。

二是深入推进中小企业和民营经济发展。落实个体私营等非公有制经济发展的财税政策，引导民间资本进入文化、会展、商贸物流等领域。补充市属国有担保公司资本金，实行担保风险补偿，支持开展银企融资对接活动，拓宽融资渠道。通过以奖代补、小额担保贷款贴息等方式，推进全民创业。支持产业园区改

善基础设施，健全服务体系，为中小企业和民营经济发展创造良好环境。

三是着力促进发展循环经济和节能减排。完善和落实节能减排的财税政策，优先支持节能减排项目，引导企业开发清洁能源、新型光源等节能新产品，实施节能减排新技术，应用节能减排新工艺，加快淘汰落后产能。大力扶持电动汽车、混合动力汽车等环保节能企业成长壮大。实行以奖代补，建立政府引导、企业为主、社会参与的污染治理投入机制，加强对重点污染源治理。继续支持循环经济示范区建设以及“十城千辆”、“十城万盏”、“智慧城市”等示范工程建设，促进清洁生产和绿色消费。

四是加快推进东湖国家自主创新示范区建设。加大示范区建设投入，支持中华科技产业园、中新科技产业园、武汉未来科技城等园区建设，扶持光电子信息产业等战略性新兴产业发展壮大，不断培育新的经济增长点。完善示范区建设的财税政策，进一步争取国家优惠政策，促进科技金融创新、科技成果转化、股权激励等改革试点。扩大政府采购自主创新产品规模，推广应用自主创新产品。

五是大力扶持发展现代服务业。落实财政扶持政策，促进现代物流、软件与信息服务、会展与商务等生产性服务业做大做强，家政服务、社区服务等生活性服务业加快发展。围绕建设区域金融中心，支持引进境内外金融机构，发挥现代金融对经济发展的支撑作用。完善服务外包扶持政策，优化出口商品结构，提升对外经济贸易水平。支持改善旅游发展环境，促进旅游业加快发展。推进商贸等传统服务业运用现代经营方式和信息技术改造提升，发展电子商务等流通新业态，增强竞争力。

（二）狠抓增收节支，确保财政平稳运行

坚持聚财有方、用财有规，大力开源节流，积极化解收支矛盾，确保完成全年财政收支任务。

一是加强财政收入管理。加强财政经济形势分析，密切关注经济运行状况和财政收入走势，采取有效措施，加强收入征管。整顿和规范税收征管秩序，强化税收属地征管，加强税源监测控管，严格依法征收，努力挖掘增收潜力。完善财税库综合协调机制，规范税收征缴入库管理，强化税收征管服务。落实中央关于将政府非税收入全额纳入财政预算管理的规定，增强预算统筹能力。坚持增加财政收入总量与优化财政收入结构并重，增强财政收入的稳定性、均衡性和可持续

性，提高财政收入质量。

二是提高财政支出的均衡性、及时性和有效性。进一步重视和加强支出预算执行管理，严格预算支出责任制，实行动态监控，不断提高财政支出的均衡性。按照年度预算安排，切实加快支出进度，完善财政应急保障和快捷反应机制，对本级预算安排的各项支出和上级下达的各类资金及时拨付到位。从严控制预算执行中追加支出和调整事项，并严格按程序办理，增强支出预算的约束力。

三是推进节约型机关建设。继续按照中央、省、市关于厉行节约的有关要求，坚决压缩一般性支出，加强对因公出国（境）经费、公务用车购置及运行费、公务接待费等预算管理。继续从严控制楼堂馆所建设，从严控制办公楼维修项目，严禁超预算超标准装修办公用房。严格控制和规范庆典、节会、论坛等方面的经费支出，继续推进党政机关节能减排，切实降低行政成本。

（三）坚持加大“三农”支持力度，促进农业稳定发展和农民持续增收

坚持“工业反哺农业、城市支持农村和多予少取放活”的方针，加大强农惠农支持力度，提高农业现代化和农民生活水平。

一是支持加快发展现代都市农业。积极运用财政扶持政策，大力支持蔬菜、水产等优势特色农业产业规模化、标准化生产，以现代农业模式实施新一轮“菜篮子”工程，提高“菜篮子”保障水平和质量。以扶持加工型农业龙头企业为重点，支持建设农产品加工园区，提高农业产业化水平。推进农业先进适用技术的研发和推广应用，提高农产品竞争力。支持加强病虫害综合防治和农产品质量安全，增强农业抗风险能力和可持续发展能力。

二是促进改善农村生产生活条件。贯彻落实中央加快水利改革发展的政策，加大农田水利基础设施建设支持力度，加强农业综合开发和基本农田整理，合理保护农业生态资源。支持实施水毁应急修复、小型病险水库整险加固等工程。推进加快乡村道路、电网、广播电视等基础设施建设，发展农村可循环清洁能源。

三是拓宽农民增收渠道。做好新增和扩大惠农补贴范围的基础性工作，切实提高各项惠农补贴兑付速度。落实提高小麦、稻谷最低收购价政策，促进农民转移就业和乡村休闲游的发展，增加农民生产经营收入和工资性收入。支持家电、摩托车下乡工作，引导农村消费，增强消费对经济增长的拉动作用。

四是推进远城区新型工业化。落实远城区税收返还政策，推动工业园区基础设施建设。强化财政政策支持，以省级经济开发区和特色产业园区为平台，引导民营企业向园区集聚发展。支持各区结合自身特点和区位优势，优化产业结构，横向做强产业群，纵向做长产业链，实现远城区工业差异化发展和集约式增长。

（四）坚持完善社会保障体系，切实保障和改善民生

把保障和改善民生作为财政工作的出发点和落脚点，加大财政投入力度，着力解决与群众生活密切相关的问题。

一是落实积极的就业政策。全面落实就业援助的财政补助政策，重点帮扶“零就业家庭”、“4050”等就业困难群体实现再就业。扎实做好小额担保贷款助推全民创业工作，帮扶劳动者自主创业。加强职业技能培训，提高劳动者的素质。促进武汉大学生就业见（实）习制度建设，开发新的公益性岗位，帮助下岗失业人员、大中专毕业生、退役军人等实现就业再就业。

二是健全覆盖城乡居民的社会保险体系。积极支持将未参保集体企业职工及退休人员、原“五七工”、“家属工”纳入城镇职工基本养老保险，加快新型农村社会养老保险试点步伐，进一步扩大养老保险覆盖面。落实提高企业退休人员基本养老保险金水平的政策。支持完善工伤、生育和失业保险制度，不断提高保障水平。

三是支持完善城乡社会救助体系。健全城乡最低生活保障制度和城乡临时救助制度，加大对城乡低保户、农村五保户、特困户救助资金保障力度，提高优抚救助对象的补助水平。建立完善物价上涨与城乡低保对象临时生活补贴联动机制。通过政策扶持和资金扶助，激励社会力量办养老机构，加快构建城乡统筹的养老服务体系。

四是推进住房保障体系建设。加大保障性住房投入力度，支持以廉租房、公租房为重点的保障性住房建设，进一步完善困难家庭租金补贴和租金核减办法，扩大困难家庭的受益范围，解决中低收入家庭住房困难。

（五）促进社会事业发展，提高公共服务水平

继续大力支持社会事业发展，加强城市基础设施建设，推进公共服务均等化。

一是支持科教和人才事业发展。进一步推进义务教育均衡发展，全面实现全

市公办初中学校标准化，启动全市小学建设标准化，缩小校际差距和城乡差距。加大学前教育经费投入，建立政府、社会举办者投入和家庭合理负担的机制，改善办学条件。健全多渠道投入机制，统筹中高等职业教育协调发展，支持市属职业教育园区做大做强。继续加大科技投入，加强科研机构和科普基地建设，支持开展多层次科普活动，提高市民科学素质。切实落实人才强市战略，支持以“黄鹤英才计划”、“3551人才计划”为主的人才引进集聚工程实施。

二是推动文化事业繁荣发展。实施城市社区文化中心、乡镇综合文化站等重点文化惠民工程，推进辛亥革命博物馆竣工开放。完善财税扶持政策，通过贷款贴息、项目补贴、补充资本金和奖励等方式，支持文化产业发展。

三是推进医药卫生事业改革发展。坚持投入与改革并重，支持建立覆盖城乡居民的医疗卫生服务体系，不断提高保障水平，切实减轻群众医药负担。支持公立医院改革试点，健全基本药物制度和基层医疗卫生机构补偿机制。促进农村三级医疗卫生服务网络、城市社区卫生服务体系建设，推动远城区公共卫生服务和区级医疗卫生服务提档升级。继续支持中部医疗服务中心建设，创建更多的一流医疗品牌。加强重大疾病防控体系建设，提高突发公共事件的应急处理保障能力。

四是支持加强城市基础设施建设和城市管理。继续支持城市重点功能区建设，加快推进旧城改造，保障城市可持续发展。推进二环线、武汉大道、江北快速路、鹦鹉洲长江大桥等城市环线、城市快速路、过江桥隧和轨道交通项目建设，完善城市微循环路和过街通道等交通设施，提高城市交通畅通能力。加快推进大东湖生态水网构建工程、汉阳六湖连通工程等水环境治理工程，支持城市污水治理、垃圾处理和其他市政服务设施建设，实施“十万株大树添绿荫”工程，打造“绿色江城”。大力支持开展“改善环境年”活动，创新城市管理体制，加强城市环境卫生综合治理，切实改善城市面貌。

（六）坚持强化财政监督管理，提高科学理财水平

创新理财观念，加强财政监督管理，进一步促进财政管理的科学化、规范化、精细化。

一是完善预算管理体系。完善预算编制体系，细化政府性基金预算编制，积极稳妥做好社会保险基金和国有资本经营预算编制工作。加强财政专项资金预算编制，健全预算编制与预算执行、结余结转资金管理和资产管理有机结合的机

制。完善预算执行动态监控体系，全面推进行政单位工资财政全额发放。扩大政府采购规模和范围，强化政府采购预算管理，优化政府采购流程，严格政府采购监管，规范政府采购行为。

二是加强行政事业单位国有资产管理。分类制定科学合理的资产配置标准，提高资产配置和使用效率。建立招标竞争和部门联动机制，进一步规范国有资产有偿使用和处置行为。完善资产管理动态系统，实行资产全程监控，推进资产管理信息化。

三是加强财政支出绩效评价。健全财政支出绩效评价体系，强化财政资金绩效考核和跟踪问效。积极运用绩效评价成果，将支出绩效评价结果与财政预算安排有机结合，逐步建立绩效预算制度。

四是加强财政监督。加强财税政策执行、财政资金使用管理和部门预算执行情况监管，重点开展对扩大内需、强农惠农、义务教育、医疗卫生、社会保障等资金的检查。推进财政政务公开，增强财政透明度。积极促进企业内部控制规范体系建设，严格会计法规制度执法检查，规范财经秩序。加强对投融资平台的监管，促进投融资活动规范有效运行。

B.18

2010 年武汉市价格形势分析及 2011 年展望

张水清　庞亚平*

摘　要：2010 年，受农产品等价格大幅上涨影响，武汉市居民消费价格指数持续上涨，且涨幅逐月扩大，全年居民消费价格指数同比上涨 3.0%，比 2009 年提高了 3.6 个百分点，其中食品类价格上涨 4.8%，居住类价格上涨 4.2%，成为推动价格上涨的主要因素。全市价格走势和全国、全省基本一致，呈前低后高态势，价格总水平低于全国 0.3 个百分点，高于全省 0.1 个百分点。

关键词：居民消费价格指数　价格走势　抑制通胀

一　居民消费价格走势的基本特征

一是居民消费价格指数涨幅前低后高。从 2010 年 1 ~ 12 月居民消费价格指数运行轨迹看，各月同比价格分别上涨 1.9%、2.1%、1.9%、2.5%、2.8%、3.0%、3.4%、3.7%、3.3%、3.5%、4.2% 和 3.4%。1 月处于全年低位，此后逐月扩大，11 月份涨幅为 4.2%，成为全年单月涨幅峰值，并创 27 个月以来的新高，12 月涨幅略有回落，谷峰值相差 2.3 个百分点。从季度数据看，各季 CPI 同比价格分别上涨 2.0%、2.8%、3.5% 和 3.7%，总体呈前低后高走势。月环比价格也连续 6 个月小幅上涨，表明物价上涨压力有所增强。

二是价格上涨面逐步扩宽。从分类构成看，2010 年居民消费价格指数八大

---

* 张水清、庞亚平，武汉市物价局政策法规处。

类商品价格由2009年的“三涨四降一平”转变为“七涨一降”，价格上涨已波及居民衣、食、住、行的各个方面。其中食品价格上涨4.8%，居住价格上涨4.2%，家庭设备用品及维修服务价格上涨3.5%，医疗保健和个人用品价格上涨3.4%，衣着价格上涨2.6%，烟酒及用品价格上涨1.4%，交通和通信价格上涨0.3%，仅有娱乐教育文化用品及服务价格下降了0.6%。工业消费品价格由降转升，同比上涨2.3%，比上年提高了3.2个百分点，拉动居民消费价格指数上涨1.0%，意味着在居民消费价格指数总涨幅中，有30%来自工业消费品价格上涨的推动。与此同时，家政服务、加工维修、理（烫）发、住院费、景点门票、出租车、房屋贷款利率等服务价格也整体呈现涨势。

三是食品类、居住类价格上涨成为推高居民消费价格指数上涨的两大推手。2010年，食品和居住类分别拉动居民消费价格指数上涨1.6%和0.6%，共同带动居民消费价格指数上涨2.2%，占总涨幅的73%。食品价格对居民消费价格指数贡献占比为53%。1～12月份，食品16个分类商品全面上涨，其中粮食价格同比涨幅接近10%，鲜菜、鲜果超过12%，干豆、食糖等部分品种超过30%。虽然12月份部分季节性鲜活商品价格略有回落，但粮食、淀粉、豆类、油脂、肉、调味品、糖等多数食品价格仍在全年高位。居住价格对居民消费价格指数贡献占比为20%。2010年，居住类价格由降转升，同比上涨4.2%，涨幅比2009年提高7.9个百分点。其中，建房及装修材料中的木材、水泥、玻璃、油漆等装修材料价格普遍上涨，平均涨幅为5.9%；水、电、燃料类中的液化石油气和天然气价格分别比上年上涨了28.9%和3.0%，平均涨幅为5.1%。

四是翘尾和新涨价因素对居民消费价格指数影响参半。2010年，在居民消费价格指数3.0%的涨幅中，翘尾因素影响约为1.6%，占53.3%；新涨价因素影响为1.4%，占46.7%。

二　价格总水平变动的主要原因

2010年价格上涨原因是多方面的，既有土地、劳动力价格上涨因素，又有资源产品价格改革推动成本上升的因素，还有世界普遍存在的货币发行过量引起的流动性过剩，另外，国际市场能源等基础性产品价格急剧上涨导致的输入性价格上涨的影响，自然灾害以及游资炒作也有一定影响。

我市价格总水平上涨直接原因主要是粮食、蔬菜等农产品价格和资源性产品价格上涨过快。一是粮食价格的上涨。粮价是百价之基，粮价上涨带动相关食品价格出现普涨。一方面国家调整粮食收购价格，这是粮食价格的合理上涨。另一方面是我国西南旱灾、北方雪灾和南方强暴雨等极端天气，推动了大范围粮食等农产品价格上涨。二是灾害天气造成本地蔬菜生产减少，外采量增加导致成本增加，价格走高。特别是我市 2010 年 7 ~8 月份连降暴雨导致鲜菜价格猛涨，第三季度平均涨幅高达 23.7%，高出上半年 10.4% 的涨幅 13.3 个百分点。三是国家资源性产品价格改革，如成品油、天然气、电价的调整，尤其是成品油价格持续攀升，直接导致运输成本增加，推动外采的蔬菜等农产品成本上升。虽然我市 2010 年价格上涨明显，但其前低后高的走势与全国全省一样，扣除食品和能源后的核心价格指数为 1.6%，市场价格总体平稳。

三　2011 年价格走势展望

充分认识 2011 年的价格形势，对做好价格工作，保持经济社会平稳快速发展，具有十分重要意义。因此，既要看到稳定物价工作的有利条件，又要看到影响价格变动的各种不确定因素，充分估计可能面临的困难和挑战。一是粮食等农产品价格上涨空间依然存在。国家还将继续提高粮食收购价格，加上国际粮食减产，粮价面临上行压力。二是资源性产品价格改革的压力依然存在。国家继续推进资源性产品和环保收费价格改革，如阶梯电价、水价、天然气价格、成品油价格改革等，必然直接或间接地推动价格总水平上升。三是输入性通胀压力依然存在。受世界经济复苏，美国继续保持宽松货币政策，国际市场基础性产品价格波动频繁，石油等资源性产品价格不确定性因素较多，人民币升值压力较大，加上我国进出口贸易对国内经济有着举足轻重的作用，输入性通胀因素仍然明显。四是阶段性供求不平衡的现象依然存在。加上受翘尾因素（2010 年价格上涨对 2011 年的翘尾影响约为 2.1%）及其他潜在涨价因素的影响，2011 年居民消费价格指数将总体保持上涨格局，全年将形成“前高后低”走势特征，预计全年居民消费价格指数将上涨 4% 左右。

2011 年，我市价格运行的环境更趋复杂，稳控物价的任务更加艰巨。为此，要按照中央和省、市委关于稳定物价、保障民生的要求，进一步加大工作力度，切实做好价格调控与监管，着重抓好相关工作。

一是努力保持市场价格的基本稳定。物价部门将把稳定价格总水平作为价格工作的首要任务，将围绕“促生产、畅流通、增储备、建机制、保民生”五个方面，抓好价格政策调控和市场监管，进一步健全价格监测预警体系，形成价格监测、发布、预警、应急相衔接的快速反应机制，密切关注市场价格动态，提高防范价格风险能力，审慎出台政府调价项目，把握好价格改革的重点、时机、力度和节奏，缓解价格上涨压力，为促进经济又好又快发展、维护社会和谐稳定营造有利的价格环境。

二是积极促进农产品生产和流通。首要的是发展农业生产，尤其是粮食、蔬菜生产，推进农产品流通，扶持本地菜生产，降低蔬菜运输成本。保障市场供应不断档，不脱销。研究制定搞活流通保障供应的价格政策。运用价格调节基金，积极支持建立健全重要商品储备，重点保障成品粮、食用油、蔬菜、化肥和煤炭的储备。健全和完善局际价格调控联席会议制度，制定价格调控预案，保障重要商品供应和价格的基本稳定。

三是密切关注低收入群体生活指数。认真贯彻落实保增长、保民生、保稳定的要求，从维护社会稳定和安定人民生活的高度，加快我市物价上涨与低收入群体临时价格补贴联动机制的建设步伐，为困难群众化解价格过快上涨的生活压力提供保障，消除价格上涨对人民生活带来的心理恐慌，确保低收入群体生活水平不因价格上涨而降低。

四是充分发挥价格监管职能作用。加强农产品市场价格监管，重点整顿粮油、棉花、蔬菜、农资流通和价格秩序，清理规范农产品电子交易市场，严肃查处恶意炒作、串通涨价、哄抬价格等不法行为，遏制过度投机，促进价格运行平稳有序。强化民生价格监管，突出医药价格、教育收费、银行收费等检查重点，维护人民群众切身利益。进一步规范涉企涉农价费，加强资源性产品价格监管，优化经济发展环境。大力推进反价格垄断工作，强化执法力量，严厉打击价格垄断行为，维护市场竞争格局。

五是大力推进价格公共服务。进一步扩大服务范围，丰富服务内涵，创新服务方式；从明码标价、惠民价格和医疗、教育、物业以及殡葬等群众关心的热点收费问题入手，加强监管，常抓不懈，务求实效，把服务做深做细；进一步发挥价格社会监督和群众监督的作用，加强价格举报和价格诚信建设，营造和谐的价格关系。

B.19

东湖高新区提升国际化水平的思路和措施

周 阳*

摘 要： 建设国家自主创新示范区对东湖高新区的国际化水平提出了更高的要求。当前，东湖高新区还存在着国际化要素集聚不足、国际竞争力较弱、进出口规模较小、国际化中介服务机构缺乏、国际化意识和社会氛围不浓等问题。要通过抢抓产业价值链高端，提高利用外资的质量和水平，建设国际技术转移中心，高标准建设综合保税区，鼓励企业走出去，搭建国际合作交流平台和国际科技商务平台，加大国际化人才和技术的引进力度，整合国际化资源，建立现代市场体系，树立国际化办事规则和服务标准等举措提升国际化水平。

关键词： 东湖高新区 国家自主创新示范区 国际化 对策

2009 年底，东湖高新区被批准为第二个国家自主创新示范区。建设东湖国家自主创新示范区，要用全球性的视野、开放型的思维、世界一流的标准，加快园区的主导产业融入全球产业价值链的分工合作体系，加快形成具有武汉文化个性和魅力、具有国际城市品质的高科技园区社会形态，构建有利于提升自主创新能力和国际竞争力的市场规则和服务体系，集聚国际资源，争创国际一流，提升国际化水平。

一 东湖高新区国际化的现状

1. 对外开放和国际化水平不断提升，产业、产品、技术和标准呈现与国际接轨的趋势

2005 ~ 2009 年，东湖高新区审核外资企业数、利用外资总额、出口总额总体呈现上涨态势（见表 1）。截至 2009 年底，东湖高新区累计实际利用外资 33.1

---

* 周阳，武汉市社会科学院城市经济研究所助理研究员，华中科技大学经济学院博士。

亿美元，引进了IBM、蒂森克虏伯、富士康等20多家世界500强企业，已有国内外上市公司25家。尤其是年出口和实际利用外资增长迅速（如图1所示），2009年分别达到25.18亿美元和6.96亿美元，占武汉市出口总额的43%和实际利用外资总额的24%。

表1　东湖高新区2005～2009年招商及外经外事情况

类　别	单位	2005年	2006年	2007年	2008年	2009年
审核外资企业	家	36	51	57	65	41
实际利用外资	亿美元	2.70	5.02	5.30	6.24	6.96
协议利用外资	亿美元	1.99	3.88	5.71	7.34	7.46
出口总额	亿美元	3.45	4.31	5.68	11.04	25.18
接待外访	批次	40	41	42	47	45
因公商务出国出境	批次	146	86	93	58	60

资料来源：《武汉东湖高新区统计年鉴2009》。

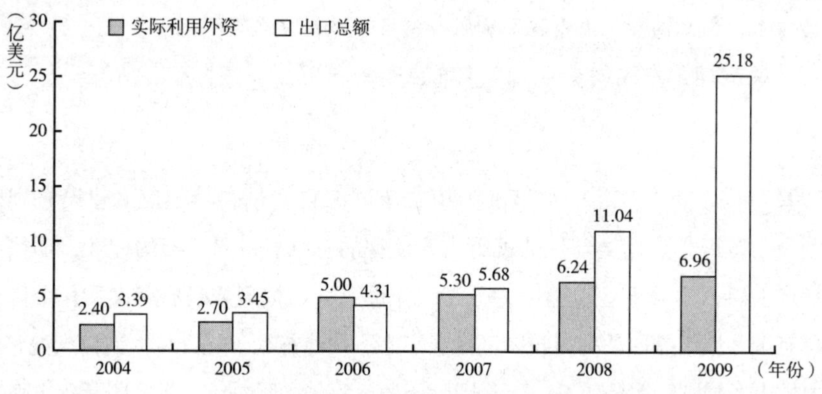

图1　东湖高新区实际利用外资和出口总额变动情况

东湖高新区的光通信掌握了行业的核心技术，具备一定的国际影响力和全球竞争力；激光、数控系统、生物质能源、节能环保等产业在全球产业分工中居于产业链的上游。上述产业在吸纳国际资源、参与国际分工、抢占国际市场等方面不断进取。

东湖高新区主导制定了国际标准5项、国家标准80项、行业标准110项，东湖高新区还是国家光电子产业基地、国家信息产业基地、国家生物产业基地、国家服务外包基地、国家科技兴贸创新基地、全国海外高层次人才创新创业基地和地球空间信息产业基地，建有10多个专业产业园，成为国际化的研发和生产基地。

2. 国际化服务体系趋于完善

东湖高新区与英国曼彻斯特互设“中英科技园”，为区内企业开拓欧洲市场提供配套服务；在美国硅谷设立了办事处，创建了与北美地区、硅谷及其行业领先企业的交流与合作渠道；同韩国大德科技园签订了合作协议。建立了国际企业孵化器，为高新技术企业在国外安家落户创造条件。东湖高新技术创业中心引进法国索迪斯公司和雅高等跨国中介机构，提升孵化器的整体服务水平。海外科技园和国际企业孵化器初步构筑起了国际化的高新技术企业服务体系。

3. 积极引进跨国公司和国际化人才

与联合国工业发展组织中国投资促进办事处签署合作协议，开展“产业集群与资本运作”国际示范项目；促成 IBM 在区内设立软件企业外包管理中心和软件工厂，使得区内企业获取境外软件外包业务通道；聘请世界 500 强企业美国应用材料公司前中国区总裁陈荣玲先生为东湖高新区的产业发展顾问，推动半导体产业招商。此外，还与市商务局、侨办、台办、经协办、业界知名人士、社会中介机构等建立紧密联系，拓宽对外联络的渠道。高新区还积极促进区内企业与国际知名跨国公司强强联手（如，促进邮科院与 NEC 公司合资生产 3G 系统）。

4. 不断完善促进企业和人才国际化的政策措施

设立了“中小企业国际市场开拓资金”，资助企业出国参展、获取产品国际认证、境外投标等。鼓励企业利用国际资本市场，在海外上市或引入国际风险投资基金，学习先进管理模式，增强国际竞争力。充分发挥“海外高层次人才创新创业基地”和“国家科技兴贸创新基地”的相关政策，建设人才特区和人才国际化培养平台，组织参加海外展会。

5. 通过大型活动吸引海外资源

从 2002 年起，东湖高新区每年举办“中国光谷”国际光电子博览会暨论坛（光博会），为区内光电子企业打造了一个国际交流平台，吸引了众多海外机构和政府团体来访。从 2001 年起，武汉举办的“华侨华人创业发展洽谈会”（华创会）已成为招商引资、招才引智的重要对外开放平台。通过国际动漫节、国际数字娱乐嘉年华等活动营造国际化的氛围；组织高新区企业参加“高交会”、“留交流”等重要展会，举办中国服务外包产业发展与合作（武汉）国际论坛、“两型社会”与世界一流科技园区建设研讨会等活动，带动本地高新企业眼光向外。

6. 基础设施日益加强

东湖高新区海关已建成并投入使用，武汉海关与上海、南京等地海关签订通关协议，实现了属地报关、异地验放的功能。区内的公共保税仓库提供出口报关、报验、运输、仓储、简单加工等一站式服务。此外，东湖综合保税区即将获批，由流芳园区的陆路和阳逻港园区水路两部分共同组成“一区两地”的形式，成为吸引外向型企业、先进制造业聚集的重要功能区。武汉新港毗邻东湖高新区，是区内产品通江达海的便捷通道。

二　东湖高新区国际化存在的问题

1. 国际化要素集聚不足

与北京中关村相比，东湖高新区的国际化要素集聚明显不足。中关村跨国公司设立的研发中心已达70家，外籍技术人员超过4000人。而东湖高新区的研发机构主要来自政府部门、高校和少量国内知名企业，除光谷生物城新引进的美国辉瑞外，无一家真正入驻的跨国公司研发机构。

2. 国际竞争力较弱

东湖高新区参与国际竞争的自主创新群体不够，海外融资能力有限，国际竞争能力较弱。仅从东湖高新区企业主要产品按国际合作形式分类的主要经济指标来看（如表2所示），2009年外方以技术、设备、资金、补偿贸易及其他国际合作形式生产产品的年产值所占比重分别为2.6%、6.4%、2.4%、0.01%和3.6%，占比明显偏低。

表2　2009年企业产品按国际合作形式分类主要经济指标

单位：种，亿元，亿美元

产品国际合作形式	产品数	年产值	年销售收入	年出口额
外方以技术合作	53	23.68	24.70	0.92
外方以设备合作	4	58.08	58.08	0
外方以资金合作	60	21.68	18.63	0.14
外方以补偿贸易合作	2	0.09	0.09	0
其他国际合作形式	136	33.33	42.90	0.65
无国际合作	2586	776.43	793.82	11.28
合　计	2841	913.29	938.22	12.99

数据来源：《武汉东湖高新区统计年鉴2009》。

3. 出口总额较小

从国家高新区的单项排名来看，企业数、从业人员数、总产值、工业增加值等总量指标，东湖高新区都在第10名左右，而出口总额却在20名以后，不仅低于沿海地区，而且低于中西部的成都、西安等城市。

4. 国际化中介服务机构缺乏

从对高新技术企业影响较大的风险投资机构来看，东湖高新区注册的风投机构不到20家，注册资本不足50亿元。而中关村活跃着上百家国内外创投机构，在全球范围内管理着超过250亿美元的创业资本。2009年，全国完成风险投资680多项，其中中关村企业获得的就有270多项，东湖高新区不过10例。

5. 国际化社会氛围不浓

东湖高新区在放眼全球、以世界眼光谋划新一轮发展、主动参与国际经济合作与竞争的胆识与气魄方面，都缺乏更加开放的姿态、更加宽广的胸襟、更加开阔的视野、更加果敢的行为。在创建世界一流高科技园区过程中，东湖高新区较难感受到开放型的社会综合服务和国际化的社会氛围。

三　提升国际化水平的思路和措施

东湖高新区建设国家自主创新示范区必须处理好对外开放和自主创新的关系，处理好园区自主产业发展与承接国际高新技术产业和服务业转移之间的关系，将自主创新政策与扩大开放的政策相结合，将自主创新优势和外向型经济优势相结合，通过对外开放引进国内外研发、人才等高端生产要素和价值链高端环节，通过开放式创新、集成式创新和网络式创新闯出一条自主创新之路，促进高新技术产业从聚集到集群再到创新集群的嬗变，破解“技术锁定”、“高端锁定”等难题。

1. 抢抓产业价值链高端，加快东湖高新区的主导产业融入全球产业价值链的分工合作体系

（1）适应高新技术产业价值链分解的趋势，积极把握价值链分解所产生的新业态。随着经济全球化的日益加深，价值链环节之间的分工逐步细化，原来在企业内部的研发、设计、物流、咨询和技术转让等环节开始独立发展，并在全球范围内布局。大力发展能够吸引这些新兴业态的专业园区，通过集群内人才和技术之间的有机互动形成强烈的区域创新氛围。推动区域内制造业和服务业的有机融合，激励企业向研发设计和销售服务两端高附加值环节延伸，激励制造企业大力发展关键材料与核心部件，不断催生新兴业态和新兴产业。

（2）适应新一轮技术革命中技术融合和集成创新的趋势，超前部署和重点发展战略高技术及产业，实现创新跨越。

（3）以战略性新兴产业为抓手，着力推进产业国际化，在新兴产业高端化和产业主导权上做出示范，在国际上体现我国的自主创新能力和水平。聚焦与对接国家规划，突破性发展新兴产业。通过政府采购、财政补贴等手段积极为新兴产业创造市场需求。

（4）以引进世界 500 强企业、研发中心为重点承接产业转移，做到开发引进和自主创新的结合，促进跨国公司设立研发中心或研发基地，促进产业链式或组团式转移，促进研发、设计、培训、物流、营销等项目外包或离岸业务发展。

2. 提高利用外资的质量和水平，促进自主创新能力提升

为促进自主创新能力提升和高新区产业发展的高端化、规模化，要转变利用外资的指导思想和思路，注重规模效益与质量效益并举，引进先进技术与消化吸收、集成创新并重，从注重政策优势向注重综合环境优势转变，从注重市场优势和资源优势向更加注重国内外资源在武汉与东湖高新区的合理组合和优化配置的效率化目标转变。为此，要着力加强招商引资方式的创新，进一步增强创新意识，建立良好激励机制，积极吸收最新和最有效的招商引资手段，采取项目招商、展会招商、委托招商、以外引外等多样化的方式做好招商引资工作；要从高新区产业发展和项目策划方向出发，根据不同产业特性以及产业组织形态和业态特点，加大收购兼并、项目融资、证券市场融资、合资基金等引资形式的创新。要在政策上为企业租赁、登记、外汇管理、通关通检、知识产权保护、中介服务、生活配套等加强制度保障，降低商务成本，形成良好的服务意识和投资环境。要大力吸引跨国公司的区域总部和分支机构集聚高新区，全力推动外商在高新区设立研发机构和创业企业孵化器，通过吸引外资和自主创新的有机结合，抢占科学技术和产业技术的制高点，发挥国外先进技术、商业运作模式和资本、品牌的引路作用和带动作用，促进高新区内产业国际化水平在技术、管理、品牌等方面全方位地提升。

3. 实施积极的技术溢出诱导政策，建设国际技术转移中心

进一步加强高新技术产业配套和经济整体服务配套体系建设。在这些配套体系的链环中，既包括位于行业主导地位和技术高端地位的跨国公司，也包括诸多中小规模的高效率本土企业，积极引导与其配套的上中下游产业在高新区集聚，形成前后向关联，通过前后向关联诱导跨国公司技术溢出，促使跨国公司技术转移由内部化转为外部化。在前向关联方面，要促使跨国公司研发机构与高新区内企业、科研院所建立战略联盟，共建产业技术创新联盟，合作开展新兴技术研发；与跨国公司研发机构通过市场关系形成科研方面的有效契约，并通过这种契约与跨国公司形成有效的反馈，同时将中小科技型企业纳入跨国公司研发体系中，使跨国公司大量的知识、技术和管理经验转移到高新区本地企业，也使本地企业自主创新能力在融入全球技术创新网络的过程中得以提升。在后向关联方面，进一步培植跨国公司外包企业和内资零部件供应商，形成一批面向跨国公司的原材料、零部件生产制造企业群和产业链，倒逼国内企业提高技术水平和标准，从而间接获得跨国公司技术溢出效应。

4. 高标准建设综合保税区，构建有利于省市区大通关和国际化拓展的载体

高标准建设东湖综合保税区，加强与武汉新港、天河机场等口岸业务联动，加大“大通关”建设力度，改善口岸基础设施、查验配套设施服务，提高口岸现代化作业水平，推行口岸通关电子化、网络化，为企业进出保税区提供高效、便捷的服务环境。充分发挥综合保税区在国际中转、配送、采购、转口贸易和出口加工等方面的功能，加快发展国际贸易、国际物流、外向型制造和现代服务等产业板块，打造现代综合保税经济区。加强与武汉新港、沌口出口加工区、东西湖保税物流中心、黄陂临空经济区等各类功能区协调互动，在区区联动、区港联动中发挥应有作用。

5. 鼓励企业走出去，促进产品和服务国际化

积极实施“走出去”战略，鼓励和引导有实力的企业向海外拓展，从事跨国经营和国际贸易，培育跨国公司，创建知名国际品牌。为企业在境外建立分支机构、开展跨国并购、开拓国际市场提供支持和服务；组织园区内企业积极参加境内外举办的各种展销会、博览会等活动。以科技兴贸创新基地、国际企业孵化器和海外企业发展促进组织等机构为依托，内外结合，支持高新技术企业进入国际市场、设立研发机构、建立生产基地、实施跨国并购等。大力建设高新技术产

品出口基地，推动高新技术产品的出口。

积极争取国家支持在园区内进行对外直接投资税收政策试点，对企业在收入来源国享受的税收优惠给予税收饶让，对于企业的海外投资所得允许一定年限和一定规模的延期纳税。借鉴国际经验，建立境外投资风险储备金制度，适度降低企业对外投资损失的风险。制定激励扶持政策，对有能力在海外市场生产和销售具有自主知识产权产品的企业给予补贴。

6. 搭建国际合作交流平台和国际科技商务平台，促进组织国际化

与世界一流科技园区共同搭建国际化的高端合作交流与知识创新平台，形成开放型的创新体系，聚集全球高端要素、吸引全球精英人才，全方位、大规模地开展创新活动。同时，近距离感受他们先进的组织管理经验、高效率的园区服务理念和高标准的城市规划设计，将中国国情与国际惯例接轨。加深与其他世界一流科技园区的相互了解和信息沟通，在技术转让、高新技术项目合作、引进外资、高新技术产品出口等方面建立长期稳定的渠道，形成战略合作伙伴关系。完善配套政策和服务体系，建立一批高质量的对外科技合作平台，鼓励企业与跨国公司、国际组织在重点产业领域的研发活动中进行开放式合作，支持园区企业与国外公司建立研发联盟。

建立国际科技商务平台，利用具有海外政府和民间组织背景的科技组织与工商协会，为跨国公司来园区投资、设立机构牵线搭桥，为海外科技商务机构和技术转移机构服务，借以整合全球创新资源。

7. 加大国际化人才和技术引进力度，创建创新人才交流与合作场合

加大对海外高层次人才和创新团队的引进力度，抓紧建设国际化的工作环境和生活环境，营造满足高层次人才科研、创业乃至居住、娱乐和子女教育等优良环境，吸引海外留学生和外国专家。

大力支持园区内企业在世界范围内优化配置资金、人才、技术等资源，注重对引进技术的消化吸收和集成创新。大力支持高新技术企业由生产制造向研究开发拓展，支持企业收购竞争对手的研究机构和技术标准。鼓励高新技术企业提高研发支出占销售收入的比重，逐渐提高整个园区研发投入占 GDP 的比重。

坚持以产业高地带动人才高地建设，设立专项培养资金，积极推进园区企业与国内外知名大学、科研院所等机构合作培养高层次人才，使这些院所成为园区高端人才供应基地，使园区企业成为培育国际化专业人才的实习基地。吸引国内

外知名国际人才中介和培训机构在园区设立分支机构，拓宽人才引进和培养渠道；与国际猎头公司建立长期合作关系，重点引进急需紧缺的高端人才。搭建创新人才见面交流的正式场合以及非正式场合，使得人才交流与合作成为常态，促进创新主体交互学习和提升创新能力。

8. 整合国际化资源，构建对外合作交流网络

建立国际虚拟交流中心，整合武汉地区国家实验室、国家重点实验室、国家工程（技术）研究中心、国家企业重点实验室、国家级企业技术中心、高校和其他科研院所在国际合作与交流活动方面的国际化资源，开展全方位、多层次、多渠道的合作交流，通过各种形式的合作交流平台，形成开放式的合作交流网络体系。

积极探索“创新驿站”运作模式，与国内外创新组织结成联盟，力争成为全球创新网络的节点和大规模创新协作的平台，促进东湖高新区区域创新系统的国际化，连接全球范围内的创新资源。鼓励高新区内的企业、高等院校和科研院所等通过“创新驿站”开展国际研发合作与技术交流。

积极加入世界科学园区协会，与协会成员之间展开合作交流。利用 APEC 科技工业园区网络与亚洲、大洋洲和北美洲园区之间在科技工业园区和企业孵化器发展方面进行交流与合作，建立起长期稳定的沟通渠道和方式。与更多世界一流科技园区签署合作协议，建立更多的海外办事处和联络站，充分利用多种形式深化合作交流机制，增强相互了解和信任；定期或不定期召开项目推介和企业交流会，组织人员互访，举办科技论坛、科技成果交易会等活动。

9. 建立现代市场体系，规范市场秩序

在东湖高新区内探索建立统一、开放、竞争、有序的现代市场体系，形成符合东湖高新区特色和优势的区域商品、资本、劳动力、技术等市场，促使各类市场主体平等进入各类市场并平等地使用生产要素。

深化生产要素和资源产品价格改革，使其反映市场供求关系、资源的稀缺程度以及环境损害和生态破坏成本，运用价格杠杆有效迫使生产企业和消费者节约使用生产要素和资源，形成符合“两型社会”建设要求的节能、节地、节水、节材的生产方式和消费模式。

完善社会信用制度、标准及法规，建立政府、企业和个人信用体系，建立信用基础平台和信用监管平台，为信用征集、评估、查询、公示、管理等提供规范的运行机制和良好的市场环境。在政府采购、项目招投标、资质认定、年审年检、产权交易以及国债、财政支持项目审批等方面积极使用企业信用报告和企业信用记录。

规范东湖高新区管委会的行政管理职能，引入企业化的管理方式和服务理念，促进管委会由“部门利益型”向“公共服务型”转变；引入竞争机制，促进公共产品和服务供给的多元化；主要依靠市场机制而非行政手段实现资源在高新区内的合理配置。妥善处理运用价格杠杆扶持生产与滥用行政权力的关系，以及竞争政策、产业政策与反垄断的关系。在政府采购、项目招投标等方面，给予各类企业平等竞争的机会。

10. 树立国际化办事规则和服务体系

进一步梳理与国际化办事规则相违背的法规政策，建立与国际规则接轨的市场经济体制和法规体系，改善市场准入条件，为区内企业尽快融入国际产业价值链营造良好环境。

鼓励园区企业积极参与国际竞争，争创世界一流。积极引导、扶持和培育一批能够有效处理国际经贸事务的中介组织，引进一批跨国中介机构，为园区企业开展国际经营提供国际化服务。推行中外联合开发、市区联手、政企合作等高新区开发管理模式创新。

进一步落实东湖高新区的市级经济管理权限和社会行政管理职能，使其名副其实，以此推动园区的国际化进程。

B.20

实施标准化，力促高新技术产业跨越

——以武汉光电子信息产业标准化示范为例

王健群　陈要军*

摘　要： 武汉东湖高新区，要实现发展方式的跨越，必须抢抓战略性新兴产业发展的机遇，顺应全球创新模式变化的趋势，实施标准战略，引导企业抢占全球新兴产业竞争的制高点，在光电子信息、生物医药、节能环保等若干重点领域掌握标准时代“话语权”，通过掌握技术标准的制定权，努力掌握市场竞争的主动权，在国家自主创新战略中发挥示范作用。

关键词： 高新技术产业　自主创新示范区　城市转型

全球高新技术产业的发展已经进入标准时代，技术标准已经成为全球高新技术产业争夺的制高点。标准时代的到来为武汉东湖高新区转变发展方式，推进国家自主创新示范区建设提供了历史机遇。在国家有关部委的支持下，武汉东湖高新区率先开展了高新技术产业的标准化示范，基本探索出了适应不同企业类型和特点的“科研—标准—产业”同步发展的不同模式，推进了技术专利化、专利标准化、标准产业化的进程，发挥标准化工作对自主创新、城市转型、产业提升和科技资源统筹的支撑服务作用，为示范区建设和武汉建设国家中心城市做出了一定贡献。

一　技术标准是推动示范区跨越的强大引擎

21 世纪以来，经济全球化将技术标准推向国际市场竞争前沿，技术标准正

---

* 王健群、陈要军，武汉东湖高新区战略研究院。

在成为一种战略资源，这种资源是稀缺的，占有标准就意味着占有了一种战略的竞争地位。得标准者得天下。标准成为企业和国家的核心竞争力来源，标准的利益分配，涉及企业利益、产业利益和国家利益。随着标准时代的到来，发达国家纷纷从技术战略发展到标准战略。与此相对应，全球技术创新进入了一个新阶段，以技术标准为中心，以全球创新网络、产业技术联盟等为重要支撑的全球技术创新模式取代了传统的研发管理模式，成为全球创新的主导模式。全球创新模式的变化，推动着知识的高速创造，推动着技术呈现指数形式的加速进步。以技术标准为中心环节的创新模式，左右着全球高新技术产业的发展。

改革开放以来，我国经济及技术发展先后经历了代工时代、模仿和制造时代，正在向标准时代演进。我国抓住了全球化的历史机遇，使得我国迅速、全面融入全球经济体系，成为全球的制造中心。但是在全球分工中，我国相当部分产业仍处于全球价值链的下游，我国与国外企业发生的高新技术产品标准之争，对外贸易中出现的技术壁垒问题，表明技术标准已经成为制约我国产业和贸易发展的重大的战略问题。要改变在全球分工中的弱势地位，需要适应全球创新潮流，建立面向全球竞争的技术标准机制。发展具有自主知识产权的高新技术产业，必须技术标准先行。

“十二五”期间，战略性新兴产业成为我国国民经济发展的重中之重，战略性新兴产业的发展，必须采用新的生产方式和创新方式。与传统产业或成熟产业相比，新兴产业更需要技术标准战略的引导，通过技术标准抢占新兴产业发展的战略制高点和市场先机已经成为我国战略新兴产业发展的重要内容。

武汉东湖高新区作为国家批准建设的第二个自主创新示范区，要实现发展方式的跨越，必须抢抓战略性新兴产业发展的机遇，顺应全球创新模式变化的趋势，实施标准战略，引导企业抢占全球新兴产业竞争的制高点，在光电子信息、生物医药、节能环保等若干重点领域，掌握标准时代“话语权”，通过掌握技术标准的制定权，努力掌握市场竞争的主动权，在国家自主创新战略中发挥示范带动作用。

二　国家光电技术标准化示范推动了高新区技术标准战略的实施

在两年的光电子信息技术标准化示范过程中，东湖高新区选择了在光通信、

光存储、激光、半导体照明、太阳能光伏、数控装备等6个光电子技术前沿领域的十多家重点企业进行标准化示范，对技术成果标准化、技术标准产业的途径进行了探索，形成了适应不同类型企业特点的“科研—标准—产业”同步发展的四种模式和推动标准化工作的运行机制。

“科研—标准—产业”同步发展模式是指将企业的标准化战略纳入企业的技术创新战略、纳入企业的整体战略之中，在开展科研创新工作的同时启动标准研制工作和产业化准备，以标准为纽带，加强标准与科研工作的融合，促进科研成果转化为生产力，实施规模化生产，实现科研成果产业化的一种创新发展模式。

根据企业的不同类型和发展阶段，借鉴国内其他地区的经验，以及试点推广的结果，课题组总结出了标准引导、联盟创新集群、市场导向采标型和成果转化等四种“科研—标准—产业”模式。

标准引导模式是指具有核心技术的企业，围绕产业发展的前沿领域，以标准战略作为企业的核心竞争战略，内部标准化和科研管理运行机制完善，在行业内积极引导制定国际标准、国家标准、行业标准、地方标准，并成立相应的技术委员会秘书处承担单位，通过开展行业标准化工作使企业获得并保持竞争优势，实现科研—标准—产业同步发展的一种模式。

联盟创新集群模式是指高新区围绕战略性新兴产业的培育，根据产业链完善的需要，推进产业联盟的建设，联盟组织按“技术创新联盟—专利池共建共享—联盟标准—产业联盟”的路线图，开展技术创新，制定产业标准，推动产业的形成和发展。

市场导向采标型的模式是指企业在为了确保产品符合市场需求，确保产品的符合性质量和一次性合格率，了解和熟悉行业内竞争对手和合作伙伴，根据企业自身需求采用国内外先进标准，参与行业标准化活动，跟随行业技术发展路径，为企业研发活动提供技术发展方向，在产业发展中找到自己的位置。通过不断完善企业内部标准化运行机制、标准体系和参与外部标准化活动，实现科研—标准—产业同步发展的一种模式。

成果转化模式是指掌握核心技术的人才团队以科研机构为孵化器，利用科研机构的内、外部优势资源（如人才、场地、生产与检测设备、科研环境、服务等）成功将核心/专利技术转化为产品，实现孵化。孵化成功后借助科研机构和风险投资自建产业园，实现规模化生产，同时在孵化中和孵化成功后积极开展标准化和知识产权保护工作，实现科研—标准—产业同步发展的一种模式。

在标准化示范过程中，东湖高新区初步探索出了自主创新与标准相结合的机制，即重点通过产业战略规划的引导，选择重点企业，将科技项目的实施与专利、标准相结合，开展自主创新与标准化相结合的试点，在战略层面、政策层面、实施层面上推动高新区标准体系、知识产权体系的建设，推动区内企业积极开展技术创新，掌握自主知识产权并积极参与或主导制定国际、国家标准，全面推进国家自主创新示范区的建设。自主创新与标准相结合的机制，主要包括三个方面的内容。

1. 大力发展产业和标准联盟，借助企业联盟推动标准化工作

这里所讲的联盟一般指出于确保合作各方的优势，寻求新的标准、技术、市场或定位等，应对共同的竞争者或将业务推向新领域等目的，合作各方之间结成的互相协作和资源整合的一种合作模式。通过建立企业联盟，形成以技术标准为纽带的产学研合作模式，通过联盟章程、专利池章程、标准授权等契约关系，在联盟成员中建立共同投入、联合开发、风险共担、利益共享的产学研合作机制。通过建立技术标准联盟，整合行业优势资源，参与国内标准的竞争，从而分散技术标准的竞争成本和风险，实现联盟成员的资源共享。在标准化工作中注重技术标准联盟与政府和企业的互动，形成联盟、政府、企业、中介等方面的对话和协商机制，保持良好的互动关系。

2. 政府推动标准化工作的机制

通过政府推动标准化工作机制创新主要有以下三个方面：①是政府帮助企业建立内部标准化体系，为标准研制营造良好的政策法规环境、资金支持环境和推广应用环境，使标准制定后能切实得到认真执行，真正发挥标准对经济发展的支撑作用。②大力推动企业采用国家标准和国际标准，将采标项目与国家产业政策、产业发展规划、招商引资工作相结合，落实鼓励企业采标的政策措施，引导企业加大对转化标准所需的资金投入。③加大对高新技术标准的信息化建设，充分利用现代信息技术手段，与国家和地方标准研究机构实现联网，实现标准信息的网上传输和共享，围绕企业的生产经营活动，指导企业通过网络查询标准化信息。

3. 标准化人才的培养机制

在标准化示范工作中，东湖开发区发挥区内知名高校集中、科研机构集中、

高新科技企业集中等技术和人才优势，形成了政府引导、企业主导、高校科研机构积极参与的高新技术产业标准化人才培养模式。为推进示范工作，武汉东湖高新区、武汉标准化研究院对区内企业组织实施了标准化专业人才的培训计划，定期对相关专业人员进行培训，区内已培养一批技术标准化研究和应用的高层次专业化人才队伍，尤其是培养了一批优秀中青年人才。经过有计划的培养和锻炼，提高专业水平和创新能力，有些已成为高新区高新技术产业各领域的技术带头人。目前，全国有 6 个专业标准化技术委员会秘书处设在武汉，涌现出新一代标准化研究高级专门人才。

标准化示范促进了光电子信息产业的发展。试点期间，东湖高新区制定并组织实施了超高速与超大容量光传输技术和自动交换光网络、光纤到户、太阳能光伏、LED 大功率芯片、新一代数字高清视盘、大功率激光器、数控装备等光电前沿领域的标准化示范，提升了高新区在国内外光电子领域的地位，也提升了我国光电子产业在全球的地位，并为新兴产业的发展打下了基础。通过标准化示范，有效推动了高新区重点领域、重点企业、重点产品的标准化工作，促进了产业结构调整，形成了以光电子信息产业为龙头，生物技术、新能源、环保、消费电子、软件服务外包、金融后台服务等产业竞相发展的格局，有力地促进了高新区产业发展和升级。东湖高新区光电子信息产业企业总收入 2008 年为 671 亿元，2009 年上升为 835 亿元，同比增长 25%，2010 年突破 1000 亿元，同比增长 20% 以上，取得了良好的经济和社会效益。

三　深入推进标准化战略实施的建议

一是国家及各级政府标准化行政管理部门要进一步提高认识，使标准战略的实施落到实处，要加强标准的实施与监督，通过标准的实施进一步检验标准的适用性，从而适时修订，使标准的起草—发布—实施—修订，成为一个闭环。

二是国家相关部委以及省市各级政府要进一步出台扶持政策，对企业参与起草、修订和审核标准，特别是对制定国家标准、国际标准的企业，给予资金支持。

三是国家将高端标准化复合人才的培养列入“十二五”标准化发展规划，各级政府要为企业提供源源不断的标准化培训机会，积极支持标准化人员参与各

种国际标准化活动。

四是建立覆盖全国各行业领域的标准化信息平台，向企业免费提供行业、国家和国际标准的检索服务，鼓励企业踊跃采用国际标准。

五是设立专门标准化服务中心，并给予一定的启动资金支持，将标准化服务中心建设成为运作“国家高新技术产业标准”的发布与推广运用、开展标准咨询服务、标准符合性验证和推进标准产业化的重要平台。

B.21

关于在江岸区建立"二七"商圈的设想

姚 莉 廖云峰*

摘 要： 现代商圈是现代 CBD 的重要表现形态。在信息经济、网络经济和模块经济催生下，现代 CBD 正逐渐演变成融合商业、商务、休闲、文化、旅游、高端住宅、专业服务等多种功能的城市核心区域，具有功能复合化、布局网络化、产业集群化、品牌高端化、环境人文化等特征。江岸区作为武汉商业商务发展和城市功能提升的重要承载区域，在深入推进沿江商务区建设的基础上构建"二七"现代商圈，对于大力实施现代服务业强区战略，优化中心城区空间布局，提升城市能级具有重要战略意义。

关键词： 商圈 现代 CBD 空间职能结构优化

随着汉口东部购物公园开业，一个新的商圈形态在"二七"地区浮出水面。目前，在江岸区行政区域范围内，还没有一个现代复合型核心商圈。无论从建设国家重要中心城市的高度，还是从优化武汉市服务业空间职能结构的角度，或是从江岸区深度开发、培育新的生长空间考虑，在"二七"地区建设现代商圈（以下简称"二七"商圈），并列入"十二五"规划加以重点策划，既是必要的，也是可行的。

一 建设"二七"商圈的必要性

现代商圈是现代 CBD 的重要表现形态。在信息经济、网络经济和模块经济催生下，现代 CBD 正逐渐演变成融合商业、商务、休闲、文化、旅游、高端住宅

---

* 姚莉、廖云峰，武汉市江岸区商务局。

宅、专业服务等多种功能的城市核心区域，具有功能复合化、布局网络化、产业集群化、品牌高端化、环境人文化等特征。江岸区作为武汉商业商务发展和城市功能提升的重要承载区域，在深入推进沿江商务区建设的基础上构建“二七”现代商圈，对于大力实施现代服务业强区战略，优化中心城区空间布局，提升城市能级具有重要战略意义。

1. 建设“二七”商圈有利于武汉市高端要素集聚和综合服务功能的承载和产业落地

建成中部龙头城市和我国重要的中心城市，是党中央、国务院对武汉城市发展给予的定位和殷切期望。武汉要实现这一定位，必须建设好中部经济中心和中部公共服务中心，逐步建立起以服务经济为主的产业结构。经济中心和公共服务中心是中心城市的功能主导，它由先进制造业基地、金融中心、商贸中心、商务信息服务中心、航运物流中心、科教中心、医疗卫生服务中心、文化旅游中心，以及综合交通通信枢纽等来共同构建成相对完善的框架体系。

武汉市经济中心和公共服务中心建设，需要功能落地和产业落地，需要特定的城区或功能区来承载。作为中心城区，江岸区的功能是全市高端要素集聚和综合服务功能的落地与分解，在武汉市各城区网络体系和产业价值链体系功能节点中处于重要地位。

现代 CBD 是城市经济功能的重要载体，是城市超景观展示的重要区域，作为其重要表现形态的现代商圈，其土地利用形态开始从平面延伸向立体空间拓展，其功能分布呈现核心区支撑与专业区互为补充辅助的区域架构，其产业或业态组合具有商务、商业、住宅、金融、文化、娱乐、生态等融合特征，其能级上具有管理、集聚和综合公共服务功能。因此，新的复合型的现代商圈既是浓缩城区几大中心功能的重要载体，也是城区乃至全市服务经济发展的新生长点；既直接关系到江岸区服务经济发展和城区功能优化提升，也对武汉市经济中心和公共服务中心建设有重要促进作用。

2. 建设“二七”商圈有利于中心城区服务业空间职能结构优化

城市化的推进，尤其是以过江通道和轨道交通为基本主导的基础设施的完善，使武汉城市发展由圈层式推进转向轴向结构和圈层结构相结合的拓展模式，在重要基础设施的节点上和重要开发区域已经形成了新的经济功能区和商务区，武汉远城区新城组团乃至周边城市的中心城区成为武汉中心城区服务功能的疏解

区和拓展区，是武汉市的商务商业副中心，武汉市内“一主多辅”的商务商业模式由此演变为多中心组团空间格局，中心城区将以市级商务商业中心的地位配置功能，同心圆式向外扩散影响力。

这种多中心空间架构形态也与现代CBD发展的多核心化、多层次化的趋势相吻合。进入21世纪以来，随着网络技术、信息技术和现代交通方式的广泛使用，商务区形态从传统的“中心—区域模式”转变为多层级、多中心模式，形成“核心商务区—专业商务区—副中心商务区—近郊中心商务区”的层级结构，在中心城区范围内，也呈现出层级、扩散式的发展趋势。也就是说，在中心城区可以有多个核心商圈同时存在，同时也有多个专业性商圈作辅助与补充，形成互动。

武汉中心城区现有十大现代商圈（商务区）。无论在体量、能级和空间配置上，与上海等城市是有差距的，与武汉市未来城市功能发挥所需要的承载力是不相匹配的。具体到汉口地区，长期以来，商业格局一直是“中部日出东西雨”，没有一个高度集聚的商业核心。这与其作为全市中心城区应该承担的城市功能不相适应，与汉口地区应该具有的服务业多中心结构空间形态不相适应。

通过“二七”商圈的建设，促进硚口区新型商圈建设与升级，就可以打造一条商务发展带，形成东西、南北及内环线商圈相互“呼应与联动”的均衡发展格局。

3. 建设“二七”商圈有利于江岸区“东拓北进”发展战略的实施

江岸区“十二五”服务经济的发展，既面临动力不足，也面临着功能深度开发问题。东南部的沿江老城区商业网点密度高，但业态混杂，传统服务业多，基础设施承载力弱；西北部商业网点布局一直围绕居民区的建设，呈现自发、零星式分布，没有形成鲜明的专业化、集聚化发展，全区尚未形成功能明确、层次分明的分级商业网络体系，区内生活、区外消费的特征明显。长期以来，商业副中心的思维定式和规划理念导致在市级规划和项目运作层面没有按市级商业商务中心来配置资源，市级核心复合商圈缺位，缺乏大型商业企业和标志性的购物广场或城市综合体。

最近几年，江岸区以沿江商务区建设为重点，以科学有序的商业网点分层布局体系为主框架，以多业态集聚为发展主导，以特色街经济为重要抓手，以龙头商贸企业和高端品牌为引领，通过青岛路、吉庆街片区改造项目，丰富和提升江汉路——南京路商圈以及中山大道商业街和沿江商务带功能；通过融科天城、新长江国际等大型城市综合体项目，解决区域中段复合型业态缺乏；通过武汉天地建设项目，构筑江岸区“东拓北进”区域发展战略的支撑点。“东拓北进”战略是在优化江岸区南部中部功能区基础上，在近27平方公里的范围内，有效拓展和利用城区发展的新空间。二七片区位于江岸区“东拓北进”的核心，是江岸区“东拓北进”配置资源的重点区域。通过“二七”商圈的支撑与放大作用，使核心商圈功能外溢，形成与“二七”商圈互补互动的专业商圈和市场层级结构，从而促进商业商务等产业在新的区域板块集聚发展。

4.“二七”商圈建设是沿江商务建设的重要组成部分

沿江商务区二桥以南的一期区域，已经规划并形成了旅游娱乐、名品名店、信息数码、文化创意等多种业态。按《沿江商务区二期规划》的空间指引，在未来的二七片区中，将形成江车一路文化创意产业带、二七路中心商贸商务带、林祥谦路文化展示带和瑞滨路都市文化体验带等四条特色风貌带。这几条产业带需要一个核心区域来支撑和引领，使业态更加丰富、功能更加优化、品质更加提升。建设“二七”商圈，是对沿江商务区二期规划的深化，是对相关区域板块的功能优化和品质提升。

5.“二七”商圈的建设是老城区改造和民生工程的示范

二七片区是一个老城区，区域内集合了数十万原居民，土地存量资源丰富，产权关系也比较复杂，老城区改造成本压力大。因此，必须充分发挥市区两级政府积极性，通过规划引导，采用商业地产开发模式，吸纳多元资本，对老城区进行滚动式开发，联片开发，以增量促存量置换，促进中心城区生产性空间向消费性、文化性空间转变，重塑和丰富老城区文化内涵，形成融商务、商业、文化、休闲、娱乐和旅游于一体的多元混合型城市空间。“二七”商圈也是惠及周边区域的一项重大民生工程。

二　建设“二七”商圈的可行性

影响现代商圈形成和发展的因素，主要包括交通环境、商务环境、金融环境、需求环境和生态环境。从空间形态上看，建设“二七”商圈是可行的。“二

七”商圈独特区位优势在于它处于解放大道发展带东段，在二桥、二七桥重要交通功能节点区，与武广商圈、徐东商圈、武汉天地有以点串线的产业区域联系，有沿江商务区二期工程指引，无论从市级规划还是区级规划层面，都有很强的政策指向性和可操作性。

1. 以东部购物公园为主体的专业性商圈形态已经形成

汉口东部购物公园由主题商城、商业步行街、公寓酒店以及4万平方米的公园广场组成，商业体量15万方。采取“商业街+主力店”的商业模式，两大主力店呈哑铃型布局在商业街的两端，形成商业磁场效应。商业街精心规划了运动天地、风情女人街、休闲娱乐中心、品牌大街、百味美食大街、儿童娱乐天地等六大特色主题街区，以满足多元化的消费需求。整个商业街的业态完善，“开放式街区”将年轻、时尚、动感、活力等元素融为一体，充分满足了现代人的追求自然、休闲、体验式购物的生活方式的深层次需求，是汉口地区商业商务业态的重要补充。二七片区正因为有了东部购物公园，区域商业氛围开始形成，为构建汉口地区新商圈奠定了基础，形成了依托。

2. 综合立体交通网络为新商圈形成提供了强大的可达性支撑

商业布局的规模和层次，与轨道交通功能节点一同配置，大型购物中心以轨道交通功能节点为导向，沿城市中心地段，梯度布局到靠近地铁、轻轨车站等交通转乘节点以及停车容量更大的区域，是现代商圈形成和提升发展的重要前提。随着武汉轨道交通的建设和二七长江大桥的通车，支持“二七”商圈建设的交通区位优势随之凸显。

二七长江大桥和长江二桥，构成进出汉口东的两个重要的门户，东西贯穿的主干道和多条南北交织垂江的次干道与轨道交通一起构成水路轨一体的多层次、立体的网络交通交汇体系。纵横交错的特色街与解放大道、沿江大道以及中山大道延长线，形成了二七片区特有的“多横多竖”商业空间形态格局。二七片区有大片待开发的地下空间，有充分的停车空间，这是承接中心城区商业服务功能的一个不可多得的优势。

3. 高密度、多层次人口集聚为“二七”商圈提供了强大的现实和潜在购买力

二七片区已经形成了近50万人的现实消费需求，后湖、百步亭等地区居民也形成了近50万潜在消费人群。由于轨道交通站点开发和二七长江大桥的通车，二七片区会有难以数计的过境流量消费需求，可以将相邻区域的消费力吸引过来。

同时，城市居民收入和消费水平的提高以及消费结构升级，为目前以东部购物公园为主体的二七专业性商圈转型、升级、扩容提供了高层次的购买力支撑。假定美元汇率和人口总量不变，剔除可能的物价变动，到“十二五”末期，武汉人均 GDP 将达到 14278 美元，人均可支配收入 28352 元，人均消费支出 17057 元，相当于目前上海和深圳等沿海发达城市水平。随着人均 GDP 突破 1 万美元，武汉消费结构将实现跨越式的升级。居住型新区的建设和拓展，带来居民消费容量的急速扩充，消费能级从简单的追求数量消费提升到追求质量、形式、空间等现代综合消费。人口聚集、交通优势、旅游、商务活动等，指引着奢侈品牌和商业巨头在武汉中心城区以及江岸区域布点集聚发展，为在二七片区形成新型复合商圈创造了条件。

4. 深厚的历史文化底蕴增添“二七”商圈感召力和活力

二七片区有着深厚的历史文化底蕴，头道街是武汉历史上的商业中心，具有本土的商业历史文化。林祥谦塑像、老转车楼、江车法国厂主杜拉克别墅、拉响“二七”大罢工第一声汽笛的马力房、武汉“二七”纪念馆、京汉铁路总工会旧址纪念馆，这些红色革命遗迹给商圈增加无限丰富的历史文化内涵。

在历史上，宗教文化对于商人的经商和英国的诚信经商和法制建设起了重大的影响，有强大的道德感召力。而商圈正是需要这种感召。古德寺是集文化、宗教、历史于一体的佛教性质的寺庙，是江岸区的文化瑰宝，对古德寺的打造有助于提升二七商圈的软实力。

对历史保护建筑的重新开发，加强文化融合和渗透，对商圈区域赋予更加现代的形象和时尚内涵，可以贯通武汉历史文脉，促进江岸东北部地区功能深度开发。

5. 商务环境的可塑性为“二七”商圈的发展提供了功能支撑

从生态环境看，二七片区将规划 3 个大的休闲广场和江滩生态景观区。从支持商务活动的机构分布看，二七片区有二炮学院、空军雷达学院、161 医院、空军医院、武汉后方基地等 5 家军事单位；有市级政务机构和区级政务机构 24 家；从现有公司总部分布看，有联通公司、物流公司等大型企业；从高端要素集聚潜力看，通过科技馆路、江车一路、解放大道、二七路、中山大道延长线，集中聚集溢出性功能较强的信息服务、物流、金融、文化创意等高端服务要素，创造了进一步发展总部经济和相关楼宇经济（专业服务）的商务环境。

6. 可供开发的土地和存量资源为商圈项目落地提供了保障

“二七”商圈的规划用地面积约540公顷。解放大道以北的区域有近340公顷的范围，如果考虑将“二七”纪念馆旧馆迁入新馆处，东部购物公园以东，解放大道以西的区域都可以纳入改造，也有近百公顷的土地资源可以开发。目前，沿江商务区二期范围包括二七、新村片区，基本做到了控制性详细规划全覆盖，江车等地块也进入了招商引资项目运作阶段。这些可供开发的资源为核心商圈的发展和大型商场、购物中心、特大超市、摩尔城等聚集，以及大项目落地提供了充足空间保障。

三　“二七”商圈的定位、功能配置和业态组合

1. 定位

市级商业中心，与武广商圈、江汉路商圈形成呼应与联动的现代复合型商圈。

江岸区域核心商圈，对区域商务商业发展具有管控和引领作用，对周边区域经济发展具有支撑和带动作用。

多元化时尚消费场所和购物体验中心。

2. 空间布局形态及功能配置

“二七”商圈的空间布局可以概括为：一区、二核、三带、四块、五轴。一区指“二七”商圈核心区，二核指以东部购物公园和古德寺为核，三带是指沿江大道、中山大道延长线、解放大道，四块是指东部时尚主题购物板块、古德寺宗教旅游板块、商业中心板块和现代商务板块，五轴是指头道街、二七路、江车一路、科技馆路和工农兵路。

功能配置为，以东部购物公园为依托，整体联片开发周边区域，在二七路与解放大道交汇处东北、东南和西南处各50公顷的范围内，各建设15万方体量以上城市综合体和高端商务楼、五星级酒店，引进知名金融机构和专业服务机构、总部企业入驻，凸现本区域核心价值功能；在中山大道延长线和二七路延长线，建设时尚商业步行街；以古德寺为核心，在头道街区域规划民俗文化和宗教旅游购物街；在江车一路规划精品文化及创意展示街；在建设大道、工农兵路建设科技、体育健身及饮食文化体验街。通过完善功能配置，强化本区域金融、商业、

商务、信息服务、文化旅游，以及总部经济、专业服务、高档居住等综合功能。

3. 业态规划

从价值链角度上看，商务区或楼宇内可以集聚几种行业的业态组合，但这些业态一定是高端的，从而形成具有区域网络控制力的重要功能节点，构筑以金融、商务、信息咨询、科技服务等为核心，以人文、教育、创意、休闲为辅助产业生态。按照业态集聚、产业融合、服务多样和品牌高端的发展原则，依据分级设立、分层管理的商务商业网络体系构建思路，积极引进国外大型贸易集团公司区域总部和国内知名商贸企业分支机构，引进国际顶级、奢侈品牌进入，提高现有核心商圈档次和品牌影响力；支持集商品品牌、门店销售、网上购物和快速物流等为一体的集成商发展，大力发展城市综合体、高档品牌折扣店、体验式购物店等新兴业态。以信息化提升商贸业内涵，提高后台操作能力，推进多层次和多形式的电子市场和交易平台建设，创新批发贸易的展示、结算和交易功能与流程，构建有形与无形相结合的综合性、专业性商品市场。根据轨道交通站点和新居民区人口分布结构，合理布局新型站前购物中心广场，形成购物中心——超市——专卖店、便利店——社区服务店的商贸网络体系，布点城市综合体、大型百货、购物中心、超市、高档影视城、购物街、专卖店、专业店、连锁店等多元业态，形成综合型商业中心。

四 “二七”商圈建设的主要推进措施

1. 加强规划指导和控制

把“二七”商圈建设纳入全市“十二五”商务发展空间布局规划，同时加强与相关片区规划的对接，分层次，分类别，分时段对“二七”商圈建设所涉及的相关区域土地存量、商务楼宇项目进行规划指引。

2. 建立“二七”商圈建设的联动推进机制

由区商务局牵头，组建“二七”商圈开发办。构建几大片区联动开发工作协调机制，设立区级商务区建设功能引导资金，组建“二七”商圈开发公司，鼓励各开发主体进入二七片区开发，提高开发和引资的市场运作能力。

3. 突出重点、分段式、滚动式开发

以重点开发两核为主，作为“十二五”启动重点，以现有能够置换土地存

量地块为主，先期启动，分时段推进后续开发地域。严格控制区域规划非业态进入，加强规划项目土地储备，保证后续开发的空间。

4. 加强商务区建设的城市景观设计

突出超城市景观理念，突出多元化文化内涵在新商圈平面设计和品质提升上的元素渗透。

5. 注重地下空间开发和空中连廊、步行街建设与综合交通功能节点的联通

6. 妥善处理动拆迁过程中各种利益关系

通过货币补偿、新置换服务、土地折价入股等混合形式，让原有土地主体，特别是居民，分享开发带来的收益。加强动拆迁协调力度，合理配置动拆迁房源支持，确定合理补偿标准。

社 会 篇

Community Themes

B.22

武汉市“十一五”城市居民收入状况分析和“十二五”展望

胡国亮*

摘　要：本文从速度和总量两个方面描述“十一五”期间武汉市城市居民收入增长状况。武汉市城市居民人均可支配收入2010年突破20000元大关，预计达到20806.29元，五年中每年增长速度均保持在两位数，这是历史最高水平。分析了武汉市城市居民收入“十二五”期间面临的新形势新环境，得出2011年武汉市城市居民收入增长将在二位数水平的判断，提出提高武汉市城市居民收入的建议。

关键词：城市居民收入状况　“十二五”　收入增长　建议

“十一五”以来，武汉市综合经济实力提档进位，地区生产总值（GDP）连

* 胡国亮，经济学博士，研究员，现任武汉市统计局副书记、国家统计局武汉调查队队长。

续跨越3000、4000、5000亿元三个台阶，全口径财政收入突破千亿元大关，人民群众生活质量持续改善，城市居民收入较“十五”期末接近翻一番，突破二万元。“十二五”期间，武汉市经济社会将保持良好的发展态势，城市居民收入仍将与经济发展同步。

一　“十一五”期间城市居民人均可支配收入快速增长

1. 人均可支配收入迈上二万元的台阶，年均增长速度保持在两位数，年均增幅是历次五年规划中最高的

2006年以来，武汉市城市居民人均可支配收入呈现快速增长态势，从增长速度看，每年增长速度均保持在两位数，2010年预计增长13.2%，最高年份达到16.4%，这是历次五年规划中没有的；2006～2010年五年年均增幅13.9%，这是历次五年规划发展中最高的，比“十五”期间年均增幅高4个百分点（见图1）。武汉市城市居民人均可支配收入“十一五”年均增幅高于湖北省1.1个百分点。同全国各大城市比较，武汉市城市居民人均可支配收入增长高于全国19个副省级以上城市平均水平。

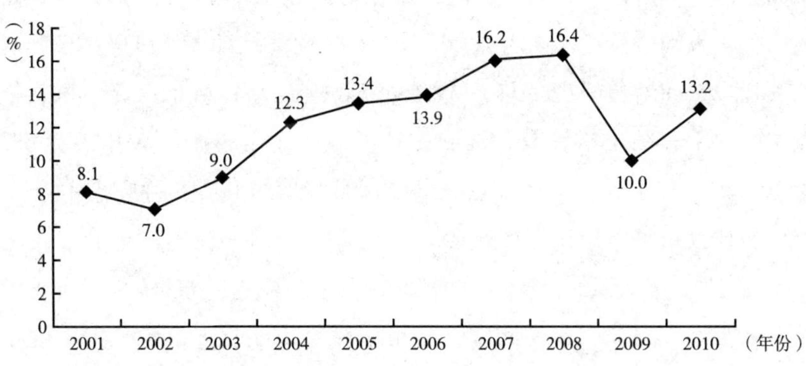

图1　历年来武汉市城市居民人均可支配收入年度增幅

“十一五”期间武汉市城市居民人均可支配收入总量迈上了二万元的台阶。“十五”末的2005年武汉市城市居民人均可支配收入达到了一万元，到“十一五”末的2010年武汉市城市居民人均可支配收入突破二万元，预计达到20806.29元，比2005年增加了9956.19元，接近翻一番，平均每年增加近

2000元（见图2）。武汉市城市居民人均可支配收入占湖北省的比重，由2005年的33.0%发展到2010年的33.7%，提高了0.7个百分点。同全国各大城市比较，武汉市城市居民人均可支配收入在全国19个副省级以上城市中的排名2005年处于第14位，2010年预计排名仍是第14位，但与先进城市的差距正在缩小。

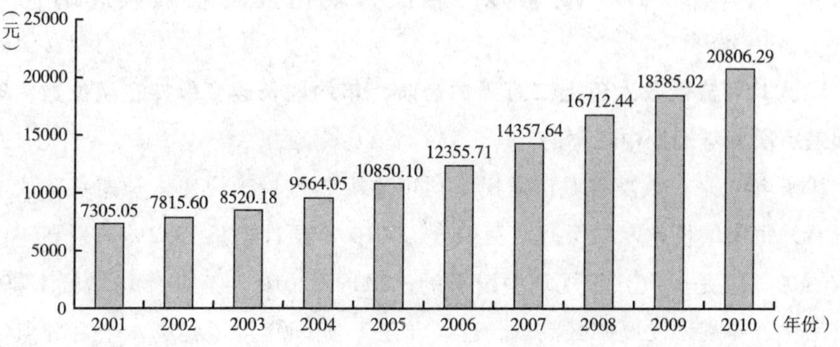

图2　历年来武汉市城市居民人均可支配收入

2. 人均可支配收入的四大构成全面增长

从统计调查制度来看，城市居民人均可支配收入结构由工薪收入、经营性收入、财产性收入和转移性收入组成。“十一五”期间武汉市城市居民人均可支配收入四大构成全面增长。2010年，人均工资性收入为14249.52元，比上年增长11.5%，比“十五”末增长93.4%；工资性收入占可支配收入比重为68.5%，比“十五”末提高了0.6个百分点，继续保持着收入构成的主导地位。“十一五”期间，武汉市城市居民工资性收入年均增长14.1%，比“十五”年均增幅高3.2个百分点，高于可支配收入增幅0.2个百分点，工资性收入对可支配收入增长的贡献率为69.1%，表明武汉市城市居民可支配收入的增长主要依托工薪收入的增长。

2010年，人均转移性收入为6644.66元，比上年增长12.5%，比“十五”末增长70.4%。其中：人均养老金或离退休金收入达5765.90元，比上年增长14.8%，比“十五”末增长64.5%。2010年是政府连续提高企业退休人员基本养老金的第六年，离退休人员增收政策的落实，拉动城市居民转移性收入快速增长。“十一五”期间，武汉市城市居民转移性收入年均增长11.2%，对可支配收

入的贡献率为27.6%，是居民收入的第二大来源。

2010年，人均经营净收入为1783.43元，比上年增长11.9%，是“十五”末的5.5倍。“十一五”期间，武汉市城市居民人均经营净收入年均增长45.2%。

2010年，人均财产性收入为490.99元，比上年增长90.7%，是“十五”末的3.2倍。“十一五”期间，武汉市城市居民人均财产性收入年均增长33.1%。

3. 武汉市城市居民可支配人均收入客观地反映了城市居民状况，与武汉市经济发展其他人均指标相吻合

城市居民可支配收入是一个人均指标，不是总量指标。随着“十一五”武汉市经济的快速发展，城市居民可支配收入增长也出现前所未有的快速增长，与武汉市经济发展其他人均指标基本相符，具体表现是武汉城市居民可支配收入城市排名位置，与武汉市人均地区生产总值、城市职工平均工资、最低工资标准城市排名基本一致。

二 “十二五”期间城市居民收入面临的环境分析以及收入增长预测

1. 中央关于“十二五”规划的建议提出了“努力实现居民收入增长和经济发展同步、劳动报酬增长和劳动生产率提高同步，低收入者收入明显增加，中等收入群体持续扩大”

解读居民收入增长与经济发展“两者同步”的要求，至少传递三个信息：一是“十二五”期间中央将从重视经济增长数量转向重视经济增长质量，从重视经济增长转向重视居民收入增长；二是“两者同步”的要求可以理解为，在经济迅速发展的同时，城乡居民收入也实现较快增长，规划指标只是反映了一个增长方向，即增长的趋势是一致的；三是“两者同步”的要求还可以理解为，在经济一定速度增长的情况下，居民收入获得相应增长速度的增长，真正实现实际的经济增速和居民收入同一个数字增长。

2. 国家“十二五”规划的城市居民收入年均增速目标为7%，是一个比较高的增长速度

国家“十二五”规划已经初步确定，“十二五”的城乡居民收入年均增速目标为7%，与经济增速7%的年均目标一致。而“十一五”规划的城市居民人均可支配收入的目标是年均增长5%，在2010年达到13390元。“十二五”的城乡居民收入年均增速目标总体上比“十一五”规划目标高2个百分点。再从实际执行来看，截至2009年，全国城市居民人均可支配收入已达到17175元，扣除物价因素，比上年增长9.8%。“十一五”规划的收入目标早被超越。

3. 中央关于“十二五”规划的建议提出着力保障和改善民生

“十二五”规划的建议要采取促进就业、健全社会保障体系等措施，改善民生，增加居民收入。促进广泛就业，实施更加积极的就业政策，大力发展劳动密集型产业、服务业和小型微型企业，多渠道开发就业岗位，鼓励自主创业，促进充分就业。健全人力资源市场，为劳动者提供优质高效的就业服务。加强职业培训和择业观念教育，提高劳动者就业能力，把解决高校毕业生、农村转移劳动力、城镇就业困难人员就业问题作为工作重点。创造更多的就业机会为城乡居民的增收打好基础。

健全覆盖城乡居民的社会保障体系，加快推进覆盖城乡居民的社会保障体系建设。实现新型农村社会养老保险制度全覆盖，完善实施城镇职工和居民养老保险制度，实现基础养老金全国统筹。进一步做实养老保险个人账户，实现跨省可接续。扩大社会保障覆盖范围，逐步提高保障标准。发展企业年金和职业年金。发挥商业保险补充性作用。实现城乡社会救助全覆盖。大力发展慈善事业。在收入再分配中，加大对民生领域的投入和加快完善社会保障体系，促进城乡居民增加转移性收入。

4. 中央关于“十二五”规划的建议提出适时启动收入分配改革

坚持和完善按劳分配为主体、多种分配方式并存的分配制度。初次分配和再分配都要处理好效率和公平的关系，再分配更加注重公平。努力提高居民收入在国民收入分配中的比重，提高劳动报酬在初次分配中的比重。创造条件增加居民财产性收入。健全扩大就业增加劳动收入的发展环境和制度条件，促进机会公平。逐步提高最低工资标准。建立健全职工工资的正常增长和支付保障机制，使劳动报酬的增长能够同劳动生产率的提高同步。针对行业收入分配差距，完善对垄断行业工资总额和工资水平的双重调控政策。

5. 调整个税方案，降低中低收入者的税负

中央经济工作会议明确了个税改革为2011年重点工作，明确了“十二五”

个税改革方向由分类向综合推进。目前，我国个人所得税实行9级累进税率，税率从5%到45%，而国际上多为4到5级税率。我国个税改革方案涵盖两个内容：一是通过减少税率级次、扩大级距的方法降低中低收入阶层个税税负。二是提高个人所得税起征点，直接增加中低收入者等居民的收入。

6. 推动武汉市城市居民收入持续增长的有利因素

第一，武汉市经济未来发展态势良好。“十二五”期间武汉发展机遇与挑战并存，机遇大于挑战。经济全球化持续发展，产业转移加速，科技进步加快，为全市承接高端产业转移、提升自主创新能力、加快结构调整升级提供了难得机遇。国家促进中部地区崛起战略、武汉城市圈“两型”社会建设综合配套改革试验区和东湖国家自主创新示范区建设加快推进，武汉在国家战略中的位置更加凸显。进入“高铁时代”，武汉在国家交通版图中的重要枢纽地位进一步巩固，对外吸引力和辐射力明显提升。经过多年持续快速发展，武汉综合实力不断增强。这些都将促使武汉经济未来继续保持又好又快发展，从根本上确保城市居民稳定增收。

第二，武汉市“十二五”规划将“城乡居民收入普遍较快增加”作为武汉市经济社会发展的总体八大目标之一，要求努力实现居民收入增长和经济发展同步，劳动报酬增长和劳动生产率提高同步，低收入者收入明显增加，中等收入群体持续扩大，城乡居民收入差距进一步缩小，人民生活质量和水平不断提高，建设人民幸福城市。

第三，市委、市政府把“保民生”作为经济社会工作的“重头戏”。首先，实施更加积极的就业政策，广泛开展全民创业，不断完善以创业带动就业的政策体系和工作机制，健全创业服务体系，努力创建创业型城市。实施更加积极的就业政策，发展劳动密集型产业、服务业，多渠道开发就业岗位，推动充分就业。其次，扩大城乡居民基本养老保险覆盖面，进一步提高企业退休人员基本养老金水平，建立健全与经济发展水平相适应的保障体系，实现社会保障全覆盖。加快新型农村养老保险制度建设，建立城镇居民养老保险制度，实现人人享有养老保障。全面推进城镇职工基本医保、城镇居民基本医保、新型农村合作医疗、城乡医疗救助制度建设，加快实现全民医保。逐步建立对低收入阶层补贴的长效保障机制，继续提高低保水平。

7. 2011年武汉市城市居民增收形势展望

通过以上的分析判断，武汉市城市居民人均可支配收入增长的外部环境较好。展望2011年武汉市城市居民收入仍将和经济发展同步增长，增长速度将在二位数水平。

三 提高武汉市城市居民收入的建议

1. 加快经济发展，做强城市财力，提高居民收入在国民收入分配中的比例

武汉市“十二五”时期经济发展的总体目标之一是经济又好又快发展，地方一般预算收入与经济保持同步增长，经济增长质量和效益进一步提高，城市综合实力显著增强，经济结构进一步优化。加快产业结构优化升级，基本形成以战略性新兴产业为先导，先进制造业和现代服务业为支撑，现代都市农业蓬勃发展，具有比较优势的现代产业体系，建成全国重要的先进制造业中心和现代服务业中心。要采取有力措施，保持经济快速增长的好势头，实现地区生产总值突破一万亿元的目标。坚持把保障和改善民生，提高居民收入作为加快经济发展方式转变的根本出发点和落脚点，着力提高居民收入在国民收入分配中的比例，让城市居民分享经济发展成果。

2. 以创业带动就业，千方百计扩大就业，提高城市居民增收能力

加大招商引资力度，优化投资环境，吸引更多的投资者到汉投资，从而提供更多的就业岗位。坚持实施更加积极的就业政策，创造更多的就业机会。加强政策支持和就业指导，鼓励大学生等人员到中小企业就业，拓宽就业、择业渠道；不断加强职业技能培训，培养城市居民适应产业结构调整的能力，促进城市居民再次就业，实现持续稳定增收；提倡全民创业，鼓励就业困难人员自主创业、自谋职业等多种形式的灵活就业，以创业带动就业；建立健全公共投资带动就业的机制，重点提高城市新增劳动力的就业能力。

3. 健全工资薪水增长机制，提高劳动收入在初次分配中的比例，提升职工平均工资水平

工薪收入是城市居民收入的主要构成，占城市居民总收入的七成左右。要把提高职工平均工资作为政府常抓不懈的工作任务，完善和健全工资薪水增长机制，切合实际增加劳动工资。政府通过劳动力市场的合理干预，发布

和引导各行业、各岗位的工资标准，提高工资在企业总成本中的比重；继续适度提高市区国家机关和事业单位职工工资、津贴及福利待遇；加强对企业职工工资的管理，建立企业职工工资正常增长和支付保障机制，推动职工平均工资水平随企业利润增长有较快增长。严格执行并适时逐步提高调整全市最低工资标准。

4. 改善居民收入结构，鼓励居民拥有财产性收入，不断拓宽财产性收入途径

居民收入由两部分构成，一个是劳动性收入，一个是财产性收入。财产性收入是建立在一定资产基础上产生的衍生收入，这就要从制度、法律、政策上保障居民在获取财产性收入面前平等，维护资本市场的公正、透明；要加大金融创新，完善储蓄、债券、保险和股票等多种市场，让居民有更多的选择来进行投资，引导居民逐步从存款保值向投资生财转变，通过储蓄、债券、股票、基金、保险、不动产投资等金融产品的投资获得股息、利息、分红，拓宽城镇居民投资理财的渠道，使财富保值增值，提高财产性收入在居民收入中的比例。广泛宣传和普及理财知识，增强居民投资意识。大力推进制度创新，培育居民产权主体，奠定居民要素收入实现的制度基础，鼓励居民拥有财产性收入，提高城市居民财产性收入的比重。

5. 加快完善社会保障体系，努力提高社会保障水平，促进城市居民增加转移性收入

武汉市地方财政在财政盈余大幅增加的情况下，要提高城市社会保障能力，如对医疗、教育等领域加大投入；不断提高企业退休人员基本养老金水平。建立城市低保对象随物价增长发放补贴的联动机制，加大对低收入人群的扶持力度，适度降低低收入者的医疗及养老保险门槛，提高参保能力，加快构建更加完善的社会保障安全网，使人民生活有基本保障、无后顾之忧。

6. 更加重视慈善捐助作用，帮助贫困者等弱势群体，促进城市社会和谐

完善城乡社会救助体系，促进社会福利、慈善事业发展。受慈善资金等限制，慈善捐助对象的范围有一定的局限性，但慈善捐助在照顾孤寡老人，帮助残障人群，保护弱势妇女，收养孤儿，帮助失业者、贫困者等方面，能发挥特殊的作用。要加强引导慈善捐助工作，广纳慈善资金，发展慈善事业。推动慈善文化建设，强化民众慈善意识。培育发展慈善组织，加强慈善组织能力建设。按照国家鼓励、社会参与、民间自愿的方针，大力培育城乡各类慈善组织，鼓励社会组织和个人参与慈善活动，促进慈善类民间组织的发展。发展志愿服务组织，广泛深入开展志愿活动。支持社会办慈善福利机构，推进社会福利社会化进程。完善慈善税收减免政策，保护公众慈善捐赠的积极性。加强慈善工作队伍建设，促进从业人员的职业化。完善表彰奖励制度，发挥先进典型的示范作用。组织各类慈善捐赠活动，开发多种慈善救助项目，推动慈善捐赠活动的多样化。

B.23

武汉市教育事业“十一五”评价及“十二五”展望

谢世腰*

摘　要：“十二五”时期是我国全面建设小康社会、建设人力资源强国和创新型国家的关键时期，也是我市深化“两型社会”建设综合配套改革、实现在中部地区率先崛起的重要时期，为深入贯彻落实科学发展观，加快武汉市教育现代化进程，根据《中长期教育改革和发展规划纲要》精神和《武汉市国民经济和社会发展第十二个五年规划》要求，武汉市教育局起草了《武汉市教育事业“十二五”规划》。本文以《规划》为蓝本，阐述武汉市教育事业“十一五”评价及“十二五”展望。

关键词：十二五　教育改革　教育公平　教育现代化

一　“十一五”武汉教育发展回顾

“十一五”是我市教育事业大发展、教育结构大调整、教育改革大突破的5年，也是人民群众得到教育实惠最多的5年。5年来，各级各类教育继续保持快速、健康、协调发展的势头，教育资源进一步优化，教育活力进一步增强，教育公平进一步彰显，武汉教育正在实现由规模数量发展向内涵优质发展转变、由突出重点学校发展向均衡公平发展转变、由注重同质发展向突出特色发展转变、由“有学上”向“上好学”转变。

* 谢世腰，武汉市教育局局长。

（一）过去的5年是教育事业大发展的5年，各级各类教育保持了快速、健康、协调发展的势头

从事业发展目标看，“十一五”规划确定的各项目标得以顺利完成。2010年，全市15岁以上人口人均受教育年限达到11.23年。学前3年教育毛入园率达到78.63%，义务教育入学率达到99.94%，九年义务教育完成率达到97.86%，高中阶段教育毛入学率达到88.94%，初中毕业生升学率达到91.9%，优质高中在校生所占比例达到72.77%，高等教育毛入学率达到42.47%。各项指标均提前达到或超过“十一五”规划确定的目标。

从事业发展走势看，各级各类教育继续保持了健康协调发展的势头。基础教育均衡建设、优质发展取得新进展。“十一五”期间，累计投资2.2亿元建成的171所农村寄宿制学校使我市农村教育面貌焕然一新；投资8.5亿元建设的202所初中标准化学校极大地改善了我市初中教育薄弱的状况；投资9亿元推进了20所优质高中学校的建设，进一步扩充了我市优质高中阶段教育资源。高中阶段教育协调发展取得新突破。中等职业教育基础能力建设进一步加强，截至2010年全市共有国家级、省级重点职业学校30所（其中国家级21所），国家级、省级中等职业教育实训基地17个（其中国家级6个）；2010年全市初中毕业生普职升学比为56.19∶43.81，普职结构得到进一步优化。高等教育快速发展实现新跨越，2010年武汉地区高等教育全日制本专科、研究生在校生规模达114.4万人（其中成人高校在校生规模为16.3万人），仅次于北京，稳居全国第二，武汉高教大市的地位进一步巩固。终身教育稳步发展呈现新面貌。学前教育向低龄化延伸，2010年在园幼儿中3岁以下的所占比例达到21.98%；成人继续教育稳步推进，全市每年完成30%的市民培训，农民工实用技术培训、劳动力转岗及提高培训、“两后生”阳光工程培训等工作卓有成效，“全民终身学习活动周”成为武汉成人教育品牌。

（二）过去的5年是教育结构大调整的5年，教育资源配置得到进一步优化

从城乡结构看，教育差距正在缩小。农村寄宿制学校建设较好地解决了农村偏远湖区、库区学生特别是留守儿童的入学问题；农村初中标准化学校建设顺应了城乡一体化、农村城市化建设的需要，进一步缩小了城乡教育差距。

从类别结构看，教育资源得到优化。设立了一批优质普通高中分校，进一步壮大了中间层次的高中教育资源；在政府确保每一名适龄儿童少年“有学上、上得起学”的前提下，义务教育阶段设立了部分公办学校参与举办的民办学校，一定程度上满足了人民群众多样化的教育需求。

从布局结构看，调整力度进一步加大。“十一五”期间市政府审批通过了《武汉市普通中小学布局规划》，在全国率先以“橙线”方式将中小学建设用地纳入城市强制性控制规划；进一步加大了布局规划执行力度，全市累计调减普通小学441所、初中94所、高中21所，共新建、扩建中小学32所，增加教育用地62.65公顷。中等职业教育和高等教育布局结构调整也取得实质性进展，累计投入20亿元将20余所高、中等学校整合为4所市直属高校，将108所市属中等职业学校调整为74所，通过布局调整较好地整合、壮大了教育资源，提高了教育资源的利用效率。

（三）过去的5年是教育改革大突破的5年，教育发展活力明显增强

义务教育办学体制改革学校清理规范工作取得实效。深入开展义务教育办学体制改革学校清理、规范工作，全市54所义务教育办学体制改革学校恢复为公办学校性质21所、停办6所、规范为民办学校27所。这一举措较好地破解了义务教育改制学校的发展难题，进一步推进了依法办学，缓解了择校热，促进了义务教育整体上的均衡发展。

基础教育设施配建工作取得突破。研究制定了《武汉市基础教育设施建设管理办法》，首次将基础教育设施配建资金纳入城市基础设施配套费支出范围，建立了基础教育设施配建的长效机制，确保每年市级补助资金总额不少于1亿元，此举有效破解了多年来制约我市教育事业发展的基础教育设施配建不足问题的政策瓶颈。通过市人大集体议案的推动，投资2亿多元完成了14所中小学的新建、扩建工作，较好地缓解了我市局部地区入学难的矛盾。

教育综合改革取得进展。从2009年秋季开始，启动高中新课程改革试验。积极推进普通高中计划招生批次改革，通过改革，沿袭多年的与省、市级示范高中直接挂钩的计划招生批次变为了相对挂钩的批次，为普通高中的发展提供了一

个更为公平的政策环境，有效破解了多年来困扰普通高中发展的结构不优和活力不强的难题。继续推进中考招生制度改革，改变以升学考试科目分数简单相加作为唯一录取标准的做法，在学业考试、综合素质评价与普通高中招生录取方面取得突破，稳步增加“分配生”招录比例、有序开展网上招生试点等进一步促进了招生方式的改革。坚持新进教师凡进必考，改进中小学教师职称评审和岗位聘用制度，创新教师培养培训机制，稳步推进教师交流工作，平稳实施义务教育学校教师绩效工资。对外合作与交流的范围显著扩大。武汉城市圈教育合作与交流有了实质性进展，国际合作与交流在规模、范围、层次上都有较大的提升。语言文字工作创新卓有成效，形成了语言文字工作“武汉模式”，受到教育部、国家语委大力推介。

教育督导机制进一步完善。“十一五”期间，依据法律和政策环境的变化，建立分学校、地域和专项的督导评估体系，进一步完善并科学实施教育督导新机制。全面督学，保障素质教育的有效实施，江岸区惠济路小学等 79 所学校被授予“武汉市小学素质教育特色学校”称号，开展省市级示范高中和初中标准化学校建设评估验收；依法督政，督促区乡政府履行教育职责，江岸等 8 个区被市人民政府授予“武汉教育先进区”称号，江夏区法泗镇等 27 个乡镇（街）被授予“武汉教育先进乡镇”称号。新机制有效促进了区域教育均衡协调发展。

（四）过去的 5 年是人民群众得到教育实惠最多的 5 年，教育公平得到进一步彰显

实现了义务教育免收学杂费和农村义务教育零收费。2009 年，义务教育阶段全面实现免收学杂费；2007 ~ 2009 年市级投入农村教育经费累计达到 8.5 亿元，农村中小学办学条件明显改善，农村义务教育实现“三免一补”，农村义务教育经费由各级政府分项目、按比例分担的保障机制基本建立。

进城务工人员随迁子女教育在全国产生影响。“十一五”期间，我市进一步深化了进城务工人员随迁子女教育工作，坚持“两为主”方针，在招生考试、评优评先、综合素质评价以及优录政策等方面，保障了进城务工人员随迁子女与城市学生享受同等机会与待遇，确保进城务工人员随迁子女“进得来、留得住、学得好”。2010 年，全市进城务工人员随迁子女在公办学校就读的比例达到

92.4%。同时，我市承担了教育部、世界银行关于进城务工人员随迁子女教育的课题研究，在探索“融合教育”方面取得丰硕成果，在全国产生广泛影响。

教育资助体系得到进一步完善。全市基本建立起覆盖义务教育、普通高中教育、中等职业教育和高等教育的资助体系，2007～2009年全市资助工作惠及大、中、小学生430万人次，资助金额8.25亿元，教育资助的“应贷尽贷、应助尽助”政策得到全面落实。

特殊教育、民族教育进一步加强。投入1.53亿元建成了占地136.7亩、硬件设施全国一流的西藏中学，并于2010年实现顺利搬迁；投资1200万元建设武汉一中新疆班教学大楼和清真民族食堂，极大地改善了武汉新疆班的办学条件。此外，“十一五”期间我市特殊教育、工读教育也得到了各级主管部门的高度重视，发展势头良好。

“十一五”武汉教育发展取得的成绩是巨大的，发展的总体趋势是好的，面对成绩，我们还必须清醒地认识到，当前我市教育发展水平离武汉经济社会发展和人民群众的要求仍有一定的差距，各类教育也还存在着一些薄弱环节和问题，突出表现在以下方面。

1. 教育观念有待进一步更新

在教育功能上，教育服务人的自身发展与服务经济社会发展结合不够。在教育过程中，还不同程度存在重智育、轻德育，忽视体育、美育、职业技能教育，重知识传授、忽视学生创新精神及实践能力培养的倾向。

2. 教育发展有待进一步加快

全市城乡教育一体化发展水平还不高，城乡、区域、校际间教育差距依然存在，择校问题未从根本上得到解决。学前教育发展严重滞后，公办幼教资源不足，“入园难”问题较为突出；义务段特别是小学标准化建设任重道远，义务段总体资源相对过剩与局部资源严重不足的现象并存，新建小区规控用地难以落实，学校建设难以完全同步；高中段布局结构亟待调整，办学效益亟待提高；中、高等职业教育办学特色还不突出，还不能很好地紧贴市场、顺应技能型紧缺人才培养和劳动力转移培训的需求；高等教育自主创新能力还不强，教育对经济社会发展的贡献力还不高；成人继续教育还比较薄弱，尚不能满足人民群众对终身教育的需求。

3. 教育改革有待进一步推进

教育改革创新的意识还不强，体制不活、机制僵化的难题有待破解。应试教育的印痕还比较重，教育评价制度还不科学，中小学生课业负担过重的现象仍十分突出，素质教育全面推进任重道远。教师专业化水平有待进一步提高，教师队伍的层次结构、学科结构、年龄结构亟待优化。办学体制改革需进一步深入，多元化办学的格局有待进一步形成。

4. 投入水平有待进一步提高

教育优先发展的战略地位尚未得到完全落实。教育经费占财政支出的比例较低，难以满足教育现代化建设与优先发展的需要。教育办学条件有待进一步改善，教育装备特别是教育信息化装备水平亟待提高。

二 “十二五”武汉教育面临的形势及学龄人口变化趋势

（一）我市教育发展面临的形势

从国际来看，世界多极化、经济全球化深入发展，科技进步日新月异，人才竞争日趋激烈。知识创新越来越成为推进经济发展和社会进步的主要动力，人力资源越来越成为提升综合国力和国际竞争力的战略资源，教育越来越成为造福人民和保证国家可持续发展的决定性因素。积极推进教育改革，提高人才培养质量，已经成为当今世界教育发展的主流。

从国内来看，我国步入了全面建设小康社会、构建和谐社会、建设人力资源强国的关键时期，经济、政治、文化、社会以及生态文明建设全面推进，工业化、信息化、城镇化、市场化、国际化深入发展，人口、资源、环境压力日益加大。在这种形势下，经济发展方式将加快转变，社会发展将逐步转到依靠科技进步和提高劳动者素质的轨道上来，教育作为民生之首和关键性的知识产业将继续起着奠基和主导的作用，教育的基础性、先导性、全局性地位和作用将更为突出。

从我市来看，武汉作为中部龙头城市和创建国家中心城市的战略定位，“两型社会”建设综合配套改革试验、东湖国家自主创新示范区的建设，以及全国先进制造业中心和现代服务业中心的打造，对我市教育发展和人才培养结构必将

产生重大影响。上海、广州等城市在已经基本实现教育现代化的基础上，面向新形势提出了率先实现高水平教育现代化的目标，这些既使我市教育改革发展面临空前的压力，也为武汉教育实现发展超越带来了难得的机遇。

《国家中长期教育改革和发展规划纲要（2010～2020年）》的颁布实施拉开了新一轮教育改革与发展的序幕，武汉教育要顺应时代发展的要求，进一步增强主动适应和服务经济社会发展的能力，为支撑经济转型、推动自主创新、引领文化发展、促进社会和谐做出更多的贡献。

（二）我市教育人口变化发展趋势

受人口总量增加和人口年龄结构变化的影响，“十一五”以来，全市出生人口呈逐年增加的趋势，预计“十二五”期间全市年出生人口仍将保持这一趋势，在2015年左右达到峰值，数量将达到约8.5万人，武汉市各级教育将依次面临新一轮人口波动的影响。

（1）学龄前儿童继续保持小幅攀升的态势，预计到2015年学前幼儿年入园规模将突破8万人，到2018年左右年入园规模达到阶段峰值，在园儿童总量将突破22万人（比2010年约增加6万人，递增32.8%），以后呈波动式递减变化。

（2）小学学龄人口将逐年增加，大幅回升进入新一轮人口高峰，预计到2015年小学新生年招生规模将达到约8.2万人，在校生规模将达到约45.6万人（比2010年约增加4.5万人，增长10.9%），预计到2021年前后小学段学龄人口将达到21世纪第一次高峰值，年招生规模将突破9万人，在校生规模将突破50万人，2021年后小学学龄人口将成波动式递减变化。

（3）初中学龄人口将呈“L”形走势，2013年以前初中在校生规模仍将快速回落，后半段减幅趋缓，预计到2015年初中在校生规模约为20.6万人（比2010年约减少2万人，减幅9.25%），2016年以后初中生规模将步入回升周期。

（4）高中段学龄人口自2005年达到历史峰值以来，“十二五”期间仍将延续递减趋势，并且这种趋势伴随着初中毕业生数的变化而变化，总体看2013年前减幅较大，后期逐步趋于稳定。预计到2015年，普高年招生规模约为3.7万人，在校生规模约为11.5万人，分别比2010年递减25.85%、25.8%；随着初中生源的锐减，中等职业教育将面临更为严峻的招生压力。

（5）大学阶段适龄人口将步入下降周期，到2018年左右达到低峰值，以后呈波动式变化。随着绝对规模的递减，高中毕业生的升学压力将进一步趋缓，高等教育大众化的程度和水平将得到进一步提高。

（6）未来我市学龄人口生源结构、城乡结构将发生显著变化。表现在：一方面，随着城市化进程的加快，城市人口流动进一步加剧，流动人口长期定居和举家迁移的趋势日益明显，流动人口子女的教育需求将持续增长，给学校教育对象的稳定性和教育教学的针对性、科学性提出了新的挑战。另一方面，我市城乡学龄人口结构将发生明显变化。随着大量农民工子女进城就学，我市中心城区与新城区中小学在校生规模比将由现在的6∶4左右逐步上升到6.5∶3.5左右，中心城区中小学办学主导地位将进一步突出。

（7）老年人口将持续增长，人口老龄化的城市特征进一步显现。预计到2015年，我市老龄人口将达到170万人，占总人口的比重将达到16%，老年人的终身学习需求将变得更为突出。

"十二五"期间，我市适龄人口的变化趋势对教育发展目标将产生较大影响，受波及最大的是高中阶段教育和高等教育，二者将陆续受到适龄人口下降的冲击，这为"十二五"期间我市全面普及高中阶段教育和实现高等教育普及化带来难得的机遇。同时，我市又必须主动适应人口的这种变化趋势，未雨绸缪，为城市学龄人口入学和新一轮小学入学高峰提前做好应对措施。

三 "十二五"武汉教育发展的指导思想、发展目标和发展策略

（一）指导思想

坚持以科学发展观统领教育改革与发展全局，全面贯彻党的教育方针，全面实施素质教育，以"办人民满意的教育"为宗旨，以"为每一个学生的终身发展服务"为核心理念，坚定不移地实施"科教兴市"和"人才强市"战略，围绕"两型社会"和"东湖国家自主创新示范区"的建设以及国家、省《中长期教育改革和发展规划纲要》的要求进行新的发展谋划，按照优先发展、育人为本、改革创新、促进公平、提高质量的方针，加快推进武汉由教育大市向教育强

市转变的步伐，基本实现教育现代化，构建体系开放的武汉教育，为我市在中部地区率先崛起做出应有的贡献。

（二）发展目标

1. 战略总目标

未来5~10年，我市教育紧紧围绕“一个主题”、牢牢把握“一个大局”、加快实现“两步跨越”，全面实现新时期武汉教育的腾飞。

——围绕“一个主题”。围绕“以人为本、全面实施素质教育”这一战略主题，追求教育卓越，实现发展超越，在教育质量、学校选择、教育服务与参与等多个方面，办好让人民满意的引领性、满足性教育。

——把握“一个大局”。把握“教育服务‘两型社会’建设，服务武汉经济社会发展”的大局，努力把武汉教育打造成为“民生建设的重要品牌、城市品位提升的重要依托、引领文化发展的重要阵地和促进经济转型的重要支撑”，在一个高水平的平台上发挥服务和辐射功能。

——实现“两步跨越”。

第一步，基本实现教育现代化，基本实现由教育大市向教育强市的转变。通过5年进一步加快开放与发展，到2015年，各级各类教育确立先进的教育理念和达到高水平的办学条件，武汉教育在中部地区率先基本实现现代化，全市教育总体水平和综合实力进入国内教育一流城市行列。

第二步，实现教育的现代化、国际化和终身化。再经过5年的努力，到2020年，武汉“1+8”城市圈“以中为重”科学配置教育资源的格局基本确立，武汉区域性教育中心的地位进一步巩固，与小康社会相适应的科学完善开放的现代化城市终身教育体系基本形成，在全省、全国和国际教育活动中具有不同辐射能力的开放性、多元化、多功能的现代化教育中心基本建立，全面实现教育现代化，形成学习型社会，进入人力资源强市的行列。

到2020年，新增劳动力平均受教育年限达到14.6年，高等教育毛入学率达到60%以上。

2. “十二五”教育发展的具体目标

（1）学前教育加快普及。学前三年教育毛入园率达到90%以上。

（2）义务教育高位均衡。义务段公办学校全部高水平达到标准化学校建设

标准。九年义务教育巩固率达到98%以上。进城务工人员随迁子女95%以上进入公办学校就读。

（3）高中阶段教育优质协调。高中阶段教育全面普及，毛入学率达到95%以上；初中毕业生升学率达到95%以上（其中中心城区达到98%，新城区达到90%以上），普通高中与中等职业学校招生比例保持大体相当。高中阶段优质教育资源在校生所占比例稳定在70%以上。

（4）高等教育整体提升。高等教育跨入普及化阶段，毛入学率达到50%以上；市属高等学校综合实力得到提升，重点办好1所综合性本科大学、1所应用型本科院校、1所国家级示范（骨干）高等职业院校和1所新高职院校。

（5）特殊教育、民族教育全面发展。办好现有的特殊教育学校，轻度三类残疾儿童义务教育入学率达到99%以上。建设全国一流西藏中学，巩固发展新疆班教育，全面提高民族教育水平。

（6）终身教育体系基本建成。新增劳动力平均受教育年限达到14年；建设武汉终身学习网，建设5所市级示范性社区教育学院和50所市级标准化社区学校，建设1万人的社区教育专兼职队伍和5万人的志愿者队伍，每年有30%的市民参加培训。

（7）教师队伍学历水平明显提高。95%以上的小学在职教师具有专科以上学历，85%以上的初中在职教师具有本科以上学历，17%以上的高中在职教师达到研究生水平；高、中等职业院校“双师型”教师分别达到60%和50%。

（8）教育信息化程度明显增强。基本建成覆盖全市中小学、职业学校和市属高校的数字校园；中心城区公办中小学和新城区中心校以上学校校园网建设比例达到100%。

（9）教育国际化迈出新步伐。新增5~8个中外合作办学项目；200所左右大中小学校与海外学校建立友好学校；200所学校和办学机构具有聘请外国文教专家资格，外籍教师占教师总数的比例逐年提高；办好2~3所外籍人员子女学校，基本满足在汉外籍人员子女就学的需要；办好国家汉语国际推广中小学基地，在海外建设孔子学院或孔子课堂10个。

（10）学生体质健康水平明显提高。90%的学生达到国家学生体质健康标准及格以上等级，每位学生掌握2项体育锻炼技能、1~2项艺术特长，学生近视率下降5%。

专栏1　武汉教育现代化事业发展主要目标

分　类	指　标		单位	2010年	2015年
国民受教育程度和水平	学前三年教育毛入园率		%	78.63	90
	九年义务教育巩固率		%	96.01	98
	高中阶段教育毛入学率		%	88.94	95
	高等教育毛入学率		%	42.47	50
教育均衡化水　平	义务段公办标准化学校所占比例	小学	%		100
		初中	%		100
教育信息化水　平	建立校园网的公办中小学所占比例	中心城区	%		100
		新城区中心校以上学校	%		100
教育国际化水　平	在汉外籍人员子女学校		所		2~3
	具备聘请外教资格的中小学校		所	85	200
教育终身化水　平	新增劳动力平均受教育年限		年	13.44	14
	从业人员继续教育年参与率		%		50
教师专业化水　平	小学专科以上教师学历达标率		%	84.03	95
	初中本科以上教师学历达标率		%	76.95	85
	高中教师研究生水平达标率		%	12.86	17
	中等职业教育“双师型”教师队伍所占比例		%	40.19	50
	高等职业教育“双师型”教师队伍所占比例		%		60
教育投入水平	全市预算内教育经费支出占财政支出的比例		%	12	15

（三）发展策略

根据新时期各级各类教育的不同特点和内在要求，突出针对性，把握好教育发展的节奏和阶段性重点。

做大学前教育：实现学前教育全覆盖，加大公办幼儿园的建设力度，不断提高学前教育特别是农村学前教育的普及程度。

做强义务教育：均衡义务教育经费投入、学校建设、师资配置、生源分配等，合理配置教育资源，实现义务教育在城乡、区域和校际之间高标准、高质量、高效益均衡发展。

做优普通高中和高等教育：优化武汉地区普通高中教育和高等教育结构、控制办学规模；坚持走内涵发展之路，提高办学质量；同时，充分发挥武汉地区普通高中和高等教育优质资源的优势，进一步加大开放力度，增强教育的服务与辐射能力。

做特职业教育：紧贴市场、对接产业，促进中、高等职业教育与职业培训有机结合，打造精品，形成具有武汉特色的现代职业教育体系，培养输送适应武汉经济转型和社会进步的知识型、发展型技能人才。

做专“两支”队伍：探索有武汉特色的校长和教师队伍的专业化发展之路，培养造就武汉人民教育家。

做活体制机制：鼓励在影响教育事业发展的重要领域和关键环节大胆探索、改革创新，逐步建立与社会主义市场经济体制相适应、充满生机活力的教育体制、运行机制和保障体系。

四　“十二五”武汉教育发展的主要任务

（一）推进教育改革创新

1. 推进人才培养体制改革

更新人才培养观念。树立学生全面发展、人人成才的观念，尊重学生个人选择，鼓励学生个性发展，不拘一格培养社会需要的多样化人才。创新人才培养模式。遵循教育规律和人才成长规律，深化教育教学改革，创新教育教学方法，探索多种培养方式，形成各类人才辈出、拔尖创新人才不断涌现的局面。改革教育质量评价和人才评价制度。建立有利于学生个性特长发展、体现素质教育要求的学生综合评价机制，构建学生、教师和学校的发展性评价体系，开展由政府、学校、家长及社会各方参与的教育质量评价活动。

2. 完善考试招生制度改革

坚持义务教育阶段公办中小学免试就近入学制度，进一步完善义务教育民办学校招生办法。在实行全市初中统一学业水平考试制度的基础上，高中阶段入学继续完善综合素质评价和统一招生录取的办法；逐步将优质普通高中招录分配生的比例扩大到50%。中等职业学校进一步完善自主招生和注册入学制度。制定和完善进城务工人员随迁子女在汉接受非义务教育阶段教育的升学政策。进一步推进中招改革，逐步在全市实行完全意义上的网上报名、填报志愿和远程录取。

3. 加强现代学校制度建设

推进政校分开、管办评分离，逐步建立依法办学、自主管理、民主监督、社

会参与的现代学校制度。进一步落实和扩大学校办学自主权，完善学校内部管理制度。完善中小学校长负责制，探索建立校长职级制和职业资格任职制度。完善家长委员会制度，落实公办中小学校务会制度、教代会制度和校务公开制度，接受家长和社会的监督。完善民办学校法人治理结构，规范民办学校办学章程，校长依据董事会、理事会授权依法行使学校行政和教育教学管理权，避免民办学校“公司化”。

4. 深化教育办学体制改革

鼓励、支持民办教育健康有序发展，积极鼓励社会力量举办大众化、多样化的学前教育机构和培养紧缺型、实用型人才的非学历培训机构。进一步规范民办学校的办学行为，严格控制公办参与举办的民办学校的办学规模，逐步减少公办学校教师在公办参与举办的民办学校支教的比例。建立和完善民办学校的风险防范机制，发展和利用社会中介组织、行业协会对民办学校进行质量评估、管理，提高自律水平。进一步明确教育、劳动、民政、工商等政府职能部门的职责，落实管理责任，加强对民办培训机构的管理，规范培训机构的办学行为，形成清理整顿培训市场的长效机制。积极推进公办学校办学体制改革，在区域范围内探索学区制管理、捆绑式发展的体制，让优质公办学校的先进管理经验、教研成果、教学资源在学区内共享，促进学区内公办学校的均衡发展和办学水平的整体提高。

5. 探索教育管理体制改革

进一步完善由“地方政府负责、分级管理、以区为主”的基础教育管理体制和“地方为主、政府统筹、社会参与”的中等职业教育管理体制。加强市教育行政部门对全市教育特别是高中阶段教育的统筹规划和宏观调控力度，努力改变高中阶段学校条块分割、力量分散、重复办学的局面。进一步转变政府职能，将教育行政管理重心逐步转移到依靠教育立法、制定政策、保障经费、制订规划、督导评估、提供服务、舆论导向等宏观调控手段上来。建立政务公开、社会听证、专家咨询、决策论证和责任追究制度。探索组建武汉教育评估机构，培育专业教育服务机构。开展教育质量第三方调查评估试点。设立武汉“教育改革创新奖”，鼓励改革创新、先行先试。

6. 加快教育人事制度改革

建立健全教育事业单位岗位设置管理制度，推行全员合同聘用制，完善教师职务聘任制，实现固定用人向合同用人、身份管理向岗位管理的转变，促进教师队伍专业化。全面实施教师资格制度，进一步完善以公开招聘为主的进人制度，拓宽吸引优秀人才从教的途径。改革教师评价制度，实施中小学教师专业技术职务任职资格量化评审。建立以聘用合同和岗位职责为依据的岗位绩效考核制度，完善教育事业单位工作人员奖惩、解聘、辞聘和退休制度，健全教师能进能出、优胜劣汰、竞争上岗的人事管理机制。深化事业单位收入分配制度改革，实施岗位绩效工资制度，改善教师待遇。加强学校编制管理。积极探索适应教育现代化建设和小班化教学需要的新的编制管理办法，逐步实行城乡统一的中小学编制标准，研究制定公办幼儿园编制标准，对农村边远地区实行倾斜政策。培育教育人才市场，促进人才合理流动。

7. 扩大教育对外开放

鼓励各级各类学校开展多种形式的国际交流与合作。支持市属高校与国外高水平大学合作开展教师互派、学生交流、课程开发、专业共建、人才联合培养等项目，鼓励条件成熟的高中引进国外优质教育资源和国际课程，支持职业学校与国外职业学校、企业、集团及机构联合办学，引进境外职业教育课程资源和国际通用的职业资格标准。鼓励中小学校建立海外姊妹学校，开展国际理解教育。开展汉语国际推广工作，鼓励有条件的大中小学校在海外建设孔子学院和孔子课堂。建立语言培训中心，开展出国留学预备教育。支持东湖新技术开发区和武汉经济技术开发区申办外籍人员子女学校。加强与港澳台地区的教育交流与合作。积极推进武汉“1+8”城市圈教育一体化建设。广泛开展城市圈各城市之间的教育特别是职业教育的合作与交流。

（二）促进教育和谐公平

以统筹协调发展促进公平，实施“四个统筹”，促进协调发展，推进教育公平，统筹城乡教育协调发展。加大市级财政统筹力度，不断缩小城乡教育差距，全面提升农村教育普及程度和水平。统筹区域教育协调发展。突出抓好义务教育阶段标准化学校建设，并将义务教育均衡发展的地域范围逐步扩展到以中心城区和新城区为主体的泛均衡协调发展区域，鼓励各区争当泛均衡协调发展区域的龙头。统筹各类教育协调发展。坚定不移地推进公办教育与民办教育、普通教育与职业教育、普通教育与特殊教育民族教育、职前教育与职后教育、学历教育与非

学历教育协调发展，加快构建终身教育体系。统筹教育规模、结构、质量和效益的协调发展。牢固树立结构是最大效益的思想，稳步推进教育层次类别结构、学科专业结构、人才培养结构和资源配置的优化。逐步扩大学前教育、中等职业教育、中外合作教育特别是在汉留学生教育规模，不断扩大基础教育优质资源，稳定高等教育规模，全面提高教育质量和办学效益。

以均衡资源配置促进公平。均衡硬件建设：落实新建住宅小区教育设施配建。根据修编后的《武汉市都市发展区普通中小学布局规划》，加大落实教育设施配建用地的力度，根据新建住宅小区教育需求，在都市发展区逐步做到教育设施与城市建设同步规划、同步建设、同步投入使用，其中在中心城区新建、扩建中小学校 34 所，新建校舍 32. 88 万平方米，完成相应配套设施建设。优化教育布局结构。根据“十二五”学龄人口发展趋势，按照盘活存量资源、激活增量资源、抓住有形资源、挖掘无形资源的思路，结合校安工程、两型学校、园林式学校等建设要求，加快推进全市普通中小学布局调整和资源优化配置工作，力争普通高中由 101 所调减至 85 所左右，市属中等职业学校由 74 所减至 40 所左右，义务段校点数基本稳定 900 所左右。提高教育条件现代化水平。按照国家有关规范和标准，全面加强学校标准化实验室、图书馆（室）建设，优化学校现有计算机室、电子备课室、多媒体教室、电子阅览室和校园网等设备设施，开展通用（劳动）技术实践室建设，重视学校艺术教学条件建设，不断提高拟长期保留学校的现代化教学装备水平。

均衡师资配置。积极推进义务教育学段学校干部教师合理流动。完善城镇学校教师定期支教和农村骨干教师到城区中小学挂职锻炼制度，建立骨干教师巡回讲学、送教下乡及农村紧缺学科教师“走教”制度。通过区域内教师轮岗交流、区域间教师对口交流、骨干教师兼职交流、校际间协作交流等多种形式，实现义务教育教师资源均衡配置。义务教育学校男教师 50 周岁以下、女 45 周岁以下，在同一所学校任教满 6 年的教师原则上要在区域内进行交流。各区每年参加区域内交流的校长（教师）达到本区义务教育公办学校符合交流条件的校长（教师）总数的 10%（7%），并纳入政府绩效考核目标。积极推进学区制改革。“十二五”期间选取 1 ~2 个区进行学区制改革试点，学区内统筹义务教育学段教师资源，确保校际间教师在学历结构、职称结构、年龄结构等方面实现基本均衡。学区内教师实行绩效工资制，研究制订学区内各学校教师绩效考核实施方案，确保学区内各学校教师的绩效工资各等次的奖金额一致。

以均等教育机会促进公平。均衡生源分配。积极发挥政策的引导作用，进一步扩大优质高中和中等职业学校招录分配生的比例，分配生指标向边远、薄弱学校倾斜，保证每一所初中学校的优秀毕业生都有机会接受优质高中阶段教育。高度重视困难群体、特殊群体的教育权利。继续坚持“两为主”方针，提高公办学校“融合教育”水平。落实市民待遇，基本实现进城务工人员随迁子女义务教育“有学上、免费上、上好学”的目标。继续实施“六项行动”，关爱农村留守儿童，建立起学校、家庭、社会共同教育的监管网络，对农村留守儿童的教育管理实现“全覆盖”，促进留守儿童身心健康成长。建立学前教育、义务教育、普通高中教育、中等职业教育和高等教育等全方位的学生资助政策体系，实现学生资助全覆盖。形成以国家、地方政府为主体和财政投入为主渠道，行业、社会团体及个人共同参与的多元化、多渠道捐资助学格局，确保所有学生不因贫困而失学。重视少数民族学生、残疾儿童、问题学生的教育，确保每一名学生享有同等教育权利。

（三）全面实施素质教育

坚持德育为先、能力为重、全面发展。立德树人，把社会主义核心价值体系融入国民教育全过程。狠抓未成年人思想道德建设，加强和改进大学生思想政治教育，建立和完善大中小学幼儿园有效衔接的德育工作体系，以及学校、家庭、社会相配合的德育工作机制。

实施有效德育工程，巩固班主任队伍建设成果，探索新形势下德育工作目标、内容、途径、方法和策略，切实增强德育工作的针对性和实效性。

以“五爱”教育为主线，加强民族精神和时代精神教育，加强社会主义荣辱观和传统美德教育，培养学生守法、诚信、勤俭、感恩的道德品质和行为习惯，让学生具有符合中国特色社会主义建设要求的理想信念、公民素质和健全人格。加强“中华诵”经典诵读和汉字书写（书法）教育，增强学生的民族文化认同感和自豪感，加强人口基本理论教育。结合防灾减灾、交通安全、禁毒等专项教育，加强学生生命安全和生态教育，学习并掌握必要的生存技能和自救自护能力。引导学生积极参与社会实践，注重学生意志品质磨砺和团结协作精神培养，进一步增强学生创新精神、实践能力和社会责任感。

实施“健康生活、快乐学习”行动，引导学生养成良好的学习、生活、锻炼习惯。开齐开足体育、艺术课程，保障学生每天1小时阳光体育运动时间和充足的睡眠时间。实施国家学生体质健康标准，加强学生体质健康检测管理。加强学校卫生工作，做好学生疾病防范，食品卫生安全，学生视力保护工作，促进学生健康成长。加强青春期及心理健康教育，构建武汉市中小学心理健康教育管理与服务网络平台，推动心理健康课程常态化、心理辅导规范化、心理危机预防与干预专业化进程。培养学生乐观向上的心态，引导学生健康交友、文明上网。

优化育人环境。推进和谐校园建设，优化校园人文环境和自然环境，丰富校园文化，形成有利于学生身心发展的校园氛围。

深化课程改革，加强教育科研。树立以人为本、全面发展的质量观，建立以提高教育质量为导向的管理制度和工作机制。深入推进课程改革。从教育思想、目标、内容、方式、手段、过程、评价等方面进行系统改革，加大现代教育技术的运用率，促进教学质量提高。实施“课程”建设计划，认真落实国家课程，加大地方课程和校本课程的开发力度，进一步建立完善各具特色的国家、地方、学校三级课程体系。建立和完善与新课程改革相适应的“以校为本”的教育教学研究制度，充分发挥教育科研在教育管理、学校发展、课程改革和教师专业化建设中的引领作用，全方位提高全市教育管理、教育决策和教育教学水平。深化备课组建设工程，完善市区校三级教科研网络，加强校本教研，鼓励、指导学校开发校本课程。

打造高效课堂，减轻课业负担。推进中小学高效课堂教学模式的研讨与交流，加强信息技术与学科整合，构建高效课堂评价标准，落实“三维”目标，全面提高课堂教学质量。提高日常教学有效性，日常教学好课率达到70%以上。开办“名师讲坛”，推广名师教学经验。广泛开展减负增效能手和“四优”（优质教案、优质课、优质课件、优质论文）评比活动。

政府统筹，学校、家庭、社会共同参与，标本兼治，综合治理，把减负落实到中小学教育全过程。研制《武汉市普通中小学校管理规程》，进一步规范学校管理，严格按照随机原则合理编班，不分设重点班和非重点班。进一步规范中小学、幼儿园课程实施管理，督促中小学、幼儿园严格执行国家课程计划和课程标准，控制作业量和考试难度。建立并实施中小学生课业负担监测、举报、公告和问责制度。充分发挥舆论导向作用，加强中小学、幼儿园家长学校建设，引导家

长树立正确的教育观念，掌握科学的教育方法，合理安排孩子的课余学习生活，充分发挥家庭在减轻学生课业负担中的重要作用。

培育教育特色，重塑教育品牌。充分挖掘武汉中小学百年老校的人文资源，传承武汉教育文化，焕发老校生机与活力。加强学校文化建设，建设品牌特色学校，打造一批办学思想、办学理念、办学条件、师资队伍、教育质量、学术影响在国内一流、国际知名的品牌特色学校。创造性地发展现有素质教育成果，鼓励学校探索开展“人本教育”、“生命教育”、“主体教育”等素质教育教学实践活动，逐步在素质教育实验中提升自身的办学理念，打造自身的办学特色，重塑武汉教育品牌。

整合社会资源，开展社会实践。创新学校、社会教育资源共享方式，为中小学开展实践教育提供便利条件。鼓励和支持校外教育基地及文化场所建设，有效整合博物馆、科技馆、图书馆、艺术馆、纪念馆、爱国主义教育基地、高新科技（农业）企业（园区）、在汉高校和科研院所等校外教育资源，面向中小学生免费或优惠开放，为中小学生提供更多的实践和体验机会。充分发挥校内资源的教育作用，以创建国家、省、市级绿色学校，科技（环保）教育示范学校和“资源节约型、环境友好型”学校为载体，开发校本课程，促进学生强化节能环保意识，提高科学文化素养。进一步做好学校体育运动场馆等公益设施面向社会开放的工作。

B.24

武汉市民政事业“十一五”状况分析与“十二五”发展报告

武汉市民政局

摘　要：本文对武汉市民政事业“十一五”状况进行了回顾，分析了“十二五”武汉市民政事业发展所面临的形势，提出了“十二五”民政事业发展的指导思想、基本原则、主要目标及主要任务。针对武汉市民政事业“十一五”发展中所遇到的问题，提出了相应的对策建议及举措构想。

关键词：民政事业　社区建设　社会救助　城乡医疗救助

“十一五”期间，武汉市民政系统坚持“以民为本，为民解困，为民服务”的工作理念，紧紧围绕中心、服务大局、锐意进取、开拓创新，民政事业快速、健康、持续发展，在调节社会利益、化解社会矛盾、促进社会公平、维护社会稳定等方面发挥了重要职能作用。进入“十二五“期间，民政事业在社会建设中的地位更加突出，作用更加重要，发展更趋紧迫。

一　“十二五”武汉民政事业发展面临的形势

（一）“十一五”民政事业发展回顾

1. 城乡社区建设取得显著成效

“十一五”期间，通过实施“社区建设883行动计划”和农村“家园建设行动计划”，城镇社区历经创建达标、提档升级、深化发展三个阶段，共投入资金20多亿元，建设各类软、硬件项目30多万个，解决了长期影响居民生活和民主自治的“老大难”问题，500多万市民从社区建设中得到了实惠。农村社区推进家园建设，累计投入资金60多亿元，在全市2087个村（含农场大队）完成了“四到家园”的阶段性目标任务，有效解决和缓解了长期困扰农民的增收难、出行难、饮用安全卫生水难等热点难点问题，全市农村村风、村容、村貌焕然一新。

2. 城乡一体的社会救助体系不断完善

“十一五”期间，我市基本建立起以最低生活保障、集中供养为基础，灾民紧急救助为重点，专项救助相配套，特色救助为补充的城乡一体的社会救助体系。全市近15万户、33万多名城乡困难群众被纳入保障范围，保障面不断扩大，保障水平持续提高。全市每年约5万人次的流浪乞讨人员和未成年人及时得到主动救助和保护性救助，维护了社会稳定，净化了城市投资环境。充分发挥民政职能，积极应对了2008年冰冻雨雪灾害、四川汶川特大地震灾害、西南干旱、青海玉树震灾等重大自然灾害和突发应急事件，圆满完成了牵头援建四川汉源县地震重灾区的建设任务，民政应急服务水平、减灾救灾功能不断增强。

3. 城乡社会福利事业得到长足发展

“十一五”期间，初步建立了市、区公办福利院、乡镇街福利院、社会办养老机构、社区居家养老“五位一体、城乡统筹”的养老服务体系。截至2009年底，全市机构养老床位总数达到28529张。其中城镇养老机构达到139个，总床位数18324张；农村区域性中心敬老院87家，总床位数达到10205张；社区日间照料站62个，床位数3007张。全市8662名农村“五保”，1949名城镇“三无”对象全部实现了自愿条件下的集中供养，自愿集中供养率达到100%。城镇养老机构和农村福利院床位数分别比2005年新增床位1370张和1390张。社会慈善事业和福利彩票发行工作实现跨越式发展，福利彩票销售节节攀升，年最高销售额突破13亿元。

4. 双拥优抚工作取得新的成绩

“十一五”期间，全市累计投入资金8亿元，为驻军办理了环境整治、协调城建规划与部队建设，支持部队后勤社会化等方面的实事70余件。共接收退役士兵21943人，其中符合国家安置政策的为15894人，已安置15347人，其中退

役士兵自谋职业7860人，年均安置率达到95%以上、自谋职业率达到45%以上。深入实施“愉悦行动计划”，创建“和谐军休家园”，军地、军民关系进一步和谐，武汉市荣获“全国双拥模范城‘四连冠’”。

5. 社会行政事务服务能力得到全面提升

“十一五”期间，牵头完成武昌、青山、洪山“插花地”调整工作，建立起覆盖城区、乡镇、村“三位一体”的地名标志服务体系；认真贯彻落实培育发展与监督管理并重的方针，全市社会组织已达3600个，其中：社会团体1646个，民办非企业单位1954个；殡葬管理体制改革稳步推进，全市火化率达100%，生态公墓建设有了发展；婚姻、收养登记合格率均达100%，社会服务功能显著增强。

6. 民政机关和干部队伍建设进一步加强

“十一五”期间，围绕“两型机关”建设，按照构建学习型、服务型、创新型、高效型、和谐型、廉洁型民政的要求，民政干部执行能力不断提高，党风廉政建设责任制和“一岗双责制”得到强化。民政干部队伍建设、干部交流与培训、人才资源整合进一步加强，干部年龄结构、知识结构、文化结构有了明显改善。

（二）“十二五”时期面临的机遇与挑战

“十二五”时期是全面建设和谐社会的重要时期，民政部门作为社会行政事务管理的重要部门，职责更加重要、任务更加繁重、作用更加突出，也为民政事业快速发展提供了更多机遇。

一是中央为积极应对国际金融危机，提出了“扩内需、保增长、惠民生”的总体要求，中央大规模投资重点投向保障民生领域，为全面加强我市民政公共服务设施建设提供了难得的机遇。

二是部省合作共建武汉城市圈创新型民政事业发展示范区，为我市在全面推进救灾减灾应急救援、社会福利服务、城乡社区建设、优抚安置服务和城乡一体社会救助体系建设等方面提供了许多有利契机。

三是省委省政府高度关注民生、极度重视民政工作，出台了《关于进一步加强新时期民政工作的意见》（鄂发［2010］7号），对新时期民政工作做出了战略部署，为推动新时期全市民政工作上档次、上水平提供了政策支撑和制度保障。

四是武汉市全面推进社会建设，以“五个两”战略举措谋划武汉未来发展，即：自主创新示范区和“两型社会”实验区两区同建，着力提升武汉在全国的战略地位；高端制造业和高端服务业两业并举，着力增强产业竞争力；内生型经济和外援型经济两轮并驱，着力激发经济发展活力；功能区发展和新农村建设两线并进，着力强化发展支撑；武汉城市品位与市民生活品质两者并重，着力增强人民群众的幸福感和归属感。这些都为民政部门加快发展提供了更加广阔的空间。

五是政府机构和事业单位改革不断深化，大量群众性、社会性、公益性、服务性的基层社会管理职能和社会服务职能将逐步从政府职能中分离出来，为民政事业的专业化和现代化提供了机制性保障。

挑战与机遇并存。我市民政事业发展也存在一些制约发展的困难和问题：一是民政事业经费投入、民政基础设施建设与广大民政服务对象日益增长的服务要求不相适应；二是民政工作管理体制、运行机制与市场经济条件下民政事业发展的要求不相适应；三是民政干部队伍现代化、专业化程度与日益繁重的民政工作任务要求不相适应；四是民政部门职能发挥与民政工作服务全局的要求不相适应。

二 “十二五”民政事业发展的指导思想、基本原则和主要目标

（一）指导思想

以党的十七大和十七届四中全会精神为指导，深入贯彻落实科学发展观，紧紧围绕改革发展稳定大局，解放思想、与时俱进，开拓创新、求真务实，进一步加快民政事业发展。坚持“以人为本、为民解困、为民服务”的宗旨，坚持打基础、管长远；坚持统筹兼顾、突出重点；坚持政府主导、社会参与，紧紧围绕中央提出的“保民生、保发展、保稳定”的要求，促进社会公平，推动社会进步，维护社会稳定，推动各项民政事业再上新台阶，为推动我市“两型社会”与“中部率先崛起战略”建设，构建和谐武汉做出积极贡献。

（二）基本原则

1. 以人为本，固本强基

着力改善民生，进一步提高困难群体生活保障水平，共享经济社会发展成果。体察社情民意，常出亲民之举，善谋便民之策，多办利民之事，力行护民之责，切实维护人民群众的生存权和发展权，进一步巩固党执政的群众基础、社会基础、国防基础和基层基础。

2. 政府主导，社会参与

进一步发挥各级政府在民政事业发展中的主导作用，注重政府与社会机制互联、功能互补、力量互动，完善以公共财政为主渠道的民政事业资金投入机制，组织和动员社会力量，充分利用各类社会资源，推进民政事业健康协调发展。

3. 改革创新，提升效能

完善基层服务和社会管理网络，大力发展社会化养老，做好双拥优抚安置工作，推动慈善事业发展，加大资金投入，加快民政基础设施建设步伐，加大工作创新力度，着力提升民政服务社会的工作效能。

4. 统筹兼顾，突出重点

坚持统筹兼顾、分类指导，按照“民生民政”的发展思路，深入研究和把握民政事业发展规律，突出民政领域的重点民生问题，积极履行部门专业行政职能，改进管理方式和服务水平，不断提高民政部门在社会建设和社会服务中的地位。

（三）战略目标

通过5年的努力，力争到“十二五”末，全市民政工作管理体制和运行机制趋于完善。以维护和保障人民群众基本生活权益为中心，提高灾害紧急救援保障能力为基础的城乡一体的社会救助体系基本完善；基层民主政治建设管理引导坚强有力，城乡社区建设和服务能力取得新的发展；拥军优抚安置工作保障有力；进一步推进社会福利社会化，着力构建“城乡统筹、五位一体”的养老服务体系；创新区划地名、殡葬婚姻收养和社会组织登记管理服务等专项社会事务管理体系；健全专业化、社会化民政工作队伍。初步形成管理法制化、发展科学化、服务社会化、手段信息化、队伍专业化的现代民政工作体系，构建符合时代发展要求的“和谐民政、效率民政、创新民政”的现代民政新格局，使全市民政工作继续在湖北领先，力争走在全国同类城市的前列。

三 “十二五”民政事业发展的主要任务

（一）切实保障困难群众基本生活

1. 进一步健全城乡最低生活保障制度

进一步完善城乡低保制度，尤其是低保审批制度、低保动态管理制度、低保分类施保制度。建立城乡低收入家庭收入核对机制，完善申请、调查、审核、审批、发放等工作程序，提高社会救助工作效率和质量。建设城乡全覆盖的最低生活保障工作网络，在2012年前完成市、区、街（乡镇）、社区（村）低保信息化联网工作，实现工作信息互通共享。科学合理确定保障标准和方式，着重解决我市农村低保标准偏低问题，健全保障标准动态调整机制，探索完善对困难群众生活发放物价联动补贴办法。推动城乡低保一体化制度建设，积极探索推行按常住地界定城市低保对象的办法，重点解决人户分离对象管理等难题。指导推动以汉南区试点为切入点的城乡低保一体化建设，探索完善制度相对统一、低保标准有别、标准调整联动、对象动态管理、申报、审批转换有序的城乡低保制度之间有效衔接，推动社会保障一体化建设。

2. 完善城乡医疗救助制度

坚持“政府主导、突出重点、分类施救、公开便捷”的原则，进一步完善城乡医疗救助制度。根据可筹集的医疗救助基金总量，合理制订救助工作方案，逐步提高大病救助标准，放宽病种限制，取消大病医疗救助起付线，合理设置封顶线。逐步提高门诊医疗救助比例，进一步减轻贫困群众日常看病费用负担。进一步简化审批程序，积极探索方便救助对象在定点医院结算住院医疗费用的支付方式，大力推行建立医疗保险、新型合作医疗、医疗救助“三办合一”、“一站式”服务窗口。将未参加城镇职工基本医疗保险的城市低保对象，纳入城镇居民基本医疗保险，将农村低保对象全部纳入当地新型合作医疗保险，确保救助对象享受相关优惠政策。积极探索开展多种形式救助，对长期需要门诊治疗的救助对象，推行发放定额门诊救助卡、定额购药卡等救助方法。建立医疗救助定点医

疗机构的准入和退出机制，实行动态管理，控制医疗费用的不合理增长。

3. 完善困难群众临时救助制度

简化审批发放程序，适当赋予乡镇（街道）审批权限；实行分类分档救助，着力缓解低保对象、低收入家庭突发性临时生活困难。通过发放“消费券”和利用“慈善超市”开展实物救助等方法，充分发挥救急救难作用。继续做好每年春节前“5个5”节日物资发放和“冬暖夏凉”工作，不断推动地方特色救助，多方面为困难群众排忧解难。

4. 完善流动困难人群救助管理制度

创新救助方式、完善服务功能、充分发挥流动困难人群救助管理工作在维护社会稳定、预防违法犯罪等方面的积极作用。在100万人口以上的区建立流动困难人群救助管理机构和独立、规范的救助场所。在中心城区构建主动救助、联动救助的机制，形成“一站多点”、重心下移的救助网络，确保接警后1小时内实施有效救助，进一步塑造专业机构与社会参与相结合的“武汉救助模式”。

5. 完备应急救灾体制机制

继续坚持“救灾工作分级负责、救灾资金分级负担”的管理原则，全面提高综合减灾能力，切实保障人民群众生命财产安全。进一步健全自然灾害应急救助机制，规范救助工作程序。健全和完善市、区、街（乡镇）三级灾害应急救助体系，制定适合本地区实际的自然灾害应急救助预案，形成“纵向到底、横向到边”的灾害救助应急预案体系。完善灾害观察员、灾情报告和灾民救助卡制度，确保受灾群众基本生活在灾后24小时内得到有效救助。落实应急疏散场地建设，完善应急避难场所功能及设施。建立市级救灾物资储备中心，推进区级救灾、备灾平台建设，逐步形成覆盖全市的救灾物资储备网络。加强灾害信息数据库建设，提高灾害数据分析能力，促进综合减灾、灾害监测、预警、评估和应急救助的决策处置能力。积极开展综合减灾示范社区创建活动，广泛开展防灾减灾宣传，提高城乡居民减灾意识和应对灾害自救助能力，逐步完善灾害应急救助社会动员机制、会商机制和联动机制。努力提升救灾装备配置水平，确保快捷、及时、有效实施救助。

（二）加快推进社会福利事业发展

1. 加快发展公办（或民办公助）福利养老机构，突出示范作用

加快公办养老机构提档升级的建设步伐，确保到“十二五”末公办养老机

构床位数达2.2万张。在市一级完成市社会福利综合大楼的建设和市第二社会福利院的重建工作，使其总规模均达到2000张床位。到2011年，各区新建或改扩建1所综合性、高标准、多功能的区级公办养老机构，城镇三无对象自愿入住率达到100%。加快农村敬老院新建和改扩建步伐，使之成为乡镇综合性老年福利服务中心；扶持有条件的农村敬老院逐步开展农村空巢老人代养服务。

2. 加快社会办养老机构的发展，发挥骨干作用

坚持“政策引导、政府扶持、社会兴办、市场推动”的原则，进一步落实养老服务机构租收减免以及用水、用电、安装使用公用设施等方面的优惠政策，鼓励社会力量参与养老机构建设。支持企事业单位、群众团体、社会组织、个人等社会力量，以独资、合资、合作、联营、承包、租赁等多种形式，兴办养老院（老年公寓）、老年活动中心等养老服务机构。在城乡结合部，规划建设6所各占地200亩、床位数500张以上的设施优化、环境优美、服务优质的大型高端养老社区。并通过建设补贴、床位补贴、运营补贴和购买服务等方式，鼓励社会力量利用机构、企事业单位和农村集体组织闲置医院、厂房、土地、场所、设施等，开办各种模式的养老院（老年公寓）、托老所等服务机构。到“十二五”末，社会办养老床位数扩大到4.8万张。

3. 大力发展居家养老服务，发挥依托作用

建立健全立足社区、面向老人、布局合理、方便实用的养老服务设施和活动场所。每个中心城区建立一家示范性的居家养老服务中心（站）。按照“社区养老服务中心+居家养老”的模式，构建以社区为基础，辐射街道的“10分钟养老服务圈”，居家养老服务中心床位数发展到1万张。推进社区医疗服务中心与社区日间托老服务站形成有机联合，逐步形成医护结合新格局；推进智能化居家养老系统建设，以科技手段提升居家养老水平。对全市独居、70岁以上、长期卧床不起的低收入老人及70岁以上的一、二级严重功能性障碍残疾人，提供365小时的免费护理服务；同时为中心城区独居70岁以上且月收入在1200元以下的独居老人提供购买服务费补贴，并建立自然增长机制。广泛开展志愿者与老年人长期结队服务、企业助养贫困老人等活动。组织各类服务团队，引导社会中介、家政服务企业等参与，围绕为居家老人提供日间照看及生活护理、家政服务、精神慰藉和应急救援四大类开展具体服务。

4. 加强各类养老机构管理和服务，提升养老服务功能和水平

制定实施《武汉市社会养老机构管理办法》，逐步推行养老服务 ISO 质量体系认证，严格规范养老机构的准入、经营、管理、转让、退出等制度。制定实施《武汉市养老机构星级评定办法》，在全市全面实行养老机构“星级评定”制度，激励各类养老服务机构不断提高自身服务质量和服务水平。建立和完善社会福利机构的年检制度，进一步加强对养老机构的监管，逐步提升我市养老服务机构的运行质量和服务水平。依法依规，取缔无证（照）经营的营利性或非营利性养老服务机构，整肃养老服务市场。建立全市养老工程项目库、养老机构基本信息库，积极利用网络平台，加强项目推介和机构动态监管，掌握全市养老机构的建设和运行状况。按程序、依规范推进养老和医疗的结合，对各类养老机构所办的卫生机构，符合条件的，按规定纳入城镇医疗保险定点范围，提升服务水平。将养老机构护理从业人员纳入培训计划，开展养老护理从业人员职业技能培训。指导和支持有条件的养老机构以多种形式开设与其配套的医疗机构和文化体育设施建设，为老年人提供养护、医疗、康乐“一体化”的养老服务。积极开展养老领域的国际交流和合作，学习借鉴先进的养老服务理念，提升整体管理水平。积极推进社会工作者介入，在重点养老机构组建社会工作者组织，满足养老多元化需求。

5. 建立健全特殊群体社会福利服务体系

进一步加强孤儿、残疾人等特殊群体的福利服务工作。积极探索机构福利服务、公共福利服务和公益服务相结合的特殊群体福利服务体系。完善福利企业减免税等扶持政策，促进残疾人集中就业和分散按比例就业。新建市儿童福利院分院，设置床位 1000 张。建立健全孤儿、贫困家庭儿童救助长效机制，促进孤儿和贫困家庭儿童健康成长。

6. 有力推动福彩与慈善事业全面发展

按照“扶老、助残、救孤、济困、赈灾”的宗旨，加强福利彩票发行销售和福利彩票公益金管理。支持福利彩票发行机构建立，完善与福利彩票发展相适应的管理制度，提高服务品质。到“十二五”末，力争福利彩票发行总量比 2010 年增长 7% ~8%。切实增强社会各界慈善意识，激发全社会参与慈善事业的热情，创新筹募方式；努力打造慈善品牌救助，有效发挥社会保障的补充作用；对公益性慈善组织，财税部门要按政策规定给予税费减免；不断加强区、街、社区三级慈善组织网络建设，重点培育和发展一批有条件的企业建立慈善工作站，广泛吸收慈善志愿者，促进慈善事业向社会化、规范化发展。

（三）全面推进城乡社区建设

1. 进一步理顺城乡社区管理与服务体制，扩大基层民主自治

切实理顺基层政府和社区组织在社区管理与服务中的功能及权责关系，部门工作进社区实行“权随责走、费随事转”。实现社区党组织和居民委员会全覆盖。进一步扩大城市居民委员会直接选举的覆盖面，完善农村村民委员会直接选举制度，规范村（居）民代表推选程序，全面实施村（居）务公开，以村级组织建设为重点，着力加强村干部能力建设，以“五议五公开”达标创建活动为抓手，以创建村务公开民主管理示范单位为载体，落实村务公开和民主管理制度，推进村务公开民主管理工作机制和制度方法创新；积极探索创新城乡基层群众自治的实现形式，健全城乡基层党组织领导下的充满活力的基层群众自治机制。

2. 全面推进“两型社区”建设

坚持统一规划与分类指导相结合、典型引路与渐进深化相结合的原则，把“两型社区”建设与“和谐社区”建设紧密结合，全面提升社区功能。积极实施“两型社区”建设的“四个一”工程。建立政府主导、部门协作、社区主体、社会参与的“两型社区”建设工作运行机制，支持和鼓励各类企业参与“两型社区”建设工作。力争到“十二五”末，全面完成中心城区和远城区区政府所在地社区的“两型社区”创建工作，“两型”理念普遍树立、“两型”基础设施完善、“两型”生活方式基本形成、人居环境优良舒适、社区服务完善便捷、人际关系和谐的“两型社区”，为“两型社会”建设夯实基础。

3. 进一步完善“三位一体”的社区服务体系

结合深入推进“和谐社区”建设和全面建设“两型社区”工作，切实加强街道社区服务中心（站）建设，到“十二五”末，中心城区50%的街道都建设一所不低于1000平方米的社区服务中心。在实现“全覆盖”的基础上提升服务功能。通过社区服务中心（站）平台网络，进一步完善政府公共服务、社会中介服务和社区自助服务“三位一体”的社区服务体系，使政府的公共服务更加

便捷，社会组织提供的中介服务更加丰富多样，社区自助服务更加普及。通过大力培育和发展社区民办非企业组织，成立社区物业服务社等形式，进一步为居民提供低偿、微利的社区服务，彻底解决老城区型社区物业服务缺位问题。进一步加大社区公共服务与管理系统建设力度，推进各级政府电子政务、网上办事和社会公共服务进社区，形成“四到社区”专项网络服务平台，实现与城市网格化管理系统的全面对接。力争“十二五”末，全市100%的社区用房面积达到300平方米以上；100%的街道建立社区志愿者服务中心，100%的社区建立社区服务站。同时，实现社区志愿者注册率占居民人口10%以上的目标，其中，注册社区志愿者人数要达到登记社区志愿者人数的30%以上。

4. 加快发展农村社区服务体系

列入国家、省试点的农村社区都要建设一所不低于300平方米的社区服务中心，在全市新农村建设空间规划确定的重点中心村、中心村和其他村中，新建和改造500个村的农村社区服务站，完善配套服务设施设备。建成农村社区服务信息网络系统，开发农村社区服务软件，打造工作平台；完善区级、乡镇政务服务中心，以中心村为单位设立社区服务站，实现乡镇政务中心与村级社区服务站的有效对接，逐步建立市、区、街道（乡镇）、社区四级社区服务网络体系。抓好区、乡、村垃圾转运及处理等基础设施建设，建立健全“村收集、镇转运（填埋）、区处理”的垃圾收集处理体系，实行垃圾收集转运处理全覆盖。加强农村污水处理设施建设和塘堰污染治理，因地制宜、形式多样地建设农村污水收集和处理设施，到“十二五”末污水排放设施到户率和污水处理排放率达到50%。普遍建立以村塆规划管理、农民建房管理、环境卫生管理、基础设施维护为主要内容的长效管理制度，健全政府部门、社会中介组织、村级组织、村民群众共同管理、以村民群众管理为主的长效管理机制。

5. 积极推进新农村建设

积极开展12个乡镇整村推进新农村建设项目工作，整体推进洪山左岭都市农业、东西湖柏泉、“四季吉祥”建设项目、蔡甸区318国道沿线都市农业带、江夏区107国道沿线绿色家园生态工程、黄陂区台湾农民创业园六指新农村项目、新洲区汪集生态家园等7个新农村示范片的建设，建设一批产业发展、生产生活基础设施、社会公共服务项目。

（四）提升社会事务管理水平

1. 创新社会组织管理方式，激发社会组织生机和活力

按照政府体制机制改革和职能转变的要求，加大社会组织培育发展的力度，到“十二五”末，形成管理规范、布局合理、结构优化、功能到位、作用明显的社会组织发展格局。重点扶持一批与“两型社会”建设发展战略相适应的行业协会、商会、学会和公益服务类组织。充分发挥社会组织在经济社会发展中的积极作用，进一步完善社会组织登记管理、人事制度、社会保障、职称评定、职业建设等方面的培育扶植政策。研究出台《武汉市行业协会管理办法》，提高社会组织自我约束、自我管理、自我教育和自我服务能力，提高社会组织管理队伍依法行政水平。建立社会组织服务中心，与政务服务中心对接，推进社会组织电子政务信息化，在全市范围内推行网上登记、年审、公告、社会组织查询和电子档案查询系统；推进社会组织党的建设，把握社会组织发展的正确方向，使社会组织成为建设武汉城市圈“两型社会”综合配套改革实验区的可靠力量。

2. 提高优抚安置工作水平，实现创建全国双拥模范城的“五连冠”

建立和完善军民团结和谐、军地优势互补、军民融合发展的双拥工作格局，探索创新和加强随军家属安置工作的途径和形式，努力争创全国双拥模范城“五连冠”。实现随军家属安置指令性计划逐年增加，安置量逐年加大的目标，市、区双拥机构落实军地合署办公，机构编制和工作经费有保障，双拥工作经费随着武汉经济社会发展同步递增。“十二五”期间，全市要基本建立起优抚对象生活、医疗、住房保障体系，大力推行医疗费用结算“一站式”服务，确保重点优抚对象医疗政策得到落实。逐步形成以“扶持就业、经济补偿、重点安置、城乡一体”为主要内容的退役士兵安置工作新模式。创新军休干部养老服务方式，新建军休老年人综合服务中心，以市场化管理方式运作，解决军休干部中生活不能自理的老人养老服务问题。适应当前和未来军休人员安置和服务管理工作要求，在3个军休干部服务管理中心下各设3至5个服务管理处，为接收安置的军休人员提供相应服务。

3. 扎实推进殡葬改革，倡导文明办葬新风

大力推进生态殡葬、绿色殡葬，实现骨灰处理多样化，倡导树葬、草坪葬、骨灰散撒等不占或少占耕地的新式葬法。加快殡葬服务单位体制改革步伐，实施

“一条龙”的快捷高效服务。新建、改建一批殡葬服务设施，建立殡葬服务标准，规范殡葬服务管理，引入市场竞争机制，提高殡葬服务专业化水平。按照公共财政支付、低保对象受益的思路，探索建立覆盖城乡低保对象的殡葬救助制度。建设城乡公益性墓地，对公墓实行分类管理，规范收费行为。逐步治理农村乱埋乱葬，将农村公益性公墓建设纳入新农村建设总体规划，以市新农村建设空间规划为指导，改建一批布局合理、规模适中的农村公益性墓地，“十二五”末实现全市农村公益性墓地生态化。

4. 推动地名公共服务工程建设，构建高效快捷的行政区划体制

加强对全市开发区与所在政区管理现状、存在问题的调查研究，适时开展开发区与所在政区合署办公的可行性研究。健全完善地名管理法规和制度建设，规范区划地名管理和服务，完善地名公共服务体系。按照我市“十二五”城市建设规划，编制全市地名总体规划以及市辖区地名分区规划，提高地名命名的科学性、前瞻性。指导和督促远城区地名主管部门加强对乡镇地名标志的补设、维护和管理工作，协调市直各地名管理部门使用标准地名标注地名标志，规范和推广标准地名的使用；加强市、区两级地名数据库系统建设，健全完善“武汉市地名管理信息系统”，拓展武汉市区划地名网站的服务功能，向社会提供地名查询和问路等服务，充分发挥地名服务社会的作用。

5. 加强婚姻、收养登记管理，提高规范化服务水平

严格婚姻登记程序，维护婚姻、收养当事人合法权益。进一步提高婚姻登记服务水平，实现登记流程规范化、服务人性化，健全婚姻登记服务同日登记超常量的分级应急预案，加大婚姻登记管理执法力度，保障婚姻自主权利，提供便捷的婚姻登记和婚姻指导服务。进一步规范收养登记工作，收养当事人合法权益。婚姻、收养登记合格率100%。

四　加快“十二五”民政事业发展的主要措施

（一）完善民政工作领导机制

各级党委、政府要从维护改革发展稳定的大局出发，把民政工作纳入更加重要的工作日程，纳入经济社会发展的总体规划，纳入科学发展的考评体系，

落实领导责任制，建立检查督办制度，建立民政事业发展状况的数据信息和监测体系，有计划、有步骤地加以推进。切实加强对民政工作的组织领导，坚持规划先行、分类指导、梯次推进，严格制订总体实施方案和年度推进计划，确保规划实施。

（二）建立民政工作协调机制

各级党委、政府要建立民政工作协调机构，制定民政工作协调制度，积极整合民政工作社会资源，进一步加强相关政策衔接，切实提高民政工作行政效能。各级组织、纪检、宣传、发展改革、城乡建设、财政、经信、税务、人力资源和社会保障、教育、公安、卫生、国土资源和规划、编制、物价、工商等部门和工会、共青团、妇联等组织要密切配合，各负其责，各司其职，共同推进民政工作。各级民政部门要积极发挥职能作用，深化民政部门综合协调机制，推动部门协作，体现综合优势，提升民政工作的系统性和整体协调能力，不断提高管理民政事务、开展民政低保管理的能力，基本形成系统、合理、顺畅的全市民政工作管理体制和运行机制，为全市民政事业健康有序发展提供保障。

（三）健全民政事业经费保障机制

要进一步加大民政事业经费投入，逐步形成以政府投入为主、社会广泛参与的多渠道筹集民政事业经费的保障机制。各级政府要按照“健全公共财政体制，调整财政支出结构，把更多财政资金投向公共服务领域”的要求，增加民政事业资金的投入，提高民政事业费在市级财政预算中的比例。建立民政事业经费自然增长机制，为民政事业发展提供经费保障。充分发挥政府投入主渠道作用，加大政府对灾害救助、城乡低保、农村五保户供养和特困户救济、优抚安置、社会福利投入力度，适时提高民政对象的救助标准，足额保障社会困难群众基本生活所需的资金。进一步拓展社会资金筹集渠道，积极引导、鼓励和扶持民间资本进入社会福利和社会服务领域，逐步实现投资主体多元化；广泛开展形式多样的社会捐赠活动，认真做好福利彩票销售和福利企业发展工作，更多更好地筹集福利金，逐步形成以政府投入为主的多渠道筹集民政事业发展经费的机制。加强民政经费管理和监督，提高资金使用效率。

（四）加强民政基础设施建设

加大减灾救灾体系、社会救助体系、养老服务体系、城乡社区、社会事务等民政基础设施建设力度，进一步提升民政基础设施整体水平；通过现行政策许可的土地划拨、规费减免等方式，加强民政重点领域的基础设施建设，为民政事业发展提供物质保障，努力提高对各类民政服务对象的保障和服务能力。进一步推进民政信息化建设，完善民政基础资料数据库，提高办公自动化水平，建立集中统一的民政信息管理服务平台；重点做好低保信息系统、婚姻管理信息系统、社会组织管理信息系统、流浪乞讨人员救助管理信息系统等专业系统的整合和建设，不断强化民政网络和专业系统的服务功能、互动功能和宣传功能，全面构建电子民政、数字民政，不断提高民政为民服务的水平和工作效率。

（五）加强民政法规制度建设

加快民政工作立法进程，尽快论证、立项、起草或修订社会救助、退役士兵安置、农村五保供养、殡葬管理、基层群众自治组织建设、社会组织登记管理、行政区划管理、地名管理等民政工作改革发展中迫切需要的地方性法规、政府规章和规范性文件，建立完善具有武汉特色的有助于民政事业全面发展的政策法规体系。进一步推行民政工作行政执法责任制，规范民政执法行为，不断提高依法行政水平，为民政事业的发展提供有力的保障。

（六）加强民政部门自身建设

全市民政系统要以对党、对人民高度负责的态度，加强理论学习、进一步转变工作作风，强化教育培训，努力造就一支政治强、业务精、作风正的民政职工队伍，确保工作中的各项法规、政策和工作部署落到实处。从领导班子做起，从队伍建设入手，努力建设“团结、务实、廉洁、高效”的领导班子和民政干部队伍。进一步加强民政系统党风廉政建设，提高拒腐防变能力。健全完善干部选任、培养、交流机制，建立干部实绩考核标准和评价体系。建立领导干部与职工交心谈心制度，加大机关和直属单位干部轮岗交流力度。进一步优化干部队伍年龄、知识结构，建立激励和培训机制，加强民政专业技术和高技能人才队伍建设。大力培育社会工作者队伍，积极开展社工服务示范单位创建活动；加强社工

实训基地建设，依托现有职业培训基地，开展社工培训；要按照社会工作人才队伍的要求，有计划、有步骤地在社会救助、社会福利、社区建设、残障康复、家庭生活服务和发展公益性社会组织等领域，设置社会工作岗位，多渠道吸纳社会工作人才，引导社会工作队伍向职业化方向发展。确保人才队伍建设任务的有效落实。进一步增强服务意识，弘扬光大“孺子牛”精神，深入基层，认真调查研究、掌握情况、解决问题，切实维护人民群众特别是困难群众最关心、最直接、最现实的利益。加强理论和政策学习研究和教育培训，不断提高民政干部职工尤其是领导干部管理社会事务的本领，确保政策和工作部署落到实处。

B.25

武汉市住宅与房地产业“十一五”评价与“十二五”构想及展望

武汉市住房保障和房屋管理局

摘　要： 本文对武汉市住宅与房地产业“十一五”状况进行了回顾，分析了“十二五”武汉市住宅与房地产业发展所面临的形势，提出了“十二五”武汉市住宅与房地产业发展的指导思想、基本原则、主要目标及主要任务。针对武汉市住宅与房地产业“十一五”发展中所遇到的问题，提出了相应对策建议及举措构想。

关键词： 住宅与房地产业　住房供应　住房保障

“十一五”评价与“十二五”形势

一　“十一五”住宅和房地产业发展回顾

（一）基本情况

1. 房地产市场保持较快发展，居民居住条件不断改善

房地产开发投资显著增加，促进经济增长。预计五年累计完成房地产开发投资3148亿元，较“十五”时期大幅增长231.9%，完成目标任务的142.3%。其中，累计住宅投资2122亿元，较“十五”增长213.5%，完成目标任务的120%。房地产开发投资占全社会固定资产投资比重达26.1%。预计“十一五”时期累计房地产开发竣工4604万平方米，较“十五”时期增长33.9%，其中住宅竣工达4020万平方米，较“十五”时期增长35.9%；累计销售新建商品住宅5141.88万平方米，较“十五”时期增长88.1%，累计销售存量住房2226.46万

平方米，较“十五”时期增长 73.3%。“十一五”末，预计我市人均住房建筑面积达 32.11 平方米，完成目标值的 100.34%。“十一五”期间全市累计可完成房地产业增加值 1267.09 亿元，占 GDP 比重 6.46%，完成目标任务的 107.7%。

2. 住房保障体系不断完善，居民住房困难有效缓解

廉租住房覆盖面由 2005 年人均住房建筑面积 8 平方米以下的最低收入（人均月可支配收入 400 元以下）住房困难家庭逐步拓宽到人均月可支配收入 600 元以下、人均住房建筑面积 12 平方米以下的低收入住房困难家庭，并逐步将低收入家庭纳入实物配租范围。廉租住房受益家庭数大幅增加，市本级财政累计投入保障资金达 15.55 亿元，是“十五”时期的 24 倍，累计实物配租 19690 户，较“十五”时期增长 32.2 倍，是目标任务的 13.13 倍，实现保障范围内应保尽保。预计累计竣工经济适用住房 757.52 万平方米，较“十五”时期增长 76.2%；累计新增受益家庭达 80032 户，较“十五”时期增长 33.4%，有效缓解了中低收入家庭住房困难。

3. 市场监管力度不断加大，市场秩序逐步规范

积极贯彻落实国家一系列促进房地产市场健康发展的政策措施，通过合理调整住房供应比例及各项房地产交易转让中的税费和维修资金缴交标准等措施，有效促进了房地产平稳健康的发展。严格行业管理，严格房地产开发企业的资质审查、审批制度，强化商品房预售和竣工交付使用备案管理，规范商品房合同备案注销和更名工作，全面实施存量房交易信息上网公示、合同网上签约备案和商品房预（销）售合同网上签约等工作，对房地产中介、估价服务企业加强行业监管。加强市场监测分析，及时实施宏观调控，引导居民住房理性消费。

4. 危旧房及棚户区改造持续推进，城市面貌不断改善

“十一五”时期，按照“统一规划、渐次推进”的原则、政府主导、市场运作的方式，我市危旧房改造工作与旧城改造、环境创新、优秀历史建筑保护和特色风貌街区建设工作形成良好互动，极大地改善了广大市民的居住环境和居住条件。全市累计实施危房改造项目计划 24 个，拆除危旧房屋 148.3 万平方米，累计净供地面积 98.9 万平方米；城市及国有工矿棚户区累计完成拆迁建筑面积 85.54 万平方米，共计 13204 户。

5. 物业管理机制体制进一步完善，水平持续提升

我市加强商品住宅维修资金管理，积极指导规范业主大会、业主委员会组建成立，构建业主自我管理模式，并初步形成本市物业管理政策法规体系及行政制度框架。到2010年底，全市中心城区老旧住宅区基本实现物业服务全覆盖和新建住宅小区物业管理的全面招投标，物业管理面积近1亿平方米，较“十一五”末增加80%以上，全市组建业主大会、业主委员会600余个。

6. 住宅产业化逐步推进，住宅建设水平不断提高

“十一五”期间，本市有三个住宅小区被列为国家康居示范工程项目；40个工程项目被列为建筑节能、绿色建筑的试点示范项目；通过商品住宅性能评定的项目16个；目前全市新建或在建住宅小区均已达到建筑节能50%的要求（试点示范项目达到65%），并彻底淘汰了黏土砖、原木门窗等落后的部品部件；开展全装修住宅试点示范工作，我市多数公寓式住宅基本上实行全装修，集合式住宅装修比率逐年提高；通过“武汉市优秀住宅小区”评选活动，评选出规划设计合理、设施标准较高、节能环保、环境优美、居住舒适的优秀住宅小区近60个，进一步提高了我市住宅建设水平。

（二）主要问题

1. 房地产开发投资占全社会固定资产投资比重低于预期

尽管“十一五”期间我市房地产开发投资大大超过目标，但由于其他产业发展较为迅猛，2006～2009年我市GDP增幅明显超出预期，因此未能与相关投资指标同步增长。

2. 住房保障与社会需要存在差距

“十一五”期间，由于保障对象范围缩小（由中低收入调整为低收入家庭）、项目选址较偏、配套不完善等原因，我市住房保障的主要种类经济适用住房竣工面积未达目标值，为“十二五”期间住房保障工作带来了较大压力。一是住房困难家庭规模仍然较大。二是住房保障标准不高。三是现行住房保障体系不够健全，住房保障的准入退出和使用管理体制有待完善。

3. 住宅产业化发展处在起步阶段

一是技术、部品缺乏配套化和集成化，二是新技术的研发与推广应用缺乏有效的政策支持，三是住宅性能认定制度推广缺少政策支持，四是全装修住宅推广

工作仍以企业自愿的形式，效果不是很好。

4. 在市场管理和服务的机制体制方面也存在一些新问题，亟待在下一步工作中加以解决。

二　“十二五”住宅与房地产业发展面临的形势

“十二五”期间，要把住宅与房地产业发展放到全市发展的大局中进行谋划，全力以赴，开拓奋进，为保持本市经济社会平稳较快发展，为改善民生作贡献。

（一）住宅与房地产业继续为“扩内需、保稳长”作贡献

随着我市经济规模将实现从5000亿元向10000亿元级别跨越，经济社会发展的阶段特征呈现新变化，经济发展更加突出扩大内需、调整结构；城市建设更加注重城乡统筹、区域协调；改革开发更加强调市场主导、环境创新；社会建设更加重视改善民生、促进和谐。这些都为“十二五”期间我市住宅与房地产业的发展提出了新的要求，预计住宅与房地产业还将继续发挥国民经济重要作用，同时必须积极转变自身发展方式，持续改善民生，努力实现“住有所居”，更加注重发挥对本市经济和社会的促进作用。

（二）住房发展要有保有压

随着2009年房地产市场由复苏到过热，我国房地产宏观调控政策重新紧缩，财政货币政策由积极重归稳健。2009年底到2010年，中央先后多项调控措施，其密集和严厉程度更是为2003年以来所罕见，在土地、信贷、税收、销售管理等多个环节实行紧缩。抑制投机、稳定房价成为国家房地产调控的主要政策取向。对于我市而言，“十二五”时期是住宅与房地产业快速发展的重要时期，在此背景下，如何既保护合理的自住需求，又抑制不合理的非自住需求，促进市场健康稳定发展，是“十二五”期间必须解决的一道难题。

（三）住宅与房地产业发展要坚持产业现代化发展方向

2007年武汉城市圈正式获批“两型社会”综合配套改革试验区。其内涵为

科学发展，具体要求是“资源节约、环境友好”。落实到行业发展问题上，则表现为要始终坚持住宅产业化发展方向，深入贯彻落实“四节一环保”政策，大力发展节能省地型住宅，全面提高全装修住宅比例，依靠科技进步和创新，推进新材料、新技术的广泛运用，以显著提高资源能源利用效率。

（四）住宅与房地产业要保持较快发展

“十一五”时期，我市经济呈现快速增长的态势，居民收入快速增加。2006～2009 年 GDP 增速均值达 14.8%，明显高于全国 10.6% 的平均水平，是改革开放以来我市经济增长最快的时期之一，高出“十五”时期 3.8 个百分点，与此同时，城市居民人均可支配收入亦保持 10% 以上的快速增长。2010 年我市在全国发展布局中的功能定位上升为“我国中部地区的中心城市”，为我市“十二五”时期经济社会发展明确了目标与方向的同时，也锁定了新一轮经济快速发展的基调，有利于外来住房需求导入能力的提升。预期住房需求的持续旺盛，要求我市住宅与房地产业必须保持较快发展，以满足日益增长的住房需求。

“十二五”发展目标

一　发展任务

（一）促进房地产市场持续健康发展

完善房地产市场体系，优化行业布局和结构，促进房地产投资平稳增长和住宅供求平衡，增加普通商品住房供给，加大保障性住房建设力度，推进危旧房和棚户区改造，保持房价平稳增长，支持居民自住和改善性需求，加强市场监管，推进住宅产业现代化，继续发挥住房与房地产业对国民经济的重要支柱产业作用。

（二）完善住房供应和保障体系

以住有所居为目标，逐步建立完善市场性住房供应和保障性住房供应并存、产权和租赁两种供应方式并举，包括廉租住房、经济适用住房、公共租赁住房、限价安置房和一般商品房五个种类的“两元双轨五类制”住房供应体系，建立“双轨并行、四类并存”的住房保障体系，逐步推进由产权式保障为主向产权式和租赁式保障并重转化。

（二）规范房地产市场服务管理体系

努力构建适应经济发展、充分体现“以人为本”理念的房地产市场服务体系：加快建立统一架构、覆盖全面的房地产服务和管理信息平台，使我市房管系统信息化建设水平接近全国先进水平；积极拓展和规范物业服务、房产中介、策划、营销代理、租赁等房地产专业服务领域；加强房地产市场的全过程监管，努力营造主体诚信、行为规范、监管有力、市场有序的房地产市场环境。

（四）推动住宅产业现代化

积极推进住宅产业化示范项目建设，促进住宅部品标准化，完善住宅部品部件标准体系，提高住宅的建设水平和住宅的性能品质；培育住宅产业化基地，发挥市场辐射作用；推行住宅性能评定制度，引导开发企业建设适应市场需要的性能等级住宅。

二　主要指标

（一）综合指标

房地产开发累计投资6600亿元，占全社会固定资产投资比例达24%以上，其中住宅投资4300亿元；2015年末城镇居民人均住房建筑面积达35平方米。

（二）房地产开发建设指标

房地产开发竣工总面积5400万平方米，其中住宅竣工4500万平方米，包括普通商品住房竣工2800万平方米，保障性住房竣工1000万平方米，其他类商品住房竣工700万平方米。

（三）住房保障指标

规划期内共建设保障性住房 20 万套，建筑面积 1000 万平方米。其中廉租住房 2 万套 100 万平方米；经济适用住房 4.9 万套，300 万平方米（含动迁安置房 3 万套，180 万平方米）；公共租赁住房 11 万套，450 万平方米，其中新建 10.5 万套，425 万平方米，通过存量房市场筹集成套租赁房源 0.5 万套，25 万平方米；限价安置房 2.1 万套，150 万平方米。“十二五”期间，基本解决人均住房建筑面积在 16 平方米以下的城镇低收入住房困难家庭的住房问题；着力解决人均住房建筑面积在 16 平方米以下的城镇中等偏下收入住房困难家庭的住房问题；将新就业职工和在汉外来务工人员逐步纳入住房保障范围。

（四）危旧房及棚户区改造指标

基本完成在册危房和部分新增危房改造，使每年危旧房新增数量与危旧房改造数量达到平衡。基本完成市政府下达的 2010～2014 年全市城市和国有工矿棚户区改造任务，改造棚户区 38 片，用地面积 252.44 公顷、改造建筑总量为 265.60 万平方米，其中住宅 222.76 万平方米。

（五）住宅产业化指标

到“十二五”末，每年增加绿色建筑试点示范工程 150 万平方米；全市新建住宅全面执行节能 65% 的目标；住宅产业化试点项目累计建筑面积 50 万平方米；新建商品住宅装修比例超过 20%，中心城区达到 30%；开发利用可再生能源，新建住宅项目 12 层以下住宅太阳能热水器采用率达到 100%，太阳能光伏发电应用率达到 50%；新建住宅与 2010 年相比套均用地面积减少 20%；住宅建设和使用中的节水率在 2010 年基础上提高 20%；推行住宅性能评定制度，保障性住房率先贯彻住宅性能评定标准。

（六）市场服务指标

住房二级市场与一级市场交易量的比值达到 1.5∶1；扩大专业化物业管理覆盖面，新建住宅物业管理覆盖率 100%，到“十二五”末，老旧住宅区专业化物业服务覆盖率达50%；新建商品住宅维修资金归集率达100%；国家一级房地产开发企业达到20家以上，二级房地产开发企业达到300家；形成4至5个中介经纪集团，创立具有国内竞争力的中介品牌公司；全市一级估价机构不少于10家。

（七）用地供应指标

房地产开发用地共计供应2000公顷，其中住房建设用地1600公顷，包括保障性住房用地供应318公顷，普通商品住房用地供应1000公顷，其他商品住房用地供应282公顷。

“十二五”建设计划

一 保障性住房准入条件和建设标准

1. 廉租住房

面向城镇低收入住房困难家庭，低收入标准为不超过城市低保标准的1.5倍，住房困难标准在现行家庭人均住房建筑面积12平方米以下的基础上，随政府保障能力的逐步提高，与公共租赁住房（经济适用住房）保障标准16平方米相衔接。

2. 公共租赁住房

面向城镇中等偏下收入住房困难家庭，以及部分新就业职工和外来务工人员。城镇中等偏下收入住房困难家庭的收入标准为最低工资标准的1.5倍，住房困难标准为家庭人均住房建筑面积16平方米以下。产业园区和用工单位自建公共租赁住房租住给新就业职工和外来务工人员的收入和住房困难标准，可在政府的指导下自行制定。

3. 经济适用住房

面向城镇低收入住房困难家庭，收入和住房困难标准暂按现行标准不变，即：家庭人均月收入824元以下，家庭人均住房建筑面积16平方米以下。基本解决完持证家庭的住房困难后，结合武汉市经济发展水平和住房保障情况，适时对保障标准进行调整，逐步纳入公共租赁住房保障范围。

4. 限价安置房

面向城市重点工程建设中的被拆迁住房困难户。

各类保障性住房建设标准见表1。

表1 保障性住房建设标准

类别＼标准	对象	面积标准	主要户型标准
廉租住房	城镇低收入住房困难家庭	≤50 平方米	一室一厅、二室一厅
经济适用住房	城镇低收入住房困难家庭	60 平方米左右	二室一厅
公共租赁住房	城镇中等偏下收入住房困难家庭	40~60 平方米	一室一厅、二室一厅
	新就业职工在汉外来务工人员	≤60 平方米 ≥5 平方米/人	一室一厅、二室一厅集体宿舍
动迁安置房	市重点工程拆迁户	60 平方米左右	二室一厅
限价安置房	市重点工程拆迁户	45~90 平方米	二室一厅、三室一厅

二 年度建设计划

“十二五”期间，我市商品房开发、保障性住房建设、建设用地、棚户区改造年度安排详见表2~表5。

表2 武汉市“十二五”期间房地产开发年度竣工计划

单位：万平方米

年度	住宅			非住宅		合计
	普通商品房	保障性住房	其他商品住房	营业用房	写字楼	
2011	526	230	134	106	46	1042
2012	543	225	137	116	50	1071
2013	559	210	140	125	54	1088
2014	577	170	143	136	58	1084
2015	595	165	146	147	62	1115
总计	2800	1000	700	630	270	5400

说明：住宅类（非保障性）按3.1%比率递增测算，保障性住房按年度计划测算；非住宅类营业用房、写字楼比例为7∶3。

表3　武汉市“十二五”期间住房建设年度用地规划

单位：公顷

年度	普通商品房	保障性住房	其他商品住房	合计
2011	188	75	54	317
2012	194	73	55	322
2013	200	61.5	56.5	318
2014	205	55	58	318
2015	213	53.5	58.5	325
总计	1000	318	282	1600

表4　“十二五”保障性住房规划实施

单位：万平方米，万套/间

类别＼年份		2011	2012	2013	2014	2015	合计
廉租住房	面积	25	20	20	20	15	100
	套数	0.5	0.4	0.4	0.4	0.3	2
经济适用住房	面积	30	30	30	15	15	120
	套数	0.48	0.48	0.48	0.23	0.23	1.9
成套公租房	面积	60	60	80	80	80	360
	套数	1.25	1.25	1.6	1.6	1.6	7.3
集体宿舍	面积	20	20	20	15	15	90
	间数	0.8	0.8	0.8	0.65	0.65	3.7
动迁安置房	面积	60	60	30	15	15	180
	套数	1	1	0.5	0.25	0.25	3
限价安置房	面积	35	35	30	25	25	150
	套数	0.5	0.5	0.4	0.35	0.35	2.1
合　计	面积	230	225	210	170	165	1000
	套数	4.53	4.43	4.18	3.48	3.38	20

表5　2010～2014年棚户区改造情况

年份	片区数量	用地面积（平方米）	总建筑面积（平方米）	住宅建筑面积（平方米）	总户数（户）	总人数（人）
2010	13	1295747.8	1620224.29	1309248.14	20570	66642
2011	16	1006019.12	756000.26	666827.48	6250	22007
2012	3	41625.55	101542.40	99092.40	1361	4908
2013	3	43578.19	70941.85	66889.85	1032	3325
2014	3	137464.01	107266.4	85574.52	1841	4567
合计	38	2524434.67	2655975.20	2227632.39	31054	101449

对策建议

“十二五”时期，我市住宅与房地产业发展的目标高、任务重，必须创新发展思路，加大政策研究和配套力度，采取具体而有效的措施，确保各项指标和任务较好完成。

一 发挥土地、信贷、税收等政策的综合调控作用

根据市场变化，科学把握土地供应的总量、结构、布局和时序，保证普通商品住房、保障性住房的用地供应量在全市住房用地供应总量中的比重提高至70%以上。严格控制大套型住房建设用地，严禁向别墅供地。保障性住房建设用地供应实行行政划拨方式为主，积极研究以专项储备土地的方式确保保障性用地并予以优先安排；积极探索在全市棚户区改造、城中村改造和商品住房开发建设项目中按一定比例配套建设保障性住房的有效方式；通过公共租赁住房建设试点，探索保障性住房土地供应的出让、租赁等多种方式，实现土地供应方式的多元化。积极拓展房地产融资渠道，继续引导金融机构在风险可控的前提下适当加大对住宅和房地产业的支持力度，合理调整信贷结构，向合理住房消费信贷适度倾斜。积极运用税收政策杠杆，鼓励和支持住房特别是中小套型、中低价位普通商品住房的开发建设和合理消费，认真落实支持保障性住房建设和运营的税收优惠政策，加大对住房二级市场消费和房屋租赁的支持力度，带动一级市场健康发展。

二 调整优化行业结构

逐步建立和完善“两元双轨五类制”的住房供应体系和“双轨并行、四类并存”保障体系，促进住房供应量的增长和住房供应结构的合理化。市场性住房和保障性住房的供应规模，基本按照8∶2的比例确定。重点发展满足广大群众基本住房需求的中低价位、中小套型普通商品住房，以满足不同消费层次群体合理的自住型和改善型需求。适度扩大廉租住房保障范围，大力发展公共租赁住房，合理控制经济适用住房的建设规模，根据实际需要适当建设限价安置房，逐

步实现新、旧住房保障体系的衔接。合理调整住宅与非住宅结构比例，重点建设汇集大型商业中心、高级酒店、写字楼、公寓、住宅和公共空间等多种建筑功能、业态的大型城市综合体，进一步优化城市功能，提高城市综合竞争力。

三 完善住房保障工作机制和方式

1. 健全保障机制

建立政府负责的责任机制，实行住房保障主要领导负责制，健全住房保障监督机制和责任追究机制，建立政府问责制和有效的考核、奖惩制度；建立公共财政投入机制，将住房保障纳入公共财政体系，市、区财政每年按一般预算支出的一定比例设立住房保障建设基金，形成稳定的资金保障渠道，同时积极探索拓宽其他融资渠道，包括运营主体自有资金、金融贷款、投资回收资金等，支持符合条件的企业通过发行中长期债券、信托基金等方式筹集资金专项用于保障性住房建设和运营；完善政府运营监管机构，完善“市区联动、以区为主”的住房保障工作机制，切实落实各区住房保障工作机构和人员，加强住房保障基层工作力量，街道、社区应落实专职工作人员和工作经费，形成市、区分工明确、协调运转顺畅、保障高效有力的住房保障新格局。

2. 完善保障政策

一是研究制定公共租赁住房相关政策。坚持全市统筹、各区负责、机构运作的原则；通过新建、改建、收购、租赁、转换、接受捐赠等多种方式筹集房源，鼓励社会单位参与公共租赁住房建设，实行谁投资、谁受益的原则；建立公平、合理的公共租赁住房准入、管理和腾退制度；租金标准按照低于相同地段、相同房屋类别的房屋市场租金水平的一定比例，实行政府指导价。二是进一步健全保障性住房管理制度。严格资格审查，加强保障性住房的准入管理；切实做好保障性住房的维护工作，确保产权所有者的权益；加强保障性住房的使用监督，杜绝违法或违规使用的行为；规范保障性住房的费用征收，按规定缴交租金、物业管理费等相关费用；合理确定腾退标准，完善腾退方式，充分发挥价格杠杆作用，建立健全个人征信体系，构建有效腾退处理程序，确保社会公平和公共利益；加强流通管理，完善保障性住房的产权和收益制度。

3. 创新保障方式

一是统一保障性租赁住房租金标准。逐步提高廉租住房租金水平，实现与公共租赁房有机衔接。当保障对象收入达到退出标准时，采取调整租金补贴标准或停发租金补贴的方式，达到有效退出。此外，探索创新以“住房券”形式进行货币补贴，使政府住房补贴资金真正落到实处。二是盘活存量房市场。在支持、鼓励社会力量广泛参与保障性住房投资和建设的同时，采取减免土地出让金、减免行政事业性收费和政府性基金、税收优惠、共有产权等激励方式，鼓励各产权单位和个人将未销售的商品住房和经济适用房、未出售公房、闲置的住房通过一定方式纳入保障性住房范围，充分整合各类社会资源。

四　提高行业管理和服务水平

一是通过“政府引导、企业自律、社会监督”的形式，进一步理顺管理机制体制，规范市场管理行为。继续推行商品房预售网上签约和即时备案，规范登记行为；严格商品房预售许可，落实房地产开发项目资金监管制度、建立健全商品房交付使用制度，落实商品住房质量责任；建立产权关系清晰的房屋租赁管理系统，拓宽搞活房地产租赁市场。

二是提高物业服务和管理水平。加强学习、宣传并贯彻落实好新的物业管理条例；以政府引导、财政投入、政策扶持为原则，逐步扩大老旧住宅区专业化物业服务覆盖面，进一步改善配套实施建设；出台《武汉市住宅专项维修资金管理办法》，完善维修资金管理制度，按照业主决策、政府监督的原则，规范资金使用范围和程序，提高资金使用效率。

三是加强房地产行业监管。建立健全房地产开发、估价、经纪管理制度，规范各类房地产开发经营行为，严格房地产各类企业资质和从业人员职业道德教育、职业资格的核准和日常监管；进一步完善信用档案建设，逐步建立失信惩戒制度；建立长效监管机制，严厉打击房地产开发领域违法违规行为。

四是完善房管系统信息化建设。全面系统清理数据，整合已有应用系统，在统一应用系统建设标准下，全面展开应用系统的建设工作，实现业务信息化全覆盖，建成“一门受理、一表填报、一网办理”的住房保障和房屋管理信息系统，进一步深度整合信息资源，逐步与业务关联部门和单位实现网上数据交换，建立

房屋需求、建设、销售、价格等相互关联的业务模型，为科学管理和决策提供全面支撑。

五　加快危旧房及棚户区改造

坚持规划先行，成片危旧房改造为主，改造范围内经鉴定被确认的危房比例原则上不得低于40%，其建设用地坚持市场配置原则，应缴纳的行政事业性收费和政府性基金，按“一费制”办理，危改项目地块出让所得地价款，优先用于拆迁安置。采取财政补助、银行贷款、企业支持、群众自筹、市场开发等多渠道筹集棚户区改造资金，通过土地储备、重大项目打包、市政设施建设、危旧改、保障性住房建设、货币还建等多种方式开展改造，加大税费政策支持力度，对大型国有企业自行对其棚户区进行改造的给予政策和资金支持。完善安置补偿政策，按照先改造拆迁安置点、先改造城市重点地段、先改造城市基础设施的原则，保障改造工作平稳进行；建设一批限价安置商品房用于改造拆迁安置，其中部分可以选址于改造区域附近或区域内部，以满足动迁居民就近安置的需求。改造过程中，注重对近现代优秀历史建筑和特色老里弄，特别是具有重要的历史价值和科研价值的里巷住宅建筑和工商业建筑，进行有意识的保护与开发利用。

六　大力推进住宅节能和产业现代化

建立住宅产业化工作联席会议制度，组织成立住宅产业化专家委员会，分别负责统筹规划、协调推进和论证认定、服务指导住宅产业化工作。通过设立住宅产业发展专项基金、财政补贴、贷款贴息和直接奖励等方式，支持住宅部品部件的研发和生产、住宅“四节一环保”技术的应用以及国家康居示范工程和住宅产业化示范工程建设。以重点示范工程为模板，提高住宅部品部件的使用标准及设计规范，强制执行住宅产品节能降耗标准，推行住宅部品部件认证制度。加强对增加住宅科技含量、提升住宅性能品质的新技术、新产品、新材料等新型住宅产业成套技术和部品的信息收集和推广，加快住宅技术、部品的更新换代。以国家康居示范工程、住宅产业化示范工程、保障性住房建设为平台和载体，推动户型设计系列化、住宅建设工业化、住宅全装修、性能评定和其他住宅质量保障体系等工作。

B.26

武汉市卫生事业“十一五”发展报告和“十二五”发展构想

武汉市卫生局

摘　要：本文对武汉市卫生事业“十一五”状况进行了回顾，分析了“十二五”武汉市卫生事业发展所面临的形势，提出了“十二五”武汉市卫生事业发展的指导思想、基本原则、主要目标及主要任务。针对武汉市卫生事业“十一五”发展中所遇到的问题，提出了相应的对策建议及举措构想。

关键词：卫生事业　医疗保障　医疗改革　新农村合作医疗

一　“十一五”卫生发展主要成就

“十一五”时期，是武汉市卫生事业有史以来投入最大、发展最快、人民群众健康受惠最多的五年。人民群众健康水平明显提高，从国际公认的综合反映健康水平的几项重要指标看，我市人均期望寿命由 2005 年的 77.32 岁上升到 78.63 岁，孕产妇死亡率由 2005 年的 21.45/10 万降至 10.80/10 万，婴儿死亡率由 2005 年的 5.05‰降至 3.5‰，5 岁以下儿童死亡率由 2005 年的 6.60‰降至 4.28‰，均超额完成了“十一五”规划目标，并高于全国同等城市水平，走在全国的前列。

1. 医疗资源快速发展，医疗服务能力明显增强

五年来，新增医疗用房面积 116 万多平方米，新增病床 15700 多张，新增民营医疗机构 1915 家，新增百万元以上医疗设备 1026 台套，新增医护人员 9308 人。每千人口床位数从 4.66 张增加到 6.43 张，每千人口执业（助理）医师由 2.58 人增加到 2.92 人。打造中部医疗服务中心、实施“5.1.1 人才工程”、优化

医疗资源布局、整合医疗资源、多元化办医举措、规范医疗行为等都取得了显著成绩，人民群众看病难问题得到有效缓解。2010 年，全市医疗机构门诊量 5100 万人次、住院量 155.1 万人次，与 2005 年比分别增加了 115.6% 和 124.5%。

2. 公共卫生体系建设不断加强，城市健康防线更加牢固

五年来，我们坚持预防为主的方针，进一步完善和巩固市、区、街（乡）、村四级公共卫生服务网络，建立了比较完善的疫情报告和快速处置机制。制定了 47 项公共卫生应急预案，培训公卫服务人员 6260 人次。有效地防控了甲型 H1N1 流感、人禽流感、手足口病等突发重大传染病疫情，经受住汶川特大地震、冰冻雨雪灾害等重大自然灾害的考验。五年来，全市投入 8.85 亿元，新建和维修改造公共卫生机构业务用房 5.05 万平方米，新增万元以上设备 1080 台套。极大地改善了疾病控制、传染病防治、职业病防治、结核病防治、妇幼卫生、院前急救和血液供应等公共卫生事业机构工作条件。

3. 新型农村合作医疗制度不断完善，农民医疗保障水平显著提高

五年来，新农合参合人数由 149.7 万人增加到 278.5 万人，筹资水平由 50 元/（人·年）增加到 185 元/（人·年）以上，总筹资 15.2 亿元，852.3 万人次参合农民得到住院和门诊费用补偿，总补偿 13.8 亿元，农民住院费用平均补偿率由 33% 上升到 61.5%，农民因病致贫、因病返贫的现象得到根本改变，深受广大农民的拥护。

4. 基层医疗卫生体系建设成效明显，人民群众寻医问药更加方便

五年来，全市综合投资 3.8 亿元对 124 家社区卫生服务中心和 84 家农村卫生院、1795 个村卫生室进行了标准化建设，在所有基层卫生机构进行公共卫生科和中医科标准化建设；在中心城区开展家庭医生制度建设、招聘大医院退休医生进社区、推动大医院直接举办、托管和对口支援社区卫生服务机构；由政府按 29 元/（人·年）出资为市民提供免费公共卫生服务；开展系统性招聘、培训基层医疗卫生人才等重要措施，使社区卫生服务中心和乡镇卫生院服务条件和能力明显提高。市民在社区卫生服务中心和乡镇卫生院就医人数五年翻六倍。武汉社区卫生建设经验由卫生部向全国推广。

5. 医改工作强力推进，人民群众逐步感受改革带来的实惠

认真贯彻《中共中央国务院关于深化医药卫生体制改革的意见》，制定了一系列改革文件，出台“保基本、强基层、建机制”各项政策措施，全面落实改

革任务。提前实现了全民医保，在11个区政府举办的基层医疗卫生机构实施国家基本药物制度，实施35项基本公共卫生服务项目和6项重大公共卫生服务项目，政府投入巨资在公共卫生机构和基层卫生机构推行绩效工资制度，加快基本公共卫生服务均等化进程。公立医院试点改革稳步探索，中部医疗服务中心建设成效明显。全市医改工作实现了“开好局、起好步”的要求，人民群众正在逐步感受改革带来的实惠。

6. 卫生行风建设力度不断加大，卫生服务意识明显增强

深入开展行风评议活动，连续两年被评为全市政风行风建设优秀单位。规范了医疗机构服务行为，实行同级医疗机构检查结果互认、降低大型设备检查费用、单病种限价等一系列措施，有效遏制了医疗费用过快增长的势头，人民群众满意度明显提升。深入开展学习实践科学发展观、创先争优、文明城市创建和评选“我心目中的好医生”、“感动我的医患故事”等主题活动，先后树立一批全国、全省、全市先进模范典型，弘扬了医疗行业新风正气。严格执行党风廉政建设责任制，切实加强了腐败预警防控体系建设。对全市医疗卫生机构设备实行集中采购，降低费用12.6%。开展大型医院药品直供改革试点，有效降低了医院药品价格。

二 “十二五”卫生事业发展规划

未来五年，全市卫生工作要紧紧围绕“人人享有基本医疗卫生服务”的目标，努力实现“十二五”期间卫生事业的跨越式发展。

（一）全面把握卫生改革发展面临的新形势

党的十七大明确了建立基本医疗卫生制度的历史任务，党的十七届五中全会突出强调了保障和改善民生对促进经济社会发展、维护社会和谐稳定的重要作用，把加快医疗卫生事业发展、增进人民群众健康摆在重要位置。市委十一届十次全会提出“加强社会建设，建设人民幸福城市”，明确要求：加快医疗卫生事业改革发展，保障公众身体健康和生命安全。社会各界对卫生工作给予高度的关注和期望。各级党委和政府对卫生工作的重视程度日益增强。中部地区崛起战略的实施，两型社会建设和武汉城市圈的推进为加快全市卫生事业发展提供了有利

契机。卫生事业改革发展的内外部环境长期向好，处于大有作为的战略机遇期。

同时，卫生改革与发展还面临着一些突出的矛盾和深层次的问题，主要表现在：卫生事业与经济社会发展水平还不协调，与现阶段人民群众对健康需求的期望还有差距，基本医疗卫生制度的公平性与财政承受能力和负担水平还不相适应，群众的个人医疗费用负担仍然较重，实现基本医疗卫生服务一体化、均等化仍然任重道远。另一方面，随着工业化、信息化、城市化和人口老龄化进程加快，由生态环境、生产方式和生活方式变化导致的饮用水安全、职业安全和环境问题日益突出，新老传染病、慢性疾病等多种疾病仍然威胁人民群众的健康，重大公共卫生安全事件时有发生。

（二）卫生改革发展的指导思想和发展目标

“十二五”时期，全市卫生改革与发展总的指导思想是：以深化医药卫生体制改革统领卫生事业发展全局，坚持公共医疗卫生的公益性质，加快转变卫生事业发展方式，实施中部医疗服务中心建设战略，突出“保基本、强基层、建机制”，建设覆盖城乡居民的基本医疗卫生制度，满足人民群众日益增长的医疗卫生服务需求，促进经济社会协调发展。为此，到2015年，要实现三方面发展目标。

1. 深化医药卫生体制改革取得显著成效，实现医改成果惠及全体市民的目标

建立起比较健全的全民医疗保障体系、比较规范的基本药物供应保障体系、比较完善的公共卫生服务体系和医疗服务体系，建立比较科学的医疗卫生机构管理体制与运行机制，建立覆盖城乡全体居民的基本医疗卫生制度，确保老百姓“平时少得病，得病有保障，看病更方便，治病少花钱”，实现全体市民病有所医。

2. 巩固医疗资源大市地位，实现医疗资源强市的目标

将我市建成服务质量优、技术水平高、就医环境好、辐射能力强的中部医疗服务中心，不断完善和提升城市功能。不断优化武汉地区医疗资源，大型医疗机构业务用房面积、住院量，特别是外地来汉就医人次等主要医疗业务和医疗服务指标实现翻一番。

3. 进一步改善城乡居民健康状况，实现卫生事业全面发展的目标

国际公认、综合反映卫生工作和经济社会发展水平的健康指标达到国内先进

水平，人均期望寿命达到78.88岁，孕产妇死亡率控制在10.5/10万以下，婴儿死亡率控制在4‰以下，5岁以下儿童死亡率控制在5‰以下。每千人口执业（助理）医师数达到3.25至3.58人，每千人口床位数达到7.0至7.5张。政府卫生支出占卫生总费用的比重提高到30%以上，个人支出降低到30%以下，不断提高和改善人民群众健康状况。

（三）卫生改革发展的主要任务

“十二五”时期卫生事业改革发展的主要任务是：深入推进医药卫生体制改革，切实加强公共卫生服务体系、基层医疗卫生服务体系、基本药物供应保障体系、基本医疗保障体系、医疗服务体系等五大重点体系建设，加快转变卫生事业发展方式，基本建立基本医疗卫生制度。“十二五”时期要重点实施“五项重大工程”，全面提升医疗卫生服务能力和水平。

1. 公共卫生强基工程

“十二五”期间，要围绕“保基本、强基层、建机制”的医改中心任务，切实加强全市公共卫生服务体系建设，不断提高疾病预防控制能力。要进一步健全我市纵向到底，横向到边，无缝衔接，有序联动，涵括疾病防控、医疗急救、妇幼保健、监督执法，覆盖市、区、乡（街）、村（社区）的四级公共卫生服务网络。开展各级公共卫生服务机构的规范化建设，增强基层医疗卫生机构标准化公共卫生科的网底功能，完善二级以上医院公共卫生科平台。实现半径5公里、应急反应10分钟的急救网路布局，确保在中部地区的领先地位。重点支持市疾病预防控制中心实验大楼、市血液中心江南分中心、市急救中心汉阳分站、市医疗救治中心二期医疗楼等重点项目建设。

2. 中部医疗服务中心建设工程

中部医疗服务中心建设是完善全市医疗服务体系、实现卫生强市的重要举措。未来几年，要以培育龙头名院、建设临床医疗服务中心、实施人才工程为重点，充分调动全市各级医疗机构的建设积极性，努力实现全市医疗资源总量大幅增长，将我市建设成为国家中部地区医疗服务中心。

3. 智慧化医疗卫生信息工程

卫生信息化建设是医改“八大体制机制”改革的重要组成部分。推进智慧医疗卫生信息工程对于提高卫生行政管理效率、改善医疗服务质量、方便群众看

病等至关重要。“十二五”时期，要按照“高起点、大规划、全功能、快速度”的要求，制定和完善智慧医疗卫生信息工程建设总体规划。要逐步健全各项政策配套措施，建立起各部门统一协调的工作机制，建设以电子病历为核心的医院信息管理系统和以居民健康档案为核心的区域卫生信息平台，最终实现全行业的信息交换和资源共享，使全体市民享有医疗卫生服务“一卡通”，为群众提供更便捷、更优质和更广泛的医疗卫生服务。

4. “5.1.1”医疗卫生人才工程

医疗卫生人才培养是实现卫生事业可持续发展的重要战略举措。“十二五”时期，要进一步制订完善医疗卫生人才培养规划，完善人才培养各项政策，健全人才培养机制、渠道和方式。重点实施“5.1.1”医疗卫生人才工程，培养和引进5名以上德医双馨，医疗、科研、教学能力强的院士及院士级高精尖人才，培养100名在省内享有较高知名度的学科带头人，培养1000名有特色技术、知识全面的青年后备人才，为全市卫生事业发展提供人力支持和智力保障。

5. 医疗卫生机构基础建设工程

大力实施优质医疗资源扩展工程，不断优化全市医疗资源结构，持续增加医疗资源总量，合理布局医疗卫生资源，为增强医疗服务能力提供基础支持。未来五年，要继续支持同济、协和、省人民、中南、广州军区总医院等医疗机构建设三甲标准的新院区。加快市政府重点卫生建设项目进度，完成市妇女儿童医疗保健中心、市结防所建设项目。加强国债卫生项目管理，确保市一医院、市中医医院、市精神卫生中心项目顺利推进。着力推进市中心医院后湖院区、市三医院光谷院区、蔡甸区和江夏区中心医院新院区等医院建设。全市二级以上医疗机构新增建筑面积350万平方米，新增床位数3.5万张。

B.27

新生代农民工精神文化生活状况与城市融入研究报告

湖北共青团省委

摘　要：新生代农民工融入城市一般要经历经济融入、社会融入、心理和文化融入三个阶段，从目前的研究和实践看，对新生代农民工的关注主要在经济和社会层面，而对新生代农民工的精神文化生活则关注较少，但这三个方面的融入往往是交融在一起并同时进行。由于精神文化生活是城市生活方式的重要组成部分，是判断新生代农民工能否真正融入城市的一个重要标准，而新生代农民工对精神文化生活的需求相比第一代农民工更为强烈，能否从根本上完成市民化、转变为城市居民，其精神文化生活方式将起到最终的主导性作用。

关键词：新生代农民工　精神文化生活　城市融入

一　前言

新生代农民工是指1980年后出生、20世纪90年代中后期外出务工经商的农民工，近年来他们成为被广泛关注的一个特殊群体。根据国家统计局公布的数据显示，2009年全国农民工总量为2.3亿，外出农民工数量为1.5亿，其中16岁至30岁的新生代农民工在8900万左右。由于新生代农民工的成长环境明显不同于改革开放初期进城的第一代农民工，与第一代农民工相比，新生代农民工更向往融入城市。新生代农民工融入城市一般要经历经济融入、社会融入、心理和文化融入三个阶段，这三个方面的融入往往是交融在一起并同时进行。由于精神文化生活是城市生活方式的重要组成部分，是判断新生代农民工能否真正融入城市的一个重要标准，因此，研究新生代农民工的精神文化生活是透视农民工融入城市的重要指标。为深入了解新生代农民工的精神文化生活状况，满足新生代农民工的精神文化生活需求，促进新生代农民工融入城市，共青团湖北省委开展了“新生代农民工精神文化生活状况与城市融入”专项调查研究。

本次调查研究根据城市的综合发展水平选取了湖北省的武汉、黄石、宜昌、襄樊四个有代表性的城市，在这四大城市中选取了制造业、建筑业、交通运输业、住宿和餐饮业、批发和零售业、其他服务业这七个新生代农民工比较集中的行业进行调查（各地点各行业的问卷数量详见表1）。

表1　问卷数量分布

调查地点＼行业	制造业	建筑业	交通运输	住宿和餐饮业	批发和零售业	其他	合计
襄　樊	115	0	0	0	0	0	115
宜　昌	0	30	0	120	0	0	150
黄　石	150	0	0	0	25	50	225
武　汉	450	300	50	180	25	150	1155
合　计	715	330	50	300	50	200	1645

本次调查实际发出问卷1645份，回收1456份，有效问卷为1406份，有效回收率为85.47%。本调查对收集到的数据运用SPSS进行统计和分析。在此基础上，就调查中所反映出来的湖北省新生代农民工精神文化生活的状况、存在的问题及对策建议等进行研究。

二　新生代农民工的基本特征

新生代农民工的基本特征主要包括性别、年龄、籍贯、学历、行业、技能等方面，本调查根据各项特点之间的相关性将其分为六大类，第一类是性别、年龄及籍贯；第二类是学历、职业及技能；第三类是工龄、工资及单位；第四类是进城时间及居住状况；第五类是婚姻状况及家庭结构；第六类是政治面貌及对共青团组织的了解。

（一）性别、年龄及籍贯

从数据统计看出，新生代农民工主要以男性为主，占61.4%，比女性高出

12.8个百分点，这与农村外出人员总体的性别比例是一致的。从年龄来看，新生代农民工的年龄主要集中在21~25岁，占总体比例的53.9%，同时20岁及以下的新生代农民工也占到10.3%，他们大多数是在90年代后期到21世纪初期进入城市的，所以在新生代农民工的年龄结构中呈现年轻化的特点。由于本项调查主要选取湖北省作为调查区域，所以湖北籍的新生代农民工占到81.0%，他们大多是从本省的农村进入到本省的城市务工，同时，也有从其他省的农村进入湖北省的城市务工的，所占比例为19.0%，外省籍新生代农民工主要来自湖南、河南、安徽等湖北省的周边省份。

表2

变　量	具体指标	频次/总人数(%)
性　别	男	61.4
	女	38.6
年　龄	20岁及以下	10.3
	21至25岁	53.9
	26至30岁	35.8
籍　贯	湖北籍	81.0
	其他省	19.0

（二）学历、行业及技能

新生代农民工与第一代农民工相比，整体教育水平相对更高，掌握技能的人也更多。调查结果显示，新生代农民工群体中，大多数为初中和中专学历，分别占总体的32.0%和42%，第三位是高中学历，小学及以下学历只占3.1%。

表3

文化程度	频次	频次/总人数(%)
小学及以下	44	3.1
初　中	450	32.0
中　专	591	42.0
高　中	321	22.8
大专及以上	0	0
总　计	1406	100.0

新生代农民工所在的行业主要是制造业、建筑业、住宿和餐饮业三大行业，其中制造业的新生代农民工占47.4%，建筑业为18.2%，所以大多数新生代农民工都为产业工人的身份。从对行业和学历的交互分析来看，各个行业都以初中和中专学历为主。在专业技能中，没有专业技能的占到51%，有专业技能的为49%，其中有专业技能的等级主要为中级和初级，初级和中级专业技能主要在制造业、建筑业以及交通运输业。

表4

单位：%

文化程度 / 从事行业	小学及以下	初中	中专	高中	合计
制造业	36.4	36.9	45.2	67.9	47.4
建筑业	36.4	24.7	17.4	8.1	18.2
交通运输业	2.3	0.9	4.6	2.2	2.8
住宿和餐饮业	4.5	24.2	19.0	7.2	17.5
批发和零售业	2.3	0.9	2.0	1.2	1.5
其他	18.2	12.4	11.8	13.4	12.6
合　计	100.0	100.0	100.0	100.0	100.0

（三）工龄、工资及单位

调查显示，大多数新生代农民工的年龄集中在21～25岁之间。外出打工的时间主要集中在1～3年之间，占了总体比例的43.2%，其次是4至6年，占27.5%，1年以下的农民工占到13.0%。

表5

外出打工的时间	频次	频次/总人数(%)
1年以下	183	13.0
1～3年	608	43.2
4～6年	386	27.5
7～10年	136	9.7
10年以上	93	6.6
总　计	1406	100.0

城市务工多数人的工资集中在1001～2000元这个区间，所占比例为62.7%；其次是2001～3000元这个区间，所占比例为21.0%。从对统计数据的交互分析来看，工资收入同他们的学历、工龄呈正相关关系。

表6

每月收入	频次	频次/总人数(%)
1000元及以下	173	12.3
1001～2000元	881	62.7
2001～3000元	295	21.0
3001～4000元	39	2.8
4000元以上	18	1.3
总　计	1406	100.0

新生代农民工所服务单位的性质包括国有企业、民营企业、合资企业、外资企业等，主要分布在国有企业和民营企业。在国有企业的新生代农民工占41.7%，在民营企业的农民工占34.4%，两项合计达76.1%，这与湖北省不同性质企业的分布实际情况相一致。农民工在企业里的身份主要是合同工和临时工。

表7

所在单位性质	频次	频次/总人数(%)
国有企业	586	41.7
外资企业	77	5.5
民营企业	483	34.4
合资企业	188	13.4
其　他	72	5.1
总　计	1406	100.0

（四）进城时间及居住状况

绝大多数农民工第一次外出打工的年龄主要集中在18～25岁这个区间里，比例是65.4%，其次是18岁以下，比例是25.7%。

表 8

第一次外出打工的年龄	频次	频次/总人数(%)
18 岁以下	362	25.7
18~25 岁	919	65.4
25~30 岁	125	8.9
总　计	1406	100.0

新生代农民工进城时的年龄要远远低于父辈进城打工时的年龄。在城里以租房居住和住单位宿舍两种方式为主，分别为 41.4% 和 35.9%。买房居住的占 12.9%。

表 9

居住状况	频次	频次/总人数(%)
买房居住	181	12.9
单位宿舍	505	35.9
租房居住	582	41.4
借住亲朋家	56	4.0
其　他	82	5.8
总　计	1406	100.0

从我们的交互分析来看，住房状况明显受制于个人的收入状况和单位性质。从下表可知，收入越高，买房居住的比例越大。

表 10

单位：%

居住状况 \ 月收入	1000 元及以下	1001~2000 元	2001~3000 元	3001~4000 元	4000 元以上	合计
买房居住	19.7	11.5	11.5	20.5	22.2	12.9
单位宿舍	32.9	38.4	28.8	35.9	61.1	35.9
租房居住	34.1	40.3	50.8	41.0	11.1	41.4
借住亲朋家	5.8	4.1	3.1		5.6	4.0
其　他	7.5	5.8	5.8	2.6		5.8
合　计	100.0	100.0	100.0	100.0	100.0	100.0

（五）婚姻状况及家庭结构

新生代农民工以未婚为主，所占比例是 57.3%，已婚占 36.9%，这与他们年

龄是对应的。通过分析发现，21～25岁区间的农民工中未婚者的比例达到74.8%，表明新生代农民工出现了晚婚的趋势。

对家庭结构的分析来看，30.9%的新生代农民工是独生子女，69.1%非独生子女。

表11

单位：%

婚姻状况＼年龄	20岁及以下	21～25岁	26～30岁	合计
未婚	96.6	74.8	19.7	57.3
已婚	2.1	22.8	68.2	36.9
离婚	1.4	2.2	8.2	4.3
再婚		0.1	4.0	1.5
合计	100.0	100.0	100.0	100.0

表12

是否独生子女	频次	频次/总人数(%)
是	434	30.9
否	972	69.1
总计	1406	100.0

（六）政治面貌及对共青团组织的了解

新生代农民工主要为共青团员和群众，所占比例分别为48.4%和45.2%，中共党员的比例仅为6.5%。

表13

政治面貌	频次	频次/总人数(%)
中共党员	91	6.5
共青团员	680	48.4
民主党派或无党派人士	0	0
群众	635	45.2
总计	1406	100.0

大多数人对共青团组织的了解一般，比例是44.8%，“非常了解”和“比较了解”的人数比例是9.7%和27.0%，4.3%的人对共青团组织“很不了解”。

表14

是否了解共青团组织	频次	频次/总人数(%)
非常了解	137	9.7
比较了解	379	27.0
一　般	630	44.8
不了解	199	14.2
很不了解	61	4.3
总　计	1406	100.0

三　新生代农民工的精神文化生活状况

（一）精神文化生活的条件

新生代农民工精神文化生活的条件不容乐观，他们没有足够的闲暇时间，不具备相应的经济条件，公共设施和大众活动也不能很好地满足他们的需求。

1. 闲暇时间

闲暇时间是指工作之余的供自己自由支配的时间。从统计数据看，61.7%的人每天工作8至10个小时，22.5%的人每天工作10个小时以上，只有15.9%的人每天工作时间在8小时以下，这种农民工只局限在个别行业。

表15

每天工作的时间	频次	频次/总人数(%)
8小时以下	223	15.9
8~10小时	867	61.7
10小时以上	316	22.5
总　计	1406	100.0

节假日77.2%的人被要求加班，制造业和住宿餐饮业要求加班的比例最高。86%的新生代农民工明确表示“不支持在节假日的时间加班”。

表 16

是否要求加班 \ 行业	制造业	建筑业	交通运输	住宿和餐饮业	批发和零售业	其他	合计
是	79.3	75.4	59.0	78.9	57.1	75.7	77.2
否	20.7	24.6	41.0	21.1	42.9	24.3	22.8
合　计	100.0	100.0	100.0	100.0	100.0	100.0	100.0

在“每天文化活动的时间”上，46.2%的人每天有1至2个小时用于文化活动，29.2%的人每天只有不到1个小时的文化活动时间。

表 17

每天文化活动的时间	频次	频次/总人数(%)
1个小时以下	410	29.2
1~2个小时	650	46.2
2~3个小时	278	19.8
3个小时以上	68	4.8
总　计	1406	100.0

2. 经济条件

经济条件是精神文化生活的基础，对新生代农民工来说，尤其如此。从统计结果来看，62.7%的人收入主要集中在1000元至2000元之间。有57.8%的人将大部分收入用作日常开支，还有15.4%的人将收入寄给父母。在新生代农民工对每月收入的支配中，35.6%的人每月用于文化生活的消费为10至50元，26.2%的人为51至100元，从对数据的交互分析来看，他们每月生活的消费主要用于上网等娱乐活动。

3. 文化设施

文化设施主要是用于为大众精神文化生活服务的公共设施。从调查结果看，71.3%的新生代农民工去过的文化场所主要是公园，53.0%的人去过图书馆，40.7%的人去过影剧院，还有34.6%和32.9%的人去过博物馆和体育馆。58.2%的单位为员工配备了文体活动场所，41.8%的单位没有文体活动场所。

表 18

单位：%

月收入 文化生活消费	1000 元及以下	1001 ~ 2000 元	2001 ~ 3000 元	3001 ~ 4000 元	4000 元以上	合计
10 元以下	22.0	16.9	14.6	15.4	5.6	16.9
10 ~ 50 元	39.9	36.9	28.5	43.6	33.3	35.6
51 ~ 100 元	22.5	24.6	32.5	20.5	44.4	26.2
101 ~ 200 元	5.8	14.5	16.9	15.4	11.1	13.9
201 元以上	9.8	7.0	7.5	5.1	5.6	7.4
合　　计	100.0	100.0	100.0	100.0	100.0	100.0

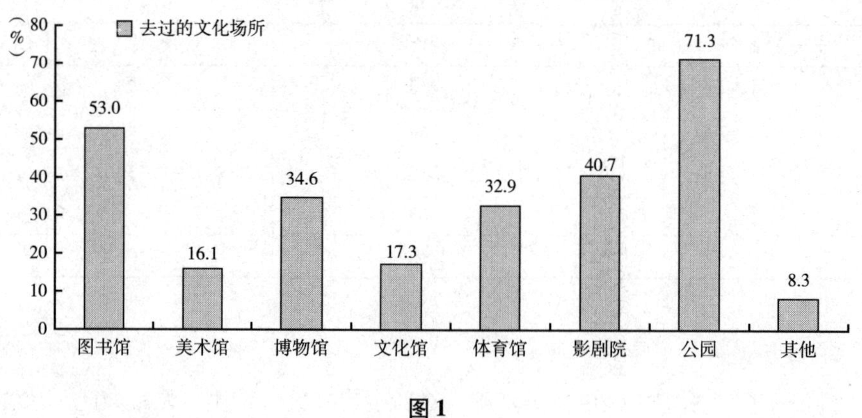

图 1

（二）精神文化生活的方式

新生代农民工的精神文化生活方式主要有单位安排和自娱自乐两种。大多数单位都有为员工进行业余活动提供文体场所，同时也会为员工举办一些文艺活动，员工也喜欢根据自己的爱好选择适合自己的文化生活。

1. 单位安排

新生代农民工所在的行业大多为制造业，闲暇时间相对较少，单位为他们安排的文化生活主要是：30.6% 举办文艺活动，26.5% 安排看电影，22.4% 组织体育比赛。单位安排的这些文化活动主要在节假日期间举行。在活动频率上，28.1% 的人回答“单位举办活动的周期是半年一次”，21.4% 的人回答

“单位举办活动的周期是一年一次”，多数单位为新生代农民工安排的文化生活太少。

表 19

单位平时安排的娱乐活动	频次	频次/总人数(%)
看电影	256	26.5
举办文艺活动	296	30.6
组织体育比赛	216	22.4
组织员工外出旅游	120	12.5
其他	77	8.0
总　　计	965	100.0

2. 自娱自乐

在闲暇时间，59.9%的“回家探亲”，32.0%的“外出旅游”，26.9%的人在节假日会“参加集体娱乐活动”。

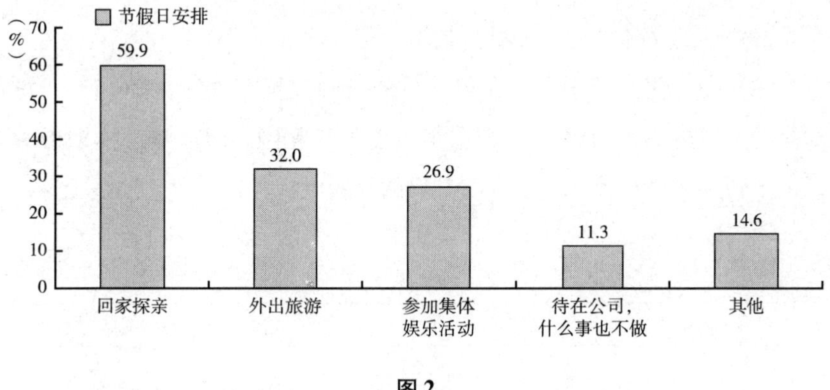

图 2

手机是新生代农民工获取信息和自娱自乐的主要工具，82.6%主要用手机打电话发短信，38.5%用手机上网，31.1%用手机 QQ 聊天，用手机看电视、听音乐的人占到23.3%。

（三）精神文化生活的内容

精神文化生活的内容主要包括文化生活、价值观念、生活态度以及身份认同等方面。从调查结果看，新生代农民工个体性的精神文化生活相对较丰

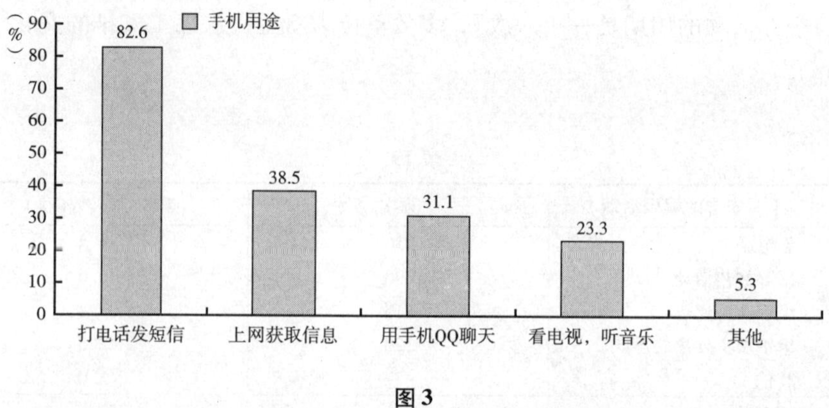

图 3

富，价值观念比较务实，生活态度介于乐观和悲观之间，身份认同较为模糊。

1. 文化生活

文化生活包括节庆活动、文艺演出、体育竞赛、艺术展览等。据调查统计，31.5%的人比较喜欢文艺演出活动，21.8%的人比较喜欢节庆活动，17.3%的人比较喜欢群众性的文体活动，如健身活动、舞会等。

在个体性的文化生活中，排在第一位的是阅读报刊书籍占36.2%，排在第二位的是看电视电影占30.9%，排在第三位的是上网，所以从总体来看大多数人把阅读报刊书籍排在第一位，紧随其后的是看电视电影，第三位是上网。

表 20

喜欢的文化活动	频次	频次/总人数(%)
节庆活动	306	21.8
文艺演出	443	31.5
体育竞赛活动	216	15.4
艺术展览	74	5.3
群众性文体活动	243	17.3
其他	124	8.8
总　　计	1406	100.0

2. 价值观念

价值观念是指一个人对自身及周围事物意义的评价和看法。在调查列出的测

量价值观念的指标中，29. 9% 的觉得身体最重要，22. 8% 的觉得技能最重要，22. 3% 的觉得生存最重要，觉得名誉最重要的只占总体比例的 4. 8%。

3. 生活期望

生活期望反映的是新生代农民工的近期愿望和对未来生活的预期。调查显示，42. 1% 的人认为未来生活越来越好，34. 4% 的人认为几年内生活不会有太大变化，15. 0% 的人对未来不抱什么希望。

表 21

单位：%

价值观＼行业	制造业	建筑业	交通运输	住宿和餐饮业	批发和零售业	其他	合计
名　誉	4. 6	3. 9	2. 6	8. 5	4. 8	2. 3	4. 8
财　富	17. 8	22. 3	17. 9	11. 0	19. 0	11. 3	16. 6
技　能	27. 3	22. 7	17. 9	22. 4	19. 0	7. 9	22. 8
生　存	18. 0	25. 8	48. 7	24. 4	38. 1	23. 2	22. 3
身　体	28. 6	23. 4	12. 8	32. 1	19. 0	45. 8	29. 9
其　他	3. 6	2. 0		1. 6		9. 6	3. 6
合　计	100. 0	100. 0	100. 0	100. 0	100. 0	100. 0	100. 0

表 22

对未来生活预期	频次	频次/总人数(%)
越来越好，充满希望	593	42. 1
几年内不会有太大的变化	484	34. 4
看不到什么希望	211	15. 0
没想过	118	8. 4
总　计	1406	100. 0

对于近期的愿望，51. 5% 的人希望掌握一门专业技术，42. 5% 的人渴望能干出一番事业，26. 2% 的人要多赚钱，可以看出新生代农民工渴望改变自身的现实渴望及对前景的担忧。

4. 身份认同

身份认同是指新生代农民工对自身社会地位和经济地位的接纳和认可。新生

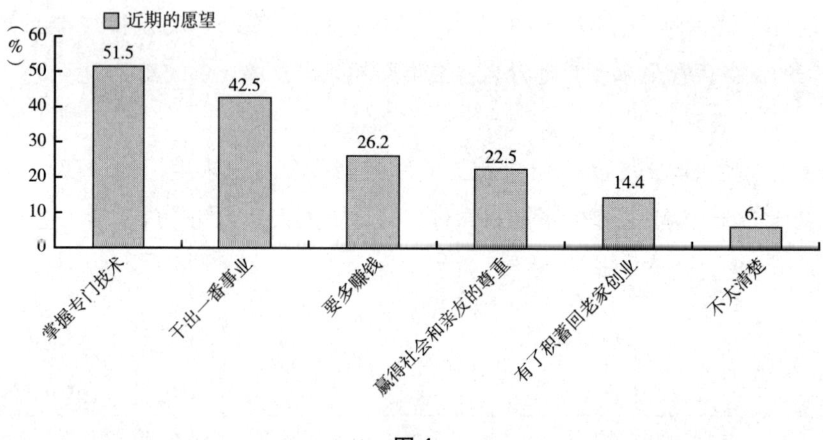

图 4

代农民工对自身身份认识模糊，47.9%认为自己是农村人，31.0%认为自己是城里人，21.1%不知道自己的身份。

表 23

您认为您现在是	频次	频次/总人数(%)
农村人	673	47.9
城里人	436	31.0
不知道	297	21.1
总　计	1406	100.0

在“你认为新生代农民工融入城市的困难”选择中，44.0%认为“没有归属感”，45.6%认为“机会不平等”，37.5%认为“在城市得不到认可”。

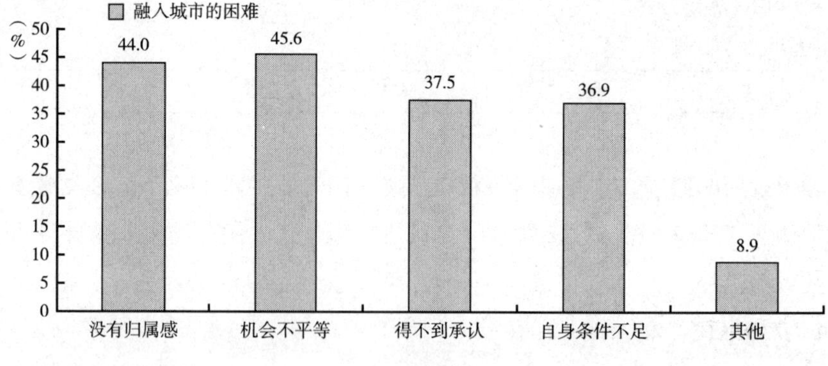

图 5

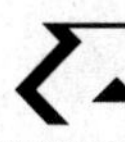

四　新生代农民工精神文化生活的问题和需求

新生代农民工精神文化的问题和需求主要表现在精神文化生活的条件、精神文化生活的方式以及精神文化生活的内容。

（一）精神文化生活条件不足

精神文化生活是建立在一定的条件之上的，这些条件包括时间、经济以及公共设施等，只有具备相应的条件，个体才能体验到精神文化生活的快乐。对大多数新生代农民工来说，精神文化生活大多体现在工作之余的自娱自乐以及单位提供的文艺活动方面。在单位里，依然有30%以上的单位没有文化设施，或者有，但由于种种原因，大多数员工也不能加以充分利用。因此，精神文化生活条件不足，是新生代农民工精神文化生活的主要问题，他们对业余时间和公共设施的要求比较强烈。

（二）精神文化生活方式单调

精神文化生活方式是指体验精神文化生活的方法和渠道，这些方法和渠道一般分为集体性精神文化生活和个体性精神文化生活。对新生代农民工来说，体验精神文化生活主要有两种方式，一是单位安排，二是自娱自乐。在单位安排的文化生活项目方面，主要问题是项目偏少，部分项目对新生代农民工缺少吸引力。大多数新生代农民工觉得自己的生活比较单调，不上班也不知道做什么。他们希望单位能够提供一些文化娱乐活动，节假日得到自由的时间和空间，在精神文化生活方面得到相关的指导。

（三）精神文化生活内容贫乏

新生代农民工有强烈的求知欲和上进心，却没有相应的条件。其价值取向日趋多元化，表现为价值观基础由群体本位向个体本位偏移；价值判断标准从理想主义转向现实化、实用化；价值取向由单一型向多元化趋势发展。因此，生活在一个城市文化圈子里，他们的精神文化生活依然很贫乏，对丰富的精神文化生活充满渴望。

五　改善新生代农民工精神文化生活的对策建议

改善新生代农民工精神文化生活，解决新生代农民工的城市融入问题，需要转变观念，改善现有制度，发挥相关部门的协同作用。

（一）发挥政府部门的主导作用

政府在提升农民工的精神文化生活方面可以从以下方面入手。

1. 消除相关制度壁垒，为新生代农民工的精神生活提供制度保障

首先是完善户籍管理制度，使新生代农民工能够享受与城里人同等的待遇；其次是改革就业制度，构建城乡统一的劳动力市场，加强对劳动力市场的监管，切实维护新生代农民工的合法权益；最后是完善社会保障制度，保障新生代农民工的权益。

2. 探索成人教育模式，提升新生代农民工的精神文化素质

重新调整对城市教育与培训的布局，针对新生代农民工学历特点，通过灵活多样的非正规教育形式和各种鼓励政策，引导他们利用业余时间完成准高中阶段的文化培训、技术培训以及公共知识培训，使他们有条件进入中高等教育体系，成为专业技术人员和管理人员，有更多机会拓展个人的发展空间。

此外，各级人力资源和社会保障部门，工会组织应该开办“职工就业培训基地”、“农民工技能培训基地”，开展有针对性的、符合市场需求和新生代农民工要求的培训，提高新生代农民工的职业技能水平。支持企业开展岗位培训，落实企业组织农民工培训的资金补贴政策。加强输出地和输入地工会的信息交流和劳务对接。积极开展建设学习型组织、争做知识型职工活动，努力提高新生代农民工的劳动技能和综合素质，培养造就高素质的现代产业工人。

（二）突出共青团的组织优势

对于改善新生代农民工的精神文化生活状况，共青团组织可以从以下方面着手。

1. 建立新生代农民工工作联系机制

由共青团组织牵头，建立人力资源与社会保障、司法、教育、工会等部门共

同组成的新生代农民工工作联系会议制度，围绕新生代农民工融入城市系列问题定期分析研究，向党委政府提出切实可行的意见建议。

2. 建立和完善企业团组织工作体系

一是在新生代农民工集中企业建立团的组织。二是对于行业相近的团组织联合组建行业团委。三是在企业集中地域成立企业团的工作部门，加强对企业团的工作领导和指导。

3. 充分发挥团组织四项基本职能

一是组织开展符合青年特点的活动。精心设计新生代农民工感兴趣、符合新生代农民工特点的健康向上的文体活动，并定期组织开展。

二是引导新生代农民工树立主流意识形态。帮助新生代农民工加深对党的认识、社会发展规律认识、改革开放认识、科学发展观认识，引导帮助他们树立社会主义核心价值体系，并用之主导自己的精神文化生活。

三是从新生代农民工需求出发服务其成长成才，增强新生代农民工融入城市的素质。整合各类资源，加强对新生代农民工的职业培训、创业指导。帮助其制定人生规划、发展目标。针对新生代农民工在城市生存的不利条件，团组织要充分发挥作用，及时洞察其思想和情感走向，采取人性化手段，积极引导他们排遣苦闷，端正心态，正确看待和认识周围的人和事。

四是维护新生代农民工合法权益。

4. 为新生代农民工创造发展空间

团组织要把新生代农民工个人价值的实现和企业人才发展规划结合起来，对于优秀新生代农民工可以吸纳到团组织领导班子中来，以本职岗位和团的工作为平台，为新生代农民工提供展示个人才华的舞台；要积极宣传在工作中涌现出来的先进典型，扩大新生代农民工个人影响力；主动向企业领导班子举荐各类人才，为新生代农民工脱颖而出创造各类机会。

5. 帮助青年员工理解和支持企业的管理制度，使之更好融入企业

为保证企业的有序运转，提高竞争力，企业必须进行严格的管理。但新生代农民工许多情况下并不能完全自觉接受企业的管理。因此团组织必须在企业严格管理和新生代农民工自我之间寻求平衡，加强企业重大信息或决策的宣传和讨论，征求新生代农民工合理化建议，让新生代农民工有序参与到企业管理中来，使之确立主人翁意识，支持企业管理。

（三）调动用人单位的积极性

1. 积极组织适合新生代农民工特点的文体活动，丰富其业余生活

用人单位要深入细致地做好思想教育和培训工作，帮助新生代农民工提高思想道德素质和技术技能素质，加强企业文化、职工文化建设，开展喜闻乐见、丰富多彩的业余文化活动，满足他们的精神文化需求。注意加强新生代农民工的心理疏导和行为矫正服务，加大对心理健康的关注和投入，开展社会关怀活动，帮助他们树立健康向上的生活情趣。关心新生代农民工的恋爱婚姻问题，为解决婚姻问题创造条件。

2. 努力为新生代农民工提供各种保障，促进对城市生活的适应和融入

企业要做好社会保险的解释和宣传工作，依法为农民工办理社会保险，增强新生代农民工抵御社会风险的能力。同时，用人单位也要保证员工节假日的休息时间，增加文化设施，为新生代农民工提供精神文化生活空间，提升他们的精神文化生活质量。

B.28

以人为本　为民创建

——武汉市文明创建工作“十一五”回顾与评价

严 宏　黄志彤*

摘　要： 创建全国文明城市是一项艰巨浩繁的社会系统工程，武汉市始终咬定全国文明城市创建目标不放松，全面动员，科学部署，全领域推进，在丰富多彩和波澜壮阔的全民创建实践中探索规律、创新方法，走出了一条符合武汉自身特点的创建之路，并收到显著成效。

关键词： 精神文明建设　文明创建　志愿者组织

按照中央的总体部署，在湖北省委、省政府的领导下，武汉市通过不懈的努力，城市功能不断完善，城市面貌发生深刻变化，人民群众得到实实在在的利益，精神文明建设不断取得新成效。武汉连续两届荣获“全国文明城市创建工作先进城市”称号，先后被评为“全国双拥模范城市”、“中国优秀旅游城市”、“全国城市环境综合整治先进城市”、“全国科技进步先进城市”、“全国社区建设示范市”。

一　文明创建基本情况及成效

自2005年以来，全市以创建全国文明城市为目标，团结拼搏、奋发进取，以前所未有的信心和决心，不遗余力抓好创建，对照全国文明城市测评体系的要求自查，主要成果反映在以下几个方面：

---

* 严宏，武汉市精神文明建设指导委员会办公室主任；黄志彤，武汉市精神文明建设指导委员会办公室副主任。

（一）经济发展实现跨越，市场环境规范守信

坚持以创建促发展，以发展促文明，全方位实施在中部率先崛起的发展战略，工业强市，科教兴市，以获批国家“两型社会”试验区为契机，以“1+8”城市圈为核心，全面促进经济建设跨越式发展，武汉步入经济发展快车道。

经济的全面发展源于城市的良好形象和规范的市场环境。首先，武汉市从严格规范市场管理入手，广泛开展打击假冒伪劣商品和商业欺诈行为，整顿中介服务市场，开展各类文明市场、诚信市场创建活动，有效规范了市场秩序，涌现出全国百城万店无假货示范街等先进单位。其次，全面发动干部职工开展“人人都是投资环境”大讨论，不断改进机关作风，改善经济发展软环境。再次，以政府信用为先导，大力推进诚信社会建设。通过加快政府诚信体系建设，形成社会对政府部门承诺的监督网络，使社会及各类经济组织按章行事，诚信履约，全市建立起较完善的企业与个人的信贷、税收、履约、质量及奖惩信用机制，保障了经济建设的有序发展。

（二）城市建设日新月异，生态环境可持续发展

加强市政基础设施建设，对城市进行美化、绿化、亮化。突出枢纽型交通设施建设。规模亚洲第一的武汉北编组站建成投入使用，天兴洲公铁两用长江大桥建成通车，7条城市高速出口公路全部建成。武汉进入“高铁时代”，武汉火车站投入使用，武汉至上海、广州客运专线开通，武汉成为全国高速铁路枢纽城市，综合交通枢纽地位进一步凸显，武汉获批全国首个综合交通枢纽研究试点城市。着力突显“滨江滨湖”的城市特色，打造武汉生态文明。推进“两江四岸”综合整治，建成涵盖武汉三镇，总建设面积250万平方米的江滩生态游园。实施“绿满滨水、显山透绿、景观道路、亲民绿化”四大工程，进行“一湖一景”改造、清水入湖计划和水生态试点城市建设，全市40个城中湖开展治污工程，沉湖、涨渡湖成功申报国家湿地保护项目。建成188公里环城森林工程，对山滩港渠园和125条城市干道美化绿化。中心城区16个湖泊水质提档升级，劣V类湖泊减少9个。成功举办第13届世界湖泊大会，发表了《武汉宣言》。实施城市清洁空气工程，开展机动车排气污染专项治理工作。大力开展人工造林活动，森林覆盖率达到30%。此外，大力实施“城市垃圾无害

化处理工程”及“城市环保清洁空气工程”，圆满实现节能减排年度目标，主要污染物排放量实现双降，空气质量优良天数大幅提升，中心城区环境空气质量优良率达到82.5%。武汉逐步成为具有江城风情和现代城市气息的生态之都。

（三）廉政建设有序推进，政务环境廉洁高效

武汉着力营造廉洁高效文明的政务环境，促进党政机关规范行政行为、提高办事效率和依法行政水平。深入开展廉政建设和反腐败斗争，加大对职务犯罪的预防，强化审计监督和行政监察，党风廉政建设责任制落到实处，领导干部廉洁自律意识明显增强。全市人民对反腐倡廉、政府行政效能和行业风气的满意率大幅提高。进一步深化行政审批制度改革，完善政府行政机构集中办公的“一门式”服务，实现政府部门“一个窗口办理、一条龙服务、一站式办结、一次性收费”。市区先后成立了政务服务大厅；建立了政府电子政务网站，推行网上办事、审批服务；开通了市长热线电话和专线电子信箱，全市各区建立了预约接待群众日制度；全面实施《行政许可法》，贯彻落实《全面推进依法行政实施纲要》，行政管理走上法制化和规范化轨道。强化行政执法责任制，建立健全行政执法监督检查制和执法过错责任追究制，规范行政处罚自由裁量权，推动政府职能向社会管理和公共服务转变。开展创建“群众满意基层站所”活动，广大基层站所工作人员服务意识进一步增强，工作作风进一步提高。

（四）法制宣传普及到位，法治环境公平公正

加强法制宣传教育，提高市民的法律素质。制定了全市“五五”普法规划，突出抓好各级领导干部、司法和行政执法人员、企业经营管理人员、青少年的学法用法，做到有安排、有考核。全民法制宣传教育普及率达到85%以上；做好信访工作和法律援助工作，妥善协调各方面利益关系。大力推进“平安武汉”建设，增强人民群众的安全感。加强公共安全保障，在全市居民小区按统一规划规范技术防范设施建设，社区警务室和安保队建设坚持经常，落到实处。保持对社会治安的高压态势，坚持扫除“黄、赌、毒”等社会丑恶现象，坚持开展除黑打恶和禁毒专项斗争，全面整治娱乐市场，群众安全感大为

增强。积极开展敬老活动，维护老年人合法权益，建立了预防和制止家庭暴力的网络体系。健全了未成年人权益保护工作机制，全面构建学校、社区、家庭三位一体的工作网络。探索和试行未成年人思想道德评价体系，全面落实未成年人课外活动阵地建设，推行“四点半学校”活动品牌，未成年人工作位居全国全省前列。积极推进社区居委会的民主建设，形成社区社会事务的民主决策制度。依法执行社区居委会民主选举制度，直选的社区居委会大于80%的选民参与选举。

（五）文化科教兴旺发达，人文环境健康向上

精心筹备，成功举办了世界人口与发展论坛、中国国际旅游节、“六城会”、“八艺节”、“中博会”等20余个国际国内重大活动，整体提升和展现了武汉国际化文明形象。建成琴台艺术中心和武汉体育中心等63个文体场馆，形成国内一流的文化体育硬件设施。社区文化活动阵地全面改善，全市有街道文化站164个，7个中心城区所有社区都建立了文化活动室。滨江之春、武汉之夏、金秋艺术节、金桥读书节等文化活动形成品牌，涌现出一批国内外知名的社会艺术团体。文化艺术进一步繁荣。对外文化交流活动成效明显。第八届武汉市运动会成功举办。“健康武汉、活动江城”全民健身活动蓬勃开展。

坚持把社会主义核心价值体系融入国民教育和精神文明建设全过程，并转化为广大党员干部和市民群众的自觉行动，广泛宣传和普及社会主义荣辱观，用社会主义荣辱观引领社会风尚，以爱国主义为核心的民族精神在全市得到弘扬。提炼出“勇立潮头，敢为人先，崇尚文明，兼收并蓄”十六字的城市精神。推出市民“十不”行为规范，市民文明素质全面提高，文明礼貌、助人为乐、拾金不昧、见义勇为蔚然成风。

（六）生活环境日益优化，人民群众安居乐业

始终把解决人民群众最关心、最直接的民生问题作为创建的出发点和落脚点，取得很好效果。深入推进社区建设“883行动”计划，提供20亿元改善883个社区基础设施和市容环境，惠及500万市民。深入推进农村“家园建设行动计划”。城市机关、单位与农村建制村实现“城乡互联、结对共建”全覆盖，新解决农村60万人饮水安全问题，农村自来水普及率达到85.8%。450个建制村

“家园建设行动计划”创建任务圆满完成。全市4785个村湾修建了水泥路，2073个行政村安装了有线电视和宽带网。广泛开展和谐社区创建活动，通过举办社区文化节、社区体育运动会，极大地丰富了民生、民乐。出台多种便民措施，受到了群众普遍赞许。同时进一步完善面向困难群众的就业援助制度，深入实施农民工素质进城计划。完善社会保障体系，积极推进城镇居民基本医疗保险试点。将事业单位和民间非营利组织职工纳入工伤保险。加强基本医疗和公共卫生体系建设，建设社区卫生服务中心103个、服务站388个。完善新型农村合作医疗制度，农民“参合率”提高到98.9%。加强艾滋病、结核病等重大疾病防控。建成市医疗救治中心。加大困难群众基本医疗保障和医疗救助力度，符合条件的低保对象和重度残疾人全部免费纳入居民医保。实施廉租住房“提标扩面”，缓解低保家庭的住房困难。启动进城务工人员专用住宅建设，切实改善农民工生活条件。

（七）文明创建活动深入扎实，群众性精神文明建设蓬勃开展

市委、市政府高度重视精神文明建设，把各项创建活动放在更加突出的战略位置，与城市改革发展一起部署，一起落实。2006年全市确立全国文明城市创建奋斗目标，全面系统地规划文明城市建设。做到年有工作计划，月有工作安排。针对部分市民存在的不文明陋习，深入开展“做文明市民、创礼仪武汉”、“四倡五治”和“创造和谐环境，共建文明城市”宣传实践活动，大力推进“排队日”和“公交让座日”活动，弘扬文明礼让的社会风尚。针对城市大建设、大发展过程中存在的“堵、脏、乱、差、污”等各种矛盾和问题，开展专项整治行动。建立了“一月一调度、一月解决一重点问题、一月一督查、一月一通报、年末结总账”的工作机制，实施多项措施，全面推进“创造和谐环境、共建文明城市”主题创建活动。同时将创建全国文明城市纳入城市总体发展规划和年度绩效、管理，制定和落实各项创建制度和工作机制。市、区、街均建有精神文明建设指导委员会及其办公室，做到编制落实，人员落实。全市深入持久地开展各项文明创建活动，文明城区、文明行业、文明社区、文明单位、文明村镇、文明家庭创建活动扎实有效。市民教育、行业创建、窗口形象、城乡共建、军民共建等各项创建活动生动活泼，丰富多彩。全市科教、文体、法律、卫生、四进社区活动覆盖率达到80%以上，市民对创建全国文明城市的知晓率、支持

率达到90%以上，对家庭美德的知晓率达到80%以上，全市主要公共场所公益广告数量达到广告总数的50%以上。

二　武汉市创建的主要做法及特点

创建全国文明城市是一项艰巨浩繁的社会系统工程，武汉市始终咬定全国文明城市创建目标不放松，全面动员，科学部署，全领域推进，在丰富多彩和波澜壮阔的全民创建实践中探索规律、创新方法，走出了一条符合武汉自身特点的创建之路，并收到显著成效。

（一）高度重视，全面部署，切实加强对创建全国文明城市工作的领导

建设文明城市是贯彻科学发展观思想的具体体现，是人民群众的迫切要求，全国文明城市是中国最有价值的城市品牌。为此，全市上下高度重视，在连续两次获得“创建全国文明城市工作先进城市”荣誉称号之后，2006年市十一次党代会明确提出要向更高的目标奋进，以创建全国文明城市为目标，大力推动各项创建工作。为了落实好创建目标任务，建立“一把手”负总责的组织领导体制，实施“一把手”工程，书记、市长亲自抓，各级各部门“一把手”负总责。将全市所有市级领导对口联系到各城区、各战线，定期督促指导。市文明委成立了创建指挥部，负责组织、协调文明城市创建的日常工作，各区相应成立了工作机构。市委市政府主要领导分别与各责任部门主要负责人签订《目标责任书》，并纳入全市绩效考核，出台了《建立健全争创全国文明城市责任机制和对创建工作实施奖惩及责任追究的意见》，明确了奖惩具体办法。

（二）抓住根本，强化教育，全体市民文明素质得到整体提升

良好的市民素质是现代文明城市的灵魂。按照市民素质“在教育中培养，在实践中塑造，在管理中强化，在环境中熏陶”的思路，以群众性文明创建活动为载体，着力提升市民文明素质。一是抓教育，普及文明礼仪知识。在全市广泛组织学习《迎奥运　讲文明　树新风　礼仪知识简明读本》，编印发放《武汉市民文明礼仪读本》及《创建全国文明城市知识问答120题》60余万册，组织

百万市民学礼仪。全市开展“做文明市民、创礼仪武汉”主题宣传教育活动，培训干部群众500万人次。在党政机关，开展“做文明公仆，创礼仪机关”活动；在中小学校，组织开展“做文明小市民，创礼仪大武汉”系列教育；对百余万外来务工人员，分期分批组织文明行为规范和法律法规学习。二是抓活动，在实践中提高市民文明素质。深入开展“双百双千”创评活动，一大批创建先进典型脱颖而出。广泛开展文明排队礼让、文明过马路和共建公交站台活动，百万群众承诺签名。各城区通过社区“四点半学校”、“青少年雅行教育”等阵地和品牌，为青少年健康成长营造了良好的社会环境。全市文明单位开展创建全国文明城市再立新功活动，4000余个各级文明单位为社区、为乡村办实事办好事。全市千余家社区启动“春风”行动，学习百步亭经验，创建“十无”社区。全市启动“场馆及窗口单位礼仪培训”活动，轮训窗口单位干部职工达2万余人次。市交委组织开展文明公交创评活动，把全市数以千计的公交车辆打造成流动宣传站点和文明课堂。三是抓典型，发挥先进典型的示范作用。在创建工作中，我们先后培育、宣传了一大批先进典型，各类先进典型对人民群众产生了示范和激励作用。

（三）突出重点，参照目标，有力推动了创建向纵深发展

对照《全国文明城市测评体系》，将创建全国文明城市的276项目标任务分解到57个市直部门和各个区，明确创建目标任务、责任人和完成时限。同时，市文明委针对人民群众关心的久治难愈的重难点问题，打响夏季和冬季战役，开展系列专项治理工作。市公安局集中开展娱乐场所“黄赌毒”专项整治，依法查处一批“毒赌黄”案件；市新闻出版局开展扫黄打非专项斗争，取缔无证、违法经营摊点和厂家10余个，收缴一批各类非法出版物；市质监局全面开展打击假冒伪劣行动，严惩一批制假窝点；市文化局共组织11000余人（次）对全市千余家网吧进行多次大检查；市工商局重拳查处取缔黑网吧，规范集贸市场管理；市建设系统完善道路基础设施，修补一些破损道路。全市还集中开展整治城中湖排污、创建文明工地及整治沿街抛洒、二次供水、“两站一场”、治理“五小”等诸多难点工作。特别是开展“一街道一特色，一社区一品牌”创建活动，加强社区思想文化建设；实施社区“回头看”工程，对全市各社区道路、路灯、单元防盗门等进行全面维修和改造，为人民群众办理了大量的好事实事，提升人

民群众对创建的认同感和满意率，赢得了人民群众的广泛认同与赞许，全市人民群众对创建的支持率大幅攀升到99.5%。与此同时，狠抓“希望工程”，促进未成年人健康成长，广泛开展“做一个有道德的人”主题活动，全市5所中小学被中央文明办列为首批联系点。武汉市被评为首届“全国未成年人思想道德建设工作先进城市”。

（四）夯实基础，深化城管，现代文明城市形象得到确定

经过近几年的努力，武汉市城市建设取得了令人瞩目的成就。全市坚持开展环境卫生专项整理，以创建市容达标街和市民满意路（“双创”）为抓手，不断深化城市管理，做到垃圾日产日清，全市主次干道基本无出店经营，市政道路干净整齐协调。全方位开展城乡结合部及背街小巷治理，坚决拆除违章违法建筑，治理油烟扰民、噪声扰民，定期开展铁路沿线治理，清除楼顶楼道垃圾，整治网点门面招牌，美化房屋立面。启动百镇千村环境美化、道路硬化工程。全市2000多个行政村环境面貌大为改善，全市中心城区实施“塑造夜武汉，美化新江城”行动，对水岸景点、重要街区进行了美化、亮化，一个清新美丽的现代文明城市形象得到展现。

（五）改进行风，创优服务，创建工作满意率大幅提高

近年来，我们以“新风杯”创建文明行业竞赛为载体，在执法单位和窗口服务行业广泛开展创优质服务、优良秩序、优美环境的“创三优”竞赛活动，整体提高了全市窗口行业文明形象。深入开展“百城万店无假货”、“诚信企业”、“诚信机关”等创评。市商务局开展的微笑服务、创文明柜台活动，市旅游局开展的文明出行活动，市交委组织的“文明乘车、情暖车厢”主题教育活动，市卫生局推行的“当白衣天使，创平安医院”活动，各具特色，富有成效。全市商场、超市、宾馆、酒店、旅行社以及银行、邮政、供电、供水、投诉专线等23个窗口行业是城市的名片，全市积极组织和协调相关部门在提高干部职工文明素养和服务质量上下工夫。多次组织市相关部门对各类机关行风建设的评议和监督活动，在全市23个窗口行业进行群众满意度测评，并通报了一批测评排名结果，全面促进了全市各级机关、窗口行业的行风建设。

（六）整合资源，同城共创，文明城市创建形成巨大合力

坚持区域创建。在省委、省政府和省文明委的指导和支持下，最大限度地集约全地区创建资源，走出一条省市共创省会文明城市的新路子。省委副书记、市委书记、省文明委主任杨松同志亲自到会动员，由此形成省市共创共建的新局面。省文明委多次召开专题创建工作会，帮助武汉推动创建工作，杨松书记亲自召开驻汉部队座谈会，省委常委张昌尔，省委常委、省委宣传部长李春明分别召开大专院校及大型企业座谈会，强力推进中央、省属在汉单位的创建工作。铁路、民航、公路等部门广泛开展“文明交通伴我行，优质服务树新风”活动；省直各电信、邮政、医疗、供电等窗口行业广泛开展规范服务达标活动，提升行业服务水平。全市数以千计的银行、邮政、供电、电信部门加强行风建设，创建文明柜台，带头示范文明。省市教育战线在全市高校开展“引领文明风尚，创建礼仪高校”活动。省直机关、中央在汉企业、驻汉部队广泛开展文明过马路社会实践活动，发挥自身优势，为武汉争创全国文明城市贡献力量。特别是狠抓志愿服务工作，丰富文明城市创建的新途径。2009 年 5 月，“全国社区志愿服务现场观摩会”在武汉市召开，2010 年 7 月 7 日，社区志愿服务全国联谊会在武汉举办，社区志愿服务全国总网站在百步亭建立，百步亭社区志愿服务工作成为全国品牌。

（七）广泛发动，全面宣传，创建文明城市形成强大声势

全党全社会动员，全市千万群众参与是深化全国文明城市创建的关键，为此，武汉市从三个层面营造浓厚宣传氛围。一是开展发放 800 万告市民创建指南和 400 万公开信，600 万手机创建短信月月宣，500 万干部群众学生测试创建知识问答，百万市民学礼仪及百万志愿者开展创建宣传和实践活动等“五个百万”行动，提高市民知晓率、支持率和满意率。二是在全市重要交通路口、车站码头、医院、工地、社区以及机关、企业、学校，设置公益广告牌、宣传牌 30000 多块，制作的电子显示屏、灯杆罗马旗、板报、墙报、标语口号 10 万余块（条），发放各类形式的宣传制品逾 2000 万份，手机传发创建短信 4000 余万条次，形成争创全国文明城市强大的社会宣传阵势。三是广泛开展新闻舆论宣传。建立新闻宣传网络，开通创建全国文明城市专网，市属媒体开辟专栏、专版。

《人民日报》等多家中央媒体多次宣传报道武汉市创建工作，刊发各类新闻报道700余篇。《人民日报》以“武汉不断刷新文明创建指数”为题宣传了武汉文明城市创建。

（八）强化措施，深化创建，形成万众一心促创建的新态势

一是组织万名干部深入基层开展拉网排查。全市动员各城区战线组织干部深入街道、社区、窗口单位，对照文明城市测评标准和检查中暴露出来的问题，采取拉网式排查督办，做到一个基层单位不漏、一项内容不缺。二是开展大规模执法检查活动。全市组织万名执法工作人员形成执法小分队，深入开展大规模执法检查活动。特别是加强对网吧、文化市场、集贸市场及“五小”经营点的执法管理。三是大规模开展交通环境整治活动。首先严格查处车辆乱停乱放和闯红灯行为（含军车），做到查处一起，登记一起，媒体曝光一起，并一律通知车辆所在单位严肃处理。同时大规模开展交通宣传教育实践活动。全市组织万名机关干部、职工、群众和志愿者，担当义务劝导员，统一制服和标识，深入到各个路口、重要路段和600多个公交站点，对行人文明过马路和维持站台良好乘车秩序进行宣传劝导，形成强大的创建引导示范氛围。四是组织全市百万志愿者开展“月末清洁家园”大行动。全市动员组织百万志愿者到社区、街道、村镇开展卫生宣传教育实践活动。五是动员各级文明单位为创建全国文明城市再立新功。文明单位广泛开展认领公共绿地和场所，以各种形式的城乡共建活动，为创建全国文明城市多办实事好事。

（九）完善制度，健全机制，规范和保障创建工作顺利进行

一是建立民意测评机制。以群众满意为标准，坚持把创建工作的成效让人民群众来评判。参照全国文明城市的考评标准和方式，定期请第三方对全市的创建情况进行模拟检查，全面、客观地掌握情况了解民意，针对问题抓整改，突出重点保目标。二是建立跟踪督察机制。及时发现、排查和整改创建活动中的各种问题。实行半月分类查，每月综合查，月月通报创建指数。在新闻媒体设立“曝光台”，对曝光的问题进行专门督察。三是建立评议通报机制。定期组织人大代表、政协委员对创建工作中的重难点问题和窗口行业进行检查、评议。同时，对创建中的重点工作开展讲评活动，定期通报创建

工作。截至目前，共编发简报和检查通报180余期。四是建立新闻舆论监督机制。武汉市首创新闻媒体排行榜措施，对创建工作中的重难点问题和窗口行业部门进行检查、测评，并在媒体上排行公布结果。先后对环境卫生、公交车、出租车、学校、网吧、工地、医院、宾馆、旅行社、“五小”、投诉专线、文明过马路等诸多行业领域创建工作进行报纸公布排名，有力鞭策和推动了创建工作的深入发展。

B.29

武汉孕产妇健康状况的调查与思考

冯桂林　董 纯*

摘　要： 本文对武汉市孕产妇进行了大型抽样调查。孕产妇健康状况的问卷调查在武汉尚属首次。孕产妇作为一个特殊群体，事关两代人，跨越妊娠、分娩、哺乳三阶段。正因此，本次调查的统计数据不仅对武汉市孕产妇健康状况的分析具有重要价值，而且对武汉地区妇产科医院建设与发展具有指导意义。

关键词： 孕产妇　健康状况　对策建议

为了解武汉市孕产妇的健康状况，课题组对全市孕产妇进行了大型抽样调查。调查采取等距随机抽样方法，在三镇七城区设置了十个调查点。共计发放问卷1000份，回收1000份，回收率为100%。其中有效问卷920份，有效率为92.0%。问卷在SPSS15.0社会统计软件系统完成录入和统计分析，显著性检验$P \leq 0.05$，具有推论研究总体的意义。

一　主要的新发现

本次调查问卷涵盖了环境、心理、生理、疾患、医疗等与孕产妇健康相关的主要问题，调查的新发现主要集中在以下方面。

（一）心情和健康

武汉孕产妇的心情评价，以平静的占比最高，达35.3%；健康状况肯定性

* 冯桂林，湖北省社会科学院社会学所研究员；董纯，湖北省社会科学院社会学所。

评价为67.3%

一般来说，心情是现实生活的反映，同时也是一个人以心理承受力和心理调适力为主要内容的心理综合素质的表现。调查中，当问及被访者的当前心情表达时，选择高兴的人占16.1%，选择愉快的人占28.9%，选择渴望的人占4.2%，选择平静的人占35.3%，选择郁闷的人占7.0%，选择愤怒的人占0.5%，选择悲观的人占0.8%，选择烦躁的人占7.3%。显然以平静和愉快的人数占比相对较高。如果将以上8种心情划分为正面和负面两种类型，则第一种类型的人数占84.5%，第二种类型的人数占15.6%。绝大部分被访者的心理处于良好状态。

被访者对自己现在的身体健康状况进行评价时，表示很好的占23.9%，表示比较好的占43.4%，表示一般的占27.2%，表示不太好的占5.1%，表示很不好的占0.4%。肯定性评价占比为67.3%，超过半数；否定性评价占比为5.5%。总体状况尚好。

（二）意愿与需求

调查显示，主张自然分娩的人占67.8%；怀孕年龄以26~28岁者人数最多，为50.3%；最喜欢的知识讲座以新生儿护理的占比最高，达65.3%。

随着现代医学和医疗科技的新发展，现代分娩技术也在不断出新，并成为各地孕产妇关注的重点信息。调查中，当问及被访者是否愿意使用无痛分娩、可视手术、四维彩图等新技术时，表示愿意的占61.1%；表示不愿意的占15.0%；表示无所谓的占24.0%。以愿意者居多数。显示出武汉孕产妇对现代分娩技术的信赖。

在对分娩方式的选择上，选择自然分娩的占67.8%，选择剖腹产的占20.6%，选择无痛分娩的占11.6%，以选择自然分娩的人员占比最高。这与一些大中城市流行的高剖腹产率形成了鲜明对照。当问及选择自然分娩的原因时，65.6%的人表示这是一种自然过程，63.1%的人表示有利于新生儿娩出后迅速建立正常呼吸，13.6%的人表示它可以使人获得分娩后的愉悦感，9.9%的人认为是其他原因。当问及选择剖腹产的原因时，被访者中，40.6%的人表示担心分娩时疼痛难忍，52.4%的人表示担心难产，13.1%的人表示为了产后保持体形，6.2%的人表示为了赶上一个吉祥的日子，23.0%的人表示是其他原因。

在怀孕（或者打算怀孕）年龄上，选择25岁以下的占23.2%，选择26~28

岁的占50.3%，选择29~31岁的占20.9%，选择32~35岁的占4.5%，选择36岁以上的占1.1%，以26~28岁群体的占比最高。

怀孕后及产前检查是孕产妇十分重要的围产期保健措施，对此，有6.5%的人表示没有做过，有93.5%的人表示做过。在回答多长时间进行一次检查时，61.1%的人表示妊娠16周起每隔4周检查一次，11.3%的人表示妊娠36周起每周检查一次，26.8%的人表示不定期，总体看，产前检查正在得到广泛重视。

围产期保健不仅需要及时检查，而且需要增加科学保健知识。当问及被访者怀孕后是否听过孕妇知识讲座时，24.9%的人表示经常听，52.7%的人表示很少听，22.4%的人表示从没有听过，以偶尔听人员占比最高。在偶尔听取讲座知识的人群中，表示对孕期保健感兴趣的占58.7%，表示对自然分娩感兴趣的占41.0%，表示对胎教知识感兴趣的占59.6%，表示对新生儿护理感兴趣的占65.2%，表示对新生儿游泳抚触的好处感兴趣的占21.3%，表示对婴儿潜能的早期开发感兴趣的占49.8%，表示对预产期临近后的准备感兴趣的占37.8%，表示对如何科学坐月子感兴趣的占44.5%，表示对孕检感兴趣的占19.8%，表示对哺乳期母体变化及婴儿健康感兴趣的占35.5%，表示对怀孕后做几次B超感兴趣的占18.6%，表示对其他内容感兴趣的占4.9%。按百分比排序，人员占比最高的前三项讲座内容依次为新生儿护理、胎教知识、孕期保健。

（三）疾病与健康

本栏目调查中，表示受妇科炎症困扰的人员最多，为42.5%；表示不了解乳腺疾病的占52.8%，表示了解严重性的占47.8%。

在身体受到妇科疾病困扰的内容评价上，被访者中表示受到乳腺疾病困扰的占10.7%，表示受到妇科炎症困扰的占42.5%，表示受到宫颈疾病困扰的占12.3%，表示受到妇科肿瘤困扰的占4.4%，表示受到意外怀孕困扰的占14.1%，表示受到不孕不育困扰的占1.3%，表示没有妇科疾病的占43.8%。总体健康状况一般，其中以妇科炎症的发病率为最高。

在填答对妇科常见病乳腺疾病的了解程度时，52.8%的人表示不了解，希望得到知识普及；26.7%的人表示知道自查乳房疾病的具体方法；33.4%的人表示知道乳房疾病的三大症状、乳内肿块和乳头溢液；18.2%的人表示一直关

注自己的乳房健康，所以很熟悉相关防治知识。另外，当问及宫颈疾病恶变的严重性时，表示知道的占47.8%，表示知道一些的占37.4%，表示不知道的占14.8%。

从调查结果看，武汉地区孕产妇对妇科疾病的了解和保健知识的掌握，都有良好的基础。

（四）分娩与选择

在产科医院的选择上，以离家距离近的人员占比最高，为56.3%；选择产科医院时，77.1%的人更看重接生技术，占比最高；当对公立和私立医院进行比较时，前者的选择率占比最高，为69.4%。

在回答对分娩医院进行选择的依据时，从调查数据看，表示主要是根据家人建议进行选择的占38.6%，表示主要是根据亲友介绍进行选择的占47.9%，表示主要是根据离家距离的远近进行选择的占56.3%，表示主要是根据媒体广告进行选择的占7.1%，表示主要是根据户外广告进行选择的占2.7%，表示主要是根据其他理由进行选择的占10.2%。根据调查结果排序，选择的第一依据是距离远近，第二依据是亲友介绍，第三依据是家人建议。看来人们更注重实用性和可靠性。

在回答分娩时更注重从哪些方面对妇产科医院进行选择的问题时，77.1%的人表示看重接生技术，34.9%的人表示看重医院管理，58.7%的人表示看重服务态度，46.0%的人表示看重收费标准，53.0%的人表示看重医院环境，47.7%的人表示看重医院可信度，4.9%的人表示看重其他方面。显然，以接生技术更受人重视，服务态度位居第二，医院环境排名第三。

在不同性质的医院选择上，本次调查显示，选择公立医院的占69.4%，选择民营医院的占7.4%，表示无所谓的占23.2%。在这里，公立医院的选择表现出绝对的优势。当问及武汉地区产科医院或者医院产科存在哪些问题时，认为医生技术一般的占31.4%，服务态度差的占47.5%，管理混乱的占23.6%，设备落后的占16.3%，医院环境不好的占33.2%，收费高的占63.3%，其他的占9.5%，收费高的人员认同度最为突出。

被访者对妇产科医院一系列新技术的知晓度上，表示了解维伦数字化无痛可视终止妊娠技术的占16.4%，了解可视技术的占60.0%，了解无痛技术的占

80.7%，了解双腔减压可视无痛技术的占13.0%，了解格蕾丝双腔减压可视无痛技术的占4.1%。以无痛技术的知晓度最高，其次是可视技术。

（五）认知与评价

从公立和私立医院的认知度及服务状况评价看，公立医院中的同济医院，私立医院中的玛丽亚医院的认知度最高，分别为52.7%和64.5%；私立医院中玛丽亚医院的服务状况肯定性评价最高，其均值为44.5%。

调查中，当问及熟悉武汉有哪些妇产专科医院时，被访者中有50.4%的人表示熟悉，49.6%的人表示不熟悉，二者相差无几。

被访者在对公立医院产科进行评价时，认为同济医院最好的占52.7%，认为协和医院最好的占42.7%，认为省人民医院最好的占25.1%，认为中南医院最好的占19.6%，认为省妇幼保健医院最好的占63.4%，认为广州军区武汉总医院最好的占20.8%，认为市一医院最好的占3.8%，认为市二医院最好的占3.9%，认为市三医院最好的占3.2%，认为市四医院最好的占1.1%，认为市五医院最好的占0.7%，认为市六医院最好的占0.6%，认为其他医院最好的占3.9%。

表1　被访者对公立医院产科的认同度

单位：%

医　院	百分比	医　院	百分比
同济医院	52.7	市二医院	3.9
协和医院	42.7	市三医院	3.2
省人民医院	25.1	市四医院	1.1
中南医院	19.6	市五医院	0.7
省妇幼保健医院	63.4	市六医院	0.6
广州军区武汉总医院	20.8	其他	3.9
市一医院	3.8		

被访者对民营医院产科的评价，认为玛丽亚妇产医院最好的占64.5%，认为华仁医院最好的占7.1%，认为仁爱医院最好的占23.8%，认为华夏医院最好的占13.0%，认为真爱医院最好的占14.3%，认为现代女子医院最好的占37.4%，认为荆楚妇科医院最好的占4.3%，认为其他医院最好的占16.1%。以玛丽亚妇产医院的评价最好。

二　群体性差异分析

群体性差异反映的是被访者在认同和评价被访内容时，由于个人特征不同所导致的认识分化现象。它不同于被访者群体对被访内容产生的综合性评价结果，所揭示的是整群性综合评价结果背后的分群性认知状况。这一结果是医院建构战略型决策时的重要依据。

根据本次项目研究的需要，对武汉孕产妇群体关注度较高的问题进行了群体性差异分析。

（一）对自我健康状况认同上的群体性差异

在920份成功样本中，当评价自己的健康状况时，有67.3%的被访者表示健康，认同指数较高。分别比低度性和否定性评价指数高出40.1～61.8个百分点。从交互分类的统计结果看，在不同视角的群体中，其认同人数存在以下差异。

从年龄看，在五个年龄段中，自认为健康的人员占比分布，25岁以下的占65.9%，26～30岁的占61.0%，31～35岁的占63.6%，36～40岁的占55.9%，41岁以上的占61.9%。占比分布区间在55.9%～65.9%，其中又以25岁以下的占比最高，30～36岁群体排名第二。从婚龄看，自认为健康的人员占比分布，婚龄在1年以下的占70.2%，2～3年的占70.4%，4～5年的占70.8%，6～8年的占62.6%，10年以上的占55.9%。在这里，高占比的健康人群主要分布在5年以下的群体中。从学历看，健康人群的分布，研究生占79.0%，本科占67.4%，大专占68.3%，高中占67.3%，初中以下占59.6%。以研究生的占比最高，初中以下的占比最低。从月收入看，1000元以下的占58.4%，1001～3000元的占68.0%，3001～5000元的占72.5%，5001～8000元的占74.0%，8001～10000元的占50.0%，10001元及以上的占50.0%。总体上呈现为正态分布趋势。这说明，中等收入群体对健康状况占比的形成具有较大影响。从被访问孕产妇所在职业看，自认为健康的人员占比分布，公务员占67.1%，各类专业技术人员占65.9%，商业服务业占63.6%，企业管理层占78.9%，企业生产人员占69.8%，私营企业占69.4%，自由职业者占70.2%，军人占100%，本科、研究生在读占

64.3%，失业、待岗占61.8%。占比最高的前三名依次为军人、企业管理层和自由职业者，形成了武汉地区孕产妇健康人群分布的职业特色。

总体上，不同年龄的25岁以下群体，不同婚龄的4~5年群体，不同学历的研究生群体，不同月收入的中等收入群体，不同职业的军人、企业管理层和自由职业者群体，对自我健康状况的认同度更高些。

（二）对自然分娩认同上的群体性差异

根据前述统计资料，当胎位正常时，回答选择自然分娩的人员占比最高，为67.8%，分别比其他生产形式高出47.2~56.2个百分点。进一步的统计分析显示，在被访者中不同群体的认同度呈以下分布态势。

在年龄上，从五个年龄段来看，选择自然分娩的人员占比中，25岁以下的占63.7%，26~30岁的占71.6%，31~35岁的占64.9%，36~40岁的占68.2%，41岁以上的占61.9%。以26~30岁的占比最高，36~40岁的占比居第二位。前者属于“80后”群体中的大龄者，后者在“70后”群体中同样属于大龄者。这两大群体成为武汉地区孕产妇中选择自然分娩的主力军。从婚龄看，选择自然分娩的人员占比中，婚龄在1年以下的占65.9%，2~3年的占70.0%，4~5年的占61.9%，6~8年的占63.6%，10年以上的占77.3%。以10年以上的群体占比最高。从学历看，认同人员占比的分布，研究生占76.2%，本科占68.8%，大专占64.3%，高中占69.7%，初中以下占66.7%。以研究生的占比最高。从月收入看，1000元以下的占68.4%，1001~3000元的占70.0%，3001~5000元的占65.6%，5001~8000元的占81.5%，8001~10000元的占0.0%，10001元及以上的占100.0%。以10001元及以上的高收入者中认同人员占比最高。从被访问孕产妇所在职业看，公务员占69.0%，各类专业技术人员占71.8%，商业服务业占72.8%，企业管理层占67.3%，企业生产人员占62.8%，私营企业占75.0%，自由职业者占62.7%，军人占100.0%，本科、研究生在读占64.3%，失业、待岗占61.8%。占比最高的前三名依次为军人、私营企业人员和商业服务业人员。

总的来说，不同年龄的26~30岁群体，不同婚龄的10年以上群体，不同学历的研究生群体，不同月收入的10001元以上群体，不同职业的军人、私营企业主和商业服务业人员群体，她们中对选择自然分娩的认同度更高些。

（三）对担心难产认同上的群体性差异

调查表明，在回答选择剖腹产的原因时，回答担心难产的人员占比最高，为52.4%，分别比其他生产形式高出11.8～46.2个百分点。根据不同群体的认同度，被访者中的人员分布具有以下特征。

从年龄上看，从五个年龄段来看，选择剖腹产的原因时，回答担心难产的人员占比中，25岁以下的为50.0%；26～30岁的为49.8%；31～35岁的为54.2%；36～40岁的为47.2%；41岁以上的为94.1%。以41岁以上的占比为最高。这说明高龄孕妇更担心难产。从婚龄看，选择剖腹产的原因时，回答担心难产的人员占比中，1年以下的占61.0%；2～3年的占49.0%；4～5年的占49.6%；6～8年的占48.3%；10年以上的占62.3%。以10年以上的群体占比最高，并形成短婚龄和长婚龄认同人员占比偏高，其他婚龄段认同人员占比偏低的“U”形曲线。从学历看，认同人员占比的分布，研究生占51.2%；本科占55.6%；大专占54.8%；高中占48.1%；初中以下占42.1%。以本科生的占比最高，并大致呈现为学历高，其认同人员占比也高；学历低，其认同人员占比也低的变化曲线。这意味着学历因素对由于担心难产而选择剖腹产现象的发生具有明显的影响作用。从月收入看，1000元以下的占53.4%；1001～3000元的占49.4%；3001～5000元的占61.0%；5001～8000元的占61.5%；8001～10000元的占50.0%；10001元及以上的占0.0%。以5001～8000元的收入者中认同人员占比最高。从被访问孕产妇所在职业看，公务员占50.0%；各类专业技术人员占52.8%；商业服务业占57.9%；企业管理层占34.6%；企业生产人员占46.2%；私营企业占59.5%；自由职业者占51.6%；军人占0.0%；本科、研究生在读占53.8%；失业、待岗占44.4%。占比最高的前三名依次为私营企业、商业服务业人员和本科研究生在读人员。

综上所述，不同年龄的41岁以上群体，不同婚龄的10年以上群体，不同学历的本科生群体，不同月收入的5001～8000元群体，不同职业的私营企业、商业服务业人员和本科研究生在读人员群体，由于担心难产而选择剖腹产的人员占比更高些。

（四）对遭受妇科炎症困扰认同上的群体性差异

统计数据显示，在回答目前正遭受哪些妇科疾病困扰的问题时，填答妇科炎症的人员占比最高，为42.5%，分别比其他疾病的认同度高出27.4~41.2个百分点。通过交互分类发现，在被访者中不同群体的认同人员占比呈现出以下的分布特征。

从年龄上看，在五个年龄段中，25岁以下的占40.0%；26~30岁的占41.4%；31~35岁的占45.0%；36~40岁的占54.8%；41岁以上的占33.3%。以36~40岁的占比最高。从婚龄看，1年以下的占34.1%；2~3年的占39.9%；4~5年的占53.2%；6~8年的占44.8%；10年以上的占54.9%。以10年以上的群体占比最高。从学历看，认同人员占比的分布，研究生占51.6%；本科占37.5%；大专占47.9%；高中占40.4%；初中以下占43.6%。以研究生的占比最高。从月收入看，1000元以下的占37.4%；1001~3000元的占43.8%；3001~5000元的占46.0%；5001~8000元的占44.4%；8001~10000元的占100.0%；10001元及以上的占50.0%。以8001~10000元的收入者中认同人员占比最高。从被访问孕产妇所在职业看，认同人员占比中，公务员占38.2%；各类专业技术人员占38.3%；商业服务业占53.1%；企业管理层占28.0%；企业生产人员占53.5%；私营企业占52.8%；自由职业者占41.2%；军人占100.0%；本科、研究生在读占35.7%；失业、待岗占28.3%。占比最高的前三名依次为军人、企业生产人员和商业服务业人员。

总的说来，不同年龄的36~40岁群体，不同婚龄的10年以上群体，不同学历的研究生群体，不同月收入的8001~10000元群体，不同职业的军人、企业生产人员和商业服务业人员群体，视妇科炎症为最大困扰疾病的认同人员占比更高。

（五）对选择公立医院认同上的群体性差异

本次问卷调查中，在回答如果产科医生和医院硬件实力相当，分娩时更愿意选择哪种性质的医院时，回答公立医院的人员占比最高，为69.4%，比民营医院的认同度高出62.0个百分点。不同群体的认同人员占比分布情况是：

从年龄上看，在五个年龄段中，25岁以下的占63.9%；26~30岁的占74.0%；31~35岁的占63.8%；36~40岁的占72.7%；41岁以上的占73.7%。以26~30岁的占比最高。从婚龄看，1年以下的占69.1%；2~3年的占72.7%；4~5年的占64.2%；6~8年的占67.0%；10年以上的占66.7%。以2~3年的群

体占比最高。从学历看，认同人员占比的分布，研究生占 75.8%；本科占 73.4%；大专占 70.3%；高中占 65.2%；初中以下占 60.7%。以研究生的占比最高。从月收入看，1000 元以下的占 72.5%；1001～3000 元的占 70.3%；3001～5000 元的占 70.6%；5001～8000 元的占 63.0%；8001～10000 元的占 100.0%；10001 元及以上的占 100.0%。以 8001 元以上的收入者中认同人员占比最高。从被访问孕产妇所在职业看，公务员占 74.3%；各类专业技术人员占 71.7%；商业服务业占 74.8%；企业管理层占 68.0%；企业生产人员占 72.1%；私营企业占 70.8%；自由职业者占 65.1%；军人占 100.0%；本科、研究生在读占 85.7%；失业、待岗占 64.2%。占比最高的前三名依次为军人、本科研究生在读和商业服务业人员。

综上所述，不同年龄的 26～30 岁群体，不同婚龄的 2～3 年群体，不同学历的研究生群体，不同月收入的高收入群体，不同职业的军人、本科研究生在读人员和商业服务业人员群体，对公立医院选择上的认同指数更高些。

三 讨论与建议

（一）讨论

1. 良好心情与积极性格具有主导性

本次问卷调查的统计数据显示，武汉孕产妇的健康状况，有 67.3% 的人给予了肯定性评价，低度性评价不足 3 成。这一自我评价结果表明，武汉孕产妇中主流健康状况较好。

印证这一健康状况的另一指标是心态测试。由于人的心情在人的身体健康保持中处于重要地位，因此本次问卷调查分别对高兴、愉快、渴望、平静、郁闷、愤怒、悲观、烦躁等 8 种心情进行了测试。按百分比排序，占比最高的前 3 名依次为平静、愉快、高兴，它们的比值分别为 35.3%、28.9%、16.1%。本次调查中的 8 种心情，实际上可以分为积极心态和消极心态两种。依此来划分，则前者的比值为 84.5%，后者的比值为 15.6%。

不仅如此，从性格的视角看，武汉孕产妇的健康个性心理特征也十分突出。根据前述统计数据，开朗型占比为 29.4%，活泼型占比为 16.6%，安静型占比为23.2%，复合型占比为19.5%，四项累加后的占比为88.7%。显然，以上四项性格在武汉孕产妇中处于主导型。其他容易影响健康状态的例如内向型、攻击型、忧郁型等性格的综合占比仅为11.3%。

2. 妇产专科医院评价具有典型性

在武汉，随着市民现代生活水平的不断提升，妇产专科医院发展迅速。它们对确保武汉女性，特别是孕产妇的身心健康发挥了重要作用。

在市场经济体制的作用下，我国医院按其注册性质可以划分为公立和民营两路大军。由于上述医院在武汉数量众多，因此本次问卷调查分别列出了影响较大、知名度较高的部分妇产专科医院。调查结果显示，在公立医院中，省妇幼保健医院、同济医院、协和医院以较高比值位居前三名，它们的占比依次为63.4%、52.7%、42.7%，成为武汉地区公立医院中的第一梯队。排在第二梯队的主要是省人民医院、广州军区武汉总医院、中南医院，它们的占比依次为25.1%、20.8%、19.6%。排在第三梯队的主要是市属医院，它们的美誉度评价占比均在3.9%以下。

在民营妇产专科医院的美誉度评价中，位居前三名的依次是玛丽亚妇产医院、现代女子医院、仁爱医院，它们的占比依次为64.5%、37.4%、23.8%。在这里，虽然居第二、三名的两家民营医院较之于同济、协和医院的比值有明显落差，但两路大军中排名第一的玛丽亚妇产医院的美誉度还是略高于省妇幼保健医院1.1个百分点。这种评价结果具有典型意义。它说明改革开放，特别是近十年民营医院破土武汉，抢滩江城以来所取得的显著成绩已为广大市民所肯定。应当说，这里的美誉度实属来之不易。

3. 民营妇产专科医院总体评价具有低度性

事物评价的低度性是介于肯定与否定之间的一种一般性民意表示。由于一般性评价包含了更多的不满意成分，因此，持有低度性评价的人数越多，则预示着该事物发展前景的风险性越大。民营医院的低度性评价也是如此。

调查中，为了考量被访者对民营医院的综合评价，我们在问卷中共列出了玛丽亚、华仁、华夏、真爱、当代佳丽、现代女子等6家医院。统计结果显示，在医疗技术评价上，6家医院的肯定性评价均值为26.8%，低度性评价均值为69.9%，否定性评价均值为3.3%。在医院服务评价上，6家医院的肯定性评价均值为30.8%，低度性评价均值为65.4%，否定性评价均值为3.8%。在医疗设

备评价上，6 家医院的肯定性评价均值为23.8%，低度性评价均值为72.4%，否定性评价均值为3.9%。在医院环境评价上，6 家医院的肯定性评价均值为27.5%，低度性评价均值为67.0%，否定性评价均值为5.5%。

根据以上数据，4 种指标的低度性评价人员占比依次为69.9%、65.4%、72.4%、67.0%。从单个医院的低度性评价情况来看，除玛丽亚的评价人员占比最低外，其他5家医院均在60%以上。显然，这种状况不容忽视。

4. 健康生育意识的认同人数具有高占比性

这种健康生育意识主要表现在以下方面。一是自然分娩意识。近年来，我国剖腹产现象一路飙升，比值居高不下。但从项目组本次武汉地区孕产妇的调查结果看却不尽然。例如，根据调查，在胎位正常的情况下选择自然分娩的占67.8%，选择剖腹产的仅占20.6%。在这里，高占比的认识基础，表现在对自然分娩原因的认同上。被访者中，认为这原本就是一种自然过程的占65.6%；认为自然分娩有利于新生儿娩出后迅速建立正常呼吸的占63.1%。二是适龄怀孕意识。据统计，本次调查对象的怀孕年龄（或者打算怀孕的年龄），以28岁以下的人员占比最高，为73.5%；如果加上29～31岁年龄段的人员占比（20.9%），则达94.4%。这意味着她们的适龄怀孕意识比较强，头胎在35岁以上的高龄孕妇很少。三是科学孕育意识。大量医学实践证明，人类素质的提升与母亲的科学孕育素质呈高度的正相关性。换言之，母亲的科学孕育意识越强，则其生育的子女生理、心理素质也越好。正因此，调查中，表示经常听孕妇知识讲座的占1/4，表示偶尔听的占52.7%。二者累加达77.6%。总体看，健康生育意识正在武汉孕产妇中普及开来，这是一种十分可喜的现象。

（二）建议

1. 适度控制媒体广告，注重提升内在素质

实践证明，长期以来武汉地区妇产科医院的媒体广告十分成功。调查数据显示，被访者中，79.0%的人都是通过媒体广告来了解妇产科医院特别是民营医院。但是住院者中仅有9.8%的人通过媒体广告来选择入住的医院。换言之，有90.2%的住院者是通过其他途径，例如家人、亲友等选择医院的。广告学理论证明，当广告的投放达到足够量的时候，继续投放并不与效益的增长成正比。而根据患者选择医院时对接生技术、服务态度、医院环境、收费标准等方面的考虑，

医院有必要在提升自身软实力上下工夫。

2. 办好孕妇课堂，扩大科普知识的宣传力度

调查结果显示，已婚女性健康疾患的形成，绝大部分与缺少相关知识有关。显然这种宣传既是繁荣发展社会文化的需要，同时也是扩大医院市场竞争力的需要。因为，扎实的科普知识宣传，正是医院赢得患者的重要法宝。从某种意义上说，患者或市民心理是更愿意从医学或孕妇保健等科普知识上，来了解医院的水平与实力，而不是从广告来了解。

3. 建造企业文化，积极推进品牌经营

在武汉，民营医院发展业绩的核心经验在于积极推进品牌经营。正是由于形成了这样的经营理念，一些医院才能够自立于业界之林。然而，品牌的打造需要企业文化的支撑。当前有必要通过经营总结，提炼医院的精神、理念、价值观，修订发展规划、愿景及管理制度，以此提升医院的凝聚力、向心力和归属感。非此不能巩固已经初步形成的市场竞争力。只有这样才能不断提升市民对民营医院的信心指数。民营医院只有在改造硬件的同时也大力转变服务质量和提升医疗技术，才能在日趋激烈的竞争中赢得市场和优势，才能闯出自己做百年老店的经营之路。必须坚决杜绝部分民营医院，甚至公立医院中存在的浮躁、忽悠患者等风气。

4. 加强市场研究，提升需求预测水平

医院发展的根本虽然在于员工素质及经营理念，但是加强市场研究、把握患者需求、了解业界动态、关注国际前沿等同样至关重要。建议借助现代科研手段对影响医院业务发展的问题，组织课题研究。目的在于认识目前的孕产妇市场特点和变化规律，了解城乡、行业、群体间的需求趋势。必要时还可以通过举办多种形式的发展论坛推动研究工作的深入开展，达到清理发展思路、扩大社会影响等目的。

B.30

武汉市城市公共安全状况调查与分析

中共武汉市委督察室　武汉市社会科学院联合课题组*

摘　要： 城市公共安全问题不仅直接关系着人们的生命和财产安全，也会危及社会的政治经济秩序，甚至严重危及党和政府的形象及国家安全。本文对武汉市城市公共安全现状进行了深度剖析，并针对其中主要问题提出对策建议。

关键词： 城市管理　城市公共安全　公共安全风险评估　安全意识

随着城市化、信息化、科技化浪潮的加速涌动，现代城市人口集聚，交通发达，高楼林立，各种管网等基础设施纵横交错密集分布。作为区域性政治、经济、文化和军事中心的城市，在极大提升人类社会生活质量的同时，也对城市管理特别是城市公共安全管理提出了严峻的挑战和更高的要求。现代城市的聚集性，使城市灾害具有多样性、时空耦合性和链状分布等群发性和整体联动性的特征。城市文明愈发达，在灾害冲击面前愈脆弱。城市公共安全问题，不仅直接关系着人们的生命和财产安全，也会严重危及社会的政治经济秩序，甚至严重危及党和政府的形象及国家安全。市委市政府领导一贯高度关注武汉城市公共安全问题，为此，市委督察室会同市社科院成立联合调查组，从8月中旬开始，历时一个月，深入有关区及市直委办局共20家单位，开展深度调研、实地察看，掌握了大量的第一手材料，现将调研情况总结如下。

一　武汉城市公共安全现状

各种“焦点事件”的发生，往往对党委政府政策议程变更具有直接、快速

---

* 课题负责人：田祚雄，武汉市社会科学院副研究员。

的影响。自1998年抗洪、2003年非典以后，市委市政府将城市公共安全问题提升到了更加重要的议事日程，在组织领导、经费投入、危机应对、信息发布、体制机制建设等方面，都有了明显的进步。

（一）城市公共安全管理的组织机构日益健全

2005年，武汉市政府成立了突发公共事件应急委员会，由市政府市长、副市长、秘书长、副秘书长及市政府有关职能部门主要负责人、各区区长组成；并成立了市建委、交委、公安、水务、卫生、农业、地震、环保、安监、粮食、食品药监等13个专业应急委员会；在各区政府设立区应急委员会，负责指挥处置一般突发事件。初步形成了市公共应急委员会、各专业应急委员会、各区应急委员会及其综合办事机构（即应急办）与专职人员的危机管理组织网络。此外，还成立了由多个相关单位组成的安全生产委员会、食品安全委员会、维稳工作领导小组等多个专业领导机构，负责对事故灾难、食品安全、信访稳定等进行管理。

（二）城市公共安全风险评估预警工作深入推进

2008年，市政府出台《武汉市突发事件预警和应急信息发布与传播办法（试行）》，对公共安全预警和应急信息发布的范围、时间、流程、载体等进行了明确规定。市应急办、经信委、气象局联合建立全市统一的自然灾害预警信息发布平台，及时向市民发布各类气象灾害预警信息。2009年9月，全市应急指挥大厅建成并投入使用。近几年来，加大对公共安全基础设施建设，拟于2011年底以前实现全市监控摄像头达25万个的建设目标。建设了全市统一的应急法规库、应急预案库、应急专家库、应急队伍库、应急物资库等5大基础信息库，初步实现了全市公共安全信息化管理体系。

我市从2009年初开始，探索建立重大事项社会稳定风险评估机制，以“两办”的名义下发了《关于我市建立重大事项社会稳定风险评估机制的意见》。随后在江汉区、东西湖区和市建委、物价局等单位开展试点，特别注重抓好城市规划调整、花楼街拆迁改造、出租车价格调整、东星航空破产改制等重大事项的风险评估预警。按照“属地管理”和“谁主管谁负责”的原则，对重大事项开展分级分类评估，积极探索前置评估，专群结合开展评估。对判别出来的风险，不回避、不放过，积极应对，努力化解风险。截至上年底，全市13个区、2个国

家级开发区和东湖生态旅游风景区、25 个市直行政管理部门建立了重大事项社会稳定风险评估机制。

（三）应急预案的编制更规范、演练渐趋制度化

建立结构完整、功能齐全、反应灵敏、运转高效的应急预案系统，是有效防范和及时处置各类突发公共事件的重要基础和保障。2005 年，市政府颁布了《武汉市重特大突发公共事件应急处置办法（试行）》；随后又陆续编制完成涉及洪涝灾害、生产安全事故、道路交通事故、公共卫生突发事件、动植物疫情、城市基础设施安全突发事件、恐怖袭击事件、粮食安全、食品药品安全等 15 个专项应急预案，各专项预案负责部门还根据《办法》与专项预案的要求，相继编制了 504 个子预案或分预案。同时，各区结合自身实际也相继编制了多种危机应急预案，如青山区编制了特种设备事故、民用爆炸物品事故等应急预案，洪山区编制了林业有害生物灾害、森林防火等应急预案，汉南区编制了移民群体性事件、水上预警救助等应急预案等。目前，我市已初步形成了由《办法》（总体预案）、专项预案、配套子预案、各区分预案等不同层次的应急预案体系。预案不仅要编制，更要加强演练，通过演练发现预案编制的不足，进而不断完善预案。因此，武汉市通过召开专项预案牵头部门和相关单位负责人进行学习培训，统一思想，并明确要求开展年度演练活动且逐渐形成制度。近 2 年来，共组织开展培训 415 次、演练 366 次。通过这些仿真实战演练，极大提高了各部门和人们应对突发事件的能力，也进一步总结完善了各应急预案。

（四）公共安全管理信息收集、发布机制比较健全有效

2008 年，颁布了《武汉市突发事件预警和应急信息发布与传播办法》，注重加强全市党政信息员网络和队伍建设，注意发掘、收集、整理、分析各种苗头性公共安全信息，做好公共安全事件的事前预警；加强危机信息报送业务培训，严格危机信息报送责任制，明确规定各部门、各区信息报送的渠道和时间；创办《重要预警信息专报》、《应急信息快报》、《应急管理工作简报》等三种载体，及时分类报送突发事件预警及应急信息。同时，注重与新闻媒体合作，危机事件发生后，及时通过媒体向公众发布危机事件真相、救援进程、损害程度等信息，澄清谣传、消除恐慌，阻止流言蔓延。

（五）公共安全避难场所建设取得一定成效

武汉市非常重视应急避难场所的建设，目前已在全市范围内建立市、区两级联动共386个应急避难所，其中，市级应急避难场所37个，区级应急避难场所349个。7个市级应急避难场所建在地上，总面积60多万平方米，可容纳43.6万人同时紧急避难，主要应对地震、爆炸、雨雪灾害和恐怖袭击等突发公共安全事件；30多个建在地下，主要应对空袭等其他突发事件。此外，各区结合自身实际，充分发掘区属社会资源，积极开发和建立防灾避难应急场所。紧急避难场所还将进一步配备水、电、公厕、蓬宿区和医疗点等救灾基础设施，既可以作为灾民的临时生活住所，也可作为救灾物资的集散地、救灾人员的驻扎地、临时医院的所在地和救援直升机的起降地。

二 武汉城市公共安全管理中存在的主要问题

武汉两江交汇、三镇鼎立、商贾云集、交通要塞、华中重镇的特殊地理、经济、政治、文化地位，决定了城市危机管理的必要性、复杂性、艰巨性与紧迫性。尽管武汉市公共危机管理机制建设取得了不少成绩，但与城市快速发展和公众安全需求相比，危机应对机制和能力还存在一些不足。

（一）城市公共安全事故仍处于高发频发阶段

随着国家战略的叠加落地，武汉正处于“产业大发展、改革大推进、城市大建设”的关键时期。全市在建工地5000余个，总拆迁量在3000万平方米左右，需动迁居民16万户近50万人；全市1909家改制企业共28万改制职工需要安置；部分退役转业军人、下乡返城人员、部分私房业主、进城务工人员、精神疾病患者等重点人群对公共安全威胁较大，各种公共安全事故仍处于高发频发阶段，危及城市公共安全的风险因素依然多。本年1～8月，全市共发生一般以上道路交通事故1879起，伤2126人，死亡194人，直接经济损失242.6万元；全市刑事有效案件60772起，“两抢一盗”60240起，共查处黄赌毒案件1.3万起，处理违法犯罪嫌疑人2.5万人；共发生命案118起，致126人死亡；全市共发生火灾2081起，直接财产损失660.05万；共发生全市各类伤亡事故3509起，死

亡198人，伤1868人，直接经济损失1334.16万元。在信息安全方面，2009年共发生网络攻击230起。

四类公共危机事件的诱因还不同程度存在。比如，自然灾害方面，我市属亚热带湿润季风气候，雨量充沛，每年都面临着很大的防汛抗洪压力；市区有从祁家湾—涨渡湖—白浒山横贯市区的隐伏活动性断裂带，有地质灾害隐患点共50处，分布于10个区，防崩塌、地质塌陷的压力较大。事故灾难方面，全市现有涉爆单位56家，剧毒化学品单位121家，特种设备使用单位近8000家，已注册登记的在用特种设备71286台（套），其监管难度非常之大；全市29家民爆服务站中有25家不达标，占比高达86%。公共卫生事件方面，我市艾滋病、狂犬病、幼儿手足口病、霍乱等传染性疾病病例均不鲜见；另据不完全统计，全市现共有食品生产经营单位6万多户，超过26万人从事食品药品生产经营活动，食品生产企业中70%是小企业、小作坊，超过50%的餐饮单位无证经营，食品安全的监管任务非常重。已经发生的公共安全问题及一系列潜在的风险，都说明加强城市公共安全的必要性和紧迫性。

（二）城市生命线系统屡受威胁

现代城市普遍建立了发达的水、电、热、气、通信、道路等六大城市基础设施系统，城市系统构造越来越繁杂，各系统间的相互依赖越来越密切，城市在灾害面前也越来越脆弱，往往某一个环节或系统出现问题，就会牵一发而动全身，导致全局的瘫痪，酿成巨大的损失。所以，城市基础设施既保证城市正常运转，也可能成为危及公共安全的危险源。更为重要的是，由于各管线的产权主体不一，铺设填埋时间、标准差异大，既导致“拉链马路”的反复开挖与资源浪费，又导致因互不知悉而屡屡造成挖破、挖断、挖坏现象，造成极大的公共安全隐患。据调查，我市中心城区现有燃气管网4300余公里，各类液化气、天然气站361座，管道气85万户；我市5kV及以上变电站166座，输电线路总长4453公里；我市现有公路桥梁1158座，其中永久式桥梁1064座，国省干线列养公路危桥26座，农村公路非列养危桥154座。同时，任何科技成果都是一把双刃剑，城市各领域现代科技成果的广泛应用，也可能造成生物病毒、网络病毒、电磁和核辐射、化学污染等新的城市灾害，随时都在威胁着市民的公共安全。在调研中，各单位反映最为强烈和集中的公共安全监管问题有三：①监管人员严重不足，常常是几个人要面临成千上万的被监管单位，根本无法监管到位；②监管经费缺乏，监管经费不充足、不到位现象突出；③监管环境不佳，包括法制欠缺，体制不顺，手段欠缺，权力、人情干扰，对监管认识不一（如害怕因严管而破坏所谓“软环境”，或是引起社会不稳定，或是影响下岗失业人员再就业等）。

（三）公共安全意识和应对能力欠缺

长期以来，我们专注并满足于经济的高速发展，而对环境建设、社会建设和城市公共安全的重视不够，对城市高速发展带来的高频率公共安全事件认识不足，在较长期的“太平盛世”生活中，养成了政府和民众对公共危机意识的淡漠和遗忘。在各级政府和广大民众中，还存在着侥幸、漠视甚至放纵的心理，认为危机离自己比较遥远，因而缺乏对公共危机管理的全方位思考。在管理上，重救轻防、重书面轻实践的观念和做法依然普遍存在，社会公共危机的宣传教育尚未形成体系，也未落到实处。广大民众缺乏应对危机的基本知识和技能，更缺乏主动防范危机的意识，从而在面对危机时往往处于等待救援、盲目自救等被动局面。殊不知，在公共安全领域早就存在莫非定律（凡是可能犯错的地方就必然会犯错）和海恩法则（每一次严重的事故背后，必然有 29 次轻微事故和 300 次未遂先兆以及 1000 次事故隐患）。遗憾的是，因为认识和教育的原因，多数市民的公共安全意识还十分薄弱，应对突发公共安全事件的能力非常欠缺。许多市民不知道身边的避难场所，许多市民不具备基本的逃生知识和防灾、减灾技能。经过遭受过数次火灾经历数次整顿仍然存在重大火灾隐患的汉正街市场，逾九成商户没购买财产保险，即使购买了保险的商户也鲜有买足保险的。这充分说明了市民的危机防范意识还比较低。

（四）应急机制水平较低

我市的应急机制建设基本上还处于分灾种、部门型危机管理体制阶段。目前，虽然我市分类别建立了突发公共安全事件各类应急预案，但各类应急预案的分预案和专业预案衔接不够、配合不足，预案普遍缺乏实施细则；城市公共安全事件的风险评估和信息采集还很粗放，危机管理尚未纳入经济社会的可持续发展战略和各种政策制定、规划、资源管理中；整体联动能力有待加强，如今的公共危机事件在信息化、城市化的作用下，往往具有群发性、联动性和迅速放大效

应，但各种应急人力、物力、财力资源等分属不同部门、地区，政府在涉及多部门、跨地区、跨行业的配合、协调反应方面能力还比较弱；应对危机的基础设施设备不够完备。近年来大规模、大面积的城市建设，对城市基础设施网络系统运行构成极大的威胁，各种易燃、易爆、危险品也越来越多地进入家庭，城市重点工程、公共场所和居民家庭防灾标准低，缺乏全面系统的公共安全工程规划，预警及通信网络系统不统一、不匹配，技术基础薄弱和风险管理意识不足；信息支持和信息沟通机制尚不健全，既存在政府内部上下左右信息沟通的不通畅，也存在政府与媒体、公众信息沟通的不及时、不透明。

（五）公共安全管理保障比较薄弱

在法制保障方面，目前，我国现有突发公共事件应对的法律35件、行政法规37件、部门规章55件，有关法规性文件111件，2007年8月全国人大常委会通过《中华人民共和国突发公共事件应对法》，成为应急管理法制化的标志。但这些法律法规大多比较原则比较抽象，缺乏具体实施细则，给地方城市及时调度各方资源，在最快时间作出最有效的处理造成了一定困难。同时，普遍存在有法不依、执法不严、违法难究、选择性执法现象。在人员编制保障方面，除市政府办公厅应急处配备3名专职人员外，各区均无专门的人员编制；市直各部门普遍存在监管执法人员编制过少问题。如市质监局，在机构职责调整中新增了食品安全监管职责，但没有新增人员编制，平均各分局从事食品安全监管的人员只有2~3人，且多为兼职，这样的人员配置势必使主动监管成为奢望；市民政局从事民间组织管理的人员只有4人，要实现对全市几万家民间组织的监管，实在力不从心。在经费保障方面，危机管理经费尚未纳入财政预算，危机救助资源配置方式滞后粗放，致使城市公共安全技术薄弱，缺乏现代化的设备和手段，难以满足全方位防范和常规性防范的要求；市、区政府与13个专项预案负责部门均未完全建立制度化的应急经费（含日常工作经费）投入机制，应急经费严重不足。在考核评估保障方面，危机管理的考核评估体系尚未形成，限于现有绩效考核体系制约，大多数公共安全部门都没有建立相应的危机管理评价体系，对政府应对公共危机的时机、流程、成本、效果、存在的问题和差距等都难以进行准确评估。

此外，政府的危机动员能力有待加强，特别是充分发挥各种民间社会组织、社会救援机构、慈善捐助机构共同参与危机预防、应对和修复工作的机制尚未形成。

三　加强城市公共应急机制建设的对策与建议

完善城市公共应急机制建设，加强城市公共安全管理，要注意以下问题。

（一）强化公共安全意识教育培训，塑造发达的城市应急文化

把塑造发达的城市应急文化，提高市民和各种社会组织的应急意识和应急能力，作为城市危机管理系统建设的一项基础工程。

为此，需要做好相关工作。①将公共安全教育纳入学校教育系统，充分发挥“一个学生影响一个家庭，多个家庭影响整个社会”的作用。②进一步加大公共安全宣传。各媒体要拿出一定的版面、时段，开办公共安全公益宣传，传播公共危机应急知识。③进一步加大城市公共安全应急技能的培训演练，不断提高市民应对危机的基本素质，掌握各种灾难发生的科学过程，增强应对危机的能力。

（二）加强公共安全预警监控系统建设，积极开展城市公共安全规划与评估工作

要防止城市公共危机的发生，必须加强城市公共危机预警监控系统建设，积极开展危机规划与灾害评估工作。①公共安全管理关口前移。积极建立健全公共安全预警监控系统建设，将关口继续前移至风险管理阶段，通过风险分析、评估及前置处置，从根本上防止和减少风险源和致灾因子的产生，切实做到防患于未然。②加强城市公共安全规划编制工作。通过对城市风险进行分析研究，对城市用地、设施以及人类活动进行时间和空间上的安排。③加强城市公共安全科技支撑研究。要充分利用在汉科技资源优势，加强城市公共安全的软科学、社科基金立项资助研究，通过借助遥感、测绘、地质勘测、气象研究等高科技手段，加强对城市公共安全的研究，同时，要建立强大的信息网络平台，及时摸排、发现和收集城市公共危机发生的类别、征兆、概率和可能引发的灾害后果等，为政府决策和市民应对提供参考。

（三）加强城市公共安全管理建设，提高应对突发公共安全事件的能力

应急管理体制，主要是指应急指挥机构、社会动员体系、领导责任制度、专业救援队伍和专家咨询队伍等组成部分。政府应急管理体制的基本要求是整合化。完善应急管理体制，要通过明确指挥关系、管理职能、管理责任，通过组织整合、资源整合、信息整合和行动整合，形成政府应急管理的统一责任；要根据情况的变化，运用综合化、系统化思维改进管理。①进一步理顺城市公共安全管理体系。政府应是城市公共安全的主要提供者、维护者，各级政府主要领导是本区域公共安全的第一责任人，政府应为社会应对公共安全提供技术、资金、知识等支持；要理顺条块关系，明晰部门职能，特别是要划清横向部门间的职责边界，尽可能减少“多龙治水”局面，真正做到“无缝对接”。②进一步规范公共安全管理流程，逐步建立一套比较规范的公共安全管理流程，避免无序化。③加强公共安全应急管理法制建设，改变“重实体轻程序”的法治观念，切实做到有法可依、有法必依。特别是在公共安全应急处置过程中的财产征用、事后补偿等方面，要严格依法。④切实加强城市公共安全管理保障机制建设。要按照党委领导、政府负责、社会协同、公众参与的要求，建设应对突发公共安全事件的多元财力保障机制。

（四）强化信息沟通机制建设，促进政府、媒体、社会民众在危机管理中的良性互动

在城市公共安全管理中，作为公共资源的媒体，应为增进公共福利而发挥最大效用；作为社会公共权力的代表处于应对危机主导地位的政府，应发挥最大整合动员效用；作为危机事件受害者与应对危机参与者的社会民众，应主动积极参与危机事件的全程管理。任何公共危机事件发生后，都有赖于这三支力量的通力合作，但三者作用的发挥都依赖于良好的信息沟通。随着互联网和电子技术的飞速发展，一个人人表达、人人传播、人人自主思考的时代已经到来，任何试图控制媒体表达的做法都是徒劳无益且无法做到的。政府要完成的首要变革就是创造一种让媒体公正介入危机事件的机制，保持新闻的自由度，完善社会的纠错机制和自我修复机制，以阻止谣言传播、寻求公众理解、动员社会力量应对危机。

①政府要处理好与媒体的关系，主动与媒体沟通，注重公共安全信息的及时发布与正面引导。同时，要注重加强对媒体的监管，特别是那些涉及公共安全的信息发布要慎重，对事关公共安全的产品广告要严加监管，对为追求轰动效应而肆意歪曲事实的少数不良记者严加惩处。②媒体要尽可能发挥沟通信息、疏导情绪、舆论监督、引导应对等积极的建设性力量，加强自我约束，切忌以讹传讹。③社会民众特别是非政府组织要发挥应对危机的多元主体作用，参与危机应对，缓解危机事件在公众中产生的恐惧、流言，降低政府救治危机的成本，提高救治效率。在一个开放、分权和多中心治理的社会，应对危机事件没有社会力量的参与是不可想象的。总之，在危机发生后，政府应给民众更多的信心，民众应给政府更多的信任，媒体要扮演好政府与民众沟通的桥梁，形成政府、媒体、社会民众的良性互动。

（五）建立和完善公共安全管理的绩效考评机制

将危机管理纳入全市绩效考核评估体系，作为专项考评予以推进，以期引起各单位对危机管理工作的重视和投入。可以考虑将公共安全预警系统建设、公共安全信息平台建设、公共安全经费预算管理、公共安全宣传教育、公共安全队伍建设等纳入绩效考核范畴，明确考核标准，建立激励机制，严格执行重大事故责任追究制。

B.31

武汉市民文化消费调查研究

武汉市社会科学院课题组*

摘　要： 改革开放以来特别是党的十六大以来，武汉市民文化消费市场不断扩大，市民文化消费蓬勃发展。同时也存在一些不足和亟待解决的问题，如文化消费总量不足，比重相对偏低，增长缓慢；文化消费质量层次较低，结构失衡；文化消费主体的分布不合理；文化消费观念有待进一步提升；市民对文化消费需求实现的自我满意度不高等。其成因既包括市民文化消费观念与消费意愿不强、收入水平较低与支付能力偏弱、文化消费价格相对较高、文化产业发展相对滞后等因素，也与政府的公共文化投入、文化投资布局、经济社会发展总体水平、文化消费自身的阶段性等有关。要促进我市居民文化消费，必须在壮大文化产业、提高收入水平、培养消费习惯、提升消费观念、优化消费结构、调整政府职能等方面综合考虑。

关键词： 文化消费　武汉　市民　文化产业

文化消费是人们用于文化、体育、娱乐产品和服务等相关方面的支出和消费活动，是促进社会文明、构建和谐社会的重要组成部分。随着经济社会的发展，人们生活水平逐渐提高，文化消费的需求日趋旺盛，在社会消费结构中的比重日益增大。文化消费的兴盛，不仅可以改善市民的生活质量和生活方式，改变市民的精神面貌和身心状态，提高市民素质，提升城市文明水平，而且可以优化产业结构、增加就业、促进经济发展，提高城市综合竞争力。在后金融危机时代，如

---

* 课题组成员：陶维兵，武汉市社科院副研究员；卢伟，武汉市社会科学院馆员。本课题数据主要来源于武汉市统计局相关统计公报、统计年鉴，文中部分观点参考了方耀强研究员主持的课题《武汉文化产业发展报告》的研究成果，特此致谢。

何通过发展文化消费市场，努力满足市民多层次、多方面、多样性的精神文化需求，使文化消费成为促增长的重要支点，成为一个亟待研究的重要课题。因此，研究市民文化消费，具有重要意义。基于此，我们在武汉市范围内就市民文化消费开展了相关调查研究，在一定程度上了解到武汉市民文化消费的现状、特点、发展趋势及存在的不足，并在此基础上提出进一步促进我市文化消费的建议。

一　武汉市民文化消费现状

改革开放以来特别是党的十六大以来，武汉市文化事业和文化产业发展很快，文化消费市场不断扩大，在国民经济中所占的比重逐渐增加，不但丰富了市民的精神文化需求，而且逐渐形成了一批文化品牌，对经济社会发展产生了很大促进作用。

一方面文化体育设施数量较大，门类齐全，分布广泛，为市民文化消费提供了良好条件。特别是2003年以来，武汉地区迎来新中国成立以来文化体育设施建设的一轮新高潮，共建设改造场馆63个（其中体育场馆40个、文化场馆23个），建成大型群众文化广场13处。另据统计，武汉市现有区级以上公共图书馆17座，其中省市级馆3座，藏书770万册。70%以上的社区建有文化室，80%以上的社区建有千册图书室。

另一方面，文化市场得到长足的发展，形成了娱乐市场、网络文化市场、电影市场、音像市场、演出市场、文化艺术培训市场、美术市场、书刊市场、文物市场等，文化经营项目涵盖了文化市场各个门类，培育并激发了市民文化消费的热情。据统计，市文化市场现有经营单位共3474家，其中歌舞厅、卡拉OK厅472家，电子游戏机厅80家、电子游艺机厅13家、网吧1473家，音像批发零售单位344家、音像制品出租单位1000家、电影放映单位28家、文艺演出团队14家、文化艺术培训单位50余家。

文化体育设施群的完善和文化市场的繁荣为丰富不同层次市民的文化生活起到了积极作用，进一步催生了市民文化消费的热潮。文化消费的扩展又进一步促进了文化市场的繁荣和文化产业的兴盛，文化产业已经成为武汉地区产业发展中的重要支柱之一。据统计，自2004年以来，武汉文化产业在全市经济总量中的占比逐年提高。2004年，我市实现文化产业增加值102亿元，占全市GDP的

4.6%；2005年文化产业增加值107.4亿元，占GDP的4.8%；2006年文化产业增加值126.9亿元，占GDP的4.9%；2007年文化产业增加值163亿元，占GDP的5.2%。同时，城市居民人均教育文化娱乐服务消费支出也呈强劲增长态势，2005年、2006年、2007年、2009年消费支出分别达到1021.2元、1125.48元、1258.37元和1406.89元。2008年，我市城市居民人均教育文化娱乐服务消费支出受金融危机影响，降至1095.43元，同比下降12.9%。从发展趋势而言，文化娱乐、旅游正在成为武汉市民消费的新亮点。随着居民消费结构由生存型向享受型、发展型转变，人们在得到物质满足的同时，更注重精神方面的享受，消费观念正向高层次、休闲、健康方面发展。2010年1~9月，城市居民人均教育文化娱乐服务支出1188.22元，增长3.4%。其中：参观游览支出111.06元，增长1.2倍；团体旅游支出210.09元，增长18.6%；健身活动支出33.86元，增长48.9%；其他文娱活动支出103.37元，增长48.8%。

我市文化消费仍然存在诸多不足和亟待解决的问题，概括起来主要有五个方面。

（一）居民文化消费总量不足，比重偏低，增长缓慢

根据国际经验，当人均GDP超过3000美元的时候，文化消费会快速增长；接近或超过5000美元时，文化消费则会出现“井喷”。2009年，按照武汉常住人口计算，我市人均GDP已超过5000美元，这意味着我市居民用于休闲娱乐文化消费的可支配收入会大大增加，进而刺激和带动文化娱乐消费和文化娱乐产业的增长。标志着我国已经进入了文化娱乐休闲消费加速上升期。2007年，我市居民文化消费总量不足120亿元，虽然从纵向比较发展速度比较快，但是与北京、上海、广州、深圳等一级城市差距明显，即便与杭州、长沙、南京等二线城市比较，也在很多方面存在差距，我市居民文化消费比重处于全国副省级城市中较低水平。统计资料显示，2007年武汉城市居民家庭人均文化消费支出占消费支出的9.5%，不但低于北京的15.6%、上海的15.4%、广州的16.9%，也低于杭州的11.3%、青岛的11.7%，甚至远低于西部城市西安的14.7%。2010年上半年，武汉城市居民家庭人均文化消费支出占比为8.8%，与同类城市相比仍然偏低。除了总量偏低，我市居民文化消费比重增长也相对缓慢。统计资料显示，2008年与2002年相比，虽然武汉市民在交通通信、医疗保健、娱乐教育文

化等方面的消费支出呈加速上升趋势，恩格尔系数呈缓慢下降趋势，但城市居民人均教育文化娱乐服务消费支出的增长速度仍不足70%，远远落后于衣着的93.6%、食品的86%、交通通信的97.5%增长。2010年上半年，居民教育文化娱乐服务支出比2009年同期增长23.0%，与衣着支出增长持平，仍低于居住支出增长速度（37.5%）和其他商品和服务增长速度（68.3%）。2010年1~9月，我市城市居民人均教育文化娱乐服务消费支出同比增长3.4%，低于人均消费支出平均增速（15.5%），在居民家庭八大类消费性支出增速中排倒数第二位。因此，我市居民消费结构的生存型消费特征比较明显，享受型、发展型、智能型消费方面有待提高。

（二）市民文化消费层次较低，结构失衡

在文化消费支出的结构方面，大多数市民在文化消费方面的支出主要集中在娱乐、享受型文化消费上，而发展型的消费支出相对不足。武汉与北京、上海、沈阳被文化部艺术司列为我国四大演艺重镇，省、市所属专业院团实力较强，社会文化娱乐企业在演出规模、档次和营业收入方面均名列全国前茅。社会演艺的发达促进了文化市场的繁荣，但在享受型文化消费、娱乐消费不断升温的热潮中，出现了大众消费文化的低俗化现象。娱乐性、消遣性和趣味性消费增多，各种娱乐场所出入者多，高层次的精神消费内容却鲜有问津。总体而言，从文化消费热点看，知识文化型消费较少，休闲消遣娱乐型消费多，普通市民与中高端文化消费之间还缺乏紧密联系；从文化消费结构看，娱乐型、享受型、消遣型的文化消费比例较大，发展型、知识型、智能型精神文化消费发展不够。因此，目前武汉市民文化消费的层次还不高，消费品位和消费质量亟待提升。

（三）文化消费主体分布不合理

武汉市民消费主体表现出许多明显的特征。第一，年龄上的特征。老年人普遍比较注重参与文化活动和体育锻炼，尤其是群体性的活动方式，时间上投入较多，金钱上也有一定投入；年轻人很少或较少参加体育锻炼，文化消费比较集中于K歌、上网、看电影、跳舞、旅游等，户外活动偏少。第二，城乡居民的消费差别。城镇居民文化消费种类较多，可供选择的余地较大，可支付能力也较强；农村居民文化消费产品供给比较薄弱，消费种类集中和单一，主要是看电

视、上网，消费支付能力相对较弱，消费主体偏于年轻化。第三，收入与户籍上的差别。相当一部分流动人口收入水平不高，收入与户籍具有一定联系。据统计，武汉现有常住人口 910 万人，户籍人口 835.55 万人，流动人口 74.45 万人。相当一部分流动人口，收入水平不高甚至很低，文化消费非常贫乏，其中的中老年人受文化水平及家庭因素影响，空闲时间主要是看电视和打扑克；年轻人则以上网居多。当然，武汉户籍人口中也有相当一批低收入者，他们的文化消费水平同样单调贫乏。

（四）文化消费观念有待进一步提升

随着经济的发展和人民生活水平提高，市民文化消费能力逐渐增强，文化消费支出不断提高。但相当一部分市民的文化消费观念还没有跟上来，部分市民中存在重物质消费，轻精神文化消费，重娱乐休闲消费，轻知识文化消费，重享受型消费，轻发展型消费。小型调查显示，休闲娱乐消费在文化消费中仍占很大比例。在打羽毛球、打游戏机、上网、看电视、打麻将、种花盆栽、绘画书法、乐器演奏、郊游露营、看展览会、去动物园（公园）、听讲座、登山、看休闲（消遣类书籍）、参加知识更新培训等几十个选项中，排在前几项的主要集中在上网、看电视、去动物园（公园）、看休闲（消遣类书籍）、打羽毛球、打麻将、种花盆栽等选项上。调查还显示，一部分市民对文化消费的付费存在不正确的认识，认为应该由政府无偿提供；一部分市民对教育不舍得投资，对自身教育提高比较淡漠，文化消费仍处于被动阶段。这说明，市民休闲娱乐活动主要还是集中在简便易行、花费低廉的活动上，既可以说我们文化消费市场的潜力巨大，也可以说我们文化消费的观念还需要提升。

（五）市民对文化消费需求实现的自我满意度不高

尽管居民文化消费水平稳步提高，市民对自己文化消费需求实现的总体满意度较高，但仍存在一些不满意的地方。大部分市民对自己文化娱乐生活的内容和质量不是很满意，相当一部分市民甚至认为自己的文化娱乐生活比较单调，希望有所改善；相当一部分市民对自己的收入水平和文化娱乐消费的价格水平不满意，超过一半的被访者认为我市文化娱乐消费的价格水平偏高，大部分被访者都对自己周边的文化体育设施建设提出了很高要求，希望政府加强设施的均衡布局和配套。

二 武汉市民文化消费存在不足的原因分析

武汉市民文化消费存在的这些不足，有些是中国文化消费市场中的普遍现象，有些则具有武汉的特点。究其原因，主要有四个方面。

（一）没有形成理性的文化消费观念

在武汉，文化消费尚未成为居民普遍的消费倾向，特别是把文化消费过多地局限于文化娱乐，而忽略了自我教育、体育健身（特别是付费的体育健身）等，习惯于享受公共文化资源，而不愿意投资于其他文化消费，愿意花钱到外地旅游，却不愿意花钱上一趟黄鹤楼。

（二）收入水平较低，削弱了文化消费的支付能力

收入水平是影响文化消费的重要因素。2009 年，我市城市居民人均可支配收入为 18385. 02 元，人均消费支出 12710. 29 元，人均教育文化娱乐服务消费支出 1406. 89 元，在 19 个副省级城市中处于中下水平。仅以经济总量与我市接近的南京和杭州为例，据抽样调查，南京、杭州 2009 年城市居民人均可支配收入分别为 25504 元和 26864 元，城市居民人均消费支出分别为 16339. 1 元和 18595 元，比上年增长 8. 0%，均比武汉要高。特别值得注意的是，我市中等以下及低收入人群占人口总量比例较高，居民收入差距较大，这部分居民收入不高，医疗、子女教育和住房的压力较大，对收入预期不是很乐观，因此消费行为比较谨慎，文化消费能力严重不足。

（三）文化消费价格过高

调查表明，武汉市演出消费市场不成熟，大多数演出的票价高于普通市民的承受能力。例如，琴台大剧院音乐童话剧《金鱼与渔夫》演出票价为 40 元、60 元、80 元、100 元四档，大型原生态歌舞集《云南映象》演出票价分别为 180 元、280 元、380 元、580 元四档，迪斯尼音乐剧《歌舞青春》演出票价则分 80 元、180 元、280 元、300 元、380 元、400 元、480 元、600 元和 680 元九档，费翔演唱会票价分 60 元、120 元、160 元、240 元、290 元、380 元和 460 元七档，

武汉杂技厅大型魔幻杂技《梦幻九歌》票价在 30～380 元，分 30 元、50 元、100 元、180 元、280 元和 380 元六档。尽管因为近几年政府加大投入，实行了低票价，全市各大剧场一般都安排了 30 元、40 元的惠民票，仅琴台大剧院的平均票价就已从 2007 年的 441 元降到 2009 年的 177 元，低于国内其他城市的平均票价水平。但是实际上，类似惠民票这样的低价票数量是非常有限的。以上面所列几种演出的第二低票价取平均值，为 138 元，是 2009 年我市居民平均月可支配收入的 9%，接近 1/10，最高票价平均值占比则达到了 28.7%。而在西方国家，高端文艺演出的票价仅相当于居民月均收入的 1/20。因此，在一定意义上可以说，是过高的票价将普通观众拒于门外。

（四）文化产业发展滞后

武汉文化资源十分丰富，但开发利用率不高。文化馆、公共图书馆、少年宫等公益性文化设施建设步伐慢，布局不够合理，不能完全满足市民日益增长的精神文化需求。武汉文化产业经过近 30 年的发展，逐渐从小到大、从弱到强，已经成为武汉地区产业发展中的重要支柱之一。但与全市经济发展速度和沿海发达城市文化产业规模相比，仍有不小差距。在国内，武汉地区文化产业尚未进入"第一军团"，占比偏低，速度不够快。此外，武汉文化资源的利用和整合、规划的落实和完善、人才的利用和引进、文化优惠政策体系的建构和落实都不够，文化体制改革任重道远。

此外，政府的公共文化投入不足，文化投资布局不均衡，经济社会发展总体水平不高，也是我市市民文化消费不足的原因。

三　进一步促进居民文化消费的建议

要促进我市居民文化消费，满足人们的文化需求，必须在收入水平、文化产业、消费习惯、消费观念、消费结构、政府职能等方面综合考虑。

（一）培养文化消费习惯，提升文化消费理念

从培养文化习惯，引导文化消费入手，将居民消费从物质领域向文化精神领域推进，形成正确的文化消费理念、成熟的文化消费心理。通过舆论导向、媒介

宣传、学校教育、家庭培养，引导市民从娱乐休闲消费为主向知识文化消费为主转变，培养人们形成健康、科学、合理的文化消费观念，提高文化消费主体的审美水平与精神境界。

（二）调整文化消费结构，提高文化消费层次

着力培育居民的书报杂志等消费习惯，积极引导非教育性知识文化消费，抑制和打击低俗、炫耀摆阔、封建迷信、黄色、暴力、盗版等畸形不健康消费行为，引导消费支出结构向理性化方向发展，关注农村居民、流动人口的文化消费需求，继续加大公共文化投入，丰富公共文化产品供给，引导市场文化产业的合理流动，进一步培育文化艺术、健身旅游等文化消费市场。

（三）加快文化产业发展步伐，推动区域文化繁荣

发挥武汉文化资源优势，加快文化体制改革，加快文化产业发展步伐，生产更多优质文化产品。作为区域性的文化产业创意中心，武汉必须从区域文化产业着眼，充分运用先行先试的权利，组织本地区文化单位向武汉城市圈内其他 8 个城市输出文化产品，发挥武汉文化产业在武汉城市圈中的带动作用，在满足“同城文化消费”和“同圈文化消费”中寻找新的发展途径。

（四）降低文化消费门槛，增强文化消费能力

增强市民文化消费能力，政府要加大文化投入，并以发放文化消费券、鼓励演出经营单位实行惠民低票价、政府购票赠送给社会弱势群体、税收减免等政策优惠措施降低部分市民文化消费门槛。还应理性引导消费，调适文化消费与其他消费的比例结构，将群众对于文化的主观需求转化为客观需求、将内在需求转变为现实需求，激发市民文化消费意愿。

B.32

武汉市食品安全状况调查

夏毓婷*

摘　要：“民以食为天，食以安为先”。当今社会，食品安全问题成为各级政府各相关部门高度重视的焦点问题之一。重视程度的提高既反映了政府在解决涉及民生等重大问题的决心，也反映了目前食品安全还存在诸多薄弱环节和隐患，有着痛心的教训。本文介绍了武汉市食品安全监管部门具体监管举措、食品行业基本状况、食品安全领域存在的薄弱环节，并对具体问题提出相关对策建议。

关键词：食品安全　食品生产　食品流通　食品加工　监管举措

食品安全，指食品无毒、无害，符合营养要求，对人体健康不造成任何急性、亚急性或者慢性危害。食品在其种植、养殖、生产、加工、储存、运输、销售、餐饮等各个环节都有可能由于生产技术、操作规范的缺陷或外部环境污染等原因而导致安全问题。因此，对食品安全必须实行“从农田到餐桌”的全过程无缝隙监管。自《中华人民共和国食品安全法》实施以来，武汉市依法对食品从生产到消费的各个环节均实现了更为严格的监管，武汉市食品安全状况总体良好，但薄弱环节与隐患并存。

一　食品安全监管举措

武汉市食品安全由武汉市食品药品监督管理局承担其监管职能。近两年来，武汉市认真贯彻《中华人民共和国食品安全法》，在食品生产、流通、经

* 夏毓婷，武汉市社会科学院。

营、消费等各个环节，通过采取食品安全专项行动等举措，对全市食品安全进行全程监管，努力构筑从田间地头到餐桌的全过程安全网络，全市食品安全状况总体良好。

1. 加强农业生产领域农产品质量安全监管

从加强农业投入品监管入手，严把农资生产经营主体资质关，积极开展农资产品质量抽查，深入组织开展农资打假专项整治行动，加强农资生产经营企业诚信建设，全面禁止经营和使用甲胺磷等10种高毒高残留农药及国家明令禁用的兽药、渔药，从源头上保障农产品质量安全。建立健全农业投入品安全使用制度，指导农产品生产者合理使用农药、兽药、农用薄膜等化工产品。严格执行安全间隔期及休药期的规定。大力推进农业标准化生产，积极开展“三品”认证，全市现有无公害农产品、绿色食品、有机食品548个，国家地理标志保护农产品4个，位居全国省会城市前列。建立了750个农产品质量检测室（点），配备了39台农产品质量安全流动监测车，建立了900多人的检测队伍，实现了农产品质量安全的全程监管，确保了农产品质量安全。

2. 推进食品生产加工环节监管

严把食品市场准入关，对877家生产企业发放食品生产许可证1206张。通过巡查、检查、产品质量监督抽查、回访等手段对获证企业开展证后监管工作，加强日常监管，对获证企业实行每年2~6次的检查抽查。近两年来，共抽查食品获证企业140家，对其中不合格的51家企业下达了整改通知书。落实生产企业质量安全主体责任。督促企业落实原材料进货查验、过程控制、出厂检验等记录制度，食品可追溯制度和食品召回制度。采取签订食品安全责任状、印制落实企业主体责任宣传册等措施，切实增强企业的食品安全第一责任人意识。“放心食品”工程建设。一是严把生猪入厂（场）关。做好生猪入场检疫检验，如实登记入场生猪的来源和数量。定点屠宰企业自觉按照规定的操作规范、流程和工艺进行屠宰加工，认真做好肉品品质检验，生产“放心肉”。二是严把加工工艺关。所有加工企业明确本单位产品的基本流向，不合格的产品必须全部进行无害化处理，并按要求定期如实向主管部门上报处理数据。三是严把市场关。全市坚持“打防结合，市区联动，以区为主”的原则，对违法违规行为进行坚决打击，实施“放心米”、“放心油”、“放心豆制品”工程。

3. 规范食品流通环节经营秩序

利用快速检测设备，高效执法，并将监测为不合格的食品在武汉红盾信息网上予以公示，同时，在各超市、社区、学校设置快速检测免费为民服务点163个，保障食品质量，受到消费者的广泛好评。重视群防群控，近两年来，武汉市按照上级主管部门的要求，持续开展问题乳粉清查工作。全市发放《食品流通许可证》1.92万份，建立健全了12315消费维权站4305个，严格落实市场巡查制、不合格食品退市制、食品安全信息公示制，创新推行了信用分类监管模式，努力构建行政执法、企业自律、社会监督“三位一体”的食品安全监管体系。全市工商系统加强执法监管，严厉惩处和打击流通环节食品违法行为，依法查处了一批较有影响的食品安全案件，加强市场监管进一步净化了市场环境。

4. 开展餐饮和保健食品等消费环节监管

围绕餐饮食品安全的重要时段、重点人群和薄弱环节，针对群众最关心的“团年饭”、学校食堂及校园周边食品安全、小型餐饮服务等重点，开展了一系列整治行动。加强日常监管。在武汉市中小餐饮单位建立公示栏（箱）1.17万个，保障人民群众食品消费的监督权和选择权。建立重大活动和重要会议食品安全保障工作机制，圆满完成二十余项重大活动的食品安全保障任务。加强保健食品监管。对全市保健食品生产企业、批发市场和专卖店、药店、商场超市开展专项整治工作，出动监管执法人员1386人次，检查保健食品经营单位1380家，查处假冒伪劣保健食品22种次，查处违法宣传疗效的保健食品60种次。查处利用公益讲座等销售假劣保健食品案件8件，配合相关部门处理夸大普通食品功能案件6件。

开展专项整治行动。通过校园及周边食品安全专项整治，全市1148家学校食堂、1586家学校周边食品商店和822家周边食品餐饮摊点建立了一户一档案资料。通过整治无证照加工经营食品行为，武汉市食品药品监管局在城乡接合部、院校周边食品市场、小型食品加工作坊以及与食品生产有关的化工原料市场共处理问题食品86起，立案查处29起。

5. 打击违法添加非食用物质和滥用食品添加剂违法行为

全市以食用油、卤制品、奶制品、水产品和本地市民依存度高的米粉、热干面、豆制品为重点品种，以商业区食品市场为重点区域，以粮油批发市场、火锅店、大排档、小餐饮、食品临时加工点为重点对象进行拉网排查和规范治理。在

整治工作中，全市共查扣违法添加物 49.5 公斤，查扣滥用食品添加剂的食品 6256 公斤，受理投诉举报 55 起，处理 55 起，立案查处 37 起，向公安机关移交的案件数 5 起。其中，查处了影响较大的汉阳“问题卤鸭”案，得到卫生部的充分肯定，被列为全国“两非”整治第一案。

6. 重点实施对“潲水油”的整治工作

采取疏堵结合的方法，严格落实有关制度，建立各方协作机制，严厉打击潲水油地下收集、加工生产、销售、使用流水线。近两年来，全市共端掉 36 户违法加工潲水油窝点，查扣废弃油脂 14.4 吨，取得了较好的整治效果，得到了国家和省级有关部门的充分肯定。比如，2010 年 3 月，“地沟油流向餐桌”一经媒体曝光后，全市迅速做出反应，在一周内对 130 个疑似“地沟油”举报线索进行了调查核实，并对全市餐饮业开展拉网式大排查，督促餐饮企业建立食品原料采购查验和索证索票制度及建立潲水油回收登记制度，通过两个月的大整顿，至今未发现一例地沟油返回餐桌的事件。

二　武汉市食品安全的薄弱环节

武汉既是食品生产大市、流通大市，又是食品消费大市。食品安全关系到民众的身体健康和生命安全，事关社会稳定和和谐社会建设。武汉是中部地区重要的食品种养殖基地，截至 2010 年底，武汉市共有“三品”基地 508 个（无公害农产品基地 95 个、绿色食品基地 345 个、有机食品基地 68 个），蔬菜常年园 60 万亩，精养鱼池 40 万亩，规模化畜禽养殖小区 354 个，生猪定点屠宰厂（场）73 个，水产基地 21 万亩，种植基地 46 万亩。武汉市食品日均产量高，粮食日均产 3700 吨，油料日均产 520 吨，蔬菜日均产 16000 吨，水果日均产 200 吨，生猪日均出栏 6800 头，家禽日均出笼 13 万头，禽蛋日均产量 400 吨，牛奶日均产 140 吨，水产品日均产 1100 吨。武汉是华中地区乃至全国的重要食品生产与加工基地，市场主体多，对外流通量大。2010 年武汉市共有生产加工单位 2276 户，批发零售单位 1.86 万户，持证餐饮服务单位 2.08 万户。外资、合资企业在本地建厂生产并向外输送大量产品，如啤酒、软饮料、乳制品、方便面、植物油等。武汉流动食品摊点数量多成为武汉食品消费一大特点，外来旅游人口、高校学生的增多，城乡结合部、校园周边以及一些老街区都存在不少的流动食品摊

贩、小吃摊点。因此，食品安全的隐患及其从中暴露出的监管等诸多方面的问题，须从食品生产、流通、消费各个环节去审视与评价。

1. 种养殖领域存在被污染和农药残留隐患

食品种养殖领域是食品安全的源头。由于武汉农业产业化迅速发展，生态保护及工业污染等未能对土地与农作物生长形成良好的生物链保护环境，致使在食品种养殖领域存在被污染的隐患较大。蔬菜、水果及其他植物性农产品的农药残留问题并未得到根本的解决，畜禽等动物性产品兽药残留和疫病防治不力，禽流感、口蹄疫等传染病的风险仍旧存在，工业三废和化肥、激素、重金属等有机或无机物对食品的污染问题难以根除。2010 年 1 ~ 2 月，武汉市农检中心对市内多处销售的豇豆进行多次抽样检测，均发现含有禁用农药水胺硫磷，超标样本均来自海南凌水县英洲镇和三亚崖城镇。2 月 21 日，武汉市农业局宣布，2 月 6 日该局向海南省农业厅发出协查函，自函告之日起，三个月内禁止海南豇豆进入武汉市场。该项事件表明，我市农产品检验机制较完善，检测力量较强，不可避免的与国内其他大城市同时存在农药残留问题。农药问题的源头在于农药生产质量及农业生产环节。现有农药生产企业中由于原料购买并无限制，大量不具有生产资格的违法厂家利用简陋的技术生产高毒农药，难以查处。由于农药经营许可证是由安监部门管理，农业部门虽有监管售卖假农药、禁用农药的权力，却无法对没有经营资格的店铺进行处理，导致无证经营情况屡禁难止、屡见不鲜。在农业生产环节，农民保持着对高毒农药的依赖和超量使用的习惯。在喷洒农药时，他们是完全的自主状态。相对于我国现阶段一家一户的生产模式，发达国家大农场的生产模式生产的农产品都有品牌，具有产品追诉的可能。

2. 食品生产加工领域不遵循标准化、集约化、无害化的生产管理，带来安全隐患

由于行业结构复杂，水平低下的小型食品生产加工企业存在，致使在该领域存在较大的食品安全隐患。尤其是在城乡结合地区，无证小作坊问题普遍，如后湖街麻辣食品生产小作坊虽经相关部门多次整治，但仍未彻底消除无证经营现象；后湖、花桥街等地以地沟油、潲水油、淋巴肉为原料，非法炼制劣质食用油的现象屡有发生；有证食品生产加工厂条件简陋，技术粗糙，取得 QS 认证积极性不高，在食品中添加使用非食用物质或滥用食品添加剂的势头没有得到根本遏制，牲畜非法屠宰及注水现象屡禁不止。

3. 食品流通和消费环节是防范重点

首先，食品流通和消费领域是直接被消费者认知食品安全度的重要环节。尽管武汉市大力实施了放心食品工程，但流通消费领域的食品安全隐患仍不容忽视。有的食品在外包装上未标全使用的着色剂、甜味剂和防腐剂等添加剂信息，有的产品名称不规范，有的产品没有标注净含量，有些食品外包装全部采用外文等，部分商家销售过期食品，少数农（集）贸市场卤肉熟食来源不清，索证制度未能得到严格执行。2010 年 12 月武汉市工商局和武汉市消费者协会联合公布食品抽检结果，198 批次食品中有 20 批次不合格，其中某大型超市有 17 批次不合格。此次检查共抽样检测食品 198 批次，产品种类包括红酒、肉制品、面条、糕点、面粉、饮料、膨化食品、大米、粉丝、蜜饯等。其中，178 批次合格，20 批次不合格。检查中发现，部分经营户销售的散装裸装食品，大肠菌群和菌落总数超标。主要的不合格项目包括熟肉制品和豆制品的微生物、酱腌菜的苯甲酸、糕点中的脱氢醋酸、大米涂渍油脂等指标超标。虽然面广量大的小作坊是导致食品质量安全问题频发的现实原因，但是大超市、大型农贸市场也并非食品安全的绝对净土。

同时，无证餐饮问题突出。街头、社区特别是学校周边无证饮食摊点数量众多，因其设备简陋、无餐具洗涤消毒设备条件等致使食品质量没有保证；部分工地食堂条件相当简陋，食品安全隐患严重。武汉市中小学校、托幼机构食堂卫生状况良莠不齐。少数学校对食品安全不够重视，有的连防蝇、防尘、防鼠等最基本的设施都不配备。部分学校没有严格遵守市卫生局、教育局关于不得将学校食堂转包他人等相关规定，变相转给无资质的主体经营并基本上放弃了日常的食品卫生管理。

武汉食品安全在生产、加工与流通消费环节暴露出来的问题，从深层次看，源于我国现阶段工业化发展过程中产业发展与环境保护、生态治理不相一致的矛盾，源于全社会环境保护和食品安全防范意识不强。相关职能部门职责不清，监管部门对食品安全突发事件缺乏应急处置能力，食品安全在体制机制、法规执行等方面，仍有未尽完善之处。

第一，我国食品安全领域分头管理，武汉市食品安全领域管理体制同样存在多头管理的问题。例如生产环节属于工业与信息化部门管理，种植属于农业部门管理，流通环节归到工商部门管理，进出口则由质监部门负责，此外，还涉及食品卫生监督管理部门、环境保护部门、安全生产监督管理部门、公安部门等。这种分散的管理模式，给食品的监管带来了极大的难度，权限分属不同部门，难以形成协调配合、运转高效的管理机制。在监管过程中，因执法主体不同，适用的法律不同，相互之间的交叉不可避免，而定性不准确、处理不一致的现象比比皆是。同时由于利益驱动，部门执法倾向于有“利”环节，而忽视无利的监管环节，不能形成执法合力。2009 年，根据《武汉市人民政府机构改革实施意见》，武汉市食品药品监督管理局被列为武汉市政府组成部门。从此，武汉市食品药品监管局承担两大职责：一是消费环节食品安全组织协调监管；二是食品药品监管局将独立承担食品安全综合协调、组织查处食品安全重大事故的职责。食品安全监管施行由卫生行政部门、工商行政管理部门、农业部门、质量监督部门和食品药品监督管理部门等多个部门进行分段监管。武汉市食品药品监督管理局承担综合协调工作，负责食品安全总体工作。然而重新分工的“共管”，并未从根本上改变原有的监管格局，这种责任主体不明的分工，尽管监管密集，但成效尚不明显。

第二，地方相关监管法规体系不健全。现阶段武汉市食品安全监管法律法规主要还是依照 2009 年 6 月 1 日实施的《食品安全法》。根据《食品安全法》和《餐饮服务食品安全监督管理办法》，武汉市已出台和即将出台一系列餐饮服务环节管理办法，在全国率先制定 29 项餐饮规范执行制度，并有 57 条管理细则正在征求社会意见。武汉市食品药品监管局按照《餐饮服务许可管理办法》，各区分局承担办理餐饮服务许可证，行政许可工作分步骤进行。但是武汉市在食品安全的其他环节如种植、生产、加工、流通等，可操作性强的地方性规章相对缺失及滞后，造成部分领域无法可依、执法依据不足、难以依法行政等局面，未形成扎实有效的法律规范网络体系。

三　加强食品安全管理的建议

防范与监管食品安全，是一项民生工程，是一项需要社会各界共同参与、管防结合、法治与规范结合的系统工程。

1. 弥补立法缺失，健全地方法规

严格贯彻执行《食品安全法》。加大违法生产经营者的处罚力度，加重监督

管理部门及其工作人员不依法履行职责的法律责任，提高违法行为被查处的风险概率。通过地方立法、制定规章和规范性文件，建立完善与国家法律体系相配套，对食品药品生产、流通、消费使用等各个环节事前、事中和事后全方位监管的完整法律法规体系；建立与国际通行惯例相衔接、与改革开放和现代化建设相适应、具有武汉市特色的、可操作性较强的食品安全管理法律体系，形成由国家法律、地方法规、行政规章和规范性文件等多层次构成的完整体系，有效解决法律法规滞后问题。

全国人大常委会于2011年2月25日表决通过的刑法修正案（八），加大了对食品安全犯罪刑罚力度。刑法修正案（八）删除了“五年以下有期徒刑或者拘役”中的“拘役”，意味着食品安全犯罪最低也将被判处有期徒刑；对于罚金，也没有规定数额上限。刑法修正案（八）还规定，对人体健康造成严重危害或者有其他严重情节的，处五年以上十年以下有期徒刑，并处罚金；致人死亡或者有其他特别严重情节的，处十年以上有期徒刑、无期徒刑或者死刑。刑法修正案（八）同时加大了对生产、销售不符合卫生标准的食品行为的处罚力度，将原来刑法中罚金数额限制的规定取消，明确对造成食品中毒事故、人体健康危害的行为，除追究刑事责任外，将处罚金或者没收财产。发生食品安全事故，相关责任人同样将受到刑罚。刑法修正案（八）规定，负有食品安全监督管理职责的国家机关工作人员，滥用职权或者玩忽职守，导致发生重大食品安全事故或者造成其他严重后果的，处五年以下有期徒刑或者拘役；造成特别严重后果的，处五年以上十年以下有期徒刑。武汉市相关部门应根据最新刑法修正案，结合本市实际制定相关地方性法律法规及实施办法，对食品安全犯罪严厉打击。从防范入手，完善法律，加强威慑作用，防止犯罪行为的发生。

2. 合理规范、科学引导生产经营者和消费者的行为

合理规范就是要使生产者、经营者生产经营劣质有害食品无利可图。对于食品生产经营者来说，在他作出违法与守法的选择时，首先要对守法和违法的成本与收益进行分析。当他认为自己要为其违法行为付出的成本比其违法所获得“收益”大时，他就会采取守法的方式。当他认为自己为其违法行为支付较少的成本却能够获得“较多的收益”，甚至他对其违法行为不支付任何成本时，他就可能选择违法行为，而不选择守法行为。通过政府监管、行业自律和社会监督，进一步引导企业增强内部约束力和自律意识，认真遵守国家法律法规，做到不生产不销售劣质食品，建立和完善不合格食品召回制度。

要在市民提高食品消费能力的基础上，引导消费者不贪小利，使生产假冒伪劣食品的作坊经营失去消费群体和消费市场。充分发挥消费者的监督作用，进一步完善消费者投诉信息收集渠道，健全食品安全领域政府与消费者的沟通机制。小作坊、小饮品店、食品小摊点、农村及校园周边食品安全问题更为突出，特别是农村家宴、街头小吃、露天排档的餐饮环境更为恶劣。有机食品、纯天然绿色食品、无污染真空包装等食品较普通食品更为昂贵。实际上，消费者对放心食品选择与消费者收入水平和社会消费能力有关。因此，从根本上引导消费者理性消费、绿色消费，有赖于城市经济实力的不断增强，有利于市民吃得上、吃得起更为放心的食品。

3. 普及食品安全知识，提高市民甄别能力

动员市民广泛参与食品安全监督，营造人人关心、重视食品安全工作的良好社会氛围。及时将食品安全风险信息通过电子化手段，通过多种媒介及时与公众、业界进行交流，给予消费者和公众真正的“消费知情权”。依托基层网络，开展食品安全知识进农村、进社区、进学校、进企业、进机关的“五进”活动；举办食品安全课堂或食品安全知识市民学校，印发《饮食安全宣传手册》，提高市民在食品安全方面的甄别能力，提高市民的食品安全意识和自我保护意识。持续开展食品安全宣传活动，进一步营造食品安全社会监督氛围，加大消费信息发布力度。通过专报、公告、预警等形式，利用网络、报纸、电视、手机等多种渠道，将本市的食品安全信息向公众公开，及时发布食品安全检验检测信息、节假日消费警示，通报食品安全大案、要案查处情况和典型案例，树立公众的食品安全信心。鼓励和支持食品学会、协会等中介组织和企业面向广大消费者，大力宣传普及法律法规和食品安全知识；鼓励部分特聘专家或人士在媒介上开辟科普专栏，减少部分因食品安全事件的报道导致的消费恐慌，使全社会树立科学消费观念。严厉打击并曝光食品安全违法犯罪行为，宣传重质量、守信誉的典型品牌和优秀企业。

4. 建立健全科学的食品安全突发事件应急体系

建立健全科学的食品安全应急反应机制。进一步加强食品安全突发事件应急预案和处置体系建设，建立食品安全信息平台，建立食品安全检测结果公示制度，加强信息交流，加强食品安全信息化重点工程建设。以食品抽检为依托，完

善不合格食品处理机制，建立不合格产品数据库，加强对不合格产品的处罚和追踪。设立受理平台、直线电话和信息数据库，实施食品药品安全快速反应联动机制。在现有行政管理系统的基础上，建立完善现代化、智能化的市、区两级食品安全突发事件应急指挥系统，以及与市政府应急指挥中心对接、与各区应急指挥分中心相联结、上下联通的应急指挥网络，做好应急物资储备，加强应急技术研究，落实应急队伍，提高应急处置能力，有效预防、积极应对、及时控制食品药品安全事故，高效组织应急救援工作，最大限度地减轻食品安全事故的危害，保障公众身体健康与生命安全，维护正常的社会秩序。

图书在版编目(CIP)数据

武汉经济社会发展报告.2011/刘志辉主编. —北京：社会科学文献出版社，2011.6
（武汉蓝皮书）
ISBN 978-7-5097-2378-4

Ⅰ.①武… Ⅱ.①刘… Ⅲ.①区域经济发展-研究报告-武汉市-2011 ②社会发展-研究报告-武汉市-2011 Ⅳ.①F127.631

中国版本图书馆CIP数据核字（2011）第089270号

武汉蓝皮书
武汉经济社会发展报告（2011）

主　　编／刘志辉
副 主 编／黄红云　吴永保

出 版 人／谢寿光
总 编 辑／邹东涛
出 版 者／社会科学文献出版社
地　　址／北京市西城区北三环中路甲29号院3号楼华龙大厦
邮政编码／100029

责任部门／皮书出版中心（010）59367127　　责任编辑／周映希　张文艳
电子信箱／pishubu@ssap.cn　　责任校对／牛立明
项目统筹／邓泳红　　责任印制／董　然
总 经 销／社会科学文献出版社发行部（010）59367081　59367089
读者服务／读者服务中心（010）59367028

印　　装／三河市尚艺印装有限公司
开　　本／787mm×1092mm　1/16　　印　张／24
版　　次／2011年6月第1版　　字　数／407千字
印　　次／2011年6月第1次印刷
书　　号／ISBN 978-7-5097-2378-4
定　　价／59.00元

盘点年度资讯 预测时代前程

从"盘阅读"到全程在线阅读

皮书数据库完美升级

·产品更多样

从纸书到电子书，再到全程在线阅读，皮书系列产品更加多样化。从2010年开始，皮书系列随书附赠产品由原先的电子光盘改为更具价值的皮书数据库阅读卡。纸书的购买者凭借附赠的阅读卡将获得皮书数据库高价值的免费阅读服务。

·内容更丰富

皮书数据库以皮书系列为基础，整合国内外其他相关资讯构建而成，内容包括建社以来的700余种皮书、20000多篇文章，并且每年以近140种皮书、5000篇文章的数量增加，可以为读者提供更加广泛的资讯服务。皮书数据库开创便捷的检索系统，可以实现精确查找与模糊匹配，为读者提供更加准确的资讯服务。

·流程更简便

登录皮书数据库网站www.pishu.com.cn，注册、登录、充值后，即可实现下载阅读。购买本书赠送您100元充值卡，请按以下方法进行充值。

充值卡使用步骤：

第一步

·刮开下面密码涂层

·登录 www.pishu.com.cn
点击"注册"进行用户注册

第二步

登录后点击"会员中心"进入会员中心。

第三步

·点击"在线充值"的"充值卡充值"，

·输入正确的"卡号"和"密码"，即可使用。

SSDB
社科文献资源库
SOCIAL SCIENCE DATABASE

社会科学文献出版社
SOCIAL SCIENCES ACADEMIC PRESS (CHINA) 皮书系列

卡号：0913131080007253

密码：

（本卡为图书内容的一部分，不购书刮卡，视为盗书）

如果您还有疑问，可以点击网站的"使用帮助"或电话垂询010-59367227。